U0936056

珍藏本·增订本

纪念版

汉译世界学术名著丛书

法学论文集

〔美〕霍姆斯 著

姚远 译

Oliver Wendell Holmes

COLLECTED LEGAL PAPERS

Harcout, Brace and Howe, New York, 1920

本书据 Harcourt, Brace and Howe 1920 年版译出

汉译世界学术名著丛书
（120 年纪念版·珍藏本）
增订本出版说明

2017 年 10 月，为纪念商务印书馆创立 120 周年，本馆推出“汉译世界学术名著丛书”（120 年纪念版·珍藏本），计七百种。近五六年来，仰赖学界同人倾力支持，订正旧译，增补新译，拓展新著，积累日多。为满足读者需要，本馆在七百种的基础上，继续推出“汉译世界学术名著丛书”（120 年纪念版·珍藏本·增订本）三百种。至此，“汉译世界学术名著丛书”累计出版已达千种。

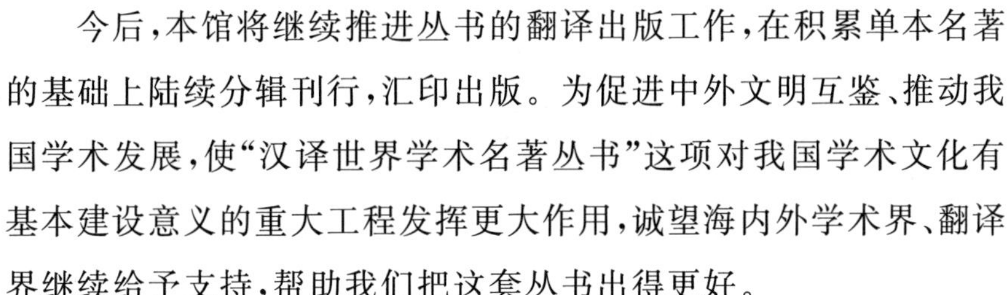

今后，本馆将继续推进丛书的翻译出版工作，在积累单本名著的基础上陆续分辑刊行，汇印出版。为促进中外文明互鉴、推动我国学术发展，使“汉译世界学术名著丛书”这项对我国学术文化有基本建设意义的重大工程发挥更大作用，诚望海内外学术界、翻译界继续给予支持，帮助我们把这套丛书出得更好。

商务印书馆编辑部

2024 年 2 月

汉译世界学术名著丛书
（120年纪念版·珍藏本）
出 版 说 明

2017年2月11日，商务印书馆迎来120岁的生日。120年前，商务印书馆前贤怀揣文化救国的理想，抱持“昌明教育，开启民智”的使命，立足本土，放眼寰宇，以出版为津梁，沟通中西，为中国、为世界提供最富智慧的思想文化成果。无论世事白云苍狗，潮流左右激荡，甚至战火硝烟弥漫，始终践行学术报国之志，无改初心。

迻译世界各国学术名著，即其一端。早在20世纪初年便出版《原富》《天演论》等影响至今的代表性著作，1950年代后更致力于外国哲学和社会科学经典的译介，及至1980年代，辑为“汉译世界学术名著丛书”，汇涓为流，蔚为大观。丛书自1981年开始出版，历时三十余年，迄今已推出七百种，是我国现代出版史上规模最大、最为重要的学术翻译工程。

丛书所选之书，立场观点不囿于一派，学科领域不限于一门，皆为文明开启以来，各时代、各国家、各民族的思想与文化精粹，代表着人类已经到达过的精神境界。丛书系统译介世界学术经典，引领时代思想，为本土原创学术的发展提供丰富的文化滋养，为推动中国现代学术和现代化进程做出了突出的贡献。

为纪念商务印书馆成立120周年，我们整体推出“汉译世界学术名著丛书”120年纪念版的珍藏本，寄望既利于文化积累，又便于研读查考，同时向长期支持丛书出版的译者、编者和读者致以敬意。

两甲子后的今天，商务印书馆又站在了一个新的历史时间节点上。我们不仅要铭记先辈的身影和足迹，更须让我们的步伐充满新的时代精神。这是商务人代代相传的事业，更是与国家和民族的命运始终紧密相连的事业。我们责无旁贷，必须做好我们这代人的传承与创造，让我们的努力和成果不仅凝聚成民族文化的记忆，还能成为后来人可以接续的事业。唯此，才能不负前贤，无愧来者。

商务印书馆编辑部

2017年10月

目　录

序　言

我的朋友拉斯基先生(Mr. Harold J. Laski)善解人意地编订了这部文集,他将我一路走来留下的点滴花絮收集起来,我在此深表谢意。这些文章是按原样刊印的,我只能简单审读一番[而不做改动]。但看到它们被汇编成册,我喜不自禁,因为它们淋漓尽致地表达了我(在别处未加展开的)关于法律和生活的看法。每篇文章的题注标明了其原始出处,我要感谢那几家出版商允许文章的重刊。

后一代人已经接过我在约莫半个世纪之前开启的工作。令一位不能再指望荷戟出征的年迈武士感到欣喜万分的是,卧虎藏龙的年轻军人们在商议战事时仍留给他一席之地。

奥利弗·温德尔·霍姆斯

1920 年 6 月 15 日

于华盛顿特区

1 # 早期英格兰衡平法(1885年)*

一、用益

亨利五世在位的末期,衡平法院(Court of Chancery,又译御前大臣法庭)是英格兰王国已经牢固确立起来的法院之一。我想我们不妨假定它那时已经借用了教会法(Canon law)的程序——后者在13世纪初即已发展为一套比较完善的体系——而
2 差不多与此同时,御前大臣(Chancellor)成为御前会议(King's Council)最重要的成员。衡平法院"依据罗马法和教会法的形式(而推翻了普通法)开展双方当事人的审问和宣誓"。[1] 当时该法院有传票制度(这也不是它的发明),[2] 以及一种要求个人服从的

---

* *Law Quarterly Review*, Vol.I, p.162(1885).(原文标题为"Early English Equity"。霍姆斯曾打算将此文作为新增章节收入计划中的《普通法》修订版。——译者)

1 4 Rot.Parl.84(3 Hen.V.pt.2.46, No.23).

2 参见签发给郡长的令状:Rot.Claus.16 Hen.III.m.2 dorso in 1 Royal Letters, Hen.III.(Rolls ed.), 523。Proc.Privy Council(Nicholas), passim.Stat.20 Ed.III.c.5.惩罚通常指向金钱,但也可能指向生命和肢体;1 Proc.Priv.Counc.(21 R.II., A.D.1397)。正如布莱克斯通(Blackstone, 3 Comm.52 n)已经指出的那样,所引证的 Rot.Parl.14 Ed.III.(in 1 Roll.Abr. 372)本应该是 14 Ed.IV.(6 Rot.Parl.143),于是误导了斯彭斯(Spence, 1 Eq.338 n)及其前后的著述者。我们也找到了传唤被告来到国王咨议会的令状(the writ *Quibusdam certis de causis*),这是一种传票形式的令状,只不过未注明惩罚;Palgr., King's Council, pp.131, 132, note X; *Scaldewell v.Stormesworth*, 1 Cal.Ch.5。

裁决形式。[3]

直至这段统治时期[即亨利五世在位]的末尾都没有证据表 2
明,衡平法院已知的或者实施的实体准则有别于其他法院公认的实体准则,只有两条准则是例外。其中一条准则是一种对于契约的特殊观点,其在现代法律中已经销声匿迹。而另一条准则素来被认定和归结为衡平法院对实体法的最重大贡献——我指的是"用益"(Uses),我们现代的信托(trusts)便由它衍生而来。我打算简要讨论以上两条准则,这是回答以下问题的第一步:衡平法在英格兰法的发展过程中发挥什么作用?

我应当开宗明义地指出,格兰维尔(Glanvill)、布莱克顿(Bracton)以及衡平法院管辖权存在之前通过的某些早期制定法,三者共同援引的"*aequitas*"[罗马法上的衡平、良知]与前述问题无关。[4] 我还应当说明的是,那些提交到御前会议以及后来提交给御前大臣的涉及恩典(grace and favour)的事项,似乎并不是实际
上或有必要根据新原则来修正普通法实体规则的事项,而仅仅是 3

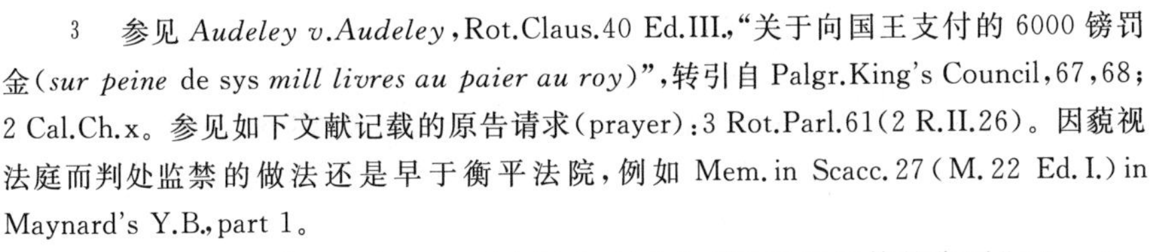

3 参见 *Audeley v.Audeley*,Rot.Claus.40 Ed.III.,"关于向国王支付的6000镑罚金(*sur peine* de sys *mill livres au paier au roy*)",转引自 Palgr.King's Council,67,68;2 Cal.Ch.x。参见如下文献记载的原告请求(prayer):3 Rot.Parl.61(2 R.II.26)。因藐视法庭而判处监禁的做法还是早于衡平法院,例如 Mem.in Scacc.27(M.22 Ed.I.)in Maynard's Y.B.,part 1。

4 Glanvill,Prologus,Bracton,fol.23 b;*ib*.3 b,"类似于平等的衡平"(*Aequitas quasi aequalitas*)。Fleta,Ⅱ.C.55,§ 9.Petition of Barons,C.27(A.D.1258),in Annals of Burton(Rolls ed.),443,and Stubbs,Select Charters,涉及通过进占令(writ of entry)或其他方式获得的"根据衡平法的"(*ex aequitate juris*)救济。Dictum de Kenilworth,pr.(A.D.1266)Stat.of Realm,51 Hen.III.,and Stubbs,Select Charters;Close Rolls of Hen.III.,cited in Hardy,Int.to Close Rolls,xxviii.n.5(8vo.ed.p.111).亨利五世致御前大臣的公函(1 Cal.Ch.xvi)提到的"正当和衡平"(right and equite)也是如此。

一些因为某种理由而不在普通王室法院管辖范围内的案件。这些案件要么根据特别命令而被纳入普通王室法院的管辖范围,要么由御前会议或御前大臣根据普通王室法院的原则直接宣判。[5]

我赞同已故的亚当斯(Adams)先生的观点,[6]即衡平法院最重
4 要的贡献就是它(借用)的程序。但我想反驳如下错误看法:衡平法院的实体法仅仅是这种程序的产物。此外,我还想证明:衡平法院,至少在其创立之初,似乎并未体现出相对现代的社会状态的那些至高伦理标准,这些标准纠正了陈旧体系的弊病。抱定这两个

---

5 御前会议对衡平法院的监督权,参见 1 Gesta Hen.II.(Ben.Abbas,Rolls ed.),207,208;Assize of Northampton,§ 7,*ib.*110;and in Stubbs,Select Charters。大咨议会(*Curia Regis*)对土地诉讼的管辖权并不是理所当然之事,而是来自特别命令的要求,即"当政的国王应当或愿意由其法庭发出的命令"(*Quod debeat vel dominus Rex velit* in curia sua deduci);Glanv.I.C.5。基于恩惠(*de gratia*)对契约诉讼的管辖;Bracton,fol.100 a;御前大臣提交给大咨议会的案件,38 Ed.III.,Hardy Int.to Close Rolls,xxix(8vo.ed.113 n)。通过特别刑事听审委任状(Special Commissions of oyer and terminer)所作出的基于恩惠的授权管辖,Palgr.King's Council,§§ 12,13,pp.27-33;Stat.Westm.ii(13 Ed.I.),Ch.29;1 Rot.Parl.290(8 Ed.II.No.8);Stat.Northampton(2 Ed.III.),C.7;2 Rot.Parl.286,38 Ed.III.14,no.vi;3 Rot.Parl.161(7 R.II.No.43)。

关于御前会议的终审案件,参见 Rot.Claus.8 Ed.I.m.6 dorso,in Ryley,Plac.Parl.442,and in 2 Stubbs,Const.Hist.263.n.1;2 Rot.Parl.228(25 Ed.III.No.16;cf.No.19)。3 Rot.Parl.44(3 R.II.No.49)似乎被帕克斯(Parkes,Hist.Ct.of Ch.39,40.)错误译解了。起诉至衡平法院的普通法事项和恩惠事项;Rot.Claus.22 Ed.III.p.2,m.2 dorso,cited Hardy,Int.to Close Rolls,xxviii.(8vo.Ed.110),and Parkes,Hist.Court of Ch.35,36 n。参见 Stat.27 Ed.III.st.1.C.1;Stat.36 Ed.III.st.1.C.9。所有经过汇编的亨利五世时期衡平法院所审案件,除前述例外,都是侵害、强夺(disseisins)之类的案子。普通法救济的缺位,通常是由于保持占有(maintenance)和被告的力量,或者某种情况下由于原告在技术上不能起诉被告(2 Cal.Ch.viii),而不是由于所要求的那项权利的性质。从理查二世时期到亨利六世时期,下议院针对御前会议和御前大臣不断重申的诉求,旨在要求把普通法案件放在常规法院审理,而不是要求古老的准则[即普通法]凌驾于与之相竞争的年轻体系[即衡平法]之上。参见 Adams,Equity,Introduction,xxxiii-xxxv。

6 Adams,Equity,Introd.xxxv.

目标之后,我下面着手考察前述的两种特定准则。

首先来谈谈“用益”。早期英格兰法上的用益受封人(feoffee to uses),精确对应着早期日耳曼法上的“萨尔曼”(Salman)。贝塞勒(Beseler)在 50 年前已向我们描述了这一情况。[7] 要把土地让与这位萨尔曼,这样他才好依照让与人(grantor)的指示进行不动产转让(conveyance),用益受封人的情况与之类似。[8] 不动产转让往往在让与人死后进行,让与人在生前将土地用益保留给自己。[9] 鉴于 5
萨尔曼可能在完成不动产转让之前死亡,让与人常任用不止一位萨

7 Beseler, Erverträgen, I. § 16, pp.277 *et seq*., 283, 271.

8 Beseler, I. §§ 15, 16; Heusler, Gewere, 478.试比较 2 Cal.Ch.iii; 1 *id*.xviii.and passim。“利益的收取(pernancy of profits)、**地产权的执行**(*execution of estates*)、土地的捍卫,是信托(或用益)的三要素。” Bacon, Reading to Stat. of Uses, Works(ed. Spedding), VII, p.401; 1 Cruise, Dig.Title XI., Ch.2. § 6;参见 Tit.XII., Ch.1. § 3; Ch.4. § 1。为了(*ad opus*)封地领受人(feoffee)之外的另一人的用益,而进行的第一批分封(feoffments),其中有些经我查证被如此命名的情况,似乎是当保有地受益人(*cestui que use*)不在之时向他转让财产的手段,非常类似于最早期对于萨尔曼的雇佣。但据说那是把财产转让给私人的仆从(Bract.fol.193 b)或者国王的官员,因此恐怕不好根据他们进行推论;1 Royal Letters, Henry III., pp.122, 420; cf.421(A.D.1220, 1223)。试比较 Provisions of Oxford(国王城堡卫士的“宣誓”),载于 Annals of Burton(Rolls ed.), 448, and Stubbs, Select Charters。而且也不确定“为了”(*ad opus*)这一表述起初是不是在一种技术意义上使用的,例如“你将会为了我而建造多夫里斯城堡(*castellum Dofris…ad opus meum te facturum*)”[Eadmer(Rolls ed.), 7]。“为了同一个女人(*Ad opus ejusdem mulieris*)”, 2 Gesta Hen.II.(Ben.Abbas, Rolls ed.), 160, 161; Y.B.3 Ed.III.5.pl. 13; 2 Rot.Parl.286(38 Ed.III.14, No.vi)。

但早有记载的一件案子里(22 Ass.pl.72.fol.101)——该案中的赠与被指控为欺诈性的——我们就发现法院在调查谁获得了利益,并查到获利者是赠与人,于是索普(Thorp)宣布,该赠与仅使得受赠人成为出于赠与人之用益的动产监护人。进一步参见 St.7 R.II, Ch.12。

9 Beseler, I. § 16, pp.277 *et seq*.; Heusler, supra.直至亨利六世在位末期的《衡平法院审案议程表》(*Calendars of the Proceedings in Chancery*)里面记载的几乎一切分封,都是为了死后分配财产。1 Cal.Ch. xxi. xxxv. xliii. liv. lv. lvi; 2 *id*., iii. xix. xx. xxi. xxii. xxxiii. xxxvi, *etc*. Abbrev.Plac.179, col.2, Norht rot.15 do.; *ib*.272, H.9 Ed.I., Suff.rot.17. Fitz.Abr.*Subpena*, pl.22, 23; Littleton, § 462.

尔曼，[10]并且该职务的人选都来自重要人物。[11] 这一关系的本质就是委之于可靠权威（*fidelis manus*）[12]——此人有时通过宣誓或盖印契约（covenant）确认自己的义务——的信托（*fiducia* or trust）。[13]

萨尔曼和用益受封人的以上相似性，足令我满意地认定，用益受封人乃是移植过来的萨尔曼。但我认为此外还有一个特征必定能说服所有人[采信我的观点]，无论他对于普通法的起源持有怎样的一般见解。

贝塞勒已经证明，早期日耳曼遗嘱的执行人不过是位萨尔曼，
6 他的职责是在继承人（heir）拒绝接受时确保遗产等得到偿付。由于当时还不知道指定概括继承人（*heres institutus*），引入了遗嘱关系的这一外国法[即日耳曼法]就采用这项本土制度[即萨尔曼]作为遗嘱执行手段。在这一外国法的影响下，人们不再要求财产的实际移转。只要立遗嘱人指定了遗嘱执行人并且后者也接受这项信托便足矣；因此，遗嘱执行人的选定并未使遗嘱成为不可撤销的东西，而用于赠与人（donor）死后分配的、经过实际交付的赠与（gift）本来通常不可撤销。[14]

欧陆的遗嘱执行人和格兰维尔所描述的同名履职者[即遗嘱执行人]，毫无疑问是一致的；这样一来，英格兰法和日耳曼法的联

10 Beseler, I., p.283; 2 Cal.Ch.iii.

11 Beseler, I., p.271.

12 Beseler, I., p.267:“托付自己的信任（*Fidei suae committens*）”（*ib*.286）。试比较《衡平法院审案议程表》所载全部诉状提到“诚实”（good faith）的段落。

13 Beseler, I., pp.265-267; 2 Cal.Ch.iii.xxviii; 1 *id*.lv.

14 Beseler, Erbverträgen, I, pp.284-288; Brunner in 1 Holtzendorff, Encyclop.(3rd ed.), 216; cf. Littleton, § 168, Hob.348, Dyer, 314 pl.97, Finch, Law 33.

系就变得确切了。格兰维尔笔下的遗嘱执行人，不是概括的承继者（universal successor）。事实上，如我在《普通法》（*The Common Law*）一书中所表明的那样，遗嘱执行人甚或迟至布莱克顿时代还尚未被视为概括的承继者，也没有在王室法院中取代继承人的位置。为节约篇幅起见，我不再复述格兰维尔的原话，但若你们读到以下描述自可印证我的判断：遗嘱执行人的职责不是偿付债务（那是继承人的事），[15]而是造成一种法律效果，即对应各个继承人而
承受立遗嘱人的合理划分。[16] 我在谈到保有地受益人的权利时， 7
会进一步阐明该职责的意义。[17]

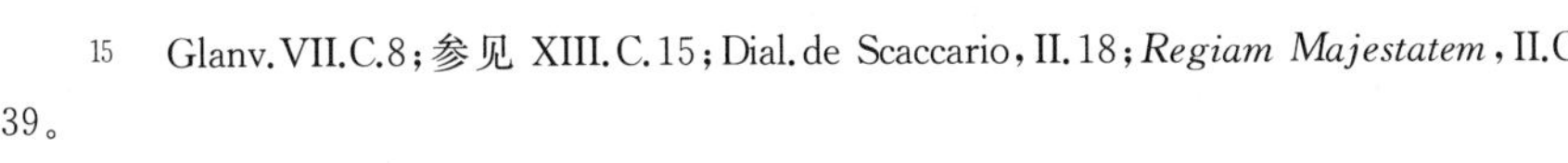

15 Glanv.VII.C.8；参见 XIII.C.15；Dial.de Scaccario，II.18；*Regiam Majestatem*，II.C.39。

16 Glanv.vii.c.6-8.

17 关于布莱克顿时代的遗嘱执行人的职责，参见 *The Common Law*，348，349；并进一步参见 Bracton，fol.407 b："就像被赋予继承人针对债务人而不是遗嘱执行人的那样，这样被赋予债权人的诉讼针对继承人而不是遗嘱执行人（*Et sicut dantur haeredibus contra debitores et non executoribus ita dantur actiones creditoribus contra haeredes et non contra executores*）。" *Ibid*.fol.98 a，101 a，113 b；Stat.3 Ed.I.C.19.通过明显类推罗马法上的继承者而完成的从遗嘱执行人到概括承继者的转变，是不可避免的，且在布莱克顿著述之后不久便出现了。那时认定，债的支付和索取都由遗嘱执行人承担，参见 Y.B.20 & 21 Ed.I.374；30 Ed.I.238。进一步参见 Stat.Westm.II.13 Ed.I.CC.19，23（A.D.1285）；Fleta，II.C.62. §§ 8-13；C.70. § 5；and C.57. §§ 13，14，有所修正地复述了 Bract.fol.61 a，b，407 b *supra*。关于盖印契约，参见 Y.B.48 Ed.III.1，2.pl.4。继承人除非被点名，否则不再承担义务；Fleta，ii.c.62. § 10；*The Common Law*，348；cf. Fitz.Abr.*Dett*，pl.139（P.13 Ed.III.）。最后，《博士和学生》（Doctor and Student，i.c.19，*ad finem*）谈到了"在英格兰法上被称为遗嘱执行人的继承人"。在早期英格兰法上，一如在早期日耳曼法上，无论继承人（Y.B.32 & 33 Ed.I.507，508）还是遗嘱执行人，都不因被继承人（ancestor）或立遗嘱人的口头债务而承担责任（Y.B.22 Ed.I.456；41 Ed.III.13.pl.3；11 Hen.VII.26；12 Hen.VIII.11.pl.3；Dr.and Stud.II.C.24），因为他们实施法律是以知悉事实为前提的：Y.B.22 Ed.I.456；Laband，Vermögensrechtlichen Klagen，pp.15，16。

遗嘱执行人在格兰维尔时代便已获得其特定称谓[即遗嘱执行人],而且似乎立遗嘱人已不再需要[将保有物]交由遗嘱执行人占有(possession or seizin)。但尽管如此,可以肯定的是,如果当时立遗嘱人的保有物(tenement)在习俗上被认定为可遗赠的(devisable),那么立遗嘱人在生前会亲自将保有物交由遗嘱执行人占有,或者在立遗嘱人死亡之后立刻由遗嘱执行人占有保有物。迟至爱德华一世时期,“关于根据遗嘱留下的(*que legata sunt*)、因属于教会法庭管辖范围而不应在王室法院涉诉的、[18]存在于特许
8 市和自治市(cities and boroughs)之中的保有物,法院认为,立遗嘱人去世后,应立即到教会常任法官(ordinary)那里认证(prove)遗嘱。并且遗嘱一经认证,该市的市长和执达官(bailiff)应当将被遗赠的和可遗赠的保有物(*de tenementis legatis et que sunt legabilia*)交付遗嘱执行人占有,以保全每个人的权利”。[19] 在稍后的时期,遗嘱执行人根本不再介入[保有物的占有],不动产受遗赠人可以直接进占(enter)。或者,假如继承人拒不合作,那么不动产受遗赠人可以诉诸“收回被[遗赠人的继承人]非法占有之保有物的令状”(*Ex gravi querela*)。[20]

---

18 Cf.Bract.fol.407 b.

19 Abbr.Plac.284,285(H.19 Ed.I.Devon.rot.51).请注意此类保有物与动产的相似性:Bract.407 b;40 Ass.pl.41;Co.Lit.III a。

20 39 Ass.Pl.6,fol.232,233:这里不涉及遗嘱执行人的问题,而由特定习俗来决定不动产受遗赠人是否进占、是否由执达官裁定进占与或者是否得到收回被[遗赠人的继承人]非法占有的保有物的令状。在利特尔顿(Littleton)时代,不动产受遗赠人的进占权是通则;§ 167;Co.Lit.III。关于该令状,参见 40 Ass.pl.41.fol.250;F.N.B.198 L.*et seq.*;Co.Lit.III。格兰维尔提到的唯一相关令状,似乎是签发给遗嘱执行人的,或者如果没有遗嘱执行人的话,则签发给相近人物(*propinqui*);lib.VII.CC.6,7。当然,我在此没有讨论遗嘱执行人兼为不动产受遗赠人的情况,但即便在此类案件中,若存在信托的话,法律也倾向于否定他们的地产权;39 Ass.pl.17;Litt.§ 169。

倘若(如我所认为的那样)下述事情足够清楚,即遗嘱执行人
和用益受封人之间的区分在爱德华一世时期仍在酝酿之中,那么
就没必要为找到立遗嘱人在生前移转土地占有[这一做法]最早亮
相的证据而检索英格兰典籍。一件案子(55 Henry III.)表明,几
位遗嘱执行人根据最后的遗嘱,为将土地用于宗教目的(pious
uses)而占有土地,并以职务身份(official capacity)为他们的占有
做辩护,但这件案子没有披露他们是如何取得占有的。[21] 再早些
时候,马修·帕里斯(Matthew Paris)讲到有个人因过于虚弱而无 9
法订立临终遗嘱,就指定一位朋友担任遗嘱宣述人兼遗嘱执行人
(*expressorem et executorem*)。[22] 正如亨利六世在位时期的记载那
样,单凭临终的几句交代,是不太容易将前述意思表示与用益分封
(a feoffment to uses)区分开的。[23] 不过,国王爱德华三世本人提
供了古代习俗陈陈相因的最鲜明例证,他显然出于在死后能够按
其指示分割遗产的目的,将采邑授予(enfeoff)他的几位遗嘱执行
人;但因为他未在当时宣布信托关系,并且直到事后才作出指示,
于是议会的法官们便宣布遗嘱执行人不受约束,或者套用当时的
说法,即不满足[遗嘱生效的]条件。[24]

---

21 Abbrev.Plac.179.col.2;Norht.rot.15 in dorso.

22 4 Matt.Paris,Chron.Maj.(Rolls ed.)605,A.D.1247.

23 1 Cal. Ch. xliii; S. C. Digby, Hist. Law of Real Prop. (2nd ed.), 301, 302. Cf. Heusler,Gewere, 478,其中援引了麦歇尔贝克(Meichelbeck, 1 Hist. Fris. Pars instrumentaria),No.300;"某人因重病而委托近人交付的,依此方式,若委托人因该病死亡,视为受委托人代其完成交付(*Valida egritudine depressus traditionem in manus proximorum suorum posuit, eo modo, si ipse ea egritudine obisset, ut vice illius traditionem perfecissent*)"。

24 3 Rot.Parl.60,61(2 R.II.Nos.25,26).

为死后分割而进行的生者之间的(*inter vivos*)赠与,在后世依然沿用。[25] 如下事情可能是意外,也可能是古代传统的遗迹:在爱德华四世治下,法院认定,如果立遗嘱人为积德行善而把一笔钱交由某人处分,那么遗嘱执行人没有理据(account)对抗此人。法院还指出,就那笔钱而言,受赠人即遗嘱执行人。[26]

10 不论如何,从早期开始(即便在格兰维尔时代尚不如此),在英格兰不再需要将所遗赠的土地正式交付遗嘱执行人,正如贝塞勒所描述的发生在欧陆的相同现象那样。在把转移占有(*traditio*)和授封仪式(*investitura*)作为完整有效的(perfect)不动产转让的两个要件方面,英格兰法的要求总体说来的确在模仿其欧陆原本(original)。[27] 但教会因世俗法院要求在有契据(deed)的情况下变更占有,而对世俗法院感到不满。[28] 而且或许正因为遗嘱属于宗教管辖范围,世俗法院的上述要求在遗嘱执行人的问题上有所放宽。如前所述,在爱德华一世治下,直到立遗嘱人去世才[将保有物]交付遗嘱执行人占有,而在爱德华三世治下,则根本不再交付遗嘱执行人占有。然而,遗嘱执行人最初通过不动产转让的方式

---

25 *Babington v.Gull*, 1 Cal.Ch.lvi; *Mayhewe v.Gardener*, 1 Cal.Ch.xcix, c.

26 Y.B.8 Ed.IV.5.pl.12.在"梅黑维诉加登纳案"(*Mayhewe v.Gardener*, 1 Cal.Ch. xcix, c)中,因死者曾将全部财产以信托方式赠与被告,委托他偿付债务等,故而法院裁定被告就死者担责的建筑物毁损(dilapidations)支付修缮款。

27 Glanv.VII.C.1. § 3; Annals of Burton(Rolls ed.), 421(A.D.1258); Bracton, fols.38 a,b,39 b,169 b,194 b,213 b, § 3,214 b; Abbr.Plac.272(H.9 Ed.I.), Suff.rot. 17; 1 Cal.Ch.liv,lv; Beseler, Erbverträgen, I. § 15, p.261; § 16, pp.277 *et seq.*; Heusler, Gewere, pp.1,2; Sohm.Eheschliessung, p.82; Schulte, Lehrb.d.Deutsch.R.u.Rechtsgesch. § 148(5th ed.), pp.480 *et seq.*

28 Annals of Burton(Rolls ed.), 421(A.D.1258).

取得财产,这一事实的痕迹或可见于如下观念,即遗嘱执行人甚至在遗嘱检验(probate)之前就直接根据遗嘱取得财产,这一点仍作为遗嘱执行人和遗产管理人(administrator)的区分而被重申。[29]

现在是时候考察保有地受益人的地位了。封地授予人 11
(feoffor)或曰赠与人的情况,跟最终受益人的情况不同,必须分开讨论。首先谈谈前者。在英格兰,一如在欧陆,按照那种在封地授予人死后进行不动产转让的常规封地授予方式,封地授予人在生前依然栖居于那块土地之上并取得收益。在最早的英格兰制定法上,用益分封人(feoffor to uses)通常被称为利益收取人(pernors),而且最早的案例表明他们处于占有状态(in possession)。[30] 正如大法官培根(Bacon)在前文引证过的一段话里谈到的那样,利益的收取是用益的三要点之一。它是封地授予人方面就构成地产权(estate)而言的首位要点。或者说,依指示转让收益是封地领受人方面的主要义务。但所有的德国权威学者一致认为,利益的收取同样构成了早期日耳曼法上的受保护之占有(*gewere*)。[31] 在这点上,一如在其他具体制度上,英格兰法确证了自身的起源。在我们的不动产权益诉讼(real action)中,主张占有的方式就是主张获取

29 *Graysbrook v.Fox*, Plowd.275, 280, 281.

30 Stat.50 Ed.III.Ch.6; 1 R.II.Ch.9 *ad fin.*; 2 R.II.Stat.2, Ch.3; 15 R.II.Ch.5; 4 Hen.IV.Ch.7; 11 Hen.VI.CC.3, 5; 1 Hen.VII.Ch.1; 19 Hen.VII.Ch.15; *Rothenhale v. Wychingham*, 2 Cal.Ch.3.(Hen.V.); Y.B.27 Hen.VIII.8; Plowden, 352; Litt. §§ 462, 464; Co.Lit.272 b.因此有人提到(1 Cruise, Dig. Tit.12, Ch.4, § 9):"如果受信托人(trustee)实际占有地产权的话(这种情况比较罕见)。"

31 Heusler, Gewere, 51, 52, 59; Brunner, Schwurgerichte, 169, 170; Laband, Vermögensrechtlichen Klagen, 160; 1 Franken, Französ.Pfandrecht, 6.

土地收益(esplees)。[32]

要是英格兰保留了古代民众法庭(popular courts)的救济措
12 施,那么我们不妨猜测,普通法本来也会保护处于占有状态的保有地受益人。[33] 他之所以实际上不受普通法保护,因为普通法很早就被删削到只涉及王室法院中施行的那部分古代习俗了。王室法庭特有的地产确认(recognitions),亦即地产诉讼(assize),仅授予那些同国王处于封建关系之中的人,[34]而要通过土地的保有权(tenure)创设此种关系,所需要的便不止于事实上的占有或利益收取。新的救济体系并未扩展覆盖到旧法所认可的全部权利,这一事实随着时光推移而无异于否定那些遭到忽视的权利的存在。"seizin"一词的含义被限定为得到地产诉讼保障的占有,[35]而得不到地产诉讼保障的占有则根本没有任何法律保护。但须记住,一系列制定法在责任和能力方面越来越把利益收取比之于法定地产权,直到亨利八世的制定法最终将用益带回普通法法院。[36]

处于占有状态的保有地受益人的地产诉讼保障,是否自始就在英格兰遭到断然且普遍地否定,我们对此不必深究,因为封地授予人还有存在于盖印契约——在英格兰和欧陆,封地授予人通常
13 都会取得盖印契约——之中的另一重保障。[37] 盎格鲁-诺曼法

32 Jackson,Real Actions,348 and passim.参见刚引证的 Statutes and Stat.32 Hen.VIII.Ch.9.§.4。

33 1 Franken,Französ.Pfandr.6.

34 Heusler,Gewere,126,423,424.

35 Heusler,Gewere,424.

36 参见前面引证过的 Statutes,p.11,n.30,and 1 R.III.Ch.1;27 Hen.VIII.c.3。

37 例如 *Rothenhale v.Wychingham*,2 Cal.Ch.iii。

(Anglo-Norman law)长期遵循一种古老的法兰克传统,即在考虑特定的收回土地之诉(recovery)的根据时,不区分契约和地契(title),并且允许通过违反盖印契约索赔之诉而收回土地,因此,无论通过这样或那样的方式,封地授予人的安全还算是有着落的。[38]

但是,在剩余地产上的(in remainder)保有地受益人,无论就盖印契约来说还是就占有来说,皆非契约当事人(strangers)。他们显然很难找到据以催迫不动产转让的理由。最终受益人要想在欧陆的民众法庭上对抗萨尔曼,或是在英格兰的大咨议会(*Curia Regis*)对抗封地领受人,似乎是同样无助的。在这些情况下,容易成为此处受益者的教会便伸出援手。霍伊斯勒(Heusler)认为,这些赠与的早期史表明,它们是由宗教权力出于自身利益而扶持的,
并且它们是面对一种民众斗争而得以建立起来的,这种斗争旨在 14
维护继承人对于家庭财产——未经继承人同意,不得让渡之——的古老权利。[39] 鉴于教会在漫长时间内持续主张自己对于被告发

[38] *The Common Law*,400.进一步参见 Ll.Gul.I.Ch.23;*Statutum Walliae*,12 Ed.I,"通过违反盖印契约之诉的令状,有时请求动产,有时请求不动产(*Breve de conventione,per quod petuntur aliquando mobilia,aliquando immobilia*)";"通过违反盖印契约之诉的令状,有时请求自由保有地产(*Per breve de conventione aliquando petitur liberum tenementum*)"。Fleta,II.Ch.65,§ 12;Y.B.22 Ed.I.494,496,598,600;18 Ed.II.(Maynard),602,603;Fitz.Abr.*Covenant*,passim.盖印契约的这一效果,直到晚近时期之前都保留在罚金案件中;2 Bl.Comm.349,350,and App.IV.§ 1。关于年期问题,参见 Bract.Fol.220 a,§ 1;Y.B.20 Ed.I.254;47 Ed.III.24;(cf.38 Ed.III.24);F.N.B.145 M.;*Andrews' Case*,Cro.Eliz.214;S.C.2 Leon.104。关于动产,参见 Y.B.27 Hen.VIII.16。关于后来通过盖印契约提出用益的问题,参见 Y.B.27 Hen.VIII.16;Bro.Abr.*Feoffements al Uses*,pl.16;Dyer,55(3);*ib*.96(40);*ib*.162(48);*Sharington v. Strotton*,Plowd.298,309。

[39] Heusler,Gewere,479 *et seq*.参见 Glanv.VII.Ch.9(这里表明教会负责解决遗嘱订立的合理性问题)。Cf.*ib*.Ch.1,§ 3.

誓(*fidei laesio*)事宜皆有管辖权,我们似乎可在信托(*fiducia*)中找到前述教会干预的理由,按照上面的看法,这种信托是萨尔曼的本质,并在《衡平法院审案议程表》(*Calendars of the Proceedings in Chancery*)刊载的最早诉状(bill)中有所提及。

这只是猜测。但看起来清楚的是,基于同样理由,不动产受遗赠人的初始裁判所是教会法院(Ecclesiastical Court)。格兰维尔指出,对遗嘱处分事项的合理性作出判定,属于教会法院的职权范围,[40]而且他虽然表明遗嘱执行人有国王令状来对抗继承人,却并未透露动产受遗赠人或不动产受遗赠人(legatees or devisees)也有相似权利对抗遗嘱执行人。《格里高利教令集》(*Decretals of Gregory*)告诉我们,教会在稍晚些时候即敦促遗嘱执行人贯彻立遗嘱人的遗嘱。[41] 布莱克顿的说法是,市镇房屋或用益权(usufruct)的受遗赠人可在教会法院提起诉讼。[42] 如我们所见,就市镇房屋而言,在遗嘱执行人不再介入占有的情况下,教会法院用于对抗遗嘱执行人的救济就变得多此一举,不动产受遗赠人可在
15 王室法院取得直接对抗不动产非法占有者(deforciants)的救济。可是,就动产遗赠(legacies)而言,尽管经过一段时间之后,衡平法院成为管辖权的竞争者,并且最终——也就是到了 St 20 & 21 Vict.Ch.77,S.23——独占管辖权,但迟至詹姆斯一世时期"御前大臣埃杰顿(Egerton)还会说,教会法院是动产遗赠案件的适格裁

40 Glanv.VII.Ch.6 & 8.

41 Decret.Greg.III.Tit.26,cap.19(A.D.1235).

42 Bract.fol.407 b,61 a,b.

判者,而它们有时将动产遗赠案件送交另一方[法院]”。[43]

教会法院无法处理后来完全发展起来的用益案件。但是,基于信托的分封不同于为着丢失的遗嘱(lost will)的用益而分封或者为着死后分配而分封——现存的相关记载大约一直延续到衡平法院在爱德华三世时期单独办公之后——其主要的诉讼请求(instances)针对着流传至今的一连串陈情书和制定法所详述的各种欺诈目的。[44] 此外值得一提的是,存在着下述努力的某些迹象,即(并非分封当事人的)保有地受益人凭借一种有利于他们的条件条款而力求实施该信托,而且似乎有时在不动产转让中就是那样表述条件的。[45]

接下来相当长的时间内,封地授予人和其他保有地受益人似
乎得到妥善保护。我们听闻的第一份相关诉状(complaint)出现 16
在亨利四世时期,诉因是在下述情况发生时缺乏救济:为执行让与人和封地授予人的遗嘱,以**誓约**(*affiance*)形式转让财产,而封地领受人作出了非法的(wrongful)财产转让。[46] 时人一旦感知这一需要,随即构想出解决办法。神职人员曾在依托教会权威的自有法院中奋力推行某些原则,而那些主持衡平法院的神职人员作为

43 *Nurse v.Bormes*, Choyce Cases in Ch.48.进一步参见 *Glen v.Webster*, 2 Lee 31。关于普通法,参见 *Deeks v.Strutt*, 5 T.R.690; *Atkins v.Hill*, Cowper, 284,以及所引证的案例。

44 Petition of Barons, C.25(Hen.III., A.D.1258), Annals of Burton(Rolls ed.), 422; id.Stubbs, Select Charters; Irish Stat.of Kilkenny, 3 Ed.II.Ch.4; Stat.50 Ed.III.Ch.6; 1 R.II.Ch.9; 2 R.II.Stat.2, Ch.3; 7 R.II.Ch.12; 15 R.II.Ch.5; 4 Hen.IV.Ch.7.也参见 Statute of Marlebridge, 52 Hen.III.Ch.6。

45 2 Rot.Parl.79(3 R.II.Nos.24, 25); *ib*.60, 61(2 R.II.Nos.25, 26).

46 3 Rot.Parl.511(4 Hen.IV.No.112, A.D.1402).

其后继者，在该机构中以世俗法官身份贯彻那些原则，这是再简单不过的事情。作为御前大臣的他们，摆脱了因其身为教会人员而仅能审理婚姻和遗嘱诉讼的限制。在亨利五世时期，我们发现保有地受益人开始诉诸衡平法，[47]而在理查二世时期，爱德华三世的遗嘱执行人和封地领受人提交诉状，要求在议会的大法官面前陈情取证(instructions)。[48] 下一任国王(即亨利六世)在位时，保有地受益人提交的诉状变得司空见惯。该主张的基础在于信赖(*fides*)，即所安置的信托和诚实义务，而这一情况仍旧同时标志着该权利的条顿渊源和该管辖权的教会起源。

如果前面的论证说得通，那么我们就会看到，用益准则既不是由传票(subpoena)或者要求个人服从的裁定所创设的，也不是在
17 相对高级的文明状态中——普通法因过于陈旧而无法应对这种状态——发明的改进举措。但这里救济的形式确实强有力地反作用于权利观念。当遗嘱执行人不再介入立遗嘱人和不动产受遗赠人之间，人们也就看不到遗赠和用益之间的关联了。鉴于(如前所述)普通法法院连实际的利益收取人都拒绝给予保护，唯一以用益之名承认用益的地方便是衡平法院。于是，经由(研究者所熟悉的)对于实体权利和救济权利的一种等同认定，用益开始被视为单纯的要求传票的权利。用益完全失去了物权(*jus in rem*)的属性，转而被纳入能通过诉讼取得之物(choses in action)的范畴。[49] 我曾在其他地方表明，该观点的效果如何牵制了用益和信托的利益

47 *Dodd v.Browning*, 1 Cal.Ch.xiii; *Rothenhale v.Wychingham*, 2 Cal.Ch.iii.

48 2 Rot.Parl.60, 61(2 R.II.Nos.25, 26).

49 Co.Lit.272 b; Bacon, Reading on Stat.of Uses, Works(ed.Spedding), VII, p.398.

或负担的转移。[50]

二、契约

我现在要来谈谈此外唯一的、在英格兰最早期衡平法初露端倪的实体准则,即一种关于契约的观点,它明显有悖于“普通法从 18
衡平法院那里借鉴了‘对价’(Consideration)”这一流行观念。全部口头契约中的对价要求,不过是口头提起债务时的折抵物(*quid pro quo*)要求的、经过修正的概括形态。后者至少在某些情况下是源远流长的,而且似与(德国学界多有讨论的)来自早期诺曼法和其他欧陆法源的相似准则一脉相承。[51]

50 *The Common Law*,Ch.11,尤其参见第 399,407—409 页,而且不限于第 408 页脚注 1 和 2 所引证的著作;Fitz.Abr. *Subpena*,pl.22;*Dalamere v.Barnard*,Plowden,346,352;*Pawlett v.Attorney-General*,Hardres,465,469;Co.Lit.272 b;W.Jones,127。

51 Somma,II. C. 26,§§ 2,3,in 7 Ludewig, Reliq. Manuscript. pp. 313,314;Grand Coustumier,C.88 and 90;Statutum Walliae,12 Ed.I.:“债务人到庭后,诉讼者必须提出请求及其理由,亦即因向其出售土地、马匹或其他的物和动产,或因租屋和其他契约所生的欠款已过偿债期,该笔应向其支付的 100 马克欠款尚未偿付(*Si vero Debitor venerit,necesse habet Actor exprimere petitionem,et rationem sue petitionis,videlicet,quod tenetur ei in centum marcis,quas sibi accommodavit,cujus solutionis dies preteriit,vel pro terra,vel pro equo,vel pro aliis rebus seu catallis quibuscunque sibi venditis,vel pro arreragiis redditus non provenientis de tenementis,vel de aliis contractibus*)”,等等。Y.B.39 Ed.III.17,18,“所以它就是折抵物”(*issint il est quid pro quo*);3 Hen. VI.36.pl.33;7 Hen. VI.1.pl.3;9 Hen. VI.52.pl.35;11 Hen. VI.35. pl.30 at fol. 38;37 Hen. VI. 8. pl. 18。也参见“正当的负债原因(*Justa debendi causa*)”,in Glanv. X. C. 3;Dial. de Scacc. ii. C. 1 and 9;Fitz. Abr. *Dett*,pl. 139;Y. B. 20 and 21 Ed. I. App. 488,债的“商品”(Marchandise)基础。Sohm,Eheschliessung,p.24;1 Franken,Französ.Pfandr. § 4,p.43;Schulte,Reichs -u. Rechtsgesch. § 156(4th ed.),p.497.衡平法最初提到对价是在 31 Hen. VI.,Fitz. Abr. *Subpena*,pl.23;Y.B.37 Hen. VI.13,pl.3,而且用的是“折抵物”这个提法。关于简约(assumpsit)基本上也如此;Y. B.3 Hen. VI.36,pl.33。

我在《普通法》第 266 页对弗莱塔(Fleta,II. C. 60,§ 25)的解释,受到波洛克(Pollock,Contr.,3rd ed.,266)的公允批判,看来他对比了布莱克顿(Bracton,15 b)的更为慎重的措辞。

我不妨附带提一下，这种要求当年并未延伸适用于保证人(surety)：保证人显然没有收到古籍所认为的那种折抵物，但从索
19 玛(Somma)时代到爱德华三世治下，甚至再到更晚的时候，假如各特许市的习俗维持着古代法律，保证人仍能以口头应允的方式使自己承担责任。[52] 索姆(Sohm)已经搜集证据证明，保证契约(suretyship)是民间法时代的一种要式契约，用以佐证他的如下理论：早期法只知道两种契约，一是要物(real)契约，它源自买卖或物物交换(barter)，并且要求折抵物；二是要式契约，它经由一种众说纷纭的过程从早期要物契约发展而来。[53] 我不打算衡量来自欧陆法源的证据，但鉴于保证契约显然衍生自人质的提供(the giving of hostages)，也鉴于保证契约其实在早期的诺曼法和盎格鲁-诺曼法上表现为非要式(formless)契约，我很难相信它更多地起源于形式(form)而非折抵物。塔西佗(Tacitus)说，日耳曼人会以他们

52 Somma, I.C.62, II.C.24; 7 Ludewig, 264, 309; Grand Coustum. C.89 (cf. Bract. fol.149 b, § 6); *The Common Law*, 260, 264.除前书引证的权威文献之外，参见 F.N.B. 122 K; *ib*.I in marg. 137 C; Y.B.43 Ed.III.11.pl.1; 9 Hen.V.14, pl.23。Car.M.Cap. Langob, A.D.813, Ch.12, "如果某人为了他人的债务允诺用自己的钱偿还，那么他受自己的允诺约束(*Si quis pro alterius debito se pecuniam suam promiserit redditurum in ipsa promissione est retinendus*)"。转引自 Löning, Vertragsbruch, 62, n.1。

有文献表明(2 Gesta Hen.II., in Bens. Abbas, Rolls ed., 136)，保证人宣誓说如果出现违约就以身相抵。索姆(Sohm, Eheschliessung, 48)甚至指出，宣誓不过是萨利克法上要式契约的替代物。但我没找到任何证据表明该宣誓在英格兰是必需的，除非为着教会管辖权。2 Gesta Hen.II., p.137.

53 例如参见 1 Franken, Französ. Pfandr. § 16, pp.209-216; § 18, pp.241 *et seq.*; *ib*.261-266。

的个人自由做赌注,如果他们输了就以身相抵。[54] 这一类推在我看来富于启发性。我认为没有正当理由假定,作为象征物交付的棍杖(*festuca*)是打赌的必备要件。

我还要更进一步冒昧指出,如今被概括为契约的那些情况, 20
可能有着各不相同的渊源,而且在人们感到有必要作出概括之前,或者在人们觉察到那些情况趋向于确立不一致的原则之前,它们并行不悖地延续了很长时间。要物契约脱胎于物物交换和买卖,而若要宣布其交易原则具有普遍性,那么每种契约都将需要折抵物。为他人债务提供担保,脱胎于恺撒时代司空见惯的提供人质的行为,而若要以此建立统摄性的类推,那么每种号称严肃作出的允诺都将具有约束力。但这两种广为人知的契约极为和睦地并辔而行,直到有一天,逻辑——它是伟大的传统毁灭者——将保证契约强行纳入盖印契约的范围,并且那更常见也更重要的要物契约,成功地与盖印文契(instruments under seal)分享债(debt)的领域。[55]

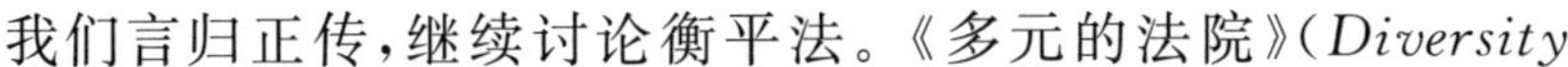

我们言归正传,继续讨论衡平法。《多元的法院》(*Diversity*

54 Germ.24.

55 Y.B.18 Ed.III.13.pl.7;44 Ed.III.21.pl.23;43 Ed.III.11.pl.1.因此原本仅仅作为买卖之附带事项(Lex Salica,C.47;Glanv.X.C.15 and 17)的担保,开始被视作一种合约(Y.B.44 Ed.III.27,pl.1);再后来,寄托(bailment)被转译为契约。我还可以通过进一步举例来补充一点,即现代人仍以列举的方式来处理对价(例如2 Bl.Comm.444;1 Tidd's Practice,Ch.1,涉及简式合约),只是到了最近这些年,对价才在所有案件中变成对于受允诺人的不利益(detriment)。

of Courts，其中关于“衡平法院”的章节）[①]中写道：“如果当事人
21 有充分证据来证实那些未盖印的（without specialty）合约，而他在普通法上又得不到救济，那么他将在衡平法院获得相应救济。”这是 1525 年即亨利八世在位时期的事情，后来不久便出现相反的判决。[56] 但判决的必要性这一事实，倒也确认了有关衡平法院历来传统的上述声明。我不打算考察有关衡平法院传统的这种宽泛表述是否对应着早期法的准则，也不打算考察在保证人之外可否找到别的什么情况下，一个人仅凭自己允诺受约束就可承担责任。尽管该传统的意义在亨利八世时期已经丧失（当时法学读物笼统地谈论盖印契约），但衡平法所处理的允诺乃是一种基于诚信的（*per fidem*）允诺。因此，在爱德华四世时期，[57]有位原告起诉到衡平法院申请传票，宣称被告曾委托原告担任其圣禄（benefice）的代收人（procurator），并基于诚信向原告允诺不因这份工作而蒙受损失，然后原告[向衡平法院]证明被告违约了。御前大臣斯蒂林顿（Stillington）说：“既然他因为[被告]不履行允诺而受损害，那么他将在本院获得救济。”我们再回到本文所探讨的那个年代，会发现在理查二世时期，有份起诉状针对着被告同意将某些地产归复原

---

① 有学者认定该书出自英国大法官安东尼·菲茨赫伯特（Anthony Fitzherbert，有时写作 Anthony Fitz-Herbert，1470—1538）之手；也有学者提出相反的考证意见，认为作者身份难有定论，参见 Boersma，“Sir Anthony Fitzherbert：A Biographical Sketch and Short Bibliography”，*Law Library Journal*，Vol.71，No.3，1978，pp.397-398。该书完整标题为“多元的法院及其管辖”，其英文版收录于 Andrew Home，*The Mirrour of Justices*，*to Which Is Added the Diversity of Courts and Their Jurisdiction*（translated into English by W.H.），John Byrne & Co.，1903，pp.289-230。——译者

56 Cary，Rep.in Ch.5；Choyce Cases in Ch.49.

57 Y.B.9 Ed.IV.4，pl.2；Fitz.Abr.*Subpena*，pl.7.

告这一允诺,其中提及原告出于对被告**誓约**的信赖,已经来到伦敦并有所开支,而鉴于他没有前述盖印契约的盖印和书面文件,他不能依据普通法提起诉讼。[58] 此乃完全的直接证据,虽属毫末,却足 22
以证实下面将会阐明的一种古老谱系(genealogy)。

到了诺曼征服之后的两百年,有三种著名方式可作出有拘束力的允诺,即“诺言”(Faith)、“宣誓”(Oath)和“书面文件”(Writing)。[59] 索姆等学者已经表明,这里提到的发出诺言或起誓(troth),衍生自萨利克法上象征缔约的信物交付(*Fides facta*),我就不再重复他们的论证了。[60] 它仍然存留于婚礼这一古物储备库中,而且古籍里面常有提及。[61]

58 *Whalen v. Huchyndin*, 2 Cal.Ch.ii.

59 试比较:(1)1233年1月10日格利高里九世(Gregory IX.)致亨利三世的信(in 1 Royal Letters, Henry III., Rolls ed., p.551),“占有……你通过诺言和宣誓承诺不撤销的,你已经在你自己的书证下放弃了(*Possessiones...fide ac juramentis a te praestitis de non revocandis eisdem, sub litterarum tuarum testimoniis concessisti*)”;(2)Sententia Rudolfi Regis(A.D.1277, Pertz, Monumenta, Leges II, p.412),“我们在探寻……通过实质上的发誓或书面公开而作出保证,在最长100天内对某项债务承受债务监禁或予以清偿的人,如果没有在这段期限内实现这一保证,在法律上能否通过判决予以拘押?(*Quaesivimus... utrum is qui se datione fidei vel juramento corporaliter prestito, vel patentibus suis litteris, ad obstagium vel solutionem alicujus debiti ad certum terminum obligavit, nec in ipso termino adimplevit ad quod taliter se adstrinxit de jure posset...per iudicium occupari? Et promulgatum extitit communiter ab omnibus, quod is, qui modo predicto...promisso non paruit, valeat, ubicumque inveniatur, auctoritate iudiciaria conveniri?*)”

60 *Lex Salica* (Merkel), C. 50; *Lex Ripuaria*, c. 58 (60), § 21; Sohm, Eheschliessung, 48, 49, notes; 1 Franken, Französ. Pfandr. 264 n.2.

61 Eadmer(Rolls ed.), 7, 8, 25; Dial. de Scacc. II. C. 19; 2 Gesta Hen. II. (Ben. Abbas), 134-137; 3 Roger Hoved. (Rolls ed.), 145; Glanv. VII. C. 18; X. C. 12; 1 Royal Letters, Henry III. (Rolls ed.), 308; Bract. 179 b. Cf. *id*. 175 a, 406 b *etc*; Reg. Majest. II. C. 48, § 10; C. 57, § 10; Abbrev. Plac. 31. col. 1(2 Joh. Norf. rot. 21); 22 Ass. pl. 70, fol. 101.

不论这种发出诺言的行为(起誓,或者象征缔约的信物交付)
23 在金雀花王朝(Plantagenets)是不是要式契约,也不论它是否曾出现在王室法院的诉讼中,格兰维尔和布莱克顿的著作足以表明,王室即便准予提供救济,也仅仅采取恩惠的方式。[62] 王室起先仅以特权和例外的方式提供救济,而且如我已经表明的那样,从未扩展到民众法庭中盛行的全部古代习俗。但即便国王没有提供救济,教会也不会坐视不理。教会长期主张自己对于背信弃义(*laesio fidei*)案件拥有总体管辖权,而且这种主张或多或少得到过认可。[63] 不论这一模糊且危险的主张究竟以何为界,它显然延伸适用于违反起誓(*fides data*)的情况。甚至在教会[的司法管辖范围]最终被删削到仅限于婚姻和遗嘱的时候(如上一条注释所示),它仍可鉴于存在违背诺言的情况而管辖婚姻和遗嘱事务的附带契约,而且它

62 Glanv.X.C.8;Bract.100 a.

63 我们可从下列段落(1190 年)一窥当年斗争的沉浮:“总体而言,所有的背信或违誓的诉讼都由教会法庭审理(*Item generaliter omnes de fidei laesione vel juramenti transgressione quaetiones in foro ecclesiastico tractabantur*)。” 2 Diceto(Rolls ed.),87;2 Matt.Paris,Chron.Maj.(Rolls ed.)368.“对因发誓或违誓所生债务的请求由教皇审理(*Placita de debitis quae fide interposita debentur vel absque interpositione fidei sint in justitia Regis*)。” Const. Clarend. C. 15; Glanv. X. C. 12; 1167 年,托马斯(Thomas à Becket)致教皇的信(1 Rog.Hoved.,Rolls ed.,254)。1190 年,理查和诺曼神职人员达成的协议,参见 Diceto and Matt.Par.ubi supra。关于 1200 年前后非因债务问题而在基督教法院所提起的违背诺言之诉,参见 Abbrev.Plac.31,col.1(2 Joh.),Norf.rot.21。“教会法官不得审理一切针对世俗人的诉讼,除非其关乎婚姻或遗嘱事务(*Prohibetur ecclesiasticus judex tractare omnes causas contra laicos, nisi sint de matrimonio vel testamento*)”(1247 年),4 Matt.Paris(Rolls ed.),614。对此的抵制,参见 Annals of Burton(Rolls ed.),417,423;cf.*ib*.256。但该禁审令(prohibition)确定了教会管辖权的范围。

似乎甚至可通过宗教审查和忏悔罚(penance)的方式插手其他案件。[64]

于是,各种旧日的契约形态就苟延至爱德华三世时期,直到普 24
通法形成了一种根据实体理由将它们排除在外的、还算确定的理论,并且衡平法院也开始单独办公。那些身为神职人员的御前大臣,似乎一度在[与教会法院]不同的法院成功地主张了他们作为教会人员曾被剥夺的权力,即有权强制实施那些普通王室法院不提供救济的契约。但我认为,我现已证明他们在如此行事的时候并不是在进行改革,也不是在引入新的准则,而仅仅是在保持古代习俗的某些遗迹,这古代习俗虽已被普通法抛弃,却借教会之手存续下来。

64 22 Lib.Ass.pl.70,fol.101.Cf.Glanv.XII.C.18,"因为相互之间习惯达成的誓约(*propter mutuam affidationem quae fieri solet*)"。Bract.fol.175a,406b,407,412b;Y.B. 38 Hen. VI. 29, pl. 2.但假如契约形诸书面文件,那么违反盖印契约的索赔诉讼(covenant)就是唯一的救济手段;Y.B.45 Ed.III.24,pl.30。

25 我们的情人，法律（1885年）*

2月5日，萨福克律师协会宴会

尊敬的律师协会主席先生和诸位同仁：

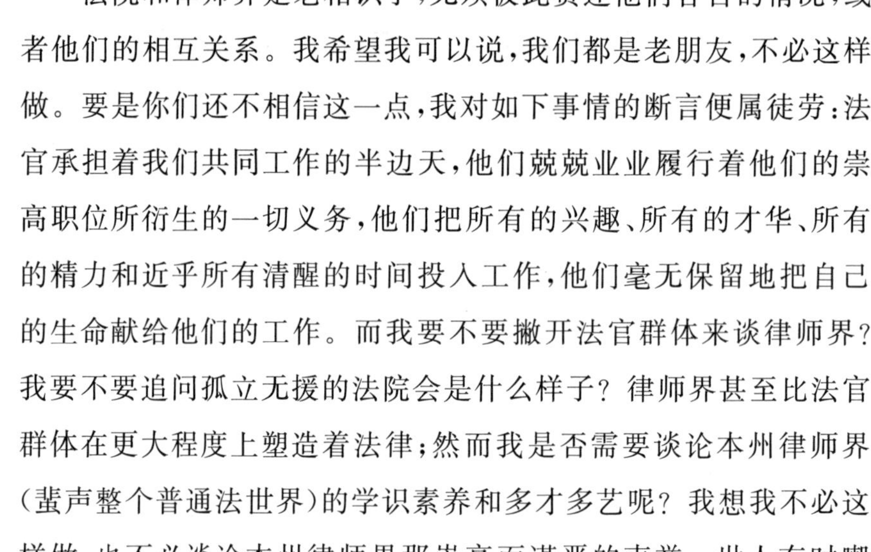

法院和律师界是老相识了，无须彼此赘述他们各自的情况，或者他们的相互关系。我希望我可以说，我们都是老朋友，不必这样做。要是你们还不相信这一点，我对如下事情的断言便属徒劳：法官承担着我们共同工作的半边天，他们兢兢业业履行着他们的崇高职位所衍生的一切义务，他们把所有的兴趣、所有的才华、所有的精力和近乎所有清醒的时间投入工作，他们毫无保留地把自己的生命献给他们的工作。而我要不要撇开法官群体来谈律师界？我要不要追问孤立无援的法院会是什么样子？律师界甚至比法官群体在更大程度上塑造着法律；然而我是否需要谈论本州律师界（蜚声整个普通法世界）的学识素养和多才多艺呢？我想我不必这样做，也不必谈论本州律师界那崇高而谨严的声誉。世人有时嘲弄律师，但这种否定恰恰是一种认可。我相信其实是因为他们感

---

* *Speeches*（1913），Little，Brown & Co.[原文标题为（The Law）"法律"，因缺乏区分度，故现根据马克斯·勒纳（Max Lerner）的创意作出调整，参见 Max Lerner（ed.），*The Mind and Faith of Justice Holmes：His Speeches，Essays，Letters and Judicial Opinions*，Little，Brown & Company，1943，p.29。——译者]

到律师在全部世俗职业中拥有最高的标准。

律师职业真是妙不可言！毫无疑问，一旦得到切实领会并且 26
触类旁通，每样东西都引人入胜。伟大的追求成就了每一种志业的伟大。其他什么志业能为一个人的灵魂施展其自发能力，提供如此广阔的天地？一个人能在其他什么志业中深深投入生活的洪流，从而以见证者和亲历者的双重身份分享它的激情、它的拼搏、它的绝望和它的辉煌？

但还不止如此。将我们联合起来的这一主题同样妙不可言——这个抽象物被称为“法律”，它如同一面魔镜，不仅显现着我们自己的生活，而且显现着全部世人的生活。每当我思索这一恢宏的主题，便感到头晕目眩、彷徨无措。如果我们把法律比作我们的情人，在座诸位都明白，唯有凭靠持久而孤绝的激情，才能向她求爱；唯有竭力施展人最近似于神的一切能力，方可赢得她的芳心。那些半途而废且未陷情网之人，要么是因为他们未被容许一睹她的绝世姿容，要么是因为他们无心于如此伟大的奋斗。对挚爱法律的人来说，小说家笔下达佛涅斯(Daphnis)和克洛伊(Chloe)的情爱命途多么微不足道！就连诗歌中所描绘的喀耳刻(Circe)也成为极其苍白的幻影，她用火红的苍穹、夏海的泡沫、亮丽的草坪和女人的玉臂这些销魂魅惑的幻想，把人变成畜生。唯独人类的道德生活史，才让挚爱法律之人心悦诚服。对他而言，他
所诠释的每份文本、他所化解的每处疑难，都为人类尘世宿命那不 27
断展开的全景图平添一抹新意。只有当他极力调动人类秉有的想象力，如同亲眼所见那般看到社会的诞生和成长，只有当他极力运用理性去领会社会本质的哲理，他才会完成自己的使命。当我这

样来考虑法律的时候，我就会看到一位比当年的巴约(Bayeux)女工更加强大的公主，她绵绵不绝地编织着漫漫往事的朦胧图案——这些图案过于朦胧，惰怠之辈未能体察，这些图案也过于具有象征性，除她的门徒之外无人可以破解，但在明察秋毫之人看来，这些图案揭示了人类如何通过劳作和奋斗，从蒙昧的孤立状态走向有机的社会生活，揭示了其间所有艰辛的步伐和所有震动世界的争竞。

不过，在座诸位对“法律”的另一面有着甚至更透辟的认识。在观看她的日常状态时，我们不是作为人类学家，也不是作为研究者或哲学家，而是作为她所统御和掌控的戏剧中的演员。当我想到我们所了解的“法律”在法庭上和市场上的样子，她在我看来就像一位倚坐路旁的女子，每个男人都将从她的兜帽之下看到与自己的功过或需要相对应的容貌。怯懦的、受欺凌的人，因她那护佑的微笑而振作起来。果敢坚持自己权利的公平斗争者，看到她用一视同仁且明辨曲直的严正目光守护着决斗场(keep the lists)。
28 藐视她那神圣不可侵犯的命令、试图在其缺位之处偷偷摸摸的卑鄙之徒，发现法网恢恢疏而不漏，并在她的兜帽之下见到冷酷无情的死亡。

诸位同仁，我的演讲到这里为止。此时此刻不宜长篇大论。而当我第一次应邀在今天这样的场合发表演讲时，我脑中能够萌生的唯一念头、我心底能够泛起的唯一感受、我嘴里能够倾吐的唯一话语，就是歌颂我们的情人“法律”，我们正是以她的名义在今宵聚首。

法律职业(1886 年)* 29

2 月 17 日面向哈佛大学本科生演讲的结语

现在,也许我该结束本次演讲了。但我知道,血气方刚之人会感到自己的主要疑问未获解答。他会追问:凡此种种,对于我的灵魂有何意义?你不让我为了生活的苟且而出卖自己与生俱来的权利;那么你的哪些话表明,我可以通过这么一扇门实现我固有精神层面的诸多可能性?勤勉地钻研一套富于技术性的枯燥体系,贪婪地注视着委托人并玩弄着生意人的手艺,为了每每肮脏的利益争得头破血流,这些怎么能够成就人生呢?先生们,我得立即承认,以上疑问不无道理,或许最终无从解答,而且在我看来的确常常无法作答。但我深信,答案是存在的。你们在任何形式的实践生活中都会遇到这类问题。一个人若是具有桑丘·潘沙(Sancho Panza)[①]的灵魂,这个世界在他看来就将成为桑丘·潘沙的世界;但他若有着理想主义者的灵魂,他就会把这个世界打造成理想的世界(我说的不是发现这个世界的理想之处)。法律当然不是艺

---

* *Speeches*(1913),Little,Brown & Co.(原文标题为“The Profession of the Law”。遗憾的是完整演讲稿已经散佚。——译者)

① 桑丘·潘沙是塞万提斯小说《堂吉诃德》中的侍从。——译者

30 术家或诗人驰骋的天地。法律是思想者的志业。而有些人跟我一样，相信人类最近乎神的活动就是宏观的原因考察，相信认识毫不逊色于感受；我要对他们说，而且说的时候不再有任何迟疑：人可以在法律中（一如在其他领域中）伟大地生活，在这里（一如在别处）他的思想可以在无限的视景中获得统一，在这里（一如在别处）他可以向生活宣泄，可以饮下英雄主义的苦液，可以追求不可企及的东西直至精疲力竭。生活向人提供的、据以启人心智或催人奋进的全部东西，不过是个事实。假如当前的宇宙是唯一的宇宙，假如迄今为止能够想见你们凭借理性在其间穿梭，则那个事实是什么就无关宏旨。因为一切事实之间都有着无形的联系。只不过人们往往未能察觉这些无形的联系何以发生。作为思想者，你们的任务就是进一步澄清从某事物通向事物整体的门径，以及证明你们所掌握的事实与宇宙框架之间的理性关联。如果你的主题是法律，那么通往人类学——人的科学——的道路，通往政治经济学、立法理论、伦理学的道路，因而多方面通往你们的终极生活观的道路，就是显而易见的。任何主题的情况都是如此。差别仅在于摸清门路的难易程度。要精通任何知识科目，就必须精通那些相邻的知识科目；因此，要认识任何事物，就必须认识一切。

31 或许我过多论及思想的雄心。我禁不住想到，留给思想探险的领域（恰如留给自然探险的领域）正在缩减。我期盼着，有朝一日的理想将是心甘情愿地、郑重其事地承受生活，而非切望于功名利禄。我已经看到，勘察和铁路已在限定我们的思想荒野——狮子和野牛正从其中消失，正如它们从非洲和那不再无边无垠的西部消失一样。但我所预料的悲哀时日尚未来临。我想,从我这一代到你们这一代,人类并未发生太大的变化,只是你们仍然抱有野蛮的征服欲,而且确实还有些留待征服的东西。在法律上,一些领地仍然有待占据,条条道路从这些领地出发,通往你们想去的地方。

但不要以为我在指给你们花团锦簇的道路,以及玫瑰层叠的床铺,在那里你们的工作既惬意又新鲜,总是伴随着辉煌的成果。不经历风雨,怎么见彩虹!当你们所谓的教育结束时,当你们不再采撷含蓄隽永的见解(亦即“微言大义、字字珠玑”)——贤达人士耗尽毕生心血才从原始素材里面提炼出这些见解——而是躬身钻研原始素材本身,求得你们不曾觉察、无法预测、兴许姗姗来迟的结果时,当你们把生活交给你们的事实当成你们的指定任务时,你们的教育才刚刚开始。只有当人学会根据他未曾得见的星辰设定自己的路线,学会用占卜杖(divining rod)探寻那或许永远找不到 32
的水源,他才有资格谈论思想的雄心。我的以上说法,指明了会使你的研究沾染英雄气概的东西。因为我满心悲切地告诉你们,要领悟伟大的思想,就必须既是英雄豪杰又是理想主义者。只有当你独自操劳的时候——当你感到深重的孤绝包裹着你,比那包裹着垂死之人的孤绝更加深重,你心怀着希望也背负着绝望,秉持你自己那不可动摇的意志——只有到那时你才有所成就。只有这样,你才能领略思想者那隐秘而寂寞的欢愉;思想者知道,当他撒手人寰并被湮没百年之后,那些从未听闻其名的人将会依照其思想的方位而行进——这就是因一种迟来的权力而生出的莫可名状的狂喜。世人并不知晓这种权力,因为它没有外部标志,但思想者

有先见之明地看到，这种权力比军事号令权更加切实。纵使你最终无福消受这番欢愉，也仍然只有这样你才能知道你已经完成了它在你心头指引的事情——你才能说你没有虚度时光，并坦然走向生命的尽头。

法学博士学位授予仪式上的演讲 33
（1886 年）*

6 月 30 日，耶鲁大学毕业典礼

尊敬的主席先生和各位同仁：

在我看来，美国所提供的荣誉标志里面，再没有像你们授予我的[法学博士学位]这样值得我视若至宝的了。我怀着无比自豪的心情接受这一荣誉，将其看作骑士授封仪式（accolade），仿佛战争统帅（a master of war）执剑在武士的肩头轻轻拍打，该仪式在古代意味着判定一名武士因功获封骑士（won his spurs），并誓死征战沙场、永不退缩。

现如今荣誉对人们生活的约束力，并不逊于中世纪的情况。荣誉一如往昔，是我们不可或缺的东西（breath of our nostrils），是我们生活的动因，而且如有必要的话，我们甘愿为之赴汤蹈火。具备招财进宝之天赋的人，为了追求荣誉而不惜牺牲健康，乃至搭上性命。学者为了荣誉，而深感没有足够精力追求财富。

有人可能时而根据年轻人的话语认定，近年来世风有变，冷漠

* *Speeches*（1913），Little，Brown & Co.（原文标题为“On Receiving the Degree of Doctor of Laws”。——译者）

现已成为理应培养的美德。我倒从未听说有谁对赛艇抱以冷漠态
34 度的。你们为何从事赛艇运动呢？为何要经年累月地艰辛准备，只为参加那把人累得死去活来的半小时激烈比拼？有谁这样问过吗？有谁不会为了苦闷化为胜利的那一刻——甚或为了虽败犹荣——而历尽千辛万苦呢？人生还比不上赛艇吗？如果有人愿为赛艇夺魁而挥洒一腔热血，难道他不愿为了走上人生巅峰，而拼尽灵魂的伟力吗？

主席先生，我深知，在荣誉之上，甚至还有一种支配人生的更高动机。我深知，有些超凡脱俗之人，会根据神圣性来定位每一刻的默示（inspiration）、每一种行为的目标。我想我的清教徒气质足以使我领略，如果有些人自视为神圣力量借以实现其设想的单纯工具，他们心间会萌发出怎样的激跃欢愉。但我认为，大部分人在自利幻象（the illusion of self-seeking）的牵引下，实际上而且必定达到同一结果。对荣誉的热爱若是自利幻象的一种表现形式，就算不上不光彩。对荣誉的热爱，纵不令人展翅翱翔于苍穹，至少使人凌驾于尘俗地面，并教人通过高处的幽隐路径穿越层层茂林，那是尚不能振翅高飞者的驰行之所。

伟大的耶鲁及其姊妹学校（即我的母校哈佛）的主要贡献，就是通过她们各自的教学和相互的争竞，在其毕业生那里培养出高尚的情感。你们已尽一所大学之所能，煽起我内心的星火。我将奋力维系你们赐予我的荣誉。

法学院的功用(1886年)* 35

11月6日,坎布里奇,哈佛法学院校友会致辞

哈佛大学建校250周年纪念日

哈佛法学院的毕业生们渴望同院里保持联系,这不足为奇。70多年以前,哈佛法学院开始聘请马萨诸塞州最高法院的一位首席大法官,担任罗亚尔讲席教授(Royall Professor)。此后不久,合众国最高法院有史以来最负盛名的法官之一、大法官斯托里先生(Mr.Justice Story)接受了纳丹·戴恩(Nathan Dane)为其在哈佛法学院设立的教席。迄至今日,诸多名震天下的法律人先后效力于这所法学院;该院已经成为美利坚最重要法律文献的主要源头;该院以其教学模式提供了举世闻名的典范;该院的莘莘学子,有未来的首席大法官和联席法官,也有各州律师界和全美律师界的领袖,可谓群贤毕至,数不胜数。

哈佛法学院不仅培养了伟大的法律人。许多在其他领域扬名立万的人物也曾求学于此。萨姆纳(Sumner)和菲利普斯(Phillips) 36

---

* *Speeches*(1913),Little,Brown & Co.[原文标题为"The Use of Law Schools"。节选本曾发表于*American Law Review*(1886)。——译者]

就是1834届的毕业生。[1] 将在未来一两天向我们演说的人物就在1840届的名单中，[2]同他并列的包括威廉·斯托里（William Story）[3]、马萨诸塞州最高法院首席大法官[4]和其中一位联席法官（这名联席法官本人作为军人和演说家的名望，不亚于其身为法官的名望）[5]。或许不算曝料家庭秘密，我向诸位悄悄透露，下周一的诗人在去往别处寻找更易消化（如果说不是更有营养的话）的东西之前，也曾品尝过法学院的阳刚（masculine）滋味。[6] 恕不一一列举。当然，我们为哈佛法学院感到自豪。当然，我们热爱哈佛的每个组成部分。当然，我们为能够通过院友会这一象征物显示我们情同手足而感到欢欣鼓舞。

关于我们相聚此地的理由，我自不必多言。但在诸位临行之际，我要说一说法学院（尤其我们哈佛法学院）的功用和意义，说一说哈佛法学院的教学方法，毕竟像我这类人有考量这些事情的

① 萨姆纳（Charles Sumner，1811—1874），美国政治家，曾是大法官约瑟夫·斯托里的门徒，并曾执教于哈佛法学院；菲利普斯（Wendell Phillips，1811—1884），美国著名废奴主义者，土著印第安人的辩护者。——译者

② 这位演说者是詹姆斯·拉塞尔·洛厄尔（James Russell Lowell，1819—1891），美国浪漫主义文学家。——译者

③ 威廉·斯托里（William Wetmore Story，1819—1895），美国著名雕刻艺术家，大法官斯托里之子，哈佛法学院1840届毕业生。——译者

④ 这里指马库斯·莫顿（Marcus Morton，1819—1891），1882年至1890年任马萨诸塞州最高法院首席大法官，哈佛法学院1840届毕业生。——译者

⑤ 应指查尔斯·德文斯（Charles Devens，1820—1891），1881年至1891年任马萨诸塞州最高法院联席法官（Associate Justice），哈佛法学院1840届毕业生。——译者

⑥ 指作者的父亲老霍姆斯（Oliver Wendell Holmes，Sr.，1809—1894），1829年曾在哈佛法学院短暂求学，后因厌恶法律，转向诗文和医药，终成一代名宿。这里作者暗指文学和医学不如法律更能显示阳刚血气之美。——译者

契机。

法学院并不致力于传授飞黄腾达之道。使一个人脱颖而出的那种兼得机敏与坚韧[的品质]乃是与生俱来的,非从他人那里习得;就算外人的建议果真有所助益,我在此也不会提出这样的建议。你们大概料想,[既然我说法学院并不致力于传授飞黄腾达之道,]我自然而然会反过来说,法学院实际上致力于传授法律。但我甚至并不打算无条件地主张这一点。在我看来,人们能从他人那里接受的全部教育是在道德层面而非智识层面的。智识教育的 37
主要部分不是获取事实,而是学会如何让事实焕发生机。从我本人的立场说,我厌恶作为干瘪知识的文化。事实原本乱七八糟、没有头绪,当被人的思想磁流(magnetic current)所贯通时,骤然呈现出有机秩序,焕发生气,开花结果——这就是大师的标志。但大师可不是教出来的,而是凭借其自身禀赋成才的。

教育(而非自我教育)主要在于塑造人们的兴趣和志向。如果你使一个人确信,另一种看待事物的方式更加精湛深邃,另一种形式的欢乐比他久已习惯的那种欢乐更加沁人心脾——如果你真让他看清这一点,那么,人的心性会引导着他渴求更加精湛深邃的思想,以及更加沁人心脾的欢愉。因此我认为,若仅仅说法学院的职守就是传授法律或者造就法律人,并不算充分描述了法学院的职守。法学院的职守在于,教人领略法律的万千气象,并成就伟大的法律人。

我们的国家迫切需要这样的传道授业。我想我们都会同意,追求平等的那种激情已经远远超越政治领域,甚至远远超越社会领域。我们不仅不愿承认,某个阶级或者圈子优于我们所在的阶

级或圈子，而且我们对于身居显位之人的一贯态度是，此人不过是高出平均水准的荣誉或薪资的幸运领受者而已，随便哪个平常人
38 也都可接受这样的荣誉或薪资。当那激昂奔突着的沾染民主色彩的否定情绪（the effervescence of democratic negation），不限于废除外在的等级差别，而是进一步涉足精神事物——当那追求平等的激情不限于建立人类普遍同情基础上的社会交往，以及利益相投者的共同体，而是进一步抨击那在众人灵魂之间确立纲常和位阶的自然分界线——他们就不仅错了，而且错得很不光彩。比起那不卑不亢的民主感情，谦和恭谨同样是自由人的美德。

就我所知，要反复灌输那些美德，要矫正我所提到的高尚感情的不光彩偏颇，再没有比精锐的专业人士军团能量更大、说服力更强的教师了。他们不招展旌旗，他们不擂响战鼓，但他们所到之处即令人们认识到，喧嚣与冲劲不是安静天赋和沉着技巧的对手。那些需要专业人士帮助或者因专业人士传道而启蒙的人，受专业人士所迫而服从和谦恭。专业人士以身作则，因为他们在思想世界中提供了将民主和纪律统一起来的完美典范。对于力图借助外力施加权威的人，他们一概不顺从；他们主张，科学虽像勇气那样仅仅为了证明而变得必要，但必定始终希望向一切挑战者证实自己。可对于已经表明自己乃是大师的人，他们则致以崇高的敬意，他们明白骁勇的战斗意味着什么，甚至保留同其领袖战斗的权利，假如这位领袖竟在为真理女神——他们唯一的女王——效力时显得有所动摇的话。

39 在我所提到的这支专业人士军团中，法律人的队伍相当重要。因为所有的法律人都是专业人士。但这不是指我们有时所使用的

狭义上的职业专家——仅仅熟知特定法律实务的人，比如产权转让、专利，等等——而是指游刃于全部法律领域的专业人士。他们之所以是专业人士，是因为他们致力于精通人类知识的一个专门分支[即法律]，而且我还要补充一句，比起一切其他处理实践事务的分支，该分支更为直接地联系着人的全部最高志趣。

法律人也是美国所需要且出现于美国的第一批专业人士。并且我深信，他们在塑造清醒有序的思维方面所带来的好处，是再怎么褒扬都不为过的。但法律人也像其他人那样受到时代精神的熏染。他们也像其他人那样，一直力求发现用以取代真实事物的、众皆喜闻乐见的贫乏东西。我担心律师界倾全力宣扬最可恶的美国话语和理想，即“精明”(smartness)，而抵制高尚的道德感和渊博的知识面。我正是从律师界内部而非外人那里听到如下说法：学问已是明日黄花，当今左右逢源的不再是思想家和学者，而是精明之人，这种人仅仅挂心最新版的判例摘编和最新修订的制定法。

法学院的目标应当是——哈佛法学院已经树立此一宗旨——
培养以睿智慎思的态度奉行志业之人，为其开启追比大师的康庄 40
之路，而不应当教人精明世故。法学院应当兼为我所谓专业人士的工作坊和栽培园。法学院应当网罗每一世代中身负绝学之人作为教师。教学不应阻碍创造，而应促进创造。“讲堂上的热忱”、竞相陪伴左右指点迷津的兴致，应使学生成为其教师的工作伙伴。创新的天赋得以迅速激发。伟大之人必令他人信奉伟大之事，必令他人不甘苟且、锐意进取。伟大之人的那些门徒不会允许以他物代换现实，但与此同时他们深知，唯有付出毕生心血始可求得现实。

我们哈佛法学院正是我所描绘的那种工作坊和栽培园。她究竟培养出了什么样的人，我已有所暗示，不再赘述；她的工作成果，世界有目共睹。师生间的热切合作，已经孕育出格林利夫(Greenleaf)的《证据法》、斯特恩斯(Stearns)的《不动产权益之诉》、斯托里(Story)划时代的《美国宪法评注》[①]、帕森斯(Parsons)的《契约法》、沃什伯恩的(Washburn)的《不动产法》，以及若干新锐之作，包括兰代尔(Langdell)的《契约法》和《衡平法诉状》、埃姆斯(Ames)的《商业票据法》、格雷(Gray)的《财产永久处分权》，我期待我们很快可在这份名单里加上塞耶(Thayer)的《证据法》。不
41 难发现，这些著作在性质风格上虽各有千秋，但可以说全都标志着且在很大程度上也开创了一个纪元。

当下有不少人，才能不及斯托里之万一，却能够写出同他相媲美甚至更胜一筹的法律意见。再者，某本中规中矩的著作得以刊行时，我们常常听闻有人宣称："瞧，出了一位比斯托里高明的人物呢！"但如果你们考虑到斯托里开始创作之时的法律文献状况，考虑到他那有条不紊的言语之流源于什么样的学问之泉，那么我想你们势必同意我的如下看法：就19世纪的英语世界而言，斯托里在推动法律的明朗化和浅显化方面居功至伟。

然而，斯托里的简明哲理思考如今不再能满足人心了。我想我们有把握说，他那代人或后一代人里面，无人能以一种值得后人

① 中译本参见〔美〕约瑟夫·斯托里：《美国宪法评注》，毛国权译，上海三联书店2006年版。——译者

恪守的形式阐明法律。因为无论是他那代人还是后一代人，都不具备也不可能具备特定的历史知识，都未作出也不可能作出特定的原则分析，而认识和理解主要法律准则的精确轮廓与深层含义，恰须以这些东西作为必要前提。

新的工作正如火如荼地开展着。在德国的影响下，法律史正被逐步纳入科学的研究领域。人们正以既见树木又见森林的方式考究事实。与此同时，由于我们对哲理思辨的兴趣得以复苏，成百 42
上千的人士正对法律规则及其理据作出分析和概括。法律注定要被彻底重述；我敢断言，再过五十年，我们法律的面貌将是五十年前之人做梦也想不到的。现在我还要冒昧补充我的如下希冀和信念：倘若我所预言的日子果真到来，那么我们会发现哈佛法学院的教授们同样参与了这番变革，而且跟斯托里(在规定近半个世纪的教科书形式方面)作出的贡献相比，其地位毫不逊色。

教学模式方面的另一变化，与正在发生的上述变革相辅相成。我不打算停下来探究这种呼应的刻意程度。不论出于何种理由，哈佛法学院的教授们比以往更加坚决地告诉自己，我们不能放任学生仅仅习得杂七杂八的一般原则，这些一般原则乃是一大堆闪烁着的概要，仿佛在科雷乔(Correggio)一幅画作顶部展翅的、没有肉体(bodiless)的一群小天使。哈佛法学院的教授们说，要使某条一般原则具有价值，你必须为之赋予血肉；你必须表明，该原则以何种形式和在多大程度上能够真正适用于某一现实体制；你必须表明，该原则如何作为大家觉察到的种种具体事例之调和(reconciliation)逐步发展起来，而其中任何一种请求都未在表述形式上确立该原则；最后，你必须表明，该原则跟其他那些常常出现

43 在完全不同的时期、起因亦迥异的原则有什么历史关系，由此将该原则置于特定视野之内，若缺乏此种视野，则绝不可能真正判定它的范围大小。

在追求这些观点的过程中，但凡可行之处，判例集都在越来越多地取代教科书，而许多人当年首次接触那些判例集的时候，皆报以不无鄙夷之哂笑和怀古伤今之忧情，而反观十五年后的当下，那些判例集有望(bid fair to)掀起美英两国的教学革命。

有些话我希望自己几乎用不着说出口，但我不得不暂且在此一吐为快。如上所言，我执着于当前的教学方法，但我依然抱持感恩之心追忆早年的授业恩师们(唉！现在也只有追忆了)。在我求学之时，哈佛法学院的院长是帕克(Parker)教授，新罕布什尔州的前任首席大法官(ex-Chief Justice)，在我看来他应当跻身美国最伟大法官之列，且其担任院长时展现出身为法官期间赖以成名的相同素养。他的同事包括帕森斯和沃什伯恩，前者堪称天才，拥有据我所知足令他人黯然失色的语言表现力天赋，后者则让大家领略到什么叫作“讲堂上的热忱”，这个提法是我在前面从范格罗(Vangerow)那里借用来的。比之柯克(Coke)的学问和费恩(Fearne)的逻辑，沃什伯恩那令人如沐春风的激情带给我更多触动。

44 我们言归正传，再来谈谈关于这些判例集之用途的理论。长久以来令我感到诧异的是，法典化事业最才华横溢的鼓动者詹姆斯·斯蒂芬爵士(Sir James Stephen)，与当前教学模式的首创者兰代尔先生，从相同的前提出发，得出似乎相反的结论。斯蒂芬爵士大致会说，法律原则数量有限，因此应将其法典化；兰代尔先生

则说，法律原则数量有限，因此，可以借助于发展和确立那些法律原则的判例来传授法律原则。嗯，如果真能找到胜任之人从事法典编纂的任务，那么我认为斯蒂芬爵士的论点颇有说服力；而且我现在无论如何绝不打算说他就是错的。然而根据我的亲身经历，我确信兰代尔先生是正确的。如果你们的目标既不是为公众创制一束芬芳的法律，也不是通过立法手段修剪和嫁接法律，而是让法律在能够开枝散叶的地方扎根，即扎根于那些从今往后致力于宣扬法律之人的心田，那么兰代尔先生的方式就具有无可比拟的优越性。何以如此呢？请单纯根据人之天性作出判断。相比于一般原则，具体事例留给人的记忆不是更加鲜明吗？把原则视为五六个实例的隐含大前提，据此标示出该原则的范围和界限，这种做法相比于念叨抽象的语词，不是更便于精准而娴熟地理解该原则吗？

无论原则是否得到明确表述，研究该原则的初始状况和成长进程， 45
相比于就这么盯着白纸黑字摆在面前的僵死条文，不是更能洞悉该原则吗？

我前面提到我的亲身经历。在我有幸执教于哈佛法学院的短暂日子里，我承担的任务之一就是为新生讲授侵权法。怀着些许忐忑，我带领一个班的初学者一头扎进埃姆斯先生的判例汇编，并开始按照兰代尔先生的方法共同研讨判例。教学效果之好，超乎我的期望值。一两周之后，总算熬过最初令人头晕目眩的新奇事物，我发现我班上学生在分析相关问题时，观点相当切中要害，这是他们绝不可能从教科书上学到的素质，且其精准程度常常超越教科书中的分析。至少我本人从师生间的日常思想碰撞中受益匪浅。

我的法官生涯，确证了我在任教时期形成的信念。当然，在案件的审理或论辩方面，姜还是老的辣，年轻人毕竟阅历尚浅。在座诸位同样很可能赞成我的如下看法：从别人那里接受再多教诲也不及自我教育来得重要，亦步亦趋者前途堪忧。但我确实认为，相比于前人可能拥有的条件，当代青年无论就训练的完备性而言，抑或就知识的系统性而言，在开始投身实务时都具备更好的底子。
46 虽说没有哪所法学院胆敢吹嘘，自家已将天下可畏之后生一网打尽，但坎布里奇当然可以说在我们律师界家大业大；①而且我确实认为，这里的教学方式已结出累累硕果。

我时而听闻浮躁之人表达出的一种愿望，即哈佛法学院的教学应该更务实些。我记得，当我的一位友人开始他的职业生涯时，有位慧心巧思之人告诫他“别太把法律知识当回事”，我想大家都不难想象一些可以适用此番告诫的情形。但是，一位同样慧心巧思之人——此人后来成为我的搭档，而且我俩一直过从甚密——对于身为学生的我说过的话要有用得多，那时我像通常的年轻人那样书生意气，议论着如何看待法律实务，以及在少不更事的我看来具有实践性的一切其他事物。他的原话是：“法律人的本分就是认识法律。”哈佛法学院的教授们旨在让学生认识法律。他们认为，最务实的教学就是带领学生穷根究底。因此，他们旨在让学生精通作为有效运转系统的普通法和衡平法，并认为此任务一经完成，学生也就不难理解近半个世纪的诸多改进了。我深信，不论就

① 哈佛大学所在地坎布里奇（Cambridge），紧邻马萨诸塞州波士顿市，位于美国所谓“新英格兰”的核心地带，本译名为区别于英国的“剑桥”（Cambridge）。——译者

目标而言,抑或就路径而言,哈佛法学院教授们的观点都完全正确。

没错,哈佛法学院素来是、现在是、我希望将来也是伟大法律人精益求精的中心,从这里走出的年轻人,在教师们言传身教(身
教尤其重于言传)的砥砺下,开始走自己的路,他们不是照搬恩师 47
的既成功业,而是根据在这里汲取的理念,更加自由自在地度过属于自己的人生。哈佛法学院栽培出来的人,不见得总对飞黄腾达之道最为得心应手。其中最高雅之人必定常常感到,他们在践行一种有所依傍却也洋洋自得的生活方式(lives of proud dependence)——这些有所依傍之人,不会为了成功而勉为其难地要求扶持,而是依靠无师自通的见识和默默付出的心血;他们依傍于发现可遇而不可求的赏识,但这依傍又是洋洋自得的,因为他们确信,他们终其一生为之献身的那种知识,关乎世人理应参悟的事理。这依傍关乎纯粹思想、科学、审美、诗歌和艺术,亦即关乎每一朵文明之花,需要找到维系其绚烂绽放的足量土壤,否则文明之花必将凋零。但相比于文明之花需要生命,世界更需要文明之花。

我前面说过,法学院应当教人领略法律的万千气象,而且这超出了就事论事的法学教育。我认为,我们可以宣称哈佛法学院素不缺少伟大品质。我曾听一位俄国人说,在俄国,中产阶级里面有不少专业人士,上流社会里面满是温文尔雅之人。美国也需要温文尔雅之人,但出于我在前面提过的理由,美国或许更需要专业人士。别无所长的温文尔雅之人,比较容易自认为难以适应美国的
氛围。但如果一个人身为专业人士,那么他最好也温文尔雅;他最 48
好不仅洞悉自己专攻领域的明暗面,而且了解其他学科的轮廓梗

概;他最好合乎理性,并且有分寸地看待事物。不但如此,他最好既合乎理性又激情昂扬——即他最好既有解释的能力又有感受的能力;追求思想的热忱最好得到艺术魅力的慰藉,并且持之以恒直至人生快意成为目的本身。

置身哈佛,人们在一定程度上意识到,真正儒雅的生活具备令人悸动的宏富性。真正儒雅生活的憧憬,因为受到遏制和规训而被隐藏起来;但我打心底里相信,这些憧憬虽然静默却同样高雅。哈佛大学的金光并不仅仅播撒于本科生所在的部门,而是普照下辖的所有学院。谁若领略哈佛金光,就会脱胎换骨。我说过,我们的教育中最优秀的部分在于道德层面。在众人心头点燃永不熄灭的火焰,正是哈佛法学院的王者荣耀。

代理关系(1891 年)[*] 49

第一讲

我拟在这两讲讨论普通法上的代理关系理论,以便能有凭有据地(而非纯然基于猜测地)理解代理关系,并可明智地衡量其各项原则的价值。首先,我力图表明代理关系缘何成为法律上的专门条目。其次,我要给出某些一般理由,以便你们认识到下述事 45
项:要说明代理关系一出现就会引发的那一系列反常操作,或者背离通则之处,就必须诉诸单凭常识所不解的某种原因;该原因其实就在于古代准则的残留物(survival),这些准则的早期形态体现着家长(基于早已消逝的实质理据)的特定权利和责任,到了现代,这些准则已被概括为一种拟制(fiction),这拟制除了词语形式之外在世界上一无所是,却反作用于法律,并倾向于进一步发扬自己造

---

* *Harvard Law Review*, Vol.IV(1891).(原文标题为“Agency”。最初在《哈佛法律评论》发表时曾附一段“作者按”,现摘录于此:“连载的两篇文章,是我还在哈佛法学院任教时期的讲稿,如今应《哈佛法律评论》编辑部之邀,刊印于此。我后来的工作使我无暇修订这些八年前的讲稿。我只能说,当年我悉心研究了这个主题,而且现在也无意改变我的看法。”霍姆斯曾打算将此文作为新增章节收入计划中的《普通法》增订版。——译者)

成的反常操作。这里所谓的拟制，在代理关系的范围内，当然是指被代理人（principal）和代理人（agent）的同一性。接下来我将考察主题所涉各分支——侵权、契约、占有、追认（ratification）——在早期英格兰法上的规定，并表明残留物或拟制在每个分支中的效
50 用。即便没能把上述法律分支合并同类项，我也力求证明它们当前的存续至少通通取决于拟制。我还要附带证明，狭义的代理关系仅仅表现为主从关系法的一种特殊运用，[1]而代理关系和主从关系的独特准则可以追溯到共同的渊源。最后，我将阐明如下想法的理由，即法律的整个轮廓都源于逻辑和常理（good sense）在一切要点上的冲突——逻辑致力于构思拟制，以达成前后一致的结果，而常理一旦察觉结果明显有悖正义，就限制并最终克服逻辑的那种努力。

我的《普通法》一书已完成此处的部分任务，并透露了我的一般观点。对于代理关系尚待进行系统且详尽的探讨，并适当顾及讨论过程中所面对的诸多困难或反对意见。

我的主题涉及整个主从关系，而不局限于任何单一分支；因此，当我选用“代理关系”这个标题时，我并不是在前述的严格意义

[1] 本文中“master”和“servant”这对概念的含义极为丰富，远超过通常的民事代理关系，横跨契约、侵权、家庭、刑法、经济、政治等领域。许多情况下可将其译成“雇主”和“雇员”。与之相关的一对概念是“owner”（所有者或奴隶主）和“slave”（奴隶）。当联系着家长权展开讨论时，“servant”（尤其跟妻子并列或者加上修饰词“menial”的时候）便具有“奴仆”的意思。当霍姆斯在更一般意义上使用“master”和“servant”，包括将“master”同时跟“servant”和“slave”关联起来的时候，“master”译成“主人”，“servant”译成“仆从”。霍姆斯还认为，“master”曾具有“主权者”或“主事官”的意思，此时的“servant”指“下属官员”。——译者

上使用该术语的,而是同时囊括我试图探讨的全部内容。

这里提出的第一个问题就是:代理关系缘何成为法律上的专门条目?换言之,代理关系导致实施了哪些新的特别法律规则?构成代理关系的那些事实,为它们附加了代理关系所特有的法律效果吗?抑或代理关系仅是一种适用更广泛原则的、引人注目的 51
情境?再者,如果代理关系具有无法进一步概括的自有规则,这些规则又是什么呢?

倘若法律不过是宣布,某人要对自己特别指使之行为的结果承担责任,条件是他明知在当时的情况下那些行为自然而然造成那些结果——倘若如此,就没必要作出解释,也不会引入新的原则。当介入其中的代理人是自由人且其自身也应承担责任的时候,要得出以上结论大概会遇到麻烦。我没有专程调查过,但我要说在我关于早期法律判例的记忆中,就契约甚或侵权而言,没有谁会在这种情况下自行担责的。以共同非法侵入者(joint trespassers)这一相关情况为例,尽管“每个不法行为人都对全部损害承担责任”现在早已成为定论,但“一个人的非法侵犯(battery)不能作为另一个人的非法侵犯”这条相反意见,迟至詹姆斯一世时期仍居于支配地位。[1] 极有可能的是,甚至要为自由人之受指使行为承担责任的做法首次出现时,是奴隶主对自己奴隶的类似行为所承担责任的一种引申适用。

但不论如何,以下做法显然合乎常理:认定人们对其故意促成的不法行为承担责任,并承认不仅有可能通过奴隶、动物或自然力

1 *Sampson v.Cranfield*, 1 Bulstr.157(T.9 Jac.).

促成不法行为，同样有可能通过自由代理人（free human agents）
52 促成不法行为。[①] 这正是“通过他人做事的人，是在为自己做事”（*Qui facit per alium facit per se*）的真正外延和内涵，英格兰法早在值得遵循该法谚之时就予以承认了。[2] 因此，如果认定一个人对他所指使的某行为——该行为在他所知的情况下自然而然地施害于周围人，尽管他禁止该损害——承担责任，那么这不过是在适用侵权法的一般理论。作为行为结果的侵害相当于被代理人施加的侵害，仿佛它是一系列物理原因的自然效果，尽管被代理人未曾希求这种效果。[3] 这类情况下的主从关系正是照此处理的；类似原则也已被适用于雇佣独立承揽人（independent contractors）的场合。[4]

不需要对特别指使的契约进行额外说明。如果代理人对于契约条款拥有自由裁量，这就引发了难题，有人主张：“若坚持如下认定实属谬误，即一份就其准确面貌而言完全出自特定人的契约，竟然不是此人［即代理人］的契约，却是另一人的契约。”[5] 但我冒昧
53 地认为，反过来的认定才是谬误。此时我不必借助于多么复杂的解释机理，只要提请大家想一想，代理人如果仅仅担任被代理人逐

① 也可考虑遵从哲学惯例，将“free human agents”译成“自由的属人能动者”。——译者

2 在侵权领域：Y.B.32 Ed.I.318，320（Harwood）；22 Ass.pl.43，fol.94；11 Hen.IV.90，pl.47；9 Hen.VI.53，pl.37；21 Hen.VI.39；4 Ed.IV.36；Dr.and Stud.，II.C.42；Seaman and Browning's Case，4 Leon.123，pl.249（M.31 Eliz）。不动产转让：Fitz.Abr.*Annuitie*，pl.51（Hen.33 Ed.I.），那里援引了这条法谚。交易关系：4 Inst.109。

3 *Gregory v.Piper*，9 B.& C.591.Cf.*The Common Law*，53，54，and Lect.3 and 4.

4 *Bower v.Peate*，1 Q.B.D.321.

5 Thöl，Handelsrecht，§ 70，转引自 Wharton，Agency，§ 6。

条悉心敲定的条款的信使[将发生怎样的效果]。例如,被代理人同意按照他人确定的价格购置一匹马。订立契约的是被代理人,而非价格的审定者。如果由信使传达这一协定,也并没有什么差别。如果信使本人就是价格的审定者,情况仍无二致。但是,且不论其自由裁量权的大小,此时的信使可已经是拥有自由裁量权的代理人了。只要他表达的是被代理人同意接受代理人所定价款的约束,那么他就仅仅担当信使的角色;在确定价款之时,他不是前述契约的当事人,契约的立场一如既往,仿佛是在他开启个人职责之前即已订立的。该代理人不过是承载着某些特征的声音,这些特征来自被代理人自己对于允诺之事的表达。试想,如果赌约(wager)规定了金额以及[计算输赢的]手转陀螺(teetotum)旋转结果,并规定如果出现的点数超过一定范围,则该赌约失效;那么这算是由手转陀螺订立的契约吗?

如果代理真是我们法律体系(*corpus juris*)里面的专门条目,那就必须到前面尚未论及的准则中寻求揭示它的种种特性。这样的准则可见于各个庞大的法律部门。在侵权法里面,即使雇员的行为未经雇主授权,甚至遭到雇主严令禁止,法律也可能认定雇主承担责任。契约法里面的隐名(undisclosed)被代理人,可在他人
[即代理关系之外的第三人]并不知晓其存在而缔约的情况下,使 54
(或者对)该第三人承担法律义务。通过追认的措辞,一个人可以使得自己并未实际介入的侵害或契约,成为他本人造成的侵害或缔结的契约。法律可能将某一动产的占有归于一个从未见过该动产的人,并且可能否认实际保管或控制动产的另一人有权占有该动产。正是上述规则的存在,使代理成为法律上的专门条目。

我并不打算预先假定，这些规则聚集在同一主题的周围，故而有着共通的起源。为每条规则分别提出理由，甚至进而主张每条规则不过是若干一般原则的适用（纵系错误适用），这将是可能办到的事情。

于是，在侵权法上时而有人提出，雇主的责任“实际在于他雇佣了一个粗心的雇员”，这是在套用罗马法学家的伪哲学（pseudo-philosophy）所提供的理由，该理由在当年是为了支持裁判官基于公共政策引入的一条例外规定。[6] 仅一项事实就可以证明该理由站不住脚，即无论在选用雇员时多么慎重，都不能免除雇主的责任。[7] 但人们仍不妨主张，无论对与错，正是这种政策观念（或别的某种政策观念）催生了我前面选取的第一条特别规则，[①]并且，雇主对其雇员的侵权行为所负的责任，充其量不过是根据侵权法一般理论所得出的错误结论。

55 那么，就契约法领域的隐名被代理人而言，或许有人认为如下做法无可厚非，即认定一个人若指使其雇员为其承揽法律义务，则受该义务之约束。而就该准则的另外一半同时也是更为难解的一半（即隐名被代理人的诉权）来说，我们不妨这样评论：隐名被代理人的诉权首先是在债务案件里面——其中，被代理人的货物就是

---

6 Parke, B., in *Sharrod v. London & N.W.Ry.Co.*, 4 Exch.580, 585 (1849); 1 Austin, *Jurisprudence*, Lect.26, 3d ed., p.513. Cf. *The Common Law*, 15, 16.

7 *Dansey v. Richardson*, 3 El.& Bl.144, 161.

① 即前述“在侵权法里面，即使雇员的行为未经雇主授权，甚至遭到雇主严令禁止，法律也可能认定雇主承担责任”。——译者

责任的对价——得到主张的，[8]并且如此这般表述的观念，后来扩展至其他的简单契约案件。且不论对于该类推以及整条规则的反驳意见是否允当，我们都不妨指出，在侵权法上的代理规定和契约法上的代理规定之间，或者在代理的事实和规则之间，仅有着纯粹戏剧性的联系，并且在契约法上的代理规定中，一如在侵权法上的代理规定中，所能发现的不过是根据相关法律部门之一般假定得出的、多半是错误的结论。

正如我们承认的那样，可由此顺理成章地推论，追认的存在还是仅仅表明，“追认相当于指使”(*ratihabitio mandato comparatur*)这条罗马法谚，自布莱克顿时代以来已经嵌入我们的法律。

最后，关于通过雇员进行占有的理论，其根据似乎在于：雇员承认他的雇主拥有随意处分该占有物的现行权利，与此同时，雇员方面没有实际提出或者无意提出这种处分的请求，并且雇主方面确实存在此种请求。

然而，以上推理完全不能充分证成前述诸项准则，这是我已经 56
部分地表明并将在后文详细证实的事情。如果假设这种不充分性是确凿的，那么我们不由得感到讶异，因为同样的错误取向居然贯穿着全部的法律分支。如果说，一旦主从关系映入眼帘，我们就发现因他人行为而起的责任或收益，扩大到超出任何一般理论所提供或衍生的理由范围，那么我们就不仅有充分理据来单独讨论主

8 *Scrimshire v.Alderton*, 2 Strange, 1182(H.16 G.II.).Cf.*Gurratt v.Cullum*(T.9 Anne, B.R.)，转述于 *Scott v.Surman*, Willes, 400, at p.405(H.16 G.II.), and in Buller, N.P.42。

从关系，而且有理由怀疑，主从关系既是前面观察到的那些法律效果的一种伴生物，也是它们的一种起因。

若以分析的视角看待这整个问题，我们很容易发现，如果法律的确将代理人等同认定为被代理人，那么在这种等同认定的范围内，被代理人将会承受其代理人的侵权、契约或占有所引起的负担和利益。因此，让我们建构一种历史假说，即如果现代法律的出发点是家长权（*patria potestas*），那么稍作研究即可表明，[代理人与被代理人的]身份同一性拟制（fiction of identity）是从这种根源自然生发出来的东西。

存在着一种在先的概然性，即家长权已经至少对于既存规则施加了影响。我已在别处尽力证明，在早期罗马法和早期日耳曼法上，奴隶主对其奴隶的侵权行为所负的无限责任，脱胎于昔日的一种买断奴隶的单纯特权，这种买断的契机是为抚平受侵犯方的
57 报复心而交出人手[作为赔偿]。我还证明，裁判官在某些情况下，曾将如此确立起来的无限责任扩展适用于自由雇员的不端行为（misconduct）。[9] 罗马法和日耳曼法作为我们法律体系的双亲，其准则当然不太可能没有影响到它们的后裔（即普通法）。

诚然，罗马法没有发展出英格兰所创设的那套关于代理的普遍准则。罗马裁判官的告示（edict）仅要求，店家和船主（*nautae*、*caupones*、*stabularii*）对其自由雇员的不端行为承担责任。通过自由人的行为而取得权利或引起义务，在当时并不具备普遍可能

---

9 *The Common Law*, 9, 15-20.

性。[10] 但鉴于当时能够借助非奴隶的他人取得财产、占有[11]或契约[12]方面的权利,罗马法无疑是把奴隶制和家长权作为出发点的。

在此很容易看到,这种状况如何倾向于导致代理人与被代理人之间基于拟制的等同认定,尽管罗马法在代理的限度内甚少需要拟制,也甚少用到拟制。乌尔比安(Ulpian)指出,家庭行为除非遵照家长(*paterfamilias*)的意愿,否则不能被称为家长行为。[13] 但由于一切家庭权利义务都完全是家长的法律人格(*persona*)的属性,要概括表达家庭成员乃是损益的手段,就可以说家庭成员仅限于该目的(*pro hac vice*)而支撑着家长的法律人格。就此目的 58
而言,家庭成员与家长合而为一。查士丁尼《法学阶梯》(*Institutes*)告诉我们,奴隶之所以有权应允有拘束力的允诺,是"源自主人的法律人格"(*ex persona domini*)。[14] 而关于自由代理人,注释法学派认为此类情况下两人被杜撰为(feigned)同一人。[15]

这样的公式当然仅仅是衍生性的。拟制不过是将那些基于其他理据形成的规则,予以方便的表达。罗马裁判官之所以认定店家对其雇员承担责任,既非因为"雇员的行为就是雇主的行为",也非因为店家在挑选雇员时的过失。他这样做是出于实质性的政策理由,即因为法律必然委之于店家的特殊信赖。故而,如果当年认定奴隶的占有物就是奴隶主的占有物,那么该判决之根基在于主

10 Inst.2,9,§ 5;D.44,7,11;D.45,1,126,§ 2.

11 Inst.2,9,esp.§§ 4,5.Cf.D.41,1,53.

12 Inst.3,17;D.41,1,53;D.45,1,38,§ 17.

13 D.43,16,1,§§ 11-13.

14 Inst.3,17,pr.18,见于较老的版本。

15 D.45,1,38,§ 17,Elzevir ed.Gothofred,note 74.Cf.D.44,2,4,note 17.

人的权力这一确然事实。[16]

但这种公式一经采用，不久便自行维续。该公式本身变成了要求雇主承担责任以及为雇主赋予权利的自足理由，而不再仅仅是如下事情的简明陈述方式：当法律出于政策的考虑，要求雇主对其雇员承担责任之时，或是有鉴于奴隶主的权力，使他从其奴隶的占有或契约中获益时，法律**在此范围内**将主人视为侵权行为人
59 (tort-feasor)、占有人或缔约人。如果“雇员的行为就是雇主的行为”，或者说雇主和雇员“被视为同一人”，那么雇主就必须为雇员的不法行为付出代价，以及从雇员的正当行为中获利。在雇主因其雇员的行为而承担义务或取得利益的场合使用上述措辞，单是这种语言习惯就容易导致以下现象：仅根据那些措辞所塑造的思维方式，而非出于更为实质性的理据，就把其他情形纳入同一思想的半影区(penumbra)。

我要相继考察，关于侵权、契约、追认和占有领域中的代理问题，英格兰权威法律文献是如何论述的。但其中某些权威法律文献，对于所要考察的各个分支都同等重要，并将预先证明前文的评论并非异想天开。因此，我将自始引证充足的材料来确立如下事实：家长身份曾被承认为法律权利和法律义务的构成因素，这种宗主(headship)概念经由类推，引申适用于雇主与暂时承担雇员事务的自由人之间的关系，而且如此涵盖进来的各种主从关系，被概括在具有误导性的身份同一性拟制之下。

布莱克顿说：“家庭(*familia*)包括那些被认为承担苦役的人，

---

16 *The Common Law*, 228.

例如雇工和佣工。自由人与奴隶,只要家长有权号令的,都属于家庭。”[17]

韦斯特(West)的《法律文书写作方法》(*Symboleography*),[18] 60
是一部大约出版于詹姆斯一世在位之初的著作,其中虽然主要关乎文书格式,但依然时不时地透露深远的见解。我们在书中读到下列论述:

> 他[即家长]是唯一可以表示同意或作出侵犯的人。
>
> 而且这两种情况要么间接、要么直接地形成拘束力。
>
> 如果他不得不追认,就直接形成拘束力。
>
> 间接形成拘束力的情况是,缔约或实施侵犯的那个人虽在自然意义上有别于他,但在法律上并无区分,因受法律这样的纽带的捆束,同他的法律人格合而为一,在某些案件中是指那些受到支配却超出授权的人,例如妻子、隶农(bondman)、奴仆、行纪人(factor)、法律事务代理人(Attourney)或代诉人(Procurator)。

我们在此看到,家长权乃是实质性的根据,它经扩展适用于甚至并非家奴(domestic servants)的自由代理人,并正式地表现为身份同一性拟制。

---

17 拉丁文原文是“*Et etiam familiae appellatio eos complectitur qui loco servorum habentur, sicut sunt mercenarii et conductitii. Item tam liberi quam servi, et quibus poterit imperari*”(Bract., fol.171 b)。

18 Lib I., § .3, *ad fin*.“Of the Fact of Man”.

于是，到了下一朝的初期便有人指出，对妻子或奴仆过失所致
火灾提起诉讼，乃是“针对家长（*vers patrem familias*）的”。[19] 韦
斯特所展示的那种责任扩张，在后世的典籍中时而也有表达，即主
张那种扩张并不局限于担责当事人跟不法行为人处于家长权关系
61 中的情形；[20]但该说法仅仅表明，这条规则引申适用于家奴之外的
其他仆从，并且认可这种类推或出发点。[21]

大家都熟悉那种适用于已婚妇女的拟制。早期法律参照奴仆的地位来对待已婚妇女。早期法律把妻子和奴仆统称为动产（chattels）。[22] 妻子被认为与奴仆性质相同，[23]夫妻在法律上不过是同一人。[24] 只要此种等同认定得到贯彻，只要妻子的法律人格被其丈夫的法律人格所吞没和吸收，那么，虽然一般而言受让人（assigns）除非在担保中被指名道姓，否则不能为该担保作证，[25]丈夫却总能为妻子在婚前取得的担保作证。正如西蒙·希米恩案（Simon Simeon's case）所言，通过婚姻，“它［即担保］就转移到丈夫的法律人格上”。也就是说，尽管在现实中，契约执行权被转移给了非契约当事人（stranger），但在法律理论上并不存在权利转

---

19 Shelley and Barr's Case, 1 Roll. Abr. 2, pl. 7 (M. 1 Car. I.).

20 Bac. Abr., *Master and Servant*, K.; Smith's Master and Servant, 3d ed., 260.

21 *Laugher v. Pointer*, 5 B. & C. 547, 554 (1826). Cf. *Bush v. Steinman*, 1 Bos. & P. 404 (1799).

22 Y.B. 19 H. VI. 31, pl. 59; 2 Roll. Abr. 546 (D).

23 1 Roll. Abr. 2, pl. 7.

24 Dial. de Scaccario II., Ch. 18; Bract., fol. 429 b; Y.B. 22 H. VI. 38, pl. 6; Litt. §§ 168, 191; 3 Salk. 46; Com. Dig. *Baron & Feme* (D); 1 Bl. Comm. 442.

25 *The Common Law*, 375, n. 2, 401, n. 1.

移,因为他已跟缔约人成为同一人。[26]

当然,夫妻之间的等同认定虽说并不绝对,却远比主人和奴仆 62
之间的等同认定来得完全,正如后者又比为了特定交易而雇佣代理人的情形更加彻底。甚至就维兰(villeins)①而言,领主(lord)虽可利用维兰的占有或产权,却不能利用维兰所订立的契约或得到的担保。[27] 但那种身份等同认定的观念及其历史出发点始终如一。当考察后来的案件时,读者将会想起,妻子与奴仆地位相同这一点乃是不争的既成事实,[夫妻]关系的各种结果经由身份同一性拟制获得众所周知的表达,因此,总体来说,该拟制在家事关系上的可适用性,必定早在我要解释的那些主要判决作出之前即已为法院所熟知。

我现在来讨论普通法上雇主为雇员侵权行为所承担的责任。英格兰法律界以为,此种归责原则乃是凭空捏造的(manufactured out of the whole cloth),由查理二世时期的"迈克尔诉阿莱斯特里

26 Simon Simeon's Case, Y.B.30 Ed.III.14; S.C.*ib*.6; 29 Ed.III.48.我无意改变我在《普通法》第11讲中表达的观点以迎合埃姆斯教授的意见(参见3 *Harv.Law Rev.* 388, n.6)。毫无疑问,信用状(letter of credit)在亨利三世时期已为世人所知。参见Royal Letter, Hen.III.315。但适用于信用状的现代契约理论,在我看来并不是受让人据以取得担保利益的那种理论。参见*Norcross v.James*, 140 Mass.188。

① 维兰是中世纪英格兰法上的较复杂社会阶层。总体说来,维兰的地位高于奴隶,但低于其他任何人。维兰附着于庄园之上,履行一些低贱的役务,他们被视为领主的财产。领主可对其进行处置;没有领主的批准,他们不得擅自离开庄园;他们的财产权不受法律保护;除领主之外,他们可以起诉任何人,当领主采取暴行时,他们同样可以获得法律的救济。维兰只有在领主眼里才是农奴,与其他人相提并论时也是自由人。参见《元照英美法词典》,北京大学出版社2013年版,第1403页。——译者

27 Y.B.22, Ass.pl.27, fol.93; Co.Lit.117 a.

63 案”(*Michael v.Alestree*)判决所引入。[28] 有鉴于先前的历史，这种观念要是成立，那可真的匪夷所思。我冒昧地认为，前述观念是错误的，那种归责原则发轫于远古，并逐步成长为当前的形态。我还怀疑，“迈克尔诉阿莱斯特里案”能否算作那种归责原则的例证。在我看来，这件案子里面作为诉因的损害，乃是雇主所指使之行为的自然结果，因此，如前所言，这里无须引入特殊的或特别的准则进行解释。该案乃是针对雇主和雇员提起的类案诉讼(action on the case)：“因为被告把一辆由两匹烈马牵引的四轮马车，带进了林肯律师公会广场(而人们总在那里来来往往谈业务)，并且在轻率粗心、未对地点之不合理性作出应有考虑的情况下(*eux improvide incaute & absque debita consideratione ineptitudinis loci*)，在那个场合驱策那两匹马，以使之乖顺(tractable)、适宜拉车；那两匹马生性暴烈(ferocity)，无法驾驭，终致踩伤原告。雇主并不在场”，但两位被告都被认定有罪。“雇主在向法庭申请中止判决时(move in Arrest of Judgment)提出，这里没有证实其明知(*Sciens*)那两匹马不服管教，也没有断言其存在过失；相反，是那两匹马确实桀骜不驯(ungovernable)。但判决依然支持原告，因为声称雇主‘轻率粗心、未对地点之不合理性作出应有考虑’；而雇主既然指
64 派雇员在那个地方驯马，显系有此用意。”[29] 换言之，不能断言(aver)事发当时驭马之举本身存在过失；相反，是那两匹马确实桀骜不驯——以上正是雇主的反对意见。可是，出于驯服(break)马匹

[28] 2 Levinz,172;S.C.3 Keble,650,1 Ventris,295(T.28 Car.II.).

[29] 2 Lev.172.

之目的,而在公共场所驱策桀骜之马的行为存在过失,这正是判决的断言,并且断言此举出于疏忽。此外,断言雇主的行为出于疏忽,该主张乍看之下是充分的,可得到下述证据的证实,即雇主知道那两匹马的性情,所以才命其雇员在公众聚集地(public resort)驯马。实际上,驯马的指令本身就意味着雇主深知马性;而如果下令作出被指控的特定行为,那么该行为总是可以被归为下令者的行为。[30]

当我着手研究主从关系法的真正历史时,尽管如我所指出的那样,它可能是从我在罗马法和(或)日耳曼法那里所追溯到的准则中因袭发展而来,但我必须承认遇到了难题。甚至在深受罗马法影响的布莱克顿那里,我也未能找出只言片语明确地主张:主人要为仆从(非经其指使或追认的)侵权行为承担民事责任。诚然,有一处目前看来似有讹误的(corrupt)文字,若通过猜测加以修正,可以表达上述主张。然而,鉴于林肯律师公会(Lincoln's Inn) 65
所存善本大致确认了目前刊印的拼读,妄加猜测恐不合宜。[31]

再者,我确实找到一种制度,它虽然跟盎格鲁-撒克逊的主人责任法或许有关,也或许无关,但无论如何,同样将一种不同类型的责任与家长身份联系起来。

约在诺曼征服时期,所谓的治安联保(*Frithborh*,or frankpledge)要么已被引进,要么其重要性大幅增长。主人的法定身份之一就是仆从的保证人(pledge),要么交出仆从绳之以法,或者要么自行缴纳罚金。“任何有仆从者,实行十家联保制”(*Omnes qui servientes*

30 *Sup*.p.51,52.

31 Bract.,fol.115 a.

habent, eorum sint francplegii)乃是征服者威廉的法律要求。布莱克顿援引了忏悔者爱德华(Edward the Confessor)的相似规定,并提出,在某些郡,一个人被判定要为其家庭成员承担责任。[32] 主人为仆从承担的准刑事责任,迟至爱德华二世在位时期,才连同治安联保的其他规则一道得以确立,对此本文不予讨论。菲茨赫伯特(Fitzherbert)的《年鉴汇要》(*Abridgment*)里面写道:"须注意,如果任何领主的仆从(*serviens*)在其承担役务期间(*in servicio suo existens*)犯下重罪且被定罪,那么尽管在重罪发生之后(这位主
66 人)并未接纳他,但主人仍要被科以罚金(amerce),理由就是仆从归属于主人的村镇。"[33]布莱克顿以相似方式说道,主人有义务为其仆从的特定侵权行为"缴付罚金"(*Emendare*)[34]——按我的理解,这是指交罚金而非损害赔偿金。

但独特的主从关系法的真正例证,要到爱德华二世之前去找。从爱德华一世时期至今,"上级负责"(*respondeat superior*)这条法谚一直被适用于下属官员的侵权案件。故此,《威斯敏斯特法令II》(*Statute of Westminster the Second*)中调整郡长(sheriffs)或执达官(bailiffs)的财务扣押(distresses)的那一章,[35]要求忽视其条文的官员承担责任,并且接着规定道,"如果执达官不能赔偿,则由其上级赔偿"(*si nom habeat ballivus unde reddat reddat superior*

---

32 "他因其家庭和家人的行为而被拘押(*Tenebitur ille, in quibusdam partibus, de cujus fuerint familia et manupastu*)"(Bract., fol.124 b);亦即因处在他家长权下之人的行为而被拘押。L.L.Gul.I.C.52;LL Edw.Conf.C.21(al.20).

33 *Corone*, pl.428(8 Ed.II.It.Canc.).

34 Bract., fol.158 b, 171 a, b, 172 b.Cf.Ducange, "*Emenda*".

35 St.13 Ed.I., St.I., Ch.2, § 3.

suus)。同理,该法令的后面一章,在要求狱吏某些情况下因有人越狱而承受债务诉讼之后,规定如果狱吏不能支付赔偿金,那么,将看管监狱之职托付给他的那位上级就要根据同一令状承担责任。[36] 还是同理,《关于大宪章的确认和执行的条例》(*Articuli super Chartas*)第十八章,[37] 因应着复归地产管理官或其下属(escheators or sub-escheators)在被监护人的王属土地上的毁损行为,向被监护人(wards)授予禁止毁损土地令(writ of waste),"以对抗复归地产管理官的行为,或其下属的行为(若其下属在此事上必须负责的话),而若该下属不必负责,则其主事官就得负责(*si respoigne son sovereign*)按照该条例关于监护过程中之毁损 67
的规定,承担相应的损害赔偿金"。爱德华二世在位时期,有件案子能够解释涉及狱吏问题的前述法令,该案收录于菲茨赫伯特的《年鉴汇要》,[38] 而柯克的《英格兰法学阶梯(第四部)》(*Fourth Institute*)则提到后来的类似案件。[39]

---

36 Ch.II.*ad finem*."如果狱吏没有可供裁判或偿债的财产,则由将看守职责委托于他的上级根据同一令状承担责任(*Et si custos gaole non habeat per quod justicietur vel unde solvat* respondeat superior *suus qui custodiam hujusmodi gaole sibi commisit per idem breve*)。"

37 St.28 Ed.I.,Ch.18.

38 *Dette*,pl.172(M.11 Ed.II.).

39 4 Inst.114;"45 E.3,9,10:要被处理或免职的隐修院副主持逃脱的,由其上级负责(*Prior datife et removeable suffer eschape*,*respondeat superior*)。14 E.4:执达官的不称职由其上级负责(*Pur insufficiency del bailie dun libertie respondeat dominus libertatis*)。Vid.44 E.3,13;50 E.3,5;14 H.4,22;11 H.6,52;30 H.6,32"。

或许有人会提出反对意见，说上述案例都是基于法令的。但法院似乎已在法令之外适用前述原则，以要求肯特郡（county of Kent）对一名验尸官（coroner）的不履职（default）承担责任，而此举是没有任何法令直接规定的，除了那部授权各郡选举验尸官的法令外；稍后将会谈及的其他情况下，同样适用了前述原则。[40] 此外值得一提的是，早期的法令和判决一样，都是主流法律观念的充分印证。

但或许还是有人会提出反对意见，说要求那些负责安排受薪公职（public offices of profit）的人须对其选任人员“自担风险地负责”（这里套用关于王室法院书记官问题的另一条类似法令中的措
68 辞），乃是有着特殊的公共政策理由的。[41] 诚然，我们可以说这种责任重于选任私人仆从的情形。我们也可以追问，严格意义上的“上级负责”是否并非一条独立原则，而所谓独立原则是指它应被视作现代法的起因之一（而非来自共同渊源的分支）。“上级负责”原则肯定为我们提供了据以支撑法律现状的不充分原因之一，即必须让能够支付损害赔偿金之人承担责任。

---

40 参见如下令状：H. 14 Ed. III. ex parte, Remem. Regis, rot. 9, in Scacc. in 4 Inst. 114, and in 2 Inst. 175（在后者那里的表述不那么充分）。“因为验尸官是由议会以法令的形式选任，因此验尸官的不履职由整个议会，包括选任者和上级等，对国王负责，议会有关土地和占有的强制执行命令应由其执达官执行（*Et quia ipse coronator electus erat per comitatum juxta formam statuti, etc. ita quod in defectu ejusdem coronatoris totus comitatus ut elector et superior, etc.* (*tenetur*), *habeant regi respondere, praecip* (*praeceptum fuit*) *nunc vic' quod de terris et tenementis* (*hominum*) *hujusmodi totius comitatus in balliva sua fieri fac*）”，等等。参见《英格兰法学阶梯》(4 Inst. 114) 的其他引用材料，以及 Y.B. 49 Ed. III. 25, 26, pl. 3。

41 St. 2 H. VI., Ch. 10.

在我看来,[本文提供的]佐证材料的证明力,可以推翻(overcome)这些反对意见。我认为,为下属担责的规则,很可能是源自家庭和家长权的那些观念的特别适用。我已证明,那些观念是实实在在的。将下属称为其上级的仆从乃是源远流长的做法,前引法令中所使用的“**主事官**”(*sovereign*,也译作“主权者”或“主上”)甚或“**上级**”(*superior*)似乎确有此意味。在戴尔(Dyer)那里,“主事官”被用作主人的同义词。[42] 爱德华四世时期的《法律年鉴》(Y.B.,II Edward IV.1,pl.1)曾写道:“如果我确定一位代表(deputy),我始终是职位担当人(officer),而他依照我的权利并作为我的仆从履行职务。”自此以后,不仅法律界一再重复着同样的
措辞,[43]而且如我将要表明的那样,偏好明确使用身份同一性拟制 69
的领域之一,便是上级和下属的关系。

爱德华三世在位时期,法律认定,如果一名男修道院院长(abbot)拥有地产监护权,而且一位联合驻堂法政牧师(co-canon)造成土地毁损,那么这位男修道院院长将因此承担不利后果,“被宣判的正是男修道院院长的行为”。[44] 在我看来,这一表述不仅是将“上级负责”规则适用于公职之外的情形,而且采用身份同一性拟制作为该规则的解释模式。

42 *Alford v.Eglisfield*,Dyer,230 b,pl.56.在后面讨论行纪人时,还会引证这段话。也参见 Y.B.27 H.VIII.24,pl.3。

43 *Parkes v.Mosse*,Cro.Eliz.181(E.32 Eliz.);*Wheteley v.Stone*,2 Roll.Abr.556,pl.14;S.C.Hobart,180;1 Bl.Comm.345,346.

44 Y.B.49 Ed.III.25,26,pl.3.

爱德华三世时期的一份较早卷宗(record),尽管主要涉及《奥列隆法典》(the laws of Oleron)[①],却表明王室法院在某些案件中,甚至会比当下更加严格地要求雇主为其雇员的侵权行为承担责任。一名船长(ship-master)在侵害他人财物之诉(trespass *de bonis asportatis*)里面,被判要对船员非法取得的货物承担责任,而且判决书认为船长应对其船上发生的一切侵害负责。[45]

有条与之年代相近的法令值得一提,尽管或许应将其解释为涉及前述的罚金或其他罚没措施(forfeitures),而非涉及民事损害赔偿。该法令规定:“商人或者其他类似情况的人,不因其雇员实施侵害和遭受罚没,而使自己的财物或货物(merchandizes)遭到剥夺或罚没,但以下情况除外:雇员行为出于雇主的教唆(commandment)或勾引(procurement)的,雇员在雇主所任命的职
70 位上实施侵犯的,以及商人法(law-merchant)规定雇主须对雇员行为承担责任的其他情形。”[46]该法令限缩了先前存在的[雇主]责任,但也有所保留地要求雇主在某些情况下仍须对雇员行为承担责任,比如雇员在雇主所任命的职位上实施侵犯的案件。该法令固然是在规定商人事项,但它也从另一侧面证实了整个现代法律的古代血统(extraction)。

---

① 《奥列隆法典》是一部被欧洲各国作为本国海商法基础的海商法法典,由吉耶纳的埃莱诺(Eleanor of Guienne)于12世纪在法国西海岸的奥列隆岛(当时为英王领地)颁布,并在理查一世、亨利三世和爱德华三世时期一直被英格兰采用。参见《元照英美法词典》,北京大学出版社2013年版,第805页。——译者

45 Brevia Regis in Turr. London, T. 24 Ed. III., No. 45, Bristol, printed in Molloy, Book 2, Ch. 3, § 16.

46 St. 27 Ed. III., St. 2, cap. 19.

但须记得,在《法律年鉴》时代,本可适用现代的代理关系准则
的案件少之又少。早期法律所处理的侵权行为,十之八九是故意
的(wilful)侵权行为。这些侵权行为要么是因实际恶意
(malevolence)而起,要么至少是在实施时完全预见到随之而来的
损害。[47] 鉴于早期法官熟知两种行为之间的区分,即一个人仅代
表自己作出的行为,以及按照雇员身份(capacity)作出的行为,[48]因
此显而易见,早期法官不可能认定雇主在原则上应对此类[雇员
故意]侵权行为负责,除非他们打算大大突破其后继者止步之
处。[49] 除了违背雇主意志的欺诈[50]和蓄意侵害[51]之外,我只知道同 71
我这部分主题关系较大的《法律年鉴》里面的另一桩案子。可那
十分重要。该案涉及失火问题,[52]它是大法官霍尔特(Holt)审判
"特伯维尔诉施坦佩案"(*Turberville v.Stampe*)之时所依据的先
例,[53]"特伯维尔诉施坦佩案"转又成为后来的主从关系案件的出

47 *The Common Law*,3,4,101-103.我的意思是,不是作为明确理论的事情,而是出于事物的状况。关于责任的早期原则,参见当前布伦纳(Brunner)博士渊博而精妙的讨论:*Über absichtlose Missethat im Altdeutschen Strafrechte*,in Sitzungsberichte der kön.Preuss.Akademie der Wissensch.,XXXV.,July 10,1890。他提到的一些事例,比如《贝奥武甫》(*Beowulf*)第 2435 行诗的叙述,我也曾留心。

48 例如参见 Gascoigne in Y.B.7 H.IV.34,35,pl.1。

49 Cf.Dr.and Stud.Dial.2,Ch.42(A.D.1530).

50 Y.B.9 H.VI.53,pl.37.

51 Y.B.13 H.VII.15,pl.10.Cf.Keilway,3 b,pl.7(M.12 H.VII.).

52 Y.B.2 H.IV.18,pl.6.

53 Carthew,425(表明《法律年鉴》得到引证)。而大法官霍尔特的措辞(in 1 Ld. Raym.264)表明他考虑到了该案。

发点。[54] 因此我要在那件失火案上多花点笔墨。

比利(Beaulieu)起诉芬格莱姆(Finglam),称被告看管原告的火堆时粗心大意,结果火堆因缺乏合理看管而引燃原告的房屋和货物。法官马卡姆(Markham)认为,在此类案件中,一个人应对其雇员或宾客(guest)的行为承担责任;因为如果我的雇员或宾客在梁上摆放蜡烛,而蜡烛掉落稻草堆,导致我整间房子以及邻居的房子失火,在这种情况下,我要对邻居遭受的损失负责,这是由法庭全体认可的事情(*quod concedebatur per curiam*)。律师霍内比(Horneby)认为,若是那样,此人应当拿到令状,因为他烧毁了自己的房屋(*Quare domum suam ardebat vel exarsit*)。律师赫尔(Hull)认为,将莫须有的指责或不履职强加于人,乃是完全不在理
72 的;因为不能把雇员的过失称为雇主的作为(feasance)。首席法官蒂尔宁(Thirning)认为,如果一个人出于不幸的意外(by misfortune)而杀死另一个人,那么他的财物将被罚没,而他必定拿到基于恩惠的赦免状(charter of pardon *de grace*)。这是法庭所同意的(*Ad quod Curia concordat*)。马卡姆指出,如果一个人进入我的房子是我所纵容(leave)或明知的,或者是由我本人或我的仆从招待的,而他用蜡烛或其他东西引发了火灾,由此焚毁我邻居的房子,那么我要因他而对我的邻居承担责任;但如果从我房外过来的一个人违背我的意志,点燃我房内或其他地方的稻草,由此焚毁我和邻居的房子,那么就不应认定我要对邻居的房子等承担责任,因为

54 *Brucker v.Fromont*, 6 T.R.659; *M'Manus v.Crickett*, 1 East, 106; *Patten v. Rea*, 2 C.B.N.S.606.

不能说纵火之举是出于我本人的恶行，相反，那是违背我的意志的。霍内比接着提出，如果坚持起诉被告，被告将一无所有。“蒂尔宁指出，那对我们来说意味着什么呢？任由他的前程完全葬送也比为他修改法律要强。[55] 他们接下来的争点是，原告的房子非由被告的火所焚毁。”

上述案件为在“特伯维尔诉施坦佩案”中遭到无益限缩的如下论点，提供了某种基础，即这种责任局限于房屋。[56] 这样一种限制并非得不到类推的支持。按照旧日的法律，在主人房内的时候，仆从对主人物品的看管被视为主人的亲自占有，但该案中的仆从正 73
在房外的旅行途中。[57] 因此，店家对客栈内的全部财物负责，无论他是否进行看管。[58] 还要注意的是，房主的责任范围似乎延伸至他的宾客。从此以后，历史上时不时地出现由于法律目的而将宾客视为家庭一部分的倾向。[59] 根据早期法律，如果宾客被允许在房内驻留三日，那么他就被称为“家仆”（*hoghenehine*）或“住户”（*agenhine*），也即客栈老板（host）的仆从（*own hine*）——由此可见，我们不妨认为这与治安联保相呼应。[60] 但不论受到怎样的限制，也不论出于多么隐蔽的（occult）原因，当时的法律清清楚楚地承认房主对其仆从的责任，而且将房主和仆从等同认定的准则似也得到法律认可，尽管律师陈述对之提出的反对意见同素来的主

---

55 Y.B.2 H.IV.18, pl.6.

56 也参见 1 Bl.Comm.431; Noy's Maxims, Ch.44。

57 Y.B.21 H.VII.14, pl.21; *The Common Law*, 226.

58 Y.B.42 Ass., pl.17, fol.260; 42 Ed.III.11, pl.13.

59 Y.B.13 Ed.IV.10, pl.5; *Southcote v.Stanley*, 1 H.N.247, 250.

60 Bract., fol.124 b; LL.Gul.I., c.48; LL.Edw.Conf., Ch.23.

张一样铿锵有力。①

如我所言，《法律年鉴》记载的后续案件都是涉及故意不法行为的，我现在转向考察《法律年鉴》之后的判例汇编（reports）。伊丽莎白在位时期，一名被告以如下惯例为自己没收绵羊作为通行费的做法作辩护：向外地人驱赶着穿过村邑（vill）的羊群收取通行
74 费，如果驱赶羊群的外地人拒绝他的要求，则将羊扣押（distrain）。被告主张原告（即绵羊的所有者）是外地人，但没有主张赶羊人也是外地人。可是法院认可了（sustained）被告的答辩（plea），说："仆从的赶羊行为就是雇主的赶羊行为；如果雇主是外地人，那就足够了。"[61]

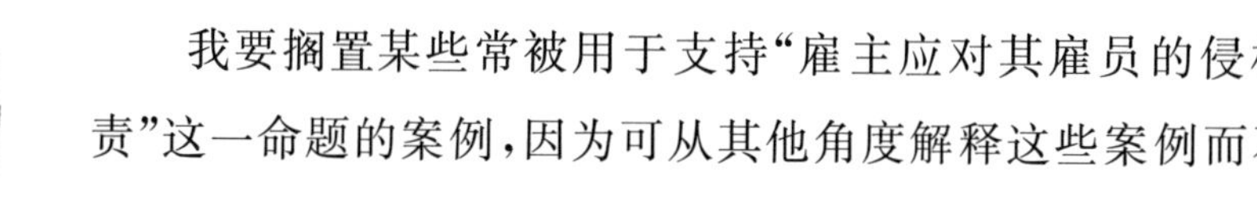

我要搁置某些常被用于支持"雇主应对其雇员的侵权行为负责"这一命题的案例，因为可从其他角度解释这些案例而不涉及那

① 在连载第二讲的末尾（原书第 116 页），有霍姆斯增补的一段小字附录，现移注于此："第一讲中，我已举例说明了一个人在其所拥有的房屋范围内的责任；我本该补充一种情形，即'在他的旅店内有一位贵族小姐时'（tant com elle est Damoiselle en son Hostel），附庸（vassal）对其领主的女儿或姐妹强奸未遂（attempts on the chastity）（in Ass.Jerusalem，ch.205，217，ed.1690）。就我所知，还没有人研究过店家责任的起源。博马努瓦（Beaumanoir，C.36）似乎将这种责任限定于托付给（intrusted）店家的物品，而且似乎在那种情形下还要再行限定，并提出了若干政策理据。英格兰法比较严苛，认为该责任的理据在于，宾客当时已处于店家的安全保障之下（42 Ass.，pl.17，fol.260）。法院认为被告没有过错（fault），所以拒绝签发**拘捕令**（*capias*），但批准了**占地执行令**（*elegit*）（42 Ed.III.11，pl.13）。尽管法院提出了前述责任理据，但该责任很早就被限定于从事公共职业者（公共客栈掌柜）（11 Hen.IV.45，pl.18）。参见 *The Common Law*，183-189，203。进一步参见 22 Hen VI.21，pl.38；*ib*.38，pl.8。请注意在国王敌人侵夺情况下的店家责任限制，这与受托人的责任相似（Plowden，9 以及边注；*The Common Law*，177，182，199，201）。援引英格兰习俗或国内法（*lex terrae*）是无济于事的（*The Common Law*，188）。进一步参见格兰维尔和布莱克顿笔下的条目。如有必要，也可给出其他引证。"——译者

61 *Smith v.Shepherd*，Cro.Eliz.，710；M.41 & 42 Eliz.B.R.

条命题。[62]

我接下来援引的法律佐证材料，是曾在前文完全援引的来自韦斯特《法律文书写作方法》的一段话，它充分阐发了现代代理关系准则和身份同一性拟制。在两件差不多与之同时的案子中，法院未能最终判定雇主对其雇员的故意不法行为承担责任，其一涉及海盗行为(piracy)，[63]其二涉及欺诈。[64] 这两件案子之所以引起我们的兴趣，是因为它们表明这里所讨论的准则在当时还缺乏根 75
基，但也表明该准则的范围并未确切地固定下来。前一件案子，试图按照前述早期法令和判例的那种充分程度来贯彻“上级负责”的规则，并援引罗马法以证成自身在公共事务领域的适用。后一件案子援引了《博士和学生》(*Doctor and Student*)①。读者应该已经注意到，韦斯特的观点同样显露出罗马法的影响。

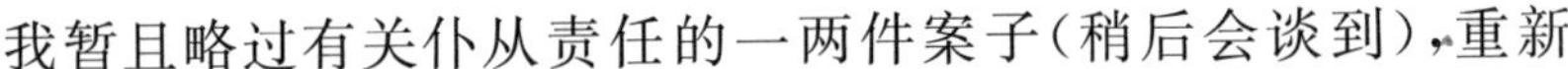

我暂且略过有关仆从责任的一两件案子(稍后会谈到)，重新

---

62 最重要的是 Lord North's case，[Dyer，161 a(T.4 & 5 Phil.& M.)]。但在该案中，雇主是需要自己承担返还风险的受托人(cf.*The Common Law*，175-179)。有件案子里[Dyer，238 b，pl.38(E.7 Eliz.)]，一个港口的顾客被认为要对因返还有误而起的惩罚承担责任，尽管他是通过其代表来隐名行事的。这两个案件的其中之一或者全部都被引用于 *Waltham v.Mulgar*，Moore，776；*Southern v. How*，Popham，143；*Boson v. Sandford*，1 Shower，101；*Lane v.Cotton*，12 Mod.472，489，*etc*.

63 *Waltham v.Mulgar*，Moore，776(P.3 Jac.I.).

64 *Southern v.How*，Cro.Jac.468；S.C.Popham，143；2 Roll.Rep，5，26；Bridgman 125，其中提出了这种特别裁定。

① 《博士和学生》这部普通法著作于 1523 年以拉丁文出版，1530 年又以英文出版，由克里斯托弗·圣·日尔曼(Christopher St.German，1460—1540)撰写，采用一位神学博士与一位普通法学生对话的形式。书中根据宗教和道德标准评判普通法规则，对自然法和普通法的基础提出不少质疑，并利用教会法学者的研究成果促进法律原则的发展。参见《元照英美法词典》，北京大学出版社 2013 年版，第 430 页。——译者

回到规定公职人员的一系列权威文献。如前所言，尽管当时责任程度有些差别，但下属官员素来被称为仆从。

查理二世在位时期，法律承认这种差别，但规定“郡长（high sheriff）及其副手（under-sheriff）乃是同一职位担当人”，因此认定郡长应当承担责任。[65] 大法官霍尔特表达了同样的想法：“代表所为之事即本人所为之事，它是本人的行为。”或依判例报道的边注所言：“代表的行为可以导致本人职位不保，因为那**相当于**（*quasi*）本人的行为。”[66]再后来，布莱克斯通（Blackstone）担任大法官时重申了查理时代的措辞：“主从之间是有差别的，但郡长及其全体属官在此类情况下应被视作同一人。”他的联席法官古尔德（Gould）也说：“我认为［郡长副手执事］处于郡长本人的地位，并代表郡长
76 本人。”[67]大法官曼斯菲尔德（Mansfield）再次表达了相同观点：“就一切法定公职目的（civil purposes）而论，郡长的执达官的行为就是郡长的行为。”[68]布莱克斯通虽然作出上述区分，但这并不妨碍他在自己的《英格兰法释义》（*Commentaries*）中提出，下属官员就是郡长的仆从；[69]大法官阿什赫斯特（Ashurst）在审理“伍德盖特诉纳奇布尔案”（*Woodgate v. Knatchbull*）时，[70]先引证大法官曼斯菲尔德的话，然后补充道：“事实上，在关于通常仆从问题的大多数情况下，都应如此认定。”布莱克斯通在稍后要引证的一段话里也表

65 *Cremer v.Humberston*, 2 Keble, 352(H.19 & 20 Car.II.).

66 *Lane v.Cotton*, 1 Salk.17, 18; S.C.1 Ld.Raym.646, Com.100(P.12 W.III.).

67 *Saunderson v.Baker*, 3 Wilson, 309 S.C.2 Wm.Bl.832; (T.12 G.III.1772).

68 *Ackworth v.Kempe*, Douglas, 40, 42(M.19 Geo.III.1778).

69 1 Bl.Comm.345, 346.

70 2 T.R.148, 154(1787).

达了同样看法。

这样纵向梳理了关于一类仆从[即郡长的副手]的身份同一性拟制之后,我现在必须重新回溯到大法官霍尔特的时代。在“博松诉桑福德案”(*Boson v. Sandford*)中,[71]大法官艾尔斯(Eyres)指出,船长不过是一名雇员,“他根据民法(Hob. III)获得他的权力,而雇员的作为或不作为显然应当归责于船主”。再者,在“特伯维尔诉施坦佩案”中,[72]大法官霍尔特先是根据罗马法开宗明义地指出:“如果我的雇员在公路上扔垃圾,我就是可被控告的(indictable)。”并接着说:“因此在本案中,如果被告的雇员的燃火行为发生在家政过程中,且契合雇佣内容,那么尽管他当时没有得到雇主的明示指令,但雇主依然要对失火导致的他人损害赔偿之 77
诉负责;因为这里包含着这样的意思,即雇员得其雇主的授权,为其雇主的利益效力。”该案是大法官霍尔特审判的系列案件[73]——它们成为现代[代理关系]判决的通常出发点——之中的第一件,它后来是转又变成关键判例的那些案件所依据的首要权威先例。[74] 于是我们饶有兴致地注意到,该案仅仅将“比利诉芬格莱姆案”(载于亨利四世时期《法律年鉴》第 2 卷)的原则适用于房外的火灾,取自罗马法的例证表明大法官霍尔特在考虑家长的责任,而

71 1 Shower, 101, 107(M. 2 Wm. III.).

72 1 Ld. Raym. 264(M. 9 Wm. III.); S. C. 3 *id*. 250, Carthew, 425, Com. 32, 1 Salk. 13, Skinner, 681, 12 Mod. 151, Comb. 459, Holt, 9.

73 *Jones v. Hart*, 2 Salk. 441; S. C. 1 Ld. Raym. 738, 739 (M. 10 Wm. III.); *Middleton v. Fowler*, 1 Salk. 282(M. 10 W. III.); *Hern v. Nichols*, 1 Salk. 289.

74 *Brucker v. Fromont*, 6 T. R. 659; *M'Manus v. Crickett*, 1 East, 106; *Patten v. Rea*, 2 C. B. N. S. 606(1857).

且在三年内的另一件案子里他运用了身份同一性拟制。[75]

我或许可以增加一条佐证材料，即布莱克斯通在他的《英格兰法释义》中，先是将罗马法上的家长责任同主人责任——主人“监管(superintendence and charge)全家”，如果家中任何人将某物扔到房外的街道上，则主人承担责任——相比较，[76]进而评论道：“主人可能经常因其仆从的不端行为承担责任，但绝不能通过把罪责
78 转嫁给他的代理人而免受惩罚。个中缘由仍旧一以贯之，即仆从的不法行为在法律上被视为主人本身的不法行为。”[77]

另有一系列案例能够明显而自成一格地证明，主从关系法是一种残留物，它源于奴隶制或就本文主题而言具有类似效果的其他制度，而且在某些案件中，将主从双方等同认定的做法得以贯彻直至其逻辑结论。如果法律因为基于主从关系的目的，而将(尽管身为自由人的)雇员视为仿佛仅仅支撑其雇主法律人格的奴隶，则可推知，当雇主承担责任的时候，雇员就不承担责任。有一段时间，法律似乎采纳了这一结论。詹姆斯一世和查理一世在位时期，有人指出如果郡长的副手作出虚假回呈(false return)，那么仅由郡长承担责任，“因为法律并不理会郡长的副手”。[78] 因此后一朝的法院认为，不得因在自家房内生火不慎酿成火灾而起诉丈夫和妻子，“因为根据习俗，应受指控的是家长，而非仆从或者与仆从性

75 *Lane v.Cotton*, 1 Salk.17, 18.

76 也参见 Noy's *Maxims*, Ch.44。

77 Bl.Comm.431, 432.

78 Cremer & Tookley's Case, Godbolt, 385, 389(Jac.I.); Laicock's Case, Latch, 187(H.2 Car.I.).

质相同的已婚妇女(*feme covert*)”。[79] 因此罗尔(Rolle)说:“如果店家的雇员出售变质的酒且明知这一点,那么欺诈之诉不应针对着这名雇员,因为他仅以雇员的身份做这件事。”[80]这同样适用于 79
明知不存在诉因却恶意行事的法律事务代理人。“他仅以他人雇员的身份行事,而且合乎他的职业和专业。”[81]

后来,大法官霍尔特将之化约为如下规则:就懈怠(neglect)亦即不作为(nonfeasance)而言,仆从并不承担责任,“因为他们必定仅仅视其为仆从”;“就失职行为(misfeasance)而言,应指控仆从或代表,但不是在其身为代表或仆从的范围内(*quatenus*),而是针对其不法行为人的角色”。[82] 也就是说,虽说允许针对仆从的身份行为本身而起诉该仆从是有悖理论的,但仆从不能摆脱其身为自由人的责任,并可作为自由的不法行为人被起诉。这当然就是今日的法律规则。[83] 但迟至布莱克斯通的《英格兰法释义》还是出现如下观点:“如果某人的雇员在钉马掌时造成马匹跛足,那么应当起诉雇主而非雇员。”[84]

79 Shelley & Burr, 1 Roll. Abr. 2, pl. 7 (M. 1 Car. I.). Cf. 1 Bl. Comm. 431; Com. Dig., *Action on the Case for Negligence*, A.C.

80 Roll. Abr. 95 (T.),没有引证任何权威文献,并补充道:“*Contra*, 9 Hen. VI. 53 b。”这种矛盾启人疑窦。

81 Anon., 1 Mod. 209, 210 (H. 27 & 28 Car. II.). Cf. *Barker v. Braham*, 2 W. Bl. 866, 869.

82 *Lane v. Cotton*, 12 Mod. 472, 488, T. 13 W. III. Cf. *Mors v. Slew*, 3 Keble, 135 (23 & 24 Car. II. 1671, 1672);以及 *Mires v. Solebay*, 2 Mod. 242, 244 (T. 29 Car. II.),涉及首席大法官斯克罗格斯(Scroggs)提出的一种例外。

83 *Sands v. Childs*, 3 Lev. 351, 352; *Perkins v. Smith*, 3 Wilson, 328 (1752).

84 1 Bl. Comm. 431; Bac. Abr., *Master and Servant*, K. 只消引证关于已婚妇女的责任规则便足矣。

我想目前我已充分梳理了侵权法上代理关系的历史。在我看来证据确凿的是：普通法的出发点是家长权和治安联保——至于
80 这是在遵从罗马法抑或仅从罗马法那里有所借鉴，并不重要——并且通过身份同一性公式廓清自身的范围。诚然，主人或被代理人为他人承担责任的情况并不局限于家庭关系；但我已经部分地证明（且将在后文完善证据），这整个准则都是根据主从关系设计的，并立足于主从关系所提示的各种类推。

81

第二讲*

接下来要讨论的是契约法上代理关系的历史。[1] 相比于侵权法，契约法上[代理关系]的反常现象更少，适用拟制的范围更窄。一个人不受其仆从所缔结之契约的拘束，除非仆从是代表他缔约的并获得其授权，而他在此时应负义务乃是显而易见之事。诚然，在认定授权范围时，问题在于名义上的(ostensible)授权而非隐秘的指令。但这仅仅例证了那条贯穿全部法律的一般规则，即一个人须对自己的行为负责。如果在他明知的情况下，被代理人在雇佣代理人时之行为的明显结果，是公众认为他向代理人授予了某些权力，那么他就的确向代理人授予了那些权力。而被代理人的令行禁止是同样真确的。代理人名义上的权力就是他的真实权

* *Harvard Law Revew*, Vol.V.No 1.

1 4 *Harv.Lav Rev.*345.

力,这一点似乎素来得到承认;[2]另一方面,法律素来认为,代理人不能在前述实际授权范围之外使被代理人承担义务。 82

不过,即使在契约领域也有代理关系引发的反常现象,即"按照代理人代表被代理人订立的契约,隐名被代理人可以提起诉讼或者被起诉"这条规则。必须考察这条规则,尽管相关佐证材料凤毛麟角。该规则似乎顺理成章地沿袭自代理人和被代理人的等同认定,对此我稍后将展开论述。因此我们不妨自始作出这样的评论:通过他人缔结契约的权力,虽然如今看来自然而然,当年实则起于家庭关系,并且一直是以我们所熟知的等同认定措辞来表达的。

一般说来,按照罗马法,不可通过家庭之外的自由人取得契约权利。但是,奴隶根据主人的法律人格,而有资格应允(accept)他人向主人作出的允诺。[3] 布莱克顿说,代理人能够为其被代理人应允契约。但他的出发点是家庭关系,其措辞近似于罗马的法学家。可以通过我们所掌控的奴隶或自由代理人取得债权债务关系,只要他们以主人的名义缔约。[4]

---

2 Y.B.27 Ass., pl.5, fol.133; Anon., 1 Shower, 95; *Nickson v. Brohan*, 10 Mod. 109, *etc*.

3 Inst.3,17,pr.参见 Gaius,3,§§ 164-166。

4 "应当认为并且应当知道,债可以通过下列人取得,即通过代理人,通过处于我们权威之下的卑亲属,以及通过我们自己、我们的儿子以及我们的自由人仆从。(Videndum etiam est per quas personas acquiratur obligatio, et sciendum quod per procuratores, et per liberos, quos sub potestate nostra habemus, et per nosmetipsos, et filios nostros et per liberos homines servientes nostros.)"(Bract., fol.100 b)因此"主人休息时由奴隶取得的,如果是以主人的名义定约的,那就跟通过代理人取得一样(Etiam dormienti per servum acquiritur, ut per procuratorem, si nomine domini stipuletur.)"(Bract., fol.28 b)。

亨利五世时期的法律观点是，小隐修院院长(prior)的总管
83 (seneschal)所订立的租约(lease)，应被宣称为这位小隐修院院长的租约；[5]詹姆斯一世时期的法律认定，向主人的仆从提起的简约之诉(assumpsit)，应向主人本人提起[6]。韦斯特的《法律文书写作方法》属于詹姆斯一世在位初期的著作。我们还记得，前面从中援引的那段话既适用于侵权也适用于契约。波帕姆(Popham)对《法律年鉴》里面的一段讨论(8 Edward IV.,fol,11)删节如下："我的仆从为我的利益而订立契约或购买物品；我对此承担责任，这就是我的行为。"[7]财税法庭法官帕克(Parke)为说明一项特定要求，即代理人签字生效(execute)的一份契据(deed)应以被代理人的名义签字生效，重述了大法官柯克的措辞："法律事务代理人……取代了被代理人的位置，并代表着被代理人本人。"[8]最后，奇蒂(Chitty)同样在谈论契约时像韦斯特那样说道："从法律的观点看，雇主与雇员，或者被代理人与代理人，被视为同一人。"[9]

我没有找到涉及隐名被代理人的早期判例。我们还记得，亨利六世时期之前唯一的非要式契约诉讼，以及此后很长一段时间
84 内主要的非要式契约诉讼，乃是债务之诉，并且这是基于债务人收

5　Y.B.8 H.V.4,pl.17.

6　Seignior & Wolmer's Case,Godbolt,360(T.21 Jac.).Cf.Jordan's Case,Y.B.27 H.VIII.24,pl.3.

7　*Drope v.Theyar*,Popham,178,179(P.2 Car.I.).

8　*Hunter v.Parker*,7 M.& W.322,343(1840);Combes's Case,9 Rep.75 a,76 b,77(T.11 Jac.).霍布斯充分阐明了被代理人和代理人的身份同一性拟制，他有许多敏锐的法律论述。参见 *Leviathan*, Part I. Ch. 16. "Of Persons, Authors, and Things Personated"。也参见 De Homine,I.C.15.De Homine Fictitio。

9　1 Bl.Comm.429,note.

受的折抵物(*quid pro quo*)而成立的。因此自然而然的是,我们在早期典籍中所见闻的主要问题便是,那笔财物是否用于所宣称的(alleged)债务人的利益。[10] 后来又经过许久,尽管还是在债务之诉那里,我们才见到法律首次明确承认此处所考察之规则的最独特方面。在"斯克林姆希雷诉奥尔德顿案"(*Scrimshire v.Alderton*,H.16 G.II)中,[11]保付货款的(*del credere*)行纪人背后的隐名被代理人起诉买受人。首席大法官李(Lee)"提出的意见是,这种新方法[即行纪人为得到更大授权度而冒险担负债务],并没有剥夺这位农场主[即隐名被代理人]用于对抗买受人的救济"。由于市政厅的陪审团顽固不化,李的意见没能得到贯彻。刚才援引的说法,暗示那条规则在当时广为人知,而这一点(再加上其他地方的迹象)或可确证一种信念,即大法官霍尔特知悉该规则。

与该案在同一开庭期(term)之内审判的"斯科特诉苏尔曼案"(*Scott v.Surman*),[12]援引了"古拉特诉卡勒姆案"。[13] 在后一案件中,行纪人在没有披露其被代理人的情况下向某甲(J.S.)出售货物。行纪人事后破产,他们的受让人(assignee)收集了债款,被代理人于是为了拿到钱而起诉此人。"由于霍尔特引证此案以支持 85
王座法院的意见,所论证的判决有利于原告。随后在市政厅上,当着承审的首席大法官帕克之面,此案被引用并被允许成为法律,因

10 Fitz.Abr.*Dett*, pl.3(T.2 R.II.). Cf. *Alford v. Eglisfield*, Dyer, 230 b(T.6 Eliz.), and notes.

11 2 Strange, 1182.

12 Willes, 400, at p.405(H.16 G.II.).

13 同样记载于 Buller, N.P.42。Cf.*Whitecomb v.Jacob*, 1 Salk.160(T.9 Anne).

为尽管人们一致认为,某甲向买卖缔约人[即行纪人]付钱可使某甲免受被代理人追债,但是此债在法律上并不归属于行纪人,而归属于作为货物所有者的那个人……鉴于这笔债款实际被付给了无权取得债款的被告,因此在法律上必须判定债款的支付是为着债款归属人的利益。”这番解释似乎表明,首席大法官帕克对法律的理解,跟首席大法官李是英雄所见略同,而假如这番解释是真确的,也将表明大法官霍尔特采取了相同做法。我认为,布勒(Buller)《初审》(*Nisi Prius*)所援引的索尔克尔德手稿(the Salkeld Mss.)所记载的案例,[14]在某种程度上强化了以上推断。实际上,我衷心相信,在一个更久远的年代,如果一个人所拥有的货物经由买卖转移到另一个人手上,那么就算买受人是隐名的并借助雇员完成交易,他还是可能被追责,[15]而在货物为某位隐名雇主所有这一相反情况下,他或许也可能被追责。[16]

86 前述案例似乎表明,我们所讨论的准则极有可能始于债务之诉。我不想贬低可从该事实提取的论点:关于隐名被代理人的法律无非根源于如下想法,即被告既已通过买受取得原告的货物,那么法院在契约诉讼中就可以公允地裁定被告应支付货款,而由此

---

14 *Gonzales v.Sladen*;*Thorp v.How*(H.13 W.III.);Buller,N.P.130.

15 参见 Goodbaylie's Case,Dyer,230 b,pl.56,n.;*Truswell v.Middleton*,2 Roll. R.269,270。但请注意有人坚持按此方式认定雇员,参见 Fitz.Abr.*Dett*,pl.3;27 Ass., pl.5,fol.133。

16 请考虑文献中对于追认财物扣押(distress)的疑问,该财物扣押行为“总体说来没有表明他的意图,也没有表明进行扣押(distrain)的原因”。参见 Godbolt,109, pl.129(M.28 & 29 Eliz.)。假设该案是契约案件而非侵权案件,且有实际的权威性,那么我们还会感到相同的困惑吗?

确立的规则此后便延伸适用于[买卖契约之外的]其他契约。[17]

但即便假定我所言不虚，困难依然存在。如果一个人从甲的手上购买属于乙的货物（B.'s goods of A.），并认为甲是货物所有者，而乙起诉这个人，要求他支付价款，那么被告可以公允地反驳道，他所同意订立或声称订立的唯一契约，是与甲之间的契约，而跟一项自愿之债的意图和形式皆不相干的人员[乙]，不能根据该契约提起诉讼。如果当初该契约的订立征得了所有者[乙]的同意，就让缔约人自行起诉。如果当初该契约的订立没有得到实际的或名义上的授权，那么所有者可通过侵权诉讼主张自己的权利。关于侵权买卖（tortious sale）的一般规则是，所有者不能放弃侵权诉讼而提起违反简式合约索赔之诉。[18] 销售者为了所有者的利益而秘密行事，这一事实为何竟能扩大所有者的权利以对抗第三人？如果考虑到以下法律观点，那么该准则的独特之处更加凸显：当一份[行纪]契约宣称是与原告和别人共同订立的时候，原告可以通 87
过主张这两位名义上的共同当事人[即这里的“别人”和行纪人]都只是他自己的代理人，从而确立个人专有的（several）权利，罔顾契约的措辞和名义上的交易[此二者仅为他赋予共同共有的（joint）权利]。[19]

此时，如果我们使用等同认定的公式，并认为代理人代表着所有者本人，或者认为被代理人出于契约之特定目的而采用代理人

17 *Sims v.Bond*，5 B.& Ad.389，393（1833）.Cf.*Bateman v.Philips*，15 East，272（1812）.

18 *Berkshire Glass Co.v.Wolcott*，2 Allen（Mass.），227.

19 *Spurr v.Cass*，L.R.5 Q.B.656.进一步参见 *Sloan v.Merrill*，135 Mass.17，19。

的名义，那么我们立刻就为前述结果找到了形式上的证成理由。我已经证明，通过代理人缔约的权力肇始于家庭，而且被代理人和代理人当年在侵权法上和契约法上都被等同认定。因此，我认为我所提议的解释方案是完全站得住脚的。就大法官霍尔特而言，我不妨补充一点，即在“古拉特诉卡勒姆案”里面，代理人是一名行纪人，行纪人在当年总是被称为仆从，而且大法官霍尔特熟知主从之间的等同认定。若他真是当前准则的创立者，那么我们有理由推断，他因运用技术性的拟制而在有意无意间避开了技术性的难题。我们越是设想该准则始于更古老的年代，类似的推断就越发强固。因为我们越是接近法律的上古时期，会发现非实际缔约人
88 在试图强制履约时，所面临的技术性障碍也越大，因此运用某种拟制来克服这些障碍的需要也必定更加迫切。[20]

我此处考虑的问题还以另一种形式出现，涉及以书面形式订立契约时——该契约名义上主张以所谓的代理人作为缔约方——允许使用口头证据来支持或指控被代理人的情形。如下论点显然十分有力：口头证据变更了书面文件，而且如果适用《反欺诈法》(*Statute of Frauds*)的话，只有当被代理人的名字出现时才符合该法的要求。然而，相反的判决已经出现。这一步在当时几乎是

---

20 Cf. *The Common Law*, Ch. x. and xi. “我们今天的观点……很难放回原初的法律状态，在这种法律状态中……签订契约或者支付债务时，行为主体不是作为可替代的人。(Unsere heutigen Anschauungen… können sich nur schwer in ursprüngliche Rechtszustände hineinfinden, in welchen…bei Contrahirung oder Zablung einer Schuld die handelnden Subjecte nicht als personae fungibiles galten.)” Brunner, Zulässigkeit der Anwaltschaft im französ. etc. Rechte. (Zeitschr. für vergleich. Rechtswissenschaft.) *Norcross v. James*, 140 Mass. 188, 189.

悄然(*sub silentio*)迈出的。[21] 但其最终提出的理由却立足于当事人身份同一性的观念,或者至少是受到这种观念的启发。该理由的实质,按照史密斯(Smith)在他的《判例要览》(*Leading Cases*)的陈述,即被代理人"被认定是出于此类契约的目的,以[代理人]的名义取代他自己的名义"。这是在转述大法官登曼(Denman)关于"特鲁曼诉洛德案"(*Trueman v.Loder*)的判决意见。[22]

在本讲的开篇我曾表明,取自家庭的一些观念被适用于自由
的仆从,并且扩展到家庭关系以外的领域。迄今我所援引的材料 89
全都在印证同样的判断方向。因为当此类观念被适用于处在单纯签约服务状态中的自由人,我们不能指望那些观念的影响会局限于这样一种范围,即一旦仆从不再是奴隶,该范围就丧失意义。我所援引的布莱克顿的论述表明,在他那个时代,家政役务的各种类推已被适用于更少人身依附性的关系。我现在只消完成如下证明:更为狭义的代理关系,即调整现代商务中所雇佣之更高级且更重要代表的法律,不过是主从关系法的分支。

首先来谈谈法律事务代理人(attorney)。初始的诉讼是由当事人亲自操办的。法律很早就允许代理律师(counsel)——如果可以这样称呼他们的话——当着当事人的面处理正式诉状,以使当事人能够避免诉讼损失,而当事人在诉讼中原本有可能拒不接受(disavowing)己方代诉人(advocate)的诉状,按自己拟就的字条

21 *Bateman v.Phillips*, 15 East, 272(1812); *Garrett v.Handley*, 4 B.& C.664(1825); *Higgins v.Senior*, 8 M.& W.834, 844(1841).

22 11 Ad.& El.595; S.C.3 P.& D.267, 271(1840); 2 Sm.L.C., 8th ed., 408, note to *Thompson v.Davenport*; *Byington v.Simpson*, 134 Mass.169, 170.

作正式发言。但法兰克法在承认如下可能性方面极为缓慢，即把诉讼移交给他人代办，或者说在被代理人缺席的情况下开展诉讼。布伦纳(Brunner)凭其一贯的才华，追溯了在总体上开始允许任命法律事务代理人——即位置代换(*loco positus*)——的那种制度革新的历史。这种制度革新是随着诺曼法的其余部分一同被移植到
90 英格兰的，已经为格兰维尔所知悉，并逐渐成长到它当前的权重。但我所要考虑的问题，倒不是它怎样被辗转移植到英格兰，而是这种移植当年所秉持的实质观念。

如果先验地思考这件事，那么至少就说明法律事务代理人的诉讼行为会约束委托人(client)而言，似乎没有必要诉诸历史。这种情况就类似于，代理人被授权按其认为可取的条款订立契约。但正如我前面透露的那样(且不论常识的说法如何)，通过他人缔约的权力，实际上是通过将奴隶的情形类推适用于自由人来确立的。而且至少同样清楚的是，法律曾需要某种类推或拟制来承认诉讼中的代表。我在自己的著作《普通法》里面，曾举出冰岛的一个例子。当年在冰岛，诉讼的操办由索吉尔(Thorgeir)移交给莫尔德(Mord)，“仿佛他是最近的亲属(the next of kin)”。[23] 众所周知，罗马法也经历过同样的难题。英格兰法认定法律事务代理人支撑着被代理人的法律人格，这点与北方法源如出一辙。结果殊途而同归，根本思想是相通的。我不去探究深奥的原因，仅观察事实本身。

---

23 *The Common Law*，359. 参见 Brunner，in 1 Holtzendorff，Encyc. II. 3，A. 1，§ 2，3d ed.，p.166。1 Stubbs，Const. Hist. 82.

布莱克顿说,法律事务代理人在近乎一切事项上都代表着被 91
代理人的法律人格。[24] 法律事务代理人“取代[被代理人]的位子”,即“位置代换”(依“attorney”一词的本义),《高级法院判例集》(*Abbreviatio Placitorum*)所载其他一切相关判例可资为证。① 被告因卧病在床不能出庭(*essoign de malo lecti*),曾指法律事务代理人染病可作为紧急抗辩事由。[25] 但总体说来,法律事务代理人被认定为居于仆从的地位,且其职位一经表述即被称为仆从。我前面援引的韦斯特《法律文书写作方法》里面的那段话,就是这样论述的,而且那件匿名案例——其中认定,按其明知不成立的诉因恶意行事的,法律事务代理人不承担责任——也如此。[26] 因此,当说出“法律事务代理人的行为就是其委托人的行为”,这不过是在新领域适用我们所熟知的仆从拟制。这样一来,如果法律事务代理人利用一份无效(void)令状造成当事人被捕,即便委托人本人看来并未实际指示或并不知悉该令状,也应对由此导致的殴击(assault)和非法监禁(false imprisonment)承担侵权责任。[27] 如果一位警官在法律事务代理人的代理人(an attorney's agent)的指挥下,破门进入某人的房屋并拿走此人的财物,而无论委托人还是

24 “代理人在所有方面均代表其被代理人(Attornatus fere in omnibus personam domini representat)”(Bract.,fol.342 a)。参见 LL.Hen.I.42,§ 2。

① 《高级法院判例集》的汇编工作始于 17 世纪,1811 年刊行,记载内容是查理一世时期至开始编制《法律年鉴》之前的高级法院判例。参见《元照英美法词典》,北京大学出版社 2013 年版,第 3 页。——译者

25 Bract.,fol.342 a.Cf.Glanv.XI.C.3.

26 Anon.,1 Mod.209,210(H.27 & 28 Car.II.).

27 *Parsons v.Loyd*,3 Wils.341,345;S.C.2 W.Bl.845(M.13 G.III.1772);*Barker v.Braham*,2 W.Bl.866,868,869;S.C.3 Wils.368.

其法律事务代理人皆不知情，那么委托人也应对侵入私人不动产
92 承担责任。法院认定，委托人“应对其法律事务代理人的行为承担责任，并且法律事务代理人及其代理人应被视为同一人”。[28]

我认为此外有必要谈及的唯一高级代理人，就是行纪人(factor)。我已在别处证明，在古籍中，行纪人总被称为仆从。[29]韦斯特的措辞既涉及法律事务代理人，也涉及行纪人。《法律年鉴》(*Year Book*，8 Edward IV.，folio 11 b)曾根据相同基点，一并提及仆从、行纪人和法律事务代理人。同样，戴尔提到过“如果王室征购官(purveyor)、行纪人或仆从为其君王或主人订立契约”。[30]同样，向原告的“仆从和行纪人”提起动产侵占索赔诉讼。[31] 有趣的是，要求一人对另一人的欺诈行为负责的首批判例之一里面，实施欺诈的当事人是一名行纪人。该判例是以主从关系措辞展开论证的。[32] 判定主人对仆从的欺诈行为承担责任的第一份权威先例，还是一件涉及行纪人的案子。[33] 索尔克尔德的笺注里面并未谈及主人和仆从，但鉴于刚刚援引的“萨瑟恩诉豪案”(*Southern v. How*)中的论证(大法官霍尔特想必对此心知肚明)，以及鉴于早期典籍的语言套路——包括大法官霍尔特本人在论证“莫尔斯诉斯路案”(*Morse v.Slue*)时的语言套路(“行纪人，作为受制于主人

---

28 *Bates v.Pilling*，6 B.& C.38(1826).

29 *The Common Law*，228，n.3，181.总体说来进一步参见 230，and n.4，5。

30 *Alford v.Eglisfield*，Dyer，230 b，pl.56.

31 *Holiday v.Hicks*，Cro.Eliz.638，661，746.进一步参见 Malyne's Lex Merc.，Pt.I. Ch.16；Molloy，Book 3，Ch.8，§ 1；*Williams v.Millington*，1 H.Bl.81，82。

32 *Southern v.How*，Cro.Jac.468；S.C.Popham，143.

33 *Hern v.Nichols*，1 Salk.289.

的仆从”)[34]——我们不妨合理假定他将该案视为主从关系案件, 93
而且后人在引证该案时也总是照此理解的。[35]

作为这部分讨论的小结,我在此复述我所著《普通法》里面的如下观点[36]:迟至布莱克斯通笔下,代理人还被列在仆从这一总括的条目之下;代理关系法的先例都是主从关系的判例,但反过来却不然;而且布莱克斯通对此的论述明确直白:“还存在第四类仆从(如果可以这样称呼他们的话),他们简直拥有一种高级的、辅佐的(ministerial)能力,例如**执事**(*stewards*)、**行纪人**和**执达官**,但就他们的行为影响其主人或雇佣者的财产而言,法律暂时(*pro tempore*)将他们视为仆从。”[37]

占有是适用那独特的代理关系准则的第三个法律部门,也就是我接下来要讨论的内容。

罗马法认定,根据主人的权力这一实际理由,奴隶的占有就是他主人的占有。[38] 起先,罗马法把通过他人实施的占有,几乎完全局限于处在占有人之家长权支配范围内的那些人(包括事实上被认定为奴隶的囚徒)所保管(custody)的东西。后来,该权利因塞维鲁(Severus)颁布的一部基本法律而得到扩张。[39] 与之类似,普
通法允许领主私占(appropriate)其维兰所购置的土地和动产,当 94
他们表达了这样做的意思之后,维兰的占用(occupation)就被认定

34 *Mors v.Slew*,3 Keble,72.

35 Smith,*Master and Servant*,3d ed.,266.

36 P.228 *et seq*.

37 1 Bl.Comm.427.

38 *The Common Law*,228;Gaius,3,§§ 164-166.

39 Inst.2.9,§§ 4,5;C.7.32 1.

为其领主的权利。[40] 正如在罗马那里一样，基于家庭的规定被类推适用于自由代理人。布莱克顿允许通过自由代理人进行占有，但这占有须被认定为以被代理人的名义；[41]从此以后，法律总是规定仆从的保管就是主人的占有。[42]

此时，仆从始终完全消失在其主人的法律人格之中，我们前面已在侵权法中发现了这种迹象。仆从不得因其保管行为本身而占有任何财产。[43] 仆从和五花八门的受托人（bailees）之间在这方面有着根本区分，[44]尽管人们往往没有觉察到这一点。因此，仆从能够犯偷盗罪（larceny），[45]而不能协助提起（maintain）动产侵占之
95 诉。[46] 受托人犯不了偷盗罪，[47]而能够协助提起动产侵占之诉。[48]在指控第三人犯有偷盗罪的公诉书（indictment）中，不能说财产权在仆从那里，[49]但可以说财产权在受托人那里。[50] 仆从不能主张留

40 Littleton，§ 177.Cf.Bract.,fol.191 a；Y.B.22 Ass.,pl.37，fol.93；Litt.,§ 172；Co. Lit.117 a.

41 Bract.,fol.28 b，42 b，43，*etc.*；Fleta，IV.,C.3，§ 1，C.10，§ 7，C.11，§ 1.

42 *Wheteley v.Stone*，2 Roll.Abr.556，pl.14；S.C.Hobart，180；*Drope v.Theyar*，Popham，178，179.

43 *The Common Law*，227.

44 *The Common Law*，174，211，221，243；*Hallgarten v.Oldham*，135 Mass.1，9.

45 Y.B.13 Ed.IV.9，10，pl.5；21 H.VII.14，pl.21.

46 *The Common Law*，227，n.2.在侵权法领域，前述房内仆从和旅途中之仆从的区分，导致允许仆从指控抢劫罪，而无损于一般原则。参见 Heydon & Smith's Case，13 Co.Rep.67，69；*Drope v.Theyar*，Popham，178，179；*Combs v.Hundred of Bradley*，2 Salk.613，pl.2；ib.,pl.1。

47 2 Bish.Crim.Law，§ 833，7th ed.

48 *The Common Law*，174，243.

49 2 East，P.C.652，653.

50 Kelyng，39.

置权(lien);[51]受托人当然可以主张留置权,甚至能排除所有者提起回复占有之诉(possessory actions)的权利。[52]

因而这便是原因既亡而结果尚存的又一种情形。要不是有历史残留物和身份同一性拟制,将很难解释为何单单在这一情形下,甲的实际保管要被法律认定为乙(而非甲本人)的占有。

一些著述中已有某种误解的端倪,我也曾在其他地方论及那种误解,[53]这里还是得多言几句以防万一。一个人可以是为着其他某个目的的仆从,而却不是自主占有的仆从。于是,拍卖人(auctioneer)或行纪人作为仆从,是出于买卖的目的,而非保管的目的。拍卖人或行纪人的占有不是其被代理人的占有;相反,他的占有是同被代理人的占有相对立的,是以他自己的名义持有的,正如他的留置权所表明的那样。另一方面,如果我们恪守身份同一性拟制,那么,一个人就能顺理成章地指定(constituting)他人,作为实现保持自己的占有这个唯一目标的代理人,从而达到代理人似与家仆别无二致的效果,并且此时被代理人将行使占有而代理人则不然。

代理关系同占有问题的牵涉相对微不足道,个中缘由关乎程 96
序。就动产而言,是因为法律认定现行的占有权足以主张回复占有之诉,并且这样一来,寄托人(bailor)按照可依自己意志终止的寄托(bailment),享有与主人相同的救济,尽管他不是主人。就不

51 *Bristow v.Whitmore*,4 De G.& J.325,334.

52 *Lord v.Price*,L.R.9 Ex.54;*Owen v.Knight*,4 Bing.N.C.54,57.

53 *The Common Law*,233.

动产而言，是因为王室法院的相应救济，即咨审团的裁定(assizes)，仅适用于占有封建地产之人，而占有封建地产的当事人，无论是在掌管着代理人或仆从的情况下，还是在自己的土地受制于定期地产权(term of years)的情况下，都能获得救济。[54]

余下有待历史考察的唯一准则就是追认(ratification)。我想在这方面倍加谨慎地表达自己的观点，因为我不打算穷尽分析作为其母体的罗马法源。但我怀疑罗马人是否本会达到现代英格兰法的极致程度，后者似乎是基于英格兰本土资源发展到当前态势的。

乌尔比安说过，一项剥夺他人占有的事先指令，将使这一剥夺占有的行为变成我的行为，而尽管在此问题上众说纷纭，他还是认为追认将会产生相同的效果。他赞同萨宾派(Sabinians)不拘一格的准则，后者将追认同事先的指令相提并论。[55] 萨宾派这种将追认同命令“相提并论”的做法，可能不过是用以说明如下自然结
97 论的生动修辞：如果一个人认可了对某物的占有，而该物是别人借助非法暴力为他取得的，那么他就要对该财产承担责任，仿佛他是亲自取得的那样。因此就不太需要探究评注法学派对如下论断的评论是否正确，即[财产的]取得必须是以假定的被代理人名义——此乃《学说汇纂》(*Digest*)曾在别处暧昧提及的一项条件。[56]

---

54 Bract., fol.207 a.Cf.*ib*., 220.Heusler, Gewere, 126.

55 D.43, 16, 1, §§ 12, 14.Cf.D.46, 3, 12, § 4.

56 D.43, 26, 13(Pomponius).

布莱克顿重申了乌尔比安的观点,[57]就我所见仍未超出财务扣押[58]和强占(disseisin)[59]的情形。我所知的第一批记述在案的相关判例,还是新近侵占土地之诉(assizes of novel disseisin)。[60]

但后来的判决大大超出这一点,我们不妨略举一例加以说明。[61] 在侵害他人财物之诉中,被告以执达官的身份为自己开脱。加斯科因(Gascoigne)向调查陪审团的决议(inquest)作出指示之后说:“如果被告没收本案争议的动产时,主张出于上佳牲畜贡赋权(heriot)而占有他手上这笔财产,那么尽管领主事后认可那种没收行为是基于自己应得的役务(services),被告在没收动产时仍不能被称为领主的执达官。但倘若被告未经指使就根据领主应得的役务没收那笔动产,而且倘若领主事后认可被告的没收行为,那么被告应被判定为执达官,尽管他在那次没收之前的任何场合都不是领主的执达官。”由此可见,追认可以令某种行为自始(*ab initio*) 98
合法,而该行为在未经授权的情况下原本是有效诉因(a good cause of action),并且这种授权在行为当时是缺失的。目前的英

57 Bract., fol.171 b.

58 Fol.158 b, 159 a.

59 Fol.171.但请注意,通过追认“自己作出侵犯,并因此要同时承担返还和罚金的责任(suam facit injuriam, et ita tenetur ad utrumque, ad restitutionem, s.[et] ad pœnam)”。参见 *Ibid*., b。

60 Y.B.30 Ed.I.128(Horwood)(但在这里,法官陈述了现代准则并援引了那条罗马法谚);38 Ass., pl.9, fol.223; S.C.38 Ed.III.18; 12 Ed.IV.9, pl.23; Plowden, 8 *ad fin*., 27, 31。

61 Y.B.7 H.IV.34, 35, pl.1.

格兰法仍这样规定。[62] 同样的原则以不那么令人诧异的方式适用于契约，所达到的效果是，将自有的权利授予契约声称完成(complete)时候的无权之人。[63] 当然，如刚才所言，在侵权案件中，如果侵权行为未因追认获得证立[而被代理人事后接受了侵权结果]，那么被代理人应对该侵权行为——当时是以其名义并为其利益实施侵权的——承担责任。[64]

现在我们大概有充分理由认为，现代判例只不过将萨宾派的
99 “相提并论”扩展为一条法律规则，并予以彻底执行。可以说，乌尔比安笔下的“相提并论”(*comparatur*)，变成了大法官柯克笔下的“等同”(*aequiparatur*)；[65]法律已判定追认等同于指使，情况就是

[62] Godbolt, 109, 110, pl. 129; S.C. 2 Leon. 196, pl. 246 (M. 28 & 29 Eliz.); *Hull v. Pickersgill*, 1 Brod. & B. 282; *Muskett v. Drummond*, 10 B. & C. 153, 157; *Buron v. Denman*, 2 Exch. 167 (1848); *Secretary of State in Council of India v. Kamachee Boye Sahaba*, 13 Moore, P.C. 22 (1859), 86; *Cheetham v. Mayor of Manchester*, L.R. 10 C.P. 249; *Wiggins v. United States*, 3 Ct. of Cl. 412. 但请参见 Bro. Abr., *Trespass*, pl. 86; Fitz. Abr., *Bayllie*, pl. 4。

[63] *Wolff v. Horncastle*, 1 Bos. & P. 316 (1798). 进一步参见 *Spittle v. Lavender*, 2 Brod. & B. 452 (1821)。

[64] Bract. 159 a, 171 b; Bro., *Trespass*, pl. 113; *Bishop v. Montague*, Cro. Eliz. 824; Gibson's Case, Lane, 90; Com. Dig., *Trespass*, c. 1; *Sanderson v. Baker*, 2 Bl. 832; S.C. 3 Wils. 309; *Barker v. Braham*, 2 Bl. 866, 868; S.C. 3 Wils. 368; *Badkin v. Powell*, Cowper, 476, 479; *Wilson v. Tumman*, 6 Man. & Gr. 236, 242; *Lewis v. Read*, 13 M. & W. 834; *Buron v. Denman*, 2 Exch. 167, 188; *Bird v. Brown*, 4 Exch. 786, 799; *Eastern Counties Ry. v. Broom*, 6 Exch. 314, 326, 327; *Roe v. Birkenhead*, Lancashire, & Cheshire Junction Ry., 7 Exch. 36, 44; *Ancona v. Marks*, 7 H. & N. 686, 695; *Perley v. Georgetown*, 7 Gray, 464; *Condit v. Baldwin*, 21 N.Y. 219, 225; *Exum v. Brister*, 35 Miss. 391; *G. H. & S. A. Ry. v. Donahoe*, 56 Tex. 162; *Murray v. Lovejoy*, 2 Cliff. 191, 195. (参见 3 Wall. 1, 9。)

[65] Co. Lit. 207 a; 4 Inst. 317. 如下文献中的表述是“相提并论”，参见 30 Ed. I. 128; Bract. 171 b。

这样。但我们会看到这是迈出了一大步。一方面是当某人认可了经由不法行为取得的占有时，判定此人作为不法强占者而承担责任，另一方面是允许此人为那种取得占有的行为提供正当理由，尽管该行为在实施时没有正当理由，并且(若这一点具有实质意义的话)所宣称的被代理人那边也因此得不到占有[66]——此二者之间有天渊之别。为何追认竟能因之等同于事先的指令？我以任何措辞表达我采纳或赞成某一侵害，凭什么竟要对已经过去的行为承担责任？那事又不是我干的，我也无法使之成为我的行为。无论我说了什么，都既不能收回也不能左右那个行为。[67]

但如果当时行为的实施者是在冒充(personate)我，那么新的考虑因素便出现了。如果一个人在特定场合假装(assumes)我仆从的身份，那么关于他应否有此身份的认定就横亘在我俩之间。如果我后来同意将仆从身份归于此人，那么似乎由此造成的通常附带结果便是，他在雇佣范围内的行为就是我的行为。像这样用 100
言语玩把戏，当然并不戒除有关追认准则的实质性反对意见，但却与法律观念的一般框架达成形式上的调和。

照此看来，如下事实十分值得注意：且不论罗马法上本会如何规定，自注释法学派时代和教会法时代以来，法律始终要求，行为须以诸行追认者的名义或其代理人的身份作出。“谁不能以自己

---

66 *Buron v.Denman*, 2 Exch.167(1848).

67 当然，如果对于不法行为的通常救济就是血亲复仇，而户主可以选择要么维护(maintain)自己人，要么交出他，以便对方报仇雪恨，那么追认就有意义了。参见《跛足者霍华德》(Howard the Halt)的故事(1 Saga Library, p.50, Ch.14, end)。试比较如下文献里的“尽管主人并没有接纳他”，参见Fitz. Abr., *Corone*, pl.428，转引自4 *Harv.Law Rev*.355。

的名义同意的，就不得作出”(Ratum quis habere non potest quod ipsius nomine non est gestum)。[68] 套用财税法庭法官帕克在“比龙诉登曼案”(*Buron v.Denman*)里面的说法，[69]“对**以代理人身份**实施的行为作出事后追认，等于事先的授权”。而且从前述加斯科因所审案件以来的全部判例，都主张相同的限制条件。[70] 我想我们不妨怀疑，若不是为了证成行为人当时即已承担仆从角色这一更远情势，在身份同一性拟制几乎毫无意义的那些独特案件中，追认是否还会被认定为等同于指使。如果对受指使的行为承担责任真是肇始于奴隶主和奴隶的关系，那么怀疑的理由就更充分了。

101 无论如何，追认也跟代理关系法的其余部分那样依靠一种拟制，而不论这是相同的拟制抑或另外的拟制，我们都有兴趣在结论中研究实践经验为拟制作用设定的范围。

我关于代理关系史要作的进一步说明，将出现在讨论开篇主张的最后一条命题的时候。当时我说过最后我将努力表明，现行法律的整个轮廓都源自逻辑和常理之间的冲突，逻辑致力于贯彻拟制，以达成前后一致的结果，而常理一旦察觉结果明显有悖正义，就限制并最终克服逻辑的那番努力。现在我就来完成这一任务。

我假定，常识反对要求一个人为他人实施的侵害承担责任，除非根据法律责任的常规准绳，乃是此人实际促成了该侵害——也

---

68 Sext.Dec.5.12.de Reg.Jur.(Reg.9).在殴击神职人员的案件中，是开除教籍(excommunication)还是算作单纯的失礼冒犯，全赖这一点。*Ibid*.5,11,23.

69 2 Exch.167.

70 *Supra*,pp.11,12 n.也参见 Fuller & Trimwell's Case,2 Leon.215,216;*New England Dredging Co.v.Rockport Granite Co.*,149 Mass.381,382;Bract.,fol.28 b,100 b。

就是说,此人诱使侵害的直接实施者作出某些行为,而在被告明知的情况下,这些行为自然而然会导致该侵害或至少是不利结果。我假定,常识不允许在我以为我正跟自己私交好友缔约的时候,真正的当事人竟是一个并未参与我的外在行为(overt acts)和意图、也从未听闻之人,从而有违我的意思。我假定,鉴于仆从和代管人(depositary)的唯一差别在于以谁的名义称呼保管者,否认仆从有权占有而主张代管人有权占有的做法是常识所反对的。我假定, 102
当上述准则因为追认所额外引入的悖谬操作而变得错综复杂,来自常识的反对意见就更加强烈了。因此,我假定,常识反对代理关系的根本理论,尽管我在开篇提议的关于其种种规则的可能解释——连同如下事实一道,即其中至为恶名昭彰的规则,如今似乎常常构成对于巨头公司的冷漠和过失现象的有益制约——无疑大大有助于人心顺应代理关系理论。我相信后文将会证实我的以上假定。

我的切入点是主从关系的构成,以及这样一种区分,即雇佣者不对独立承揽人的侵权行为负责。或者换言之,独立承揽人不是仆从。在此,我不知道是该说常识和传统相互冲突,还是该说二者仅此一次保持和谐。一方面,我们可以说,一旦你承认代理关系可存在于家庭关系之外,那么问题就来了:应在何处停止扩展呢?既然效力于他人者在某一场合被称为仆从,这种称呼何不适用于全部场合呢?我们还可以说,唯一的限制不在于理论,而在于常识;正是常识介入并宣布:如果大家都承认雇佣内容本身清清楚楚,而且倘若全部情势都表明不宜妄称雇佣者还能保持实际控制力,那 103
么这时身份同一性拟制即告终结。被视为检验标准的情况如此多样,针对其中每一种都可以找到反对的声音,再加上疑难案件如今

都留待陪审团裁决——所有这些都表明，并不存在[划定代理关系范围的]深层理由或合乎逻辑的理由。[71]

另一方面，我们可以说——这里且套用那份确定了此处区分的判决措辞——主人应对“被法律命名为(denominates)其仆从的
104 那些人”的过失行为所致结果承担责任，“因为这些仆从代表主人本人，他们的行为同主人自己的行为立场一致”。[72] 尽管这种等同认定的范围必定多少有些模糊，但所提议的一切准绳都表明，区别在于当事人之间个人联系的亲疏，这联系越微弱，同原初的奴仆情形的相似度也就越低。承揽人是以自己的名义并代表自己行事的，尽管划定分界线的那个节点或许有些专断，但其实一切法律上

71 被强调的事实包括：(1)选择。*Kelly v.Mayor of New York*，11 N.Y.432，436.参见 *Walcott v.Swampscott*，1 Allen，101，103。虽然雇佣者确实通常不能选择承揽人的仆从，他毕竟可以选择承揽人，然而他对承揽人的过失和承揽人仆从的过失均不承担责任。(2)控制力。*Sadler v.Henlock*，4 El.& Bl.570，578(1855).在[*Quarman v. Burnett*，6 M.& W.499(1840)]这一关键判例中是存在控制力的，可法院认定被雇佣者不是被告的仆从。Cf.*Steel v.Lester*，3 C.P.D.121(1877).(3)所支付的可观款项(round sum)。但前述的“萨德勒诉亨洛克案”(*Sadler v.Henlock*)确是如此，被雇佣者被认定为一名仆从。(4)解雇的权力。*Burke v.Norwich & W.R.R.*，34 Conn.474(1867).参见 *Lane v.Cotton*，12 Mod.475，488，489。这一条的意义仅关乎与所谓的主人隔一层关系的那些人，并不用于判定他所直接雇佣者究竟算仆从还是算承揽人。但撇开以上事实不谈，缔约人纵被赋予解雇承揽人仆从的权力，也可能并不因此成为那些仆从的主人。*Reedie v.London & Northwestern Ry.Co.*，4 Exch.244，258.*Robinson v. Webb*，11 Bush(Ky.)，464.(5)昭著的特定职业。*Milligan v.Wedge*，12 Ad.& E.737(1840)；*Linton v.Smith*，8 Gray(Mass.)，47.这是个基于常识的实践区分，并不是直接从代理关系理论合乎逻辑地推导出来的。再者，它也只是一种局部的判断标准，并不适用于全体案件。

在疑难案件里，该问题如今似乎交由陪审团定夺，正如法律难题的通常处置方式那样；陪审团乃是时刻准备斩断戈尔迪之结(Gordian knots)的利剑。

72 Littledale，J.，in *Laugher v.Pointer*，5 B.& C.547，553(T.7 G.IV.1826).

的区分都存在同样的问题,这些区分依然如故,而分界线一经划定,就具有必然性,并成为界定代理关系时所要求的东西。我想以上就是主流意见。

我接下来谈谈,如果承认主从关系的存在,那么责任的范围是什么。适用于自由雇员的代理关系理论无疑要求:如果雇员在受雇从事其自主业务期间,实施了故意侵害或任何其他不法行为,那么雇主不应承担责任。没有哪个自由人时时刻刻都是雇员。但雇主免责的情形决不能仅根据该理论作出判定。毋宁说这些情形代表着,一旦代理关系准则的适用范围被向外推到足够惹眼之处,常识就要起而反叛这整个准则。

例如,法院认定,一位雇员出于清理界渠(boundary ditch)的 105
目的,去到界渠的另一边,侵入邻人的土地,砍掉那里的灌木丛,这属于逾越雇佣工作的范围,尽管要妥善打理雇主的农场就应包括清理界渠,尽管这位雇员只是做了他认为有必要做的事情,尽管雇主在业务场所(premises)的全部打理过程中完全听凭雇员的判断。[73]

大法官基廷(Keating)先生说,赋予雇员的那些权力"无疑非常宽泛,但我不认为这些权力意味着[雇员]在他人土地上胡作非为也能得到授权,或者意味着雇主应对[雇员]故意侵入的行为承担责任"。诚然,那种不法行为得不到合法化意义上的授权,但这同样适用于法律认定应由被代理人担责的每一种不法行为。关于侵入行为的故意性,没有证据表明其超出了侵入问题的通常认定

73　*Bolingbroke v.Swindon Local Board*, L.R.9 C.P.575(1874).Cf.*Lewis v.Read*, 13 M.& W.834; *Haseler v.Lemoyne*, 5 C.B.N.S.530.

标准，而鉴于初审法官指示裁定支持被告，也就不存在不利于本案原告的推定(presumptions)。此外，别处曾有一种观点，认为连促进雇主业务的故意行为也可能使其担责。[74]

大法官格罗夫(Grove)先生试图以另一种方式划定[授权的]
106 界限。他说："如果可以十分自然地预期，授权实施者的不法行为或过失行为会造成某些效果，那就有理由认定这些效果在雇佣工作的范围之内。"但无论可否十分自然地预期那些效果，代理关系理论都会同样要求对那些效果承担责任，大法官格罗夫先生所言不过是对该理论的反叛。此外，我们还可以怀疑能否找到这样一件案子，其中雇员的行为就完成本职工作而言是更加符合自然预期的。[75]

从这些法官的意见可以相当明显地看出，其实他们都感到，要合乎理性地说明有待适用的代理关系准则，是件颇为棘手的事情，而且他们不倾向于扩张这一准则。是非的界限同邻里的边界相一致，因此倒是比根据注意(care)和疏忽的差别所设定的界限更易分辨，而且认定雇员的雇佣工作范围仅限于合法行为，也是轻而易举之事。

我现在来谈谈欺诈。首先必须明白的是，无论法律如何规定，严格意义上的(*stricto sensu*)代理人欺诈，同其他仆从的欺诈没什么两样。如前所言，在认定雇主承担责任的第一份记述在案的相

---

74 *Howe v.Newmarch*，12 Allen，49(1866).也参见欺诈案件：*inf*.and cf.*Craker v.Chicago & N.W.Ry.Co.*，36 Wisc.657，669(1875)。

75 Cf.*Harlow v.Humiston*，6 Cowen，189(1826).

关判例中,实施欺诈的雇员是一名行纪人。[76] 那么,如果受欺诈的当事人不仅有权拒绝履行因欺诈订立的契约,或者总体说来有权要求一名被告既然从另一人的欺诈中获益就应为此承担责任,而 107
且受欺诈的当事人还可主张,就这名被告的雇员在从事雇佣工作的过程中实施欺诈所致的损害,这名被告应承担连带责任(answerable *in solidum*),那么这只可能立足于"雇员行为即雇主行为"这一拟制。

诚然,大法官塞尔伯恩(Selborne)曾在上议院指出,[77]英格兰相关判例"的审理不是因为替代欺诈(vicarious fraud)之归咎于被代理人,而是因为——正如大法官威尔斯(Willes)先生在'巴威克案'(Barwick's case)里面的清晰表述[78]——对于代理人在投身于雇主业务过程中的行为,被代理人是否应承担责任?就此问题而论,我们无法在欺诈的情形和任何其他不法行为的情形之下作出合理区分"。但这只是延缓问题,治标不治本。为什么被代理人就应对任何其他不法行为承担责任呢?如前所言,这是因为"雇员代表雇主本人,雇员的行为与雇主亲自的行为立场一致"[这里借用大法官利特代尔(Littledale)先生的措辞]。[79] 实际上,大法官威尔斯正是在大法官塞尔伯恩所援引的判决中,引证大法官利特代尔的判决作为一般原则的。大法官登曼在"富勒诉威尔逊案"

76 *Hern v.Nichols*, 1 Salk.289.

77 *Houldsworth v.City of Glasgow Bank*, 5 App.Cas.317, 326, 327(1880).

78 L.R.2 Ex.259.

79 *Laugher v.Pointer*, 5 B.& C.547, 553.参见 *Williams v.Jones*, 3 H.& C.602, 609。

(*Fuller v.Wilson*)中也说:“我们认为,被代理人及其代理人就该
108 目的而言完全等同。”[80]我在此更加旗帜鲜明地重申对于如下事情的承认:要解释“代理人凭借欺诈诱使某人缔约的,此人可向清白的被代理人撤销(rescind)该契约”这一规则,不必用到拟制。因为不论该欺诈行为是否归咎于被代理人,他仅对于现已订立的契约享有权利,而该契约是可撤销的。但如果超出这个范围,甚至完全逾越契约领域,而要求一个人应承担其代理人欺诈所致的损害赔偿,那么若不借助于拟制,法律规定将变得难以索解。可是,拟制并不是变更行为人权利或责任的充足理由,而常识在此又一次或多或少地进行反叛,否定[因拟制而起的]责任。“霍兹沃思诉格拉斯哥银行案”(*Houldsworth v.City of Glasgow Bank*)是相关英国判例的集大成者。[81]

当有人试图把身份等同认定的做法再朝前推进一步,将被代理人的明知与代理人的陈述统一起来,从而认定代理人的行为构成欺诈,正如“康夫特诉福克案”(*Cornfoot v.Fowke*)那样,[82]则事情越发显得荒唐,分歧也越发浮出水面。恰如财税法庭法官怀尔德(Wilde)在后来的一桩案子里指出的那样,“通过将代理人的言辞同被代理人的明知整合在一起,人为(artificial)等同认定代理人和被代理人,这招致了关于欺诈的表面上合乎逻辑的结果。

80　3 Q.B.58,67;同一判例(S.C.)基于另一理由被推翻,但还是承认该原则,ib.77 and 1009,1010(1842).

81　5 App.Cas.317.参见 *The Common Law*,p.231。

82　6 M.& W.358(1840).不必斟酌该案的判决是对是错,我仅仅关心这种特定的理由。

另一方面,代理人和被代理人各自的实际清白,则驳斥了那种凭借 109
建构性解释(constructive)认定二者皆构成欺诈的做法。各种观点因观察问题的角度不同而相互抵牾,自是不难想见的事情”。[83]前面引证的大法官登曼在“富勒诉威尔逊案”中的说法,即被用作该问题的审判参考。

常识对于隐名被代理人的相关准则所施加的限制,是众所周知的。隐名被代理人可基于其代理人订立的契约提起诉讼,但他赢得的赔偿额(recovery)受制于代理人和第三人之间的账面往来状况。[84] 隐名被代理人也可以被起诉,但法律认定赔偿额受制于被代理人和代理人之间的账面往来状况,如果被代理人在代理关系被发现之前已经支付合理价款的话。但该规则或其先决条件是否像前一规则那样明智,则或许不无争议。[85]

再来说说追认。它与禁止反悔(estoppel)无关,[86]但要把法律化约为若干一般原则的那种念头,致使某些法院将追认删减为禁止反悔。[87] 再者,为善待对方当事人,追认权一直受到限制。有一
种说法是,追认的发生,须以所谓的(would-be)被代理人本可实施 110
涉诉行为的时机作为先决条件;[88]法院在某些案件里就是这样判

83 *Udell v.Atherton*,7 H.& N.172,184(1861).

84 *Rabone v.Williams*,7 T.R.360(1785);*George v.Clagett*,7 T.R.359(1797);*Carr v.Hinchliff*,4 B.& C.547(1825);*Borries v.Imperial Ottoman Bank*,L.R.9 C.P. 38(1873);*Semenza v.Brinsley*,18 C.B.N.S.467,477(1865);Ex parte Dixon,4 Ch.D. 133.

85 *Armstrong v.Stokes*,L.R.7 Q.B.598,610;*Irvine v.Watson*,5 Q.B.D.414.

86 参见 *Metcalf v.Williams*,144 Mass.452,454,以及引证的判例。

87 *Doughaday v.Crowell*,3 Stockt.(N.J.)201;*Bird v.Brown*,4 Exch.788,799.

88 *Bird v.Brown*,4 Exch.788.

的，在这些案件中有明显正当的理由认定，对方当事人应当知道涉诉行为是否要被视为被代理人的行为，正如面对未经授权的迁出通知（notice to quit）那样（房东试图在通知的时间开始计算之后作出追认）。[89] 但法律认定，诉讼的提起是可以得到事后追认的。[90]

现在我来谈谈诉状。向（或者由）某位效力于雇主的雇员提起的简约之诉，可被认定为向（或者由）这位雇主提起的简约之诉，此乃法律上的既决事项。[91] 但这些相关判例中都是雇主事先指使的，因此如我在本次讨论伊始所表明的那样，可以暂且撇开不谈。雇主指使的侵犯也如此。[92] 但如果我们碰到的情况是，雇主明明没有指使却依然应对某行为负责，就会感到比较棘手了。然而法律上的既决事项是，在类案诉讼中，雇员的过失被严格认定为雇主的过失，[93]而若要遵循实体法的类推，并贯彻身份同一性拟制直至其逻辑结论，那么一切诉状皆不例外。关于欺诈问题就是这样认
111 定的。“将代理人的欺诈归咎于被代理人，并要求被代理人对欺诈结果负责的这同一条法律规则，为‘被代理人亲自实施不法行为’这一主张提供了正当理由。”[94]一些美国判例将同样观点适用于侵害之诉，[95]并认定虽然雇主未加指使但仍应对雇员实施的侵害承

[89] *Doe v.Goldwin*, 2 Q.B.143.

[90] *Ancona v.Marks*, 7 H.& N.686.

[91] Seignior and Wolmer's Case, Godbolt, 360.

[92] *Gregory v.Piper*, 9 B.& C.591.

[93] *Brucker v.Fromont*, 6 T.R.659(1796).

[94] Comstock, Ch. J., in *Bennett v. Judson*, 21 N. Y. 238 (1860); acc. *Barwick v. English Joint Stock Bank*, L.R.2 Ex.259(1867).

[95] *Andrew v.Howard*, 36 Vt.248(1863); *May v.Bliss*, 22 Vt.477(1850).

担责任,可对该雇主坚持提起侵害之诉。但这些判决尽管十分合理,可与其说它们乍看之下基于逻辑,却不如说它们似乎出于不走心(inadvertence),而主流意见与之相反。财税法庭法官帕克说:"'通过他人做事的人,是在为自己做事'这一法谚,要求雇主对雇员在其雇佣工作过程中的所有过失行为负责,但这种责任并未使得雇员的**直接**行为变成雇主的**直接**行为。不应对雇主提起侵害之诉(trespass);实际上,应针对雇佣粗心雇员这一点提起类案侵权之诉(case)。"[96]从推理的角度讲,这些话错谬百出、不忍卒读。"通过他人做事的人,是在为自己做事"作为常识所承认的一条箴言,仅仅要求一个人对其指使的侵害承担责任,并且侵害之诉适于这类情况。如果该箴言的要求超出这一点,那就无非蕴含着拟制,该拟制的要点正是在看待一个人的直接行为时,仿佛它是另一个人的直接行为。有人为回避这种结论,就提出一种虚假理由来论证 112
一般的责任。[97] 如前所述,这种虚假理由乃是罗马法学家的古老谬误,并被这样一些判例所清除,这些判例认定雇主无论多么小心翼翼地遴选雇员,都不能在受指控时免责。[98] 但帕克的推理虽然失当,其措辞却表达出明理者对如下做法油然而生的抵触情绪:明明是另一个人在其独立行事过程中实施侵害的,并且被告之所以担责,仅仅是因为自己同实际不法行为人有约在先,结果我们竟要

96 *Sharrod v. London & N.W.Ry.Co.*, 4 Exch. 580, 585(1849). Cf. *Morley v. Gaisford*, 2 H.Bl.442(1795).

97 同样的理据见于 *M'Manus v. Crickett*, 1 East, 106, 108(1800)。试比较 1 Harg.Law Tracts, 347; *Walcott v. Swampscott*, 1 Allen, 101, 103; *Lane v. Cotton*, 12 Mod.472, 488, 489。

98 *Dansey v. Richardson*, 3 El.& Bl.144, 161.

认可(sanction)“被告直接向原告施暴”这一主张是本案恰当的正式主张。[99] 另一情况或许有所帮助。雇主一般不对其雇员的故意侵害负责,因此,向雇主提起的诉讼,就转而立足于雇员过失这一通常归责理据。曾经一度出现过一种混乱的观念,即如果诉因是被告的过失,则专属的诉讼形式总是类案侵权之诉。[100] 当然,若果真如此,那么被归咎于雇员过失的情形同样适用这一点。这样就出现了进一步的可能性,即把专属诉讼形式的问题,混淆于被告是
113 否承担责任这一截然不同的问题。

我最后谈一谈损害赔偿金的问题。在那些允许判处惩罚性损害赔偿金(exemplary damages)的州,如果雇员行为合乎代理关系准则的构成要件,则人们自然力图从雇主那里获得惩罚性损害赔偿金。某些法院勇于一以贯之地行事。[101] 若问道:“这种损害赔偿规则立足于什么原则?答案是,代理人的行为就是被代理人自己的行为……法律在此程度内确立起二者在法律上的统一和等同……就代理人在雇佣工作过程中实施的不端行为(或侵权行为)以及合法行为而言,被代理人和代理人之间的这种法律上的统一,乃是法律自其远古时期以来便附加于代理关系的东西。”“如果代理人的行为在法律上就是被代理人的行为,且这种法律上的等同乃是被代理人责任的基础,那么被代理人便不得不清偿完全的民

99 *M'Manus v. Crickett*, 1 East, 106, 110(1800); *Brucker v. Fromont*, 6 T.R.659(1796).

100 *Ogle v. Barnes*, 8 T.R.188(1799).Cf.*Leame v. Bray*, 3 East, 593(1803).

101 *New Orleans, Jackson, & Great Northern R.R.Co.v.Bailey*, 40 Miss.395, 452, 453, 456(1866); acc. *Atlantic & G.W.Ry.Co.v. Dunn*, 19 Ohio St.162.

事责任。”建议陪审团裁定惩罚性损害赔偿金(punitive damages)的指示得到支持,原告胜诉获得12000美元。以上摘录文字所在的那份判决意见,且不论我们如何评价其实际后果或英文书写,毕
竟有着刨根究底、一针见血的优点。另一方面,其他法院由于更加 114
顾念结果的畸形(monstrosity)而非法律的精美,断然宣称惩罚没有罪责之人实属荒谬,并斩钉截铁地确立了相反的规则。[102]

我想我现已成功论证了本文开篇确立的那几条命题。我完全承认,本文所辑录的佐证材料,是从典籍中零零碎碎、鲜为人知的角落里(from nooks and corners)梳理出来的,而且这套佐证材料虽就大体而言在我看来雄辩分明,却并不斐然呈现于法律的表面。也就是说,我承认本文所坚持的观点并不为法院所青睐。这是无可奈何的事情。毕竟法官羞于直白地告诉被告:“我提不出任何用以判定你承担责任的理性根据,但有一项我必须尊重的法律拟制摆在那里,因此我不得不认定是你实施了被指控的行为,尽管我们都很清楚那事情是别人干的。如果让原告选择的话,他本会起诉此人,而且此人是你精挑细选出来的,实际上他简直是他接手的这项雇佣工作的不二人选,更何况雇佣他不仅是你的权利,同样也顺应公共利益的要求。”用这种方式裁定雇主败诉可说不过去,而且,
劝自己认命,说以上正是判决的真实理由,这甚至也令法官感到难 115
堪。于是,法官们自然奋力发掘更能自圆其说的理由,可谓精诚之

102 *Hagar v. Providence & Worcester R.R.*, 3 R.I.88(1854); *Cleghorn v. New York Central & Hudson River R.R.*, 56 N.Y.44(1874). Cf. *Craker v. Chicago & N.W.R.R.*, 36 Wis.657(1875).

至。因为只要一条法律规则事实上乃是古老传统的残留物，那它的古老含义就逐渐湮灭，不得不与关乎政策和正义的当前观念调和起来，否则便穷途末路。

如果说，代理关系法能被分解为普遍接受的若干一般原则的单纯适用，那么我的论证就站不住脚。但我认为代理关系法是不能这样分解的，而且我还可以在本文既已阐明的那些理据之外，追加一条支持我观点的理据，即迄今用以支持"雇主对其雇员的侵权行为承担责任"——此乃身份同一性拟制的最重要适用——的理由可谓五花八门，这正表明这些理由无一恰如其分。如我们所见，财税法庭法官帕克说，实际应对雇佣粗心雇员之事提起类案侵权之诉。其他人提议，那条规则是因为需要一位能够支付损害赔偿金的责任承担者。[103] 大法官格罗夫先生认为，雇主冒着此类灾殃的风险，这是在所难免的(as it must needs be should come)。

我承认，我对任何诸如此类的一般考量的价值抱持怀疑态度，而另一方面，我非常愿意基于佐证材料相信，在根据特殊理由适用于特殊情形的时候，摆在面前的代理关系法是能够找到正当理由的。[104]

---

103 参见 *Williams v.Jones*，3 H.& C.256，263；1 *Harg.Law Tracts*，347。

104 试比较本人关于公共承运人(common carriers)的讨论(*The Common Law*，204，205)。

特免、恶意和意图(1894年)* 117

目前施行的侵权法已经基本上形成一套一般理论。下面我将稍稍总结该理论的第一部分。人们就现时损害(temporal damage)提起侵权诉讼。法律承认现时损害是一种恶果，并在合乎下文提及的那些最重要考虑因素的范围内，致力于防范或补救这种恶果。一旦证明被告的行为结果给原告造成现时损害，接下来的问题便是被告能否预见该结果。如果通常经验(common experience)表明，某种此类结果在行为人的已知情况下，很可能随着该行为而发

105

生，那么该行为人就被认定为知情(with notice)而为，[①]因此被判定承担法律责任，除非他按照我已经提及和稍后提及的那些特定理由进行开脱。此处所适用的是外在(external)标准，其中恶意、意图、过失这三个词也指向外在标准。如果损害的概然性极其显著并且损害随之发生，那么我们就说这是出于恶意或故意；如果损害的概然性并不极其显著但仍然相当大，那么我们就说这是过失

---

* *Harvard Law Review*, Vol. VIII, No. 1(1894).(原文标题为"Privilege, Malice, and Intent"。——译者)

① "notice"(知悉；知情)指某人已获得通知的状况，无论其实际是否知道。它与"knowledge"(明知)有所区别：明知即实际意识到某一事实状况，而知悉仅指有理由意识到某一事实状况。参见《元照英美法词典》，北京大学出版社2013年版，第981页。——译者

118 致害;如果表面看不出致害危险,我们就称之为不幸(mischance)。

再者,鉴于行为责任仅仅取决于它的概然后果,假如概然性的程度足以引起被告的合理警觉,则行为责任通常不受概然性程度的影响。换言之,就足以引起被告合理警觉的目的而论,该行为被称为出于恶意抑或出于过失,一般说来无关紧要。就初步推定侵犯或书面诽谤而言,如果对原告人身施以强力或者使其遭受蔑视的可能性,达到前述"过失"一词所表达的程度,那就不需要达到更高程度了。例外也是有的,至少在刑法中是这样。明知情况下的危险程度可以区分谋杀罪和非预谋杀人罪。[1] 但规则如我所述。对于前面谈到的一般原则,我想不必进一步论证了。[2]

然而,迫在眉睫的危险程度(the degree of manifest danger)这一简明尺度并未穷尽侵权理论。在某些案件中,一个人不对极为明显的危险承担责任,除非他确实意图作出被指控的侵害。在某些案件中,他甚至可能意图侵害而仍不用为此承担责任;按我的想法,至少在后面这类案件中,实际的恶意可能使他承担责任,而没
119 有实际恶意的时候就不必承担责任。这里我所谓恶意是指行动的恶毒动机,而不虑及由意图侵害他人所导致的远期获利的希望。[3] 此种意义上的恶意是否影响到被告权利和责任的范围呢?这个问题已经以多种形式表现出来。比如,众所周知,以某种明显有害于邻人的方式使用土地。联合抵制(boycotts)以及出于或多或少类

1 2 Bigelow, Fraud, 117, n. 3; *Commonwealth v. Pierce*, 138 Mass. 165. 试比较 *Hanson v. Globe Newspaper Co.*, 159 Mass. 293.

2 参见 *The Common Law*, Ch. 2, 3, 4。

3 参见 *Rideout v. Knox*, 148 Mass. 368, 373。

似目的的其他联合行动，也涉及这个问题并使其凸显出来，尽管在此类案件中所施加的损害只是手段而已，并且所寻求达成的目的通常是被告的某种获利。但在讨论该问题之前我必须考虑，撇开行为恶意问题不谈，一个人在上述案件中基于何种理据免责。

你们会注意到，我假定我们已经越过了外在标准这一尺度所
回应的问题。被告行为的明显倾向就是对原告造成现时损害，这
一点不存在争议。总体说来，结果是预料之中的，而且至少常常是
有意而为。冒出来的第一个问题是：若这名被告就此而论不用承
担责任，理据何在？如下老生常谈向我们提示了答案，即假如没有
正当理由（just cause），蓄意施加现时损害的行为（或者某种明显
可能造成现时损害并且也确实致人损害的行为）就是可诉的。[4]
如果法院认定被告的行为出于正当理由，那么被告免责。证成理 120
据可谓五花八门。此类情况下的证成理据是，被告具有在明知的
情况下施加被指控损害的特免（privileged）。

但是否准予特免以及在多大程度上准予特免，则属于政策问题。政策问题乃是立法问题（legislative questions），法官羞于将此类理据作为推理的出发点。于是，各种支持特免或反对特免的判决，虽然明明只能立足于此类理据，却常常表现为依据空泛的命题——例如，不得以损害他人的方式使用自己的财产（*sic utere tuo ut alienum non laedas*），这不外乎教导人们心怀仁义——得出的空洞演绎，抑或所作出的那些判决仿佛本身蕴含着法律的先决条

4 *Walker v.Cronin*, 107 Mass.555, 562; *Mogul Steamship Co.v.McGregor*, 23 Q.B.D.598, 613, 618.

件,并且不容进一步的推演。例如判决有云,尽管存在现时损害,但[被告]没有不法行为;而要查明的事情正是有没有不法行为,以及如果没有的话理由何在。

一旦面对政策问题,我们会发现无法经由一般命题作答,而必须根据案件的特殊性加以判定,即便人人均就应然答案达成共识。我不打算罗列或者概括应予考虑的所有事实,但显然要把结果的价值(或曰准许作出该行为所得到的利益)同它造成的损失做一番比较。因此,结论不是千篇一律的,将根据事情的性质而取决于不同的理由。

121 例如,某人想在小村子里面开办一家商店,而这个村子只能撑得起一家这样的商店,尽管他料到会挤垮当地一名亟须扶助的寡妇正在经营的商店,而且有意为之,他依然有权开办自己的商店。他有权在自己的土地上建一座房子,尽管其位置会遮挡附近一座远为昂贵的房子的视线。当有人向他打听一名仆人的情况时,他有权如实作答,尽管他意图以此妨碍该仆人的出路。但这几种特免的理由是不一样的。第一种特免取决于一条经济学假定,即自由竞争对于社会来说利大于弊。第二种特免取决于如下事实,即必须在相邻所有权人相互冲突的利益之间划定界限,而这必定限制每个人的自由;[5] 也取决于不可避免的市侩品位,它在考虑整个片区内土地的最有利可图的运营方法时,认定用处优先于美观;也取决于被告实际上并未逾越自己的边界;还取决于稍后提到的其

5 参见 *Middlesex Company v. McCue*, 149 Mass. 103, 104; *Boston Ferrule Company v. Hills*, 159 Mass. 147, 149, 150。

他理由。第三种特免取决于如下命题，即在某些情况下且在某些界限内，自由获取信息的益处超过了偶然不幸者遭受的损害。我不知道是否有人适用该原则来支持仆人品评主人的情形。

是否存在特免，以及特免的范围或程度，都会随着案情而变化。人们在谈到某些特免时仿佛那些特免是绝对的（套用一下口头诽谤中的常用语）。例如，撇开制定法上的例外情形不谈，在任 122
何普通情况下，改造自家土地或者在自家地里鼓捣新花样的权利，不受此类做法的动机影响。如果采用相反的学说且将其推至逻辑极端，那就有可能因为陪审团裁决认定恶意运营而拆除一处昂贵的仓库，由此造成大量劳动的浪费和损失。即便法律不走到这样极端的地步，鉴于该建筑物的运营动机可能发生改变，问题将始终悬而不决。兴许另有其比这里提到的理由和前述理由更好的理由，或者这些理由可能不充分。[6] 我并不试图证成特定学说，只是要分析据以形成法律判决的一般方法。

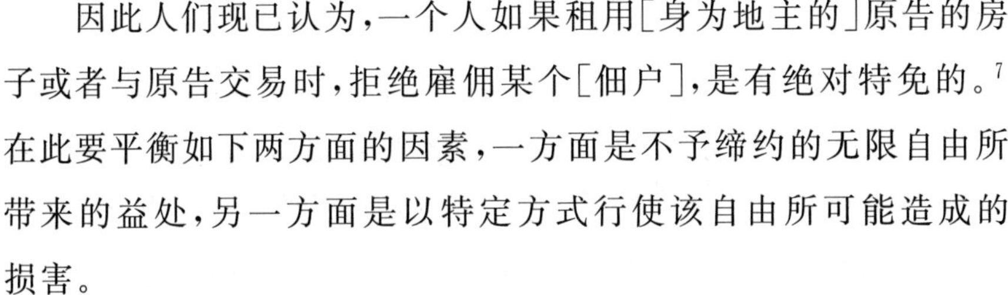

因此人们现已认为，一个人如果租用[身为地主的]原告的房子或者与原告交易时，拒绝雇佣某个[佃户]，是有绝对特免的。[7] 在此要平衡如下两方面的因素，一方面是不予缔约的无限自由所带来的益处，另一方面是以特定方式行使该自由所可能造成的损害。

重要的是注意到，这里的特免不是一般性的（即恶意阻止与原

6 参见 1 Ames & Smith, *Cases on Torts*, 750, n。

7 *Heywood v. Tillson*, 75 Me. 225; *Payne v. Western & Atlantic R.R.*, 13 Lea, 507. 参见 *Capital & Counties Bank v. Henty*, 7 App.Cas.741。

123 告缔约），而是针对所运用的特定手段。不论是出于恶意，即为阻止他人与原告缔约，抑或出于其他无伤大雅的动机，被告本人都有拒绝缔结某种契约的特免。更重要而且更为切中本文宗旨的是，尽管有诸多相反的一般表达，结论却并不基于如下抽象命题，即恶意并不能使人对一种在其他情境下合法的行为承担责任。据说倘若并不如此，那么一个人就会因其动机而受到指控。但这一命题和下述命题一样并非不证自明：对于行为发生之时的情况的认识并不能影响责任，否则一个人就会因其认识而受到指控——该命题显然是错的。严格说来，人的意识状态（the state of a man's consciousness）对于其责任而言总具有实质意义；当我们考虑一个人在明知状态下（knowingly）造成邻人之金钱损失（pecuniary loss）方面具有多大程度的特免时，我们会发现在某些情况下正是动机造就了世上一切差别，而不会感到大惊小怪。接下来我要探讨的问题是，特免是否至少在有些时候并不取决于被指控行为的动机。

我要举的例子里面，被指控的损害和前面一样也是恶意的商业干预，但所用手段（即被告的行为）不同。我假定法律将该损害认定为现时损害，因而损害认定的问题在此不予讨论。我还假定，
124 被告的行为只是因为所提及的特定后果以及被告对该后果的态度，才成为非法行为或者诉讼事由。最后我还假定，被告所招致的第三人作为或不作为系属合法。假如可以找出这样一件案子，即除了“人们想做什么就去做什么吧”这条一般理据之外，别无更特殊的或其他的政策理据为被告行为提供正当性，那么这件案子就涉及我希望提出的争议点。我发现很难设想这样一件案子，但假

如它果真发生了,我想法院将会认定它所招致的损害超过了自发的收益。[8] 因为使坏而感到痛快固然可被称为一种收益,但另一方的痛苦是更重要的损失。否则为何允许因受殴击而获得赔偿金呢?没有任何一般政策允许某人仅出于为非作歹的快意而侵害邻人。

但是我们不必虚扯这些事。让我们设想另一件案子,其中被告的商业干预行为得到了某些特定政策理据的支持。例如,一位权威人物建议别人不要聘用某位医生。允许人们相互自由地提出
建议,这在某种程度上是可取的。另一方面,断别人财路的做法通 125
常是不可取的。两种利益相互对立,我们必须划定它们的分界线。建议他人不要缔结前述某些契约,这种做法不宜获得如此绝对的优先通行权。于是,人们很可能会说,如果听众相信该建议是出于好意,是为了保护听众的利益,那么被告就不承担责任。但如果听众不相信该建议是为他们的利益着想,而相信那是为了抹黑那位

8 或许如下判例符合我们的设想:*Keeble v. Hickeringill*, 11 East, 574, n., and *Tarleton v.M'Gawley*, Peake, 205——我们可以想得到,人们因为被告恶意开枪(该行为在其他场合是合法的)而不得不远离原告。你们可在如下著作里找到这些判例,参见 1 Ames & Smith, *Cases on Torts*。该书包含着与本文主题相关的精选判决。["基布尔诉希克林吉尔案"(*Keeble v. Hickeringill*)是 18 世纪初英国财产法和侵权法的著名判例,案情如下:原告拥有一片地产,其中有个池塘配有若干捕鸭设施,他使用一些经过驯养的真鸭子作为诱饵,诱使野鸭自投罗网,但是被告先后三次向池塘开枪吓跑野鸭。该案原告胜诉,赢得 20 英镑。"塔尔顿诉莫高利案"(*Tarleton v.M'Gawley*)是 18 世纪末涉及第三人干扰预期合同关系的著名判例,案情如下:原告派商船前往非洲做生意,商船抵达非洲海岸后,一群非洲人乘着独木舟前来交易,此时另一艘商船向独木舟开火,致一名非洲人死亡,成功阻止原告本可实现的交易。——译者]

医生，那么医生就会胜诉。[9] 如果听众相信该建议出于好意，可是被告仅仅为了施加损害而自愿提出该建议，那么各家法院可能作出不同判决，但肯定有的法院会认定不适用特免。[10] 没有恶意的不诚实(bad faith without malice)会引发怎样的效果，不在我讨论范围内。

可见，为查明被告是否知悉自己行为的概然后果而适用的外在标准，与特免问题无关或者关系不大。人们假定被告事先知悉
126 其行为的概然后果，否则就谈不上特免的问题了。一般说来，被告不仅预见而且有意造成被指控的损害。如果不存在特免，那么知悉后果和恶意之间的区分便无关紧要。如果特免是绝对的，或者说涵盖了恶意行为，那么它显然也涵盖了非恶意行为。如果特免是有限度的，那么支持被告自由行事的政策，一般说来就会限定在如下范围内，即禁止被告出于侵害之目的而使用行善条件下被允许的自由。我们不妨设想，被告给出的建议明显趋向于(tend)损害原告，但被告事实上并没有想到原告，那么除非被告出于不诚实或恶意而明确针对着原告，否则该建议将获得特免。若要认定该建议是针对原告的恶意行为，只能是要么被告确实想到了原告，要

9　参见 *Morasse v.Brochu*，151 Mass.567；*Tasker v.Stanley*，153 Mass.148；*Delz v.Winfree*，80 Texas，400，405。这些判例在行为的准确定性方面常常模棱两可，而这一点在我看来乃是重中之重的事实。在"拉姆利诉贾伊案"(*Lumley v.Gye*，2 El.& Bl. 216)中，当事人主张被告"唆使和劝说"第三人违约。在"鲍温诉霍尔案"(*Bowen v. Hall*，6 Q.B.D.333)中，被告霍尔说服别人不履行他的契约(pp.338，339)。在"老自治领汽船公司诉麦克纳案"(*Old Dominion Steamship Co.v.McKenna*，30 Fed.Rep.48)中，被告"劝说原告的员工"离开工作岗位，等等。

10　参见 *Stevens v.Sampson*，5 Ex.D.53。

么原告属于被告确实想到的那一类人。

法官为何不喜欢讨论政策问题,或者说不喜欢根据他们作为造法者的观点来判案呢?其原因之一或许在于,一旦你离开了纯逻辑演绎的道路,你就丧失了确定性的幻觉(the illusion of certainty),这种幻觉使得法律推理看起来像数学演算。然而确定性不过是一种幻觉。对于诸多生活利益的体验,教给人们各种政策观点。生活利益都是斗争场域(fields of battle)。无论作出什么样的判决,都必定有违一方当事人的愿望和意见,作为判决基础的各种区分将是程度的区分(distinctions of degree)。就连前述关于自由竞争益处的经济学假定,也遭到一个重要流派的否定。 127

让我进一步举例说明。如下做法在英格兰是合法的:为了阻止原告成为竞争对手,商人联合起来向发货人(shippers)报出不盈利的售价和回扣,正如原告有权去做的那样,并且也会采取没收回扣和威胁解雇的方式防止代理人与原告往来。[11] 但如下做法似乎是非法的,即工会主管责令工会成员不得为原告的供货商工作,以迫使原告戒绝他本来有权做的事情。[12]

在后一种情况下,被告的行为严格说来是在发布命令,而不是在拒绝缔约;但即便工会一致表决通过采取那种手段,法院的判决或许也不会改变。[13] 就商业干预而言,拒绝缔约的权利并不是绝

11 *Mogul Steamship Company, Limited, v. McGregor*, 1892, App. Cas. 25; 23 Q. B.D. 598. 也参见 *Bowen v. Matheson*, 14 Allen, 499 (1867); *Bohn Manufacturing Company v. Hollis*, 55 N.W.R.1119(Minnesota, 1893)。

12 *Temperton v. Russell*, 1893, 1 Q.B.715.

13 参见 *Carew v. Rutherford*, 106 Mass.1,以及下文涉及联合行动的判例。也参见篇末的进一步评论。

对特免的。单纯的联合行动和侵害原告的意图,似乎并非裁判理据之所在。这两个因素以同等程度出现在"莫高汽船公司案"(Mogul Steamship Company's case)里面。诚然,当时陪审团裁决认定了
128 恶意。但是请看看案件证据、法官指示和判决,显然人家的意思不是说被告不以利己为最终动机。被告想通过使原告屈服的方式获利,正如在另一种情况下,被告想通过排挤原告的方式获利。或许可以说被告有拒绝缔约的自由,但他们没有权利建议或劝说本打算同原告交易的承包商放弃交易,而一旦向承包商传达工会的缔约意愿(前提是承包商不跟原告交易),那么被告就是在进行此类劝说。但假如这番详尽阐述(refinement)不是在拐弯抹角地否定不缔约的自由——因为除非一个人能够说明他打算在什么情况或条件下拒绝[缔约],否则很难说他可以自由地拒绝[缔约]——那么同样的推理模式无论如何可以适用于被告免责的案例。裁判理由在此实际上回到一条相当微妙的政策命题(该命题关乎被告自己意图获得的特殊利益的价值),并启人疑思:具有不同经济学取向的法官们,会不会在遇到这个问题时作出不同判决?

不妨用其他关于联合抵制的案件继续举例说明。同样的行为若由一人为着特定目的作出则可能得到特免,而出于同样目的的
129 联合行动则可能被判定违法。[14] 当我们区分若干重要权力在单一

---

14 参见 *State v.Donaldson*,32 N.J.191;*State v.Glidden*,55 Conn.46;*Camp v.Commonwealth*,84 Va.927;*Lucke v.Clothing Cutters' & Trimmers' Assembly No.7*,507,K.of L.,26 Atl.R.505;*Jackson v.Stanfield*,36 N.E.R.345(Indiana,1894);*Mogul Steamship Company v.McGregor*,23 Q.B.D.598,616;1892,App.Cas.25,45。这些案例并不是完全意见一致。*Bohn Manufacturing Co.v.Hollis*,55 N.W.R.1119(Minnesota,1893).

资本家(且不说一家公司)那里的联合与其他形式的联合时,很容易发现困境之所在。[15] 除非快刀斩乱麻地说哪怕最微不足道的联合也是不法的,否则,多大的联合才称得上不法行为就是个程度问题。所有这些的背后是这样一个问题,即法院会不会公然违逆这个世界日新月异的组织方式及其必然后果。我的以上看法不是为了批评判决,而是为了提请人们注意那些不得不加以权衡的、非常严肃的立法性考量因素。若这些考量因素竟以无意识的偏见(unconscious prejudice)或半自觉的倾向(half conscious inclination)等模糊形式发挥权重,那正是危险之所在。要公允地权衡这些考量因素,不仅需要有法官的至高权力和法律实务未必能够保障的训练,还需要免除先入为主的成见(prepossessions),这是极难达到的境界。在我看来可取的是,应在明确承认其性质的前提下开展这项工作。法律仅作为共同意志的无意识体现(unconscious embodiment of the common will)的时代一去不复返了。法律已经成为有组织的社会对自身作出的有意识回应,而这个有组织的 130
社会明确力求决定自身的命运。

我们总结一下这部分的讨论:如果应负责任的被告力图开脱自己对于某种行为的责任——他明知该行为可能给他人造成现时损害,且确实造成了现时损害——那么他必须给出证成理由。最重要的证成理由就是主张特免。单单考虑损害的性质和行为的效果,并对二者加以比较,这就判定特免的主张来说还是不够的。通常还必须考察行为的准确定性和行为的情势。例如,只说被告诱

---

[15] 23 Q.B.D.617.

导(induced)公众(或一部分人)不与原告交易还是不够的。我们必须知道他的诱导方式。如果诱导方式是拒绝让他们占用某栋建筑或是拒绝雇佣他们,那么答案可能是——且不考虑其他条件的话——断然支持被告。如果诱导方式是采取就其他理由而言的不法行为,那么答案超出了我的讨论主题。如果诱导方式是建议或者并非在其他场合违法的联合行动,那么动机就可能是最重要的事实。完全可以想见,在某些司法管辖区,动机将左右所有的或近乎所有的特免主张。我以例证形式援引的上述案例来自不同的州,而且或许并不像我以为的那样能被认为彼此协调一致。但所有这些案例的裁判理由都是政策;一方面和另一方面给共同体带
131 来的益处,是真正值得权衡的唯一事项。我只希望补充一点:到目前为止,当第三人的行为比被告的行为更靠近损害时,我假定第三人行为合法。我尚未谈到与他人不法行为相联系的特免。我也暂且搁置了如下例外情况:要是第三人明知的话,被告所诱导的那种行为将是侵权或者犯罪,例如无恶意地给出一个毒苹果。如果损害在性质上比丢了生意更加严重,那自然而然会限缩特免,但在我前已想到的案件里不太可能如此。

我接下来谈谈完全不同的一类案件。在这类案件中,被指控的致害意图固有其重要性,一方面有别于知悉危险(notice of danger),另一方面有别于实际的恶意。先从稍远的地方开始说起,无论谁在思考责任的外在标准时,都会遇到这样一种难题:假如被认定的知情是一般理据,那么销售军火的人为何不对自己卖出的手枪造成的死伤负责呢?(因为他势必被判定为知道如下概然性,即一个人早晚都会出于非法目的从他那里购置手枪。)我不

认为此类问题的全部答案都在于特免学说。我也不认为应从关于原因的老生常谈中获得[解决问题的]指示。有人说,谁的不行为最靠近损害,谁就是损害的唯一原因。但正如“海斯诉海德公园 132
案”(*Hayes v.Hyde Park*)所指明的那样,[16]谁的行为最靠近损害,谁就是致害原因之一,无论该行为正当与否。然而,他人介入的行为不见得使被告免责。

以下原则看起来至少在美国深得人心:每个人都有权依赖其同胞以合法方式行事,于是,如果他在行为时假定其同胞将会合法行事(不论该假定有多么不可思议),他都不因此承担责任。在一些有说服力的案例中,该规则的边缘可能遭到蚕食(some nibbling at the edges)。例如,轻微过失的第三人介入,或者第三人的过失仅发挥次要作用,但该规则很少引起争议。该规则在适用时既支持不法行为人也支持其他人。经典例证便是:一个人若是口头诽谤另一个人,不对他人未经自己授权而不当重复该诽谤之词的行为负责;但该原则是一般性的。[17] 倘若他人的重复得到了特免因而是正当的,并且明显有可能发生,那么法律大概会作出另一种安排。[18]

但假如被告并不止于说:“我理所当然地认为我周围的人会遵守法律,当我随性而为的时候,我不会以他们的违法行为可能酿成

---

16 153 Mass.514.

17 *Ward v.Weeks*,7 Bing.211,215;*Cuff v.Newark & New York R.R.*,6 Vroom,17,32;*Clifford v.Atlantic Mills*,146 Mass.47;*Tasker v.Stanley*,153 Mass.148,150.

18 *Elmer v.Fessenden*,151 Mass.359,362,以及引证的案例。参见 *Hayes v.Hyde Park*,153 Mass.514。

133 的危险来约束自己。”假如被告反倒不仅预见了违法行为，而且在行为时有意引发若无他人违法行为的帮助则不会出现的后果，那么情况就不一样了。该差别可由如下两方面的对比得到说明：一方面，土地所有人拥有为防范入侵者而按其心愿改造自己土地的一般权利，另一方面，他要为捕人陷阱（man-traps）或刺狗装置（dog-spears）而甚至对入侵者承担责任。在后一种情况下，他明确地思虑过他原本有权假定不会发生的事情，而所造成的损害处于一种仿佛他本人就在现场亲为的状态。他的意图可以说使他成为最终的侵权人。[19]

因此，如果所预见的不正当行为是第三人的行为，而非原告的行为，那么被告可能要对该行为的后果承担责任。当然，毫无疑问，一个人可能在民事和刑事方面因他人的违法行为而承担责任，而且人们现已达成牢固的共识，即一个人可因他人的违约行为以及侵权行为而承担责任。[20] 如果他仗着自己的权威而命令他人作出违法行为，他就得承担责任；如果他用劝说的方式诱导他人作出违法行为，他可能会承担责任。至于他通过什么方式而在明知的情况下向他人提供违法行为的动机，是通过恐吓、欺诈抑或劝说，只要该动机奏效，方式问题在我看来就无关紧要。但若要剥夺他
134 依赖他人合法行为的权利这一保护屏障，你就必须证明他意图招致违法行为势必引发的那些后果。通常来讲，这等于说他必定已

19 *Bird v.Holbrook*，4 Bing.628，641，642.参见 *Jordin v.Crump*，8 M.& W.78；*Chenery v.Fitchburg R.R.*，35 N.E.Rep.554，555。

20 *Lumley v.Gye*，2 El.& Bl.216；1 Ames & Smith，*Cases on Torts*，600，612（埃姆斯教授的注解）.

有该违法行为的意图。让我们把这里的事情总结成一条规则：当你力图让某人对损害负责，且第三人行为比被告行为在时间上更靠近损害时，假如第三人的行为是合法的，那么该损害好像是自然而然的结果，于是问题就在于被告应否合理地预见或预期该损害。但假如第三人的行为是违法的，那么你必须证明，被告已经意图达成这些若没有第三人行为便不可能发生的后果。[21]

尽管实际的蓄意(actual intention)是此类案例的必备要素，但恶意通常说来并不如此，除非是否对介入的不法行为人承担责任的问题与特免问题纠缠在一起。我们认定被告以违法方式施加损害，因为最靠近损害的第三人行为被认定违法。如果被告并不知悉第三人行为将会违法或可能违法，那么根据一般原则他就不承担责任。虽然“鲍温诉霍尔案”(*Bowen v. Hall*)提出了保留意见，[22]但如果被告明知第三人将采取违法行为，那么看来被告显然 135
要对劝说第三人这样做的行为承担责任，无论被告是否出于恶意。我相信，恶意建议他人采取某一合法行为以显著损害原告的做法，以及善意建议他人采取某一违法行为以显著损害原告的做法，都不应获得特免。当然，我所谈论的是奏效的建议。在我看来，法律很难认可一种诱导违法行为的特免。但无论是否存在这样的特免，我这里试图说明的是，除了特免以外便不存在抗辩理由。也就

21　我冒昧地援引一系列将会印证我观点的案例：*Hayes v. Hyde Park*, 153 Mass. 514; *Burt v. Advertiser Newspaper Co.*, 154 Mass. 238, 247; *Tasker v. Stanley*, 153 Mass.148(须注意，在该案中，根据被认定为建议基础的事实来看，被告所建议的行为亦即原告妻子的离去，似乎在任何意义上都不构成违法行为)；*Elmer v. Fessenden*, 151 Mass.359, 362; *Clifford v. Atlantic Cotton Mills.*, 146 Mass.47。

22　6 Q.B.D.333, 338.

是说，当基于特免之外的理由时，在是否对他人不正当行为承担责任的问题上，恶意不具有实质意义。

于是我们在此又一次回到了特免问题。如果被告的行为目的是，借助第三人的违法行为造成被指控的结果，那么相比于他仅仅有意诱导合法行为的情况，被告在前一种情况下的特免范围更窄。如前所述，我认为，诚恳劝说（honest persuasion）他人以合法行为损害原告的做法所得到的特免，不会延伸到诚恳劝说他人以违法行为损害原告的做法。我们来谈谈得到更大特免的行为。一个人能以甲对乙违约作为己方与甲缔约的条件吗？按照一些可敬的法院的判例，答案似乎是他不能这样做。[23] 我到目前为止所称的不
136 予缔约的特免，其实只是缔约特免的否定方面。我以否定的形式加以陈述，是为了让绝对特免的主张更貌似合理。但不是说只要协议在表面上不违法——亦即只要协议未必总是倾向于造成法律希望防范的结果——就有签订此类协议的绝对特免。如果一份协议尽管通常说来无害，但在特定情况下倾向于造成法律希望防范的结果，那么该协议就可能违法。

于是问题就来了：协议（例如买卖契约）和法律力求防范的结果之间须有多么紧密的联系，我们方可判定该协议违法？我不揣冒昧地认为，倘若涉及的结果是侵权行为，那么可以形成法律因果链的那种联系紧密度，就将使人判定卖方承担责任。在“格雷夫斯诉约翰逊案”（*Graves v. Johnson*）中，[24] 当时发现有人在马萨诸塞

[23] *Temperton v. Russell* (1893), 1 Q.B.D.715. 我在前面出于另一目的援引过该案。在该案中多了一个联合行动的要素。见本文注释 14 中援引的案例。

[24] 156 Mass.211.

州出售烈酒并且是“为了”(with a view to)购买者在缅因州的非法
转售,多数主审法官在解释这里的“为了”时,认为它是指卖方意图
见到买方违法转售,且买方也把卖方的行为理解为出于该目的之
协助,因此判定该买卖违法。但我们不妨揣测,倘若卖方仅仅知道 137
买方的意图,但既没有怂恿也不以为意(without encouraging or
caring about it),那么判决结果或许不同。

在特免的问题上,被告的行为性质、后果的性质以及该行为和后果之间的联系紧密度,可能变化莫测。我们可以设想一种享有最高程度特免的行为(例如使用土地),而它是在要求出租房屋或者拆除阻挡视线的建筑时必须符合某些条件。我们可以设想当事人在说明这些条件应予满足时是有意而为,但既不是在劝说也不是在建议,并且我们可以设想这些条件可能是五花八门的错误行为,上至谋杀,下至在借阅一个月的《先驱》的事情上违约。人们大可在模拟法庭(moot court)之上设计此类有趣案例,尽管我很难指望在实务中碰到。不过,如前所述,我的目的不是判决案件,而是把案件的判决方法稍加澄清。

138
史识与科学(1895年)*

6月25日,在哈佛法学院校友会兰代尔教授纪念宴会上的演讲

尊敬的主席先生和院友会各位同仁:

鉴于在座诸位绝大多数都是哈佛法学院近二十五年来的毕业生,可以想见,坐在我周围的都是贤达饱学之士。就我个人而言,我近日的思绪一直萦绕于——

> 往事依稀哪堪回首追忆,
> 还有那枪林弹雨早已是经年不闻。

一旦30年前罹难者的英灵开始在我脑海中吹奏横笛,法律便缄默无声。而当我环顾四周,我像科雷乔那样自忖道:“我也是位教育者,至少一度如此。”因此我打算冒昧地展开反思。

---

* *Speeches*(1913),Little,Brown & Co.[原文标题为“Learning and Science”。其中“learning”(史识)是指一种基于法律历史传统的知识、学说或准则,而“science”(科学)代表着(霍姆斯所倡导的)法律体系的崭新力量源泉。——译者]

在座诸位博学之士,史识之妙可谓一言难尽。我自己充分援引过《法律年鉴》,因而绝不愿低估史识的价值。但史识易令我们误入歧途。法律只要取决于史识,实际上就被称为死者对生者的支配。毫无疑问,生者在相当程度上难免受到此种支配。往昔为 139
我们提供了一套词汇,并框定了我们的想象力,我们无从摆脱。揭示现在所为和曾经所为之事的连续性,也是一种独特的逻辑愉悦。但现状有权尽可能地自主;我总要提醒人们谨记:与既往保持历史连续性不是义务,而只是需要。

我期盼这种观念有朝一日可以开花结果。理想的法律体系,应当从科学中汲取自己的先决条件和立法证成。眼下的实际情况是,当我们信誓旦旦地实施规则时(仿佛它们体现着天启的智慧),我们用来保证规则正当性的唯一东西,便是传统或者模糊的情愫,或者只是由于我们从未想过其他的行事方式。在座诸位有谁能给出别的什么理由,让我们相信半数的刑法规则并非弊大于利?我们的契约形式,不像游艇那样按照最小阻力的方案一劳永逸地确定下来,而是博学之士聚讼不已的那些早期观念的偶然遗迹。国家宜在多大范围内(如果确实合宜的话)插手家庭关系,理性在决定这个问题时有多大作为呢?因此我不妨接着纵览整个法律。

意大利人已开始立足于"法律根基的科学化"这一观念开展工作,而只要我们的文明尚未崩坏,我就坚信,我们之后的战斗序列将会高举[法律根基的科学化]这面旗帜。吾人之道似乎总是盖棺 140
定论的东西;然而,从普洛登(Plowden)的论点到大法官埃伦伯勒(Ellenborough)时代的论点,甚至从后者再到当今时代的论点,其

间的侧重点变迁就像考利(Cowley)诗歌和雪莱(Shelley)诗歌之间的差异一样显著。其他的类似巨变在所难免。永恒的演化就这样前赴后继,我们目前身处前线,而不间断行进着的部队的各路攻击先锋,则已身处前线近千年,绵绵不绝地延伸向遥不可及的天际。

遗嘱执行人(1895年)[*] 141

如今,遗嘱执行人和遗产管理人以受托人身份(in a fiduciary capacity)管领死者资产。他们对于手中资产的权利和责任,非常近似于受信托人(trustees)的权利和责任。但这种看待他们权责的方式稍显现代。法律在不同时代且互不参考的条件下发生的若干变化,是我希望提请读者注意的事情,以便提议如下观点,即这些变化佐证了一种比较古老的事况,在当时遗嘱执行人是凭自身之权利(in his own right)接收立遗嘱人(testator)的资产的。当我们试图表明一系列准则都指向某条更为一般但已经湮灭的原则时,通常的情况是,我们能为其中每一条准则或大多数准则分别找到貌似可行的解释,并且有些人肯定会认为,此类貌似可行的解释乃是关于相应问题的盖棺定论。

我已在别处表明,最初的时候,如果死者的债务出现纠纷,且
在债务人[即死者]生前尚未宣判,那么此时[债权人]唯一能够起 142
诉的就是继承人(heir)。[1] 在格兰维尔时代,如果被继承人的个人资产(effects)不足以偿付其债务,则继承人有义务以其自有财产

* *Harvard Law Review*, Vol.IX, 42(1895).(原文标题为"Executors"。——译者)

1 "Early English Equity", 1 *Law Quart. Rev.*, 165. *The Common Law*, 348. Bracton 407 b, 61, 98 a, 101 a, 113 b.本书中的《早期英格兰衡平法》,论述了遗嘱执行人的起源和早期功能,本文对此不再赘述。

补足差额。[2] 在向国王负债的情况下，这样的责任一直延续到爱德华三世时期，[3]毕竟王权像宗教一样乃是古制(archaisms)的维护者。此种无限责任并非英格兰所独有。[4] 与此同时，我们有把握进行如下猜测：对继承人不利的判决并不仅仅及于他所继承的财产，而且此种财产完全属于他所有。维奥莱(Viollet)先生告诉我们：后来，法兰西习惯法从查士丁尼罗马法那里借用了限定继承原则(benefit of inventory)。同样的进程也发生在布莱克顿从事撰述时代之前的英格兰。但在最早的法源中，责任的限制看来仿佛借助于判决金额的限制，而不是将判决的波及面局限于特定资产。[5]

2 "如果死者的财产不足以清偿债务的，其继承人须以自己的财产清偿，如果继承人已经成年的话(*Si vero non sufficiunt res defuncti ad debita persolvenda, tunc quidem haeres ejus defectum ipsum de suo tenetur adimplere: ita dico si habuerit aetatem haeres ipse*)。"Glanville, Lib.7, C.8. Regiam Majestatem, Book 2, C.39, § 3.

3 2 Rot.Parl.240, pl.35. St.3 Ed.I., C.19.

4 Ass.Jerus., Bourgeois, C. cxciii. 2 Beugnot, 130. Paul Viollet, Hist. du Droit Franç., 2d ed.829.

5 Viollet, *op.cit. The Common Law*, 347, 348. "死者的继承人应对其先人迄今为止所负的债务承担责任，但以继承的遗产为限(*Haeres autem defuncti tenebitur ad debita praedecessoris sui acquietanda eatenus quatenus ad ipsum pervenerit, sci. de haereditate defuncti, et non ultra*)"，等等。Bracton, 61 a. "需要注意的是，对先人债务的清偿，不得超过其所占用的继承财产的价值(*Notandum tamen est, quod nullus de antecessoris debito tenetur respondere ultra valorem huius, quod de eius hereditate dignoscitur possidere*)。"Somma, Lib.2, C.22, § 5, in 7 Ludewig, Reliq. Manuscript.308, 309. Grand Coustum.c.88.也请比较文献中[St.Westm.II.(13 Ed.I.), C.19]关于教会常任法官(ordinary)责任的表述："教会常任法官承担债务清偿责任，直到去世者的财产足够偿债为止；在有遗嘱时，遗嘱执行人也以同样的方式承担债务清偿责任(*Obligetur decetero Ordinarius ad respondendum de debitis, quatenus bona defuncti sufficiunt eodem modo quo executores hujusmodi respondere tenerentur si testamentum fecisset*)。"参见下面引述的判例。我不知道任何指控继承人的早期先例或判决形式。我希望梅特兰先生(Mr. Maitland)能凭其对于法律渊源的烂熟于心，为世人澄清这方面的疑惑。再后来，指控继承人的判决局限于根据遗嘱转让的(descended)资产。Townesend, *Second Book of Judgments*, 67, pl.26.

正如前引论文所表明的那样,在稍晚于布莱克顿从事撰述的时代,遗嘱执行人在如今依然为人熟知的范围内,作为概括的承继者取代了继承人。在债务之诉中,遗嘱执行人的诉权以及他人向遗嘱执行人提起诉讼的权利,此时似已在普通法上得以确立。[6]几乎不言自明的是,这些新的权利和负担的确立方式,是把遗嘱执行人视为处在继承人的位子上。所依据的这种类推呈现于权威法律文献的表面,而且在随后(但依然未脱普通法早期)的典籍中,我们发现了这样一句直白的表述,即“遗嘱执行人一般处于继承人的地位”(*executores universales loco haeredis sunt*),[7]或者套用《博士与学生》中的提法,即“继承人,在英格兰法上被称为遗嘱执行人”。 143

若遗嘱执行人已在法院那里部分取代了继承人,那么现在的问题是,他们当时以怎样的角色面对手中管领的财产。据推测,大约在14世纪初的时候,遗嘱执行人的角色类似于继承人,但我不得不抛开那种或多或少出于揣测的情况。找出答案的首选方式就是,尽可能查明当时以何种形式作出不利于遗嘱执行人的判决。因为如果判决针对着遗嘱执行人本人(personally),而并不限于他 144
们手中的死者财物,那么我们可以推断,当时遗嘱执行人极有可能是凭自身的权利管领那些资产的。就我所知的最佳佐证材料是,《议会议事录》(*Rolls of Parliament*)所记载的一份1292年(21

6 Y.B.20 & 21 Ed.I.374;30 Ed.I.238.11 Ed.III.142.Id.186.(Rolls ed.)

7 Lyndwood,Provinciale.Lib.3,Tit.13,C.5.(*Statutum bonae memoriae*)(提到“无遗嘱而死”)。Dr.and Stud.Dial.1,Ch.19.

Ed.I.)的判例。[8] 玛格丽·莫耶妮(Margery Moygne)两度指控罗杰·贝特尔默(Roger Bertelmeu)并胜诉,后者是金匠财主威廉的遗嘱执行人。在第一件案子里,贝特尔默承认债务,并在反驳原告时提出争议事项。结论对贝特尔默不利,但有 60 英镑除外(法庭就这笔钱作出了对他有利的裁决),而且败诉判决是针对他本人的,要求索回剩余遗产(residue)。在第二件案子里,原告主张被告支付[古币]200 马克(marks),这是原告的丈夫在教堂门前(*ad ostium ecclesiae*)给她的婚姻赠礼。被告辩称,立遗嘱人并未留下足够实现其若干债权人要求的资产。原告的答复是,她的主张享有优先权,但这一点遭到被告否定。根据四名自治市镇居民(burgesses)的汇报,自治市镇的习俗确系原告所宣称的那般,于是原告获得了一份在被告的全部财产范围内(generally)主张权利的判决。被告到国会就这两份判决提出申诉,详细陈明原审存在如下错误(assigned as error),即他到手的遗产充其量只有 27 英镑,两份判决却要求他支付共计 40 英镑以上的金额。争议在此阶段达成和解,但对我的目的来说已经足够反映事理了。如果被告的诉讼主张(contention)是正确的,那么在我们的时代理应判决从立遗嘱人的财产中执行(*de bonis testatoris*),然而事实是他似乎
145 并没有考虑这样提议。他和初审法院的共同前提是,判决应当针对他本人。他当时所主张的限制在于判决支付的金额,而不在于判决究竟针对哪部分资产。

8 1 Rot.Parl.107,108.不妨顺便提一句,可在该案找出关于如下事物的绝佳例证,即扣押第三人占有之属于债务人的财产以清偿债务的程序(trustee process)。

还有其他佐证材料表明,在这个时期以及随后的时期,判决是针对着遗嘱执行人本人的,并且其中表达的唯一责任限制在于金额。遗嘱执行人以“已处理完毕[无结余财产可供满足原告请求]”(*plene administravit*)进行抗辩却败诉——在我所知出现此类情况的第一份判例中,法院判定原告应从被告那里获得补偿,“而不考虑被告所持有的财产是否达到原告要求支付的价值”。[9] 后来,如下规则成为定论,即在这类情况下,要求清偿债务的判决应当限于死者财物的范围内,要求给付损害赔偿金的判决应在被告的全部财产范围内执行。[10] 但无论前述第一份判例在当年是对是错,关键在于问题的表述方式。彼此作为替代方案的,不是判决从立遗嘱人的财产中执行和判决在被告全部财产范围内执行,而是判决被告在其管领的金额范围内担责和判决被告承担无限偿付责任。

但如果我们假定那种判决方式依然显示出绝对所有权的痕迹,那么当我们观察判决的执行时,我们发现在立遗嘱人的财物和 146
遗嘱执行人的财物之间,已确立起牢固的区分。曾有一份判决(12 Edward III.)要求一名堂区主持牧师(parson)作出补偿,而这名堂区主持牧师已经过世。法院传唤(summoned)他的若干遗嘱执行人,但他们并未到庭应诉(appear)。于是原告获得扣押债务人动产令(*fieri facias*),[要求郡长]扣押那些遗嘱执行人手中的死者

9 Y.B.17 Ed.III.66,pl.83.

10 Y.B.11 Hen.IV.5,pl.11.Skrene in 7 Hen.IV.12,13,pl.8.Martin in 9 Hen.VI.44,pl.26.Danby in 11 Hen.VI.7,8,pl.12.Dyer,32 a,pl.2.1 Roll.Abr.931,D.pl.3.1 Wms.Saund,336,n.10.

动产(*de lever ses chateax qil avoient entre mayns des biens la mort*),并且当郡长回呈说他已拿到20先令且只有这么多,法院批准在遗嘱执行人被传唤当日手中管领的死者财物范围内执行,或者如果遗嘱执行人为逃避扣押,已将这笔财物转移至法院管辖范围之外(eloigned),则从遗嘱执行人的自有财物里面足额执行。[11]

我现在转而谈谈另外两条法律规则,法律界关于其中每条规则都有貌似合理且广为信受的解释,但我将这两条规则整合起来,并与我的论题挂钩。昔日,我在《威廉姆斯论遗嘱执行人》(*Williams on Executors*)中惊讶地读到:立遗嘱人留下的表现为现金(ready money)的财产"必然有所变更,因为当它与遗嘱执行人自己的钱混在一起时,是不可能相互区别的,尽管遗嘱执行人应当对遗产的价值负有责任"。[12] 令人困惑的是,遗嘱执行人有什么权利以那种
147 方式处置信托资金呢?至少在美国,如果遗嘱执行人将立遗嘱人的钱与自己的钱混合起来,那就有违反职责的罪过。《威廉姆斯论遗嘱执行人》的另一段论述表明,我们绝不能妄加揣度作者的意思。这段话指出,立遗嘱人留下的能被区别出来的钱,不得转移到已破产之遗嘱执行人的受让人(assignee)手里。[13] 主要的说法仅

11 Y.B.13 Ed.III.398-401(A.D.1338).Acc.2 Rot.Parl.397,No.110(Ed.III.).也参见大法官威庆汉姆(Wychingham)的诉讼通知(intimation)(in 40 Ed.III.15,pl.1)。Fleta,Lib.2,C.57,§ 6.

12 1 Wms.Exors.(7th ed.)646.在第9版中,编者在一处注释里对此稍作限定。(9th ed.)566,567 and n.(p).

13 1 Wms.Exors.9th ed.559.*Howard v.Jemmett*,2 Burr.1368,1369,note;*Farr v. Newman*,4 T.R.621,648.

仅承袭自温特沃思(Wentworth)和托勒(Toller)的早期教科书。在温特沃思笔下,该观念的出现似乎是作为如下难题的结果,即很难将同一币值(denomination)的钱彼此区别开来——这条理由十分蹩脚。[14] 毫无疑问,在温特沃思之后,有人在其他案例中使用过类似的论证。[15] 但我倾向于将该规则视为一种残留物,尤其当我把它同下文即将探讨的规则联系起来的时候。

迟至大法官埃伦伯勒的时代,如下做法仍是普通法上没有疑议的准则:遗嘱执行人对于转由自己占有的财物承担绝对责任,若他在无过错的情况下(例如遭到抢劫)丧失这笔财物,则他是得不到原谅的。[16] 我们不妨仅将这条准则视为早期受托人责任——这
种责任在当时依然存续——的衍生分支,尽管主根脉在此之前一 148
个世纪已经腐烂,并被首席大法官彭伯顿(Pemberton)斩断,也被大法官霍尔特假拟的法律学说所清除。[17] 温特沃思就这样说明上述准则的,[18]他是在早期寄托法变更之前进行撰述的,但他提议作出一些区分与缓和。倘若此种说明得到采纳,则我们只需要进而讨论"占有是不是原始法上的权利"这一颇有争议的(vexed)问题。但不可否认的是,直到 19 世纪初,最伟大的普通法法官们都坚信,

14 Wentworth, *Executors* (14th ed. Philadelphia, 1832), 198.

15 *Whitecomb v. Jacob*, 1 Salk. 160; *Ford v. Hopkins*, 1 Salk. 283, 284; *Ryall v. Rolle*, 1 Atk. 165, 172; *Scott v. Surman*, Willes, 400, 403, 404. 在如下案例中就此点(*quoad hoc*)作出了正确判定,参见 Re Hallett's Estate, 13 Ch.D. 696, 714, 715。也参见 *Miller v. Race*, 1 Burr. 452, 457, S.C. 1 Sm.L.C.。

16 *Crosse v. Smith*, 7 East, 246, 258.

17 *King v. Viscount Hertford*, 2 Shower, 172; *Coggs v. Bernard*, 2 Ld. Raym. 909. *The Common Law*, Lect. 5, esp. p. 195. *Morley v. Morley*, 2 Cas. in Ch. 2.

18 *Executors* (14th ed.), 234.

遗嘱执行人责任比普通受托人责任的根据更牢固,而且此种观念很容易被视为这样一个时代的回响,当时遗嘱执行人是财物的所有者,因而对其价值承担绝对责任。在作为信托裁判所的衡平法院,可以发现较早时期即已确立更加温和的规则,这是情理之中的事情,而且[在这方面]衡平法准则如今无疑取代了普通法准则。[19]

当然,在某种意义上,遗嘱执行人和遗产管理人无疑都拥有死
149 者财物的所有权。[20] 迟至1792年,王座法庭还在如下问题的处置方式上产生分歧,即假如郡长在扣押遗嘱执行人手里的财产后被告知,这些财物是立遗嘱人的个人财产,那么郡长在执行遗嘱执行人凭其自身权利承担的败诉判决时,能够动用他手上的立遗嘱人财物——我以此证明早期思维方式的存续是多么坚韧。不出所料,判决结果是郡长没有这项权利,不过大法官布勒(Buller)先生提出了强有力的异议。[21] 此前不久,同一法院判定,为执行此类判决而出售立遗嘱人财物的,产权得到转让,并且大法官曼斯菲尔德同样清晰地认定:遗嘱执行人可以为了偿付债务,而将这样的财物转让给明知其为死者资产的人,也可以转让这样的财物用于偿付自己的债务。他补充道:"如果债务已经清偿,那么这些财物就是遗嘱执行人的财产。"[22]

19 Lord Hardwicke in *Jones v.Lewis*, 2 Ves.Sen.240, 241(1751); *Job v.Job*, 6 Ch. D.562; *Stevens v.Gage*, 55 N.H.175.参见 *Morley v.Morley*, 2 Cas.in Ch.2(1678)。

20 Com.Dig.*Administration*(B.10).Cf.Wms.Exors.(9th ed.)558.

21 *Farr v.Newman*, 4 T.R.621.

22 *Whale v.Booth*, 4 Doug.36, 46.参见 1 Wms.Exors.(9th ed.)561, note。

遗嘱执行人作为遗产保留人的权利所采取的的形式,是另一件独特事项。“如果遗嘱执行人所管领的财物与他自己的债务等值,则那笔财物的所有权便发生变动,落入遗嘱执行人之手。也就是说,他手里的财物乃是清偿自身债务的一己固有财物,不再以遗嘱执行人的身份管领那笔财物。”[23]温特沃思对该命题作出限定,要求甄别所管领的财物价值多于债务的情形。[24] 但那项权利清清楚楚,而且如果遗嘱执行人在世时没有行使该权利,则该权利转让 150
给该遗嘱执行人的遗嘱执行人。[25] 所以,遗嘱执行人或遗产管理人如果用自己的钱偿付死者的债务,那么就可从遗留的动产里面分走与债务等值的份额。[26] 分钱的权利倒没什么稀奇,但这种不经判决即在法庭之外(*in pais*)根据估价分走遗留动产的权利是独特的。它可能是上古偿债方式的残留物,那时货币短缺,等价评估的做法在国内随处可见。[27] 但它可能是一种包罗面更广的权利的遗迹。

最后有待考察的事实是,直到很晚的时期,衡平法才完全落实“遗嘱执行人以受托保管的方式持有死者资产”这一观念。1750年出现一件案子,当时有位名叫理查德·沃特金斯(Richard

23 *Woodward v.Lord Darcy*, Plowden, 184, 185.

24 *Executors*(14th ed.), 77, 198, 199.

25 *Hopton v.Dryden*, Prec. Ch. 179. Wentw. Exors.(14th ed.) 77, note, citing 11 Vin.Abr.261, 263; *Croft v.Pyke*, 3 P.Wms.179, 183; *Burdet v.Pix*, 2 Brownl.50.

26 Dyer, 2a; *Elliott v.Kemp*., 7 M.& W.306, 313.

27 参见例如为执行判决而动用托管的羊毛(in 1 Rot.Parl.108)。转让最公平的寡妇地产(dower *de la pluis beale*)(Litt. § 49)。郡长交付债务人的动产(St.Westm.II. c.18)。*Kearns v.Cunniff*, 138 Mass.434, 436.

Watkins)的男子去世，将自己的财产留给他的侄子和侄女，大法官哈德威克(Hardwicke)在讨论一位后来去世的侄子威廉·沃特金斯(William Watkins)时，说这位威廉“无权取得理查德遗留动产中的任何特定部分，他仅仅有权按照自己在总额中的应得份额，以这笔遗留动产承担责任，从中支付债务和遗产；威廉的应得份额不过是一种债务，或者具有可归于威廉财产的权利动产(chose in
151 action)的属性”。[28] 在“莫莱奥德诉德拉蒙德案”(*M'Leod v. Drummond*)中，[29]大法官埃尔登(Eldon)说，大法官哈德威克“经常认为如下情况是存疑的，即除债权人或特定受遗赠人(specific legatee)之外的任何人，可否(甚至在例外情况下)遵循”衡平法上的遗产规则。在同一页上，1802年的“希尔诉辛普森案”(*Hill v. Simpson*，7 Ves.152)，被称为将前述权利赋予一般金钱受遗赠人(general pecuniary legatee)的首次判例。[30] “希尔诉辛普森案”判定，衡平法上的遗嘱执行人仅仅是负责执行遗嘱的受信托人，[31]但其中补充说，在许多方面以及就许多目的而言，第三人有理由将遗嘱执行人视为绝对所有者。迄至18世纪末，法律界开始以超乎既往的程度坚持遗嘱执行人的受托人身份，文中援引的那些普通法判决助推了衡平法院的这一动向。[32]

---

[28] *Thorne v.Watkins*，2 Ves.Sen.35，36.

[29] 17 Ves.152，169(1810).

[30] 也参见 *M'Leod v.Drummond*，14 Ves.353，354。

[31] P.166.请注意这里以略有不同的形态，再现遗嘱执行人在早期法兰克法上的初始身份。1 *Law Quart.Rev.*，164.

[32] 也参见 *Scott v.Tyler*，2 Dickens，712，725，726。

"莫莱奥德诉德拉蒙德案"迈出了最后一步,[33]当时大法官埃尔登确立了剩余动产受遗赠人(residuary legatees)的权利:"'法尔诉纽曼案'(*Farr v.Newman*)曾认定,当履行完毕时,剩余动产受遗赠人应当取得财产。但我认为,他在某种意义上对于现有资产享有优先权,并且可以到本院主张这笔特定资产。"[34]

33 17 Ves.152,169.

34 参见 *Marvel v.Babbitt*,143 Mass.226;*Pierce v.Gould*,143 Mass.234,235;*Mechanics' Savings Bank v.Waite*,150 Mass.234,235。

我作出了"福斯特诉贝利案"(*Foster v.Bailey*,157 Mass.160,162)的上诉裁决。该裁决所采取的特殊形式——允许身为一位遗产管理人的遗产管理人(the adminstrator of an adminstrator)的被告,保留(retain)一定的股票份额和一本储蓄银行账簿(savings-bank book),以便在清算其账目时保障可能被发现归于其无遗嘱死亡者(intestate)的财产,并且要求被告交出剩余的资产——获得了赞同,以免被告真的有权保留什么东西。我在裁决时假定:我所考虑的遗嘱执行人和遗产管理人处境的变化,并未扰乱其权利。当然,倘若遗嘱执行人仅对资产结余(balance)负责,那么在确定结余之前,一位遗嘱执行人的遗嘱执行人就没有义务交出更多资产,他人也不能迫使其进行给付。[果真如此的话]他的义务一经确立,就将不是改变特定财产的占有,而将是支付一笔钱。我在自己的涉猎范围内找不到这方面的证据。理应提醒大家注意的是,遗嘱执行人的遗嘱执行人在一份判例中(30 Ed.I.240)曾提出如下抗辩:"在账单提交之日,我们并未持有死者的任何财物。"但那可能不过是种一般的答辩状格式。"Bonz"一词很可能仅仅意指财产。

153 # 以律师为业(1896年)[*]

1896年2月13日的《青年伴侣》刊有皇家首席大法官一篇题为“以律师为业”的美文,[①]其中的主要思想既适用于英格兰也适用于美国,但或可结合美国国情对其主旨略作调整。在美国,人们不太可能对生意存有偏见,也不太可能像百年以前那样郑重论定职业尊卑,即神职(ministry)居首,习法和习医次之,其他一切行当等而下之。当今世界真正信奉的是商业,金钱和生财之道不再有遭人冷眼的危险。

我得说,法律职业的妙处之一就是并不直接求财。出售货物的时候,考虑对价和己方利益;打官司的时候,考虑胜诉的手段和委托人的利益——长此以往,一个人的整个思维习惯必受影响,这一点将在他侃侃而谈时表露无遗。

在我结交英格兰律师的25年间,我发现学者型人物在英格兰
154 兰比在美国更有机会崭露头角,美国的顶尖律师往往是摸爬滚打出来的。无论如何,儒雅风度(scholarliness)作为一种社会造诣,其在美国的地位不及在英格兰的地位,这使我不像英格兰首席

---

* *Youth's Companion* for 1896.(原文标题为“The Bar as a Profession”。——译者)

① 这篇文章后来重刊于 *The Irish Monthly*, Vol.30, No.350, 1902, pp.459-465, 作者为基洛温的拉塞尔爵士(Lord Russell of Kilowen)。——译者

大法官那样如此看重大学[本科]训练。

我一位爱开玩笑的朋友曾经提过一种极端观点，即大学[本科]教育的主要功用就在于看穿它的把戏。但我可不会这样说话。我认为，对于人之成为人而言，大学[本科]教育颇有裨益且举足轻重。但在美国，我不认为大学[本科]教育对于律师之成为律师而言同样关键。

时常查阅典籍（books）之人，必须经受一定的教育。他如能懂得一鳞半爪的拉丁文，便不至于在偶遇之时一筹莫展。但一个人纵然没有丝毫的学者素养，却依然可以当面说服陪审团，左右法官的注意力，在要事上提出贤明的法律建议，或者担当国内立法机构的领袖。

以上所言，不是为了贬低本科求学的益处，而是为了鼓舞一些人，他们担心自己因未能进入大学深造而无望在法律界修成正果。许多存有这种疑虑的年轻人给我写信，我总是劝勉他们万勿因之气馁。

要是有人错失大学[本科]教育的机会，美国的法律学习方式或可在一定程度上弥补他的缺憾，因为美国的法律学习方式也有
别于英格兰。我想我身边相识的律师全都认为，年轻人学习法律 155
的地方是法学院，而非律师事务所。

美国的法学院不胜枚举，由众多精明能干而且或多或少出类拔萃的人士任教。我要提一提坐落于坎布里奇的哈佛法学院，倒不是出于惹人不快的对比，而是因为我对那里的情况如数家珍。年轻人如果花得起那价钱在哈佛学上两年甚至三年，到他从事法律实务的时候，他会庆幸其中每个月都未虚度。

继法学院的学习之后，再到一家优秀律所待上六个月，观察一

下事务的处理方式，或许也灭灭法科学子惯有的嚣张气焰，接下来律师生涯便拉开序幕了。理解法律实务易如反掌，至少在马萨诸塞州是如此。

真正耗时耗力的，不是弄清律师办公的例行业务或者令状的写法，而是精通那套庞大的法律体系，达到入木三分、一丝不苟的程度。洋溢着迷人热忱的法学院，显然比那冷淡落寞的律所更能胜任此项任务，而法学院随处可见的那种相伴指点和智识砥砺，将为许多人弥补早期经历的缺憾。

当然，法学院的学习内容有清晰的边界，学生不太可能抽出大量时间研习罗马法。若他真的研习罗马法，那会是在他未获委托人聘用的日子里。但是，虽有不可多得的权威文献提倡罗马法的学习，我却从不相信研习罗马法真有口耳相传的那般裨益。

156 任何时代的法律体系，都一方面源于当时的需要和当时的是非观念，另一方面源于早期社会状况所延传下来的规则，这些规则体现着或多或少已然泯灭的需要和观念。

因此，要把握任何法律体系的根本，就要研习大量的历史知识，这一点同样适用于我们如今置身的法律制度。但我们的法律形成了比罗马法更深广的概括物，与此同时又在精微之处远超罗马法的构思。

谁若精通我们的法律体系，必可轻松兼通任何文明的法律体系。但若他正致力于精通我们的法律体系，我怀疑如下徒增困难的做法是否明智：试图习得另一套法律体系，而它甚至比我们的法律体系更需要处处诉诸历史说明，并且它的许多内容已被淘汰，有些规定连第一流的现代著作都难以解释得通。我不禁怀疑，英格兰首席大法官根据亲身经历归于研习罗马法的好处,恐怕跟亨利·梅因爵士(Sir Henry Maine)而非罗马法本身更有渊源吧!

我们的法律主要根源于法兰克法,而非罗马法。人们曾经以为、当今的通常著作也仍旧以为承袭自罗马的诸多观念,现在被追溯至《萨利克法典》(*Lex Salica*),以及塔西佗的《日耳曼尼亚志》(*Germania*)所记载的民间法。就我所知,最后遗嘱(last will)几乎是唯一具有罗马血统的主要法律概念。 157

当然我也承认,法律职业人士若对罗马法一窍不通,特别是如果毫不了解那些彪炳史册的 19 世纪德国罗马法学家,则难称炉火纯青。但我在这里讨论的是如何习法以致用。

法理学的学习另当别论。如果教诲得当,法理学仅仅意味着法律原则的最笼统概括,以及现实法律体系之根本观念的最深入分析。这是将法律由个案推导一般规则的那种过程的进一步提炼。哪位年轻人若是参透了约翰·奥斯丁(John Austin)那烦冗乏味、时见错谬的著作,真就向前迈出了一步,而梅因则使他感觉自己的整条道路仿佛满目琳琅。

在我求学的年代,大家不得不仅限于参阅寥寥几部资料,而反观眼下,每个人可以接触到的、帮助透彻理解法律的资料,[其丰富程度]真可谓今非昔比。要是能享受现在这样的学习条件,要是法律学习得到现在这么多的鼓励,我想柏克(Burke)也就不用再担心法律会以思维狭隘化为代价提升思维敏锐度了。

应当修习英国法理学流派所梳理的法律观念的解剖学(anatomy),还应修习德国学者向世人所揭示之法律史上的相同概念的发生学(embryology)。

158 至于功成名就的概率嘛，我记得已故大法官鲍温（Bowen）曾在他法律事业风生水起之时说过，他认为除了坚韧和天资之外，还须有当头鸿运。但依我的观察，若是深爱手中之事，当头鸿运便总与坚韧和天资相伴，恰如皇家首席大法官补充之言。

在美国，做律师和做其他职业看起来都有同样大的成功概率，而且我不认为得心应手之人竟那么倚重运气。有的时候，法律职业也是到生意场上一展身手的出发点，并且总是提供从政的契机。

过去二十五年间，许多贤达之人选择了经商而非从政，这毫无疑问是因为商界更需要人才，故而提供更高的报酬。凭第一流的才干发展美国，重于凭第一流的才干统治美国。不过，眼下我们的政府当然亟须招贤纳士，而且我们的立法机关不仅渴望将经济学家收入麾下，也当然渴望尽量网罗训练有素的律师。

但美国这方面的情况仍与英格兰不同；政治生活总是意味着暂时放弃法律，也可以说是法律能力的滑落，尽管若是谁在受理指控参议员霍尔（Hoar）的案件时，我不想提议他姑且搁置以上考量。

159 在最优美的英语名篇之一《掌灯者》（*The Lantern-Bearers*）里面，罗伯特·路易斯·史蒂文森先生（Mr. Robert Louis Stevenson）向我们表明，何以认为每个人在内心深处都是理想主义者。我对他这篇令我拜服的文章仅有的批评是，被他用作例证的那些人物，是在他们的日常事务之外寻得理想的。

乔治·赫伯特（George Herbert）的——

洒扫亦时,曾念又曾忆,上帝律法在心底。

掸尘望尽,旧帘新衣;神意拂拭,赐得清晰。

既有道德寓意,又有思想内涵。这世界若作为理性思维的对象,便呈现出万流归宗的格局(all of one piece);处处见到同样的法则,万事万物普遍相联;倘如此,世上便不存在什么卑渺的东西,我们在一切事物中皆可发现普遍法则。

闲谈和哲学的差异仅仅在于看待事实的方式。有些人驻足法律之内,有些人虽超出法律、触及其他形态的必为之事,但并未凌驾于法律之上——这两类人皆可在法律的引领下获得升华。

皇家首席大法官的答复 160

我读到大法官霍姆斯先生关于《以律师为业》的评论,兴致勃勃,但也不无惊诧。对这位才华横溢的法官之所言,我多表赞成,可在两处要点上实不敢苟同。首先,相比于这位才华横溢的法官所表达的看法,我远为看重大学[本科]训练。强健的心智自可发奋图强以弥补大学[本科]训练的缺憾,但要造就首席大法官马歇尔(Marshall)、大法官曼斯菲尔德和威廉·格兰特(William Grant)爵士那般震古烁今的法律人,我认为大学[本科]教养简直不可或缺。

另一使我倍感诧异之处在于,大法官霍姆斯先生似对研习罗马法的价值有所鄙薄。我所谓罗马法,当然不仅包括《民法大全》(*Corpus Juris*),还包括主要存在于德语世界的那套学术文本中的法(text law),那套学术文本中的法既探讨罗马法的历史方面和科学方面,也通过罗马法的现代化(modernizing)拒斥早期罗马法的诸多过时规定。

谁若翻阅你们名满天下的首席大法官马歇尔的判决意见,或是斯托里、肯特(Kent)的著述,定会发现他们的思路和博学从罗马法的研习中受益匪浅。

161 大法官霍姆斯先生在说起美国的法律教育体制时,既真心诚意又抱持着合理的豪情。依我之见,美国的法律教育体制确实远超英伦的现行体制。我认为其优越性主要在于,美式体制在学生接触实际的、实务的、日常的法律之前,系统地传授了法律的历史方面和科学方面。

在我看来,很大程度上正是由于英国欠缺这种美式体制,才出现我所嗟叹的以下事实:我们的法学论著往往是在分析既决案例,我们的当庭(at the bar)法律控辩往往是在精细辨析既决案例,法官的判决意见(deliverances)往往不过是在所审案件和有记载的权威法律依据(reported authority)之间努力确立类比或差别。我还认为,立法的形式受到了同一原因的负面影响,如果说立法的实质尚未受此负面影响的话。

若要纠正此一事态,唯有借助历史化-系统化教学所推展的早期法律训练,而我无法想象这样的教学内容竟然排除罗马法。几乎毋庸赘述的是,在任何比较法的学习中,罗马法系必居显赫位置。

这位才华横溢的法官,谈到我们的时代所达致的更深广概括。我不妨向他进言:即便在当代,《论法律准则》(*De regulis juris*)在失效数世纪之后,[1]依旧生气盎然。再者,我无法苟同“我们的法律主要根源于法兰克法”这一提法(因为我们的法律主要是本土产物),更无法苟同“最后遗嘱几乎是唯一源自罗马法的主要法律概念”这一提法。但我倾向于抬出其他权威人士(而非凭借我个人的 162
权威)来支持我所主张的观点。

我最近碰巧读到所谓的1894年格雷沙姆委员会(Gresham Commission)报告,[2]该委员会审议了多位名流的意见,涉及在伦敦创办的教学型大学内部设立法律系。赫然在列的名流包括:大法官科尔里奇(Coleridge)、大法官鲍温(Bowen)、国会议员布赖斯(J.Bryce)教授、大法官戴维(Davey)、韦斯特莱克(Westlake)教授以及(来自巴尔的摩市约翰·霍普金斯大学的)同样显要的埃莫特(E.H.Emmott)教授。这些鼎鼎大名的权威人士无不强调,罗马法的研习在任何高等法律训练体制中意义非凡。

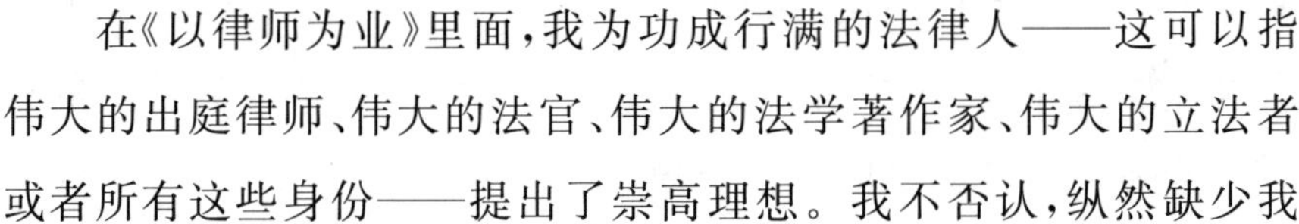

在《以律师为业》里面,我为功成行满的法律人——这可以指伟大的出庭律师、伟大的法官、伟大的法学著作家、伟大的立法者或者所有这些身份——提出了崇高理想。我不否认,纵然缺少我

① 教皇卜尼法斯八世(Boniface VIII.)于1298年颁布了88条法谚,合称《论法律准则》。——译者

② 也称《格雷沙姆大学委员会报告》或《关于伦敦大学教育的皇家委员会报告》,连附录的异议和备忘录在内共计63页,旨在通过重组,在伦敦境内并面向伦敦成立新的单一大学(格雷沙姆大学),委员会由13人组成,考珀(Cowper)伯爵担任主席,其他成员包括:雷伊(Lord Reay)、普莱费尔(Lord Playfair)、萨沃里(Sir William S.Savory)、汉弗莱(Sir George M.Humphry)、巴里(Bishop Barry)、布朗(Rev.Canon Browne)、桑德森(Professor Burdon Sanderson)、拉姆齐(Professor George G.Ramsay)、伦德尔(Mr. Gerald H.Rendall)、帕尔默(Mr.Ralph Charlton Palmer)、安斯蒂(Mr.James Anstie)、西季威克(Professor Henry Sidgwick)。——译者

所奉扬的博雅素养(liberal equipment),有能耐者仍可财源广进,甚至在法律界颇有建树,但我坚信,要是有能耐者具备博雅素养,他们的事业将更加兴旺,他们留给所属世代的印记将更加深刻,他们为世界贡献的智慧将更加厚重。

163 霍姆斯的附言

皇家首席大法官的第二篇文章我已阅毕,但我无意改变我先前的看法,以下仅稍作补充说明。

我相信,不会有人误以为我在贬低大学[本科]教育的道德益处甚或智识收获,毕竟我在讨论的是,大学[本科]教育对于我所谓经由奋力拼搏而获得的事业成功是否重要。

在说到"我们的法律主要根源于法兰克法"时,我不是要准确甄别我们从哪种民间法承袭了最多内容,而是希望否定"我们的法律主要根源于罗马法"这一流行观念。但我并不认为最重要的私法概念中竟有英格兰的本土产物。

在我的专著《普通法》以及刊登于《法律季评》(*Law Quarterly Review*)的《早期英格兰衡平法》一文里面,我的观点得以详细发挥,敬请参阅。在我看来,其中阐发的主要观点,似已基本得到波洛克(Sir F.Pollock)和梅特兰(Maitland)这两位英格兰法律史学新锐人物的采信。

在布朗大学毕业典礼上的演说(1897年)* 164

大学是人们朝向不朽之城(Eternal City)进发的起点。大学里面镌刻着那些栖居于上帝之城(City of God)的理想。通达那座避风港的道路不拘一格,今日在场之人可谓殊途而同归。适逢眼前这样的集会,大学顿悟自身的存在和意义,我觉得过来人在这一场合能有的最大功德,莫过于向行将启程者现身说法,略陈来日路途之虚实。

我本人取道于法律之洋(the ocean of the Law)。一路走来,我倒是颇有心得,这心得无关乎法律,而关乎人生。我当年启航时,翘首以盼的海图和明灯难觅踪影。我们发现自己置身于琐碎细节的重重迷雾,置身于漆黑而刺骨的暗夜,没有鲜花,没有春光,没有惬意的欢愉。权威人士纷纷警告,任何航船都可能因撞击冰川而沉没。我们听闻,柏克说法律会以思维狭隘化为代价提升思维敏锐度。我们从萨克雷(Thackeray)笔下得知,法律人倾尽颖慧之心力而折服于卑下的职业。我们看到,艺术家和诗人对法律望 165
而却步,如临异界。我们不禁心下迟疑:法律怎值得明眼人为之倾

* 在此首度刊印。[原文标题为"Brown University—Commencement"。原件保存于《霍姆斯文档》(OWH Papers,Paige Box 19,Item 5)。——译者]

注心血呢？但我们扪心自酌：法律是属人的东西(law is human)——它是人的一部分，与其余万象共置于同一世界。若我们准备就绪且锲而不舍，必现一股暖流(drift)挟着我们迎来天光大照、得归其所的时刻。你们都读过或听过南森(Nansen)的事迹，[①]明白我此处使用的类比。学院培养出来的人，多半不得不以这样那样的形式，经历那种驶向冰川并在其中冻结的体验。在那段初始航程中，尽管冰冷昏暗，旅行者尚有同舟共济之人，若百折不挠，终会遇上曾有人预言的暖流。旅行者遇上暖流之时，便体悟第一部分的心得，即若鼓得足勇气、沉得住心气，可保平安无虞。但他此时尚未参透全部心得。他目前为止经受考验时都有人随行。但是，他若志存高远，就连同道探险者亦须抛下，只身奔赴更幽深的孤绝和更严峻的考验。他必须向极地进发。说得明白些，他必须直面原创性工作的寂寞。另辟蹊径者从来都需要独自闯荡。

新路线一经开辟，忧惧一旦化为正果，旅行者便进入得心应手的境界，洞悉功成之秘奥。他这样才算参悟第二部分的心得，并做好融会贯通的准备。因为他已获得的知识，其惠及面超乎正果本
166 身。他现已领悟初时的预言，知道若把握宇宙某一部分的真谛，则在宇宙各部分间都可触类旁通，知道事物观照方式之大小气象之间的差别——即哲学和闲谈之间的差别——不过在于前者见微知著，而后者以管窥天。当他将此番认识转用到自己身上，便臻于前述融会贯通之化境。他在参详这种融会贯通之时，可依神学的方

---

① 指挪威探险家兼外交家南森(Fridtjof Wedel-Jarlsberg Nansen，1861—1930)，他因在1888年跋涉格陵兰冰盖和1893—1896年间横穿北冰洋而享誉世界。——译者

式,强调因信称义,也可依哲学的方式,强调宇宙间万物相续。我不怎么关心方式问题,只要他设法领悟如下真谛:不能狂妄到俨若神明、仅凭区区己身而同宇宙一较短长(set himself over against the universe as a rival god),不能对宇宙横加责难,也不能朝着苍穹挥舞拳头发狠示威;相反,他的意义就是宇宙的意义,他的价值仅在于身为宇宙的一部分,充当那无边力量的卑微工具。在我看来,此为思想救赎之法门,恰如幸福的法门乃是内心秉守相似的信仰,并且既避无可避又心悦诚服地充当那莫测目标的兑现工具。

167 # 法律之道(1897 年)*

我们研习法律时,研习的不是神秘莫测的东西,而是一种妇孺皆知的职业。[①] 我们是在研习一些必要的知识,从而可以出庭一展身手,或者向人提供咨询意见以免其诉讼之苦。法律为何跻身

* 马萨诸塞州最高法院大法官霍姆斯先生,1897 年 1 月 8 日在波士顿大学法学院新礼堂落成典礼上的演讲。奥利弗·温德尔·霍姆斯自 1897 年起持有此文版权。*Harvard Law Review*, Vol.X, 457.[原文标题为"The Path of the Law"。该文最初以小册子的形式在波士顿大学刊行,封面上写着"奥利弗·温德尔·霍姆斯:1897 年 1 月 8 日在波士顿大学法学院新礼堂落成典礼上的演讲",没有标题;紧接着,在 1897 年 2 月以"法律之道"为题发表于《波士顿法学院杂志》(*Boston Law School Magazine*)第 1 卷;随后又以"法律之道"为题发表于《哈佛法律评论》,同时以"法律与法律研习"(Law and the Study of Law)为题匿名发表于苏格兰的《爱丁堡法学评论》(*Juridical Review of Edinburgh*)第 9 卷。参见 David J. Seipp, "Holmes's Path", in *Boston University Law Review*, Vol.77, 1997, pp.515-516。译文标题之所以采用"法律之道"而非更加平实的"法律的道路",主要考虑到英语世界有研究者认为该标题颇具中国道家哲学的意蕴。本译文的译者注乃应厦门大学法学院周赟教授的建议而加,旨在为读者提供适可而止的说明。——译者]

① "study"一词既表示"研究",也表示"学习"。现有中译本多译为"研究",但从整篇演讲的语境来看,还是"学习"的意思偏多。这篇演讲与其说表达了某种严肃的一般法理学研究,不如说在很大程度上可被归为美国职业法律教育的经典之作。参见〔美〕戈登:《法律作为职业:霍姆斯和法律人的道路》,载〔美〕伯顿主编:《法律的道路及其影响——小奥利弗·温德尔·霍姆斯的遗产》,张芝梅、陈绪刚译,北京大学出版社 2005 年版;William Twining, "The Bad Man Revisited", in *Cornell Law Review*, Vol. 58, 1972, p.276。权衡再三,本文通常译为"研习"。——译者

三百六十行之一？人们为何愿意付钱请律师为自己提出诉讼请求或咨询意见？因为在我们这样的社会中，对公共强制力的号令权有些情况下被托付给法官，而且为执行法官的判决和裁定，必要时我们将动用全部的国家力量。人们想弄清，在什么情况下和多大程度上，会招致与远比自己强悍的事物[即公共强制力]作对的风险，于是，查明这种危险何时令人望而生畏，就成为一桩业务。这样一来，我们的研习目标就是预测(prediction)，即预测公共强制力通过法院得到施展的概率。

美英两国卷帙浩繁的判例汇编、论著和制定法，是我们的研习资料(means)，它们可上溯至六百年前，如今仍在年复一年数以百
计地增长。这些先知般的书卷里，汇集了过去散落着的预言，预言 168
有待敲定的那些案件的结局。人们素来允当地称之为“法的诏谕”(the oracles of the law)。法律思想的每项新业绩，其最最重要和近乎全部的意义，是令这些预言更加精确，并把它们概括进一个环环相扣的体系。该过程循着律师的个案陈述，剔除了包裹着其委托人叙述的一切戏剧性成分(dramatic elements)，仅仅保留那些具有法律意义的事实，终而达到理论法学的终极分析和抽象普遍原理。律师之所以不提其委托人在缔约之时头戴白帽——而快嘴桂嫂(Mrs.Quickly)则势必唠叨这顶白帽，以及半镀金高脚杯和海运煤炉火[①]——是因为他预见到，公共强制力的运行不以这位委

① 该典故出自莎士比亚的《亨利四世》。关于海运煤的说明，参见 David-Everett Blythe, “Mistress Quickly's Sea-Coal”, in *Shakespeare Quarterly*, Vol. 35, No. 4, 1984, pp. 462-463。——译者

托人的穿戴为转移。为使预测便于记忆和理解，人们把既往判决的教诲概括成一般命题并收入教科书，或者颁布具备抽象表述形式的制定法。法理学致力于讨论的主要权利义务，同样仅是预言。我后面会谈到将法律观念和道德观念混为一谈的问题，其一大恶果便是[法律]理论易于本末倒置，以为权利（或义务）剥离于并独

169 立于侵犯权利（或违背义务）的后果，而侵犯权利（或违背义务）的情况随后被追加某些制裁。但是，正如我试图阐明的那样，所谓的法律义务仅仅是预见到，如果某人在某些事情上作为或者不作为，法院判决将迫使他承受这样或那样的不利后果；法律权利亦如此。

当被概括和化简为一个体系时，我们的预测的数量并没有庞大到无法驾驭之地步。这些预测表现为一套有穷尽的教义(dogma)，人们可在合理时间内将其掌握。要是对判例汇编不断增长的数量望而却步，可就大大失策了。既定司法辖区在一代人时间内的判例汇编，吸纳了几乎全部的法律，并按当前的立场予以重述。即便过去的法律文献均被付之一炬，我们仍能根据它们重建法律大全。早期判例汇编主要具有史料用途，我在演讲结束之前将谈到这一点。

我希望尽可能为研习我们称为“法律”的那套教义或体系化预测，为那些打算在实务中能够借助法律知识自行预测的人，定下若干首要原则，并且与这种研习相关，我希望指明我们的法律尚未实现的理想。

要务实地(business-like)理解法律，首先得理解它的限度，因而我认为当务之急是指明并清除道德和法律之间的混淆，这种混

淆有时上升到自觉理论(conscious theory)的高度,而更经常发生 170
且实际层出不穷的情况是,这种混淆在不知不觉间(without reaching the point of consciousness)带来具体细节上的困扰。显然,坏人与好人有旗鼓相当的理由希望规避公共强制力,因而大家能发现区分道德和法律的实际意义。某人纵然对周邻所奉行的伦理规则不屑一顾,却很可能谨小慎微以防付出金钱,并使尽浑身解数免除牢狱之灾。①

我理所当然地认为,我的听众不会把我一吐为快的话误解为离经叛道之论(the language of cynicism)。法律是我们道德生活的见证和外化积淀。法律的历史正是人类的道德发展史。不论民众如何嗤之以鼻,法律实践仍倾向于造就好公民和好人。② 我在强调法律和道德的区别时,仅顾及唯一的目的,即习得并理解法律。为达此目标,大家必须明确掌握法律的特征,因而,我要求大家暂时设想自己把其他更伟大的事物置之度外。

我并不否认可能存在一种更为广阔的视角,法律与道德的区分据此变得次要或者无关宏旨,正如所有的数学差别在无穷面前都消失殆尽。但我的确认为,法律与道德的区分就我们这里考虑
的目标——即正确地研习并精通法律——来说具有首要意义,而 171
法律这一事务界限分明,是一套封闭在明确范围内的教义。我刚才已经表明了此番说法的实际理由。如果大家只想认识法律,不

---

① “坏人”是霍姆斯为分析法律问题而建构的重要理论工具,是“法律预测论”的拟人化表达,其作用是呼吁法科师生更加务实地看待法律事务。——译者

② “好公民”(good citizens)是涉及公共政治法律空间的评价;“好人”(good men)是涉及个人内心道德品质的评价,与“坏人”相对。——译者

想认识其他的东西，大家必须像坏人而非好人那样看待它，坏人只在乎通过该知识而得以预测的实质后果，好人则从相对朦胧的良心约束中为自己的行为寻找理由，无论它在不在法律的范围内。如果大家想在法律上作出正确的推理，那么该区分的理论意义[就与前述实际理由]同样重要。法律充斥着取自道德的术语，并且仅仅借着语言的力量，不断诱使我们在不经意间越界；除非把二者之间的界限时时牢记于心，否则我们肯定会如此越界。法律中会提到权利、义务、恶意、意图、过失等，在法律推理中最容易发生或者可以说最司空见惯的情况，要属在论证的某个阶段按这些术语的道德含义来使用它们，终而陷入谬误。例如，当我们在道德意义上谈论人权时，我们意在划定对个体自由的干涉止于何处，该限度在我们看来是由良心或我们的理想（且不论如何实现该理想）所规定的。然而可以肯定，许多法律尽管受到当时最开明意见的谴责，或者无论如何都逾越了众人良心会划定的干涉限度，却在过

172 去得到施行，而且其中有些法律至今仍在施行。因此显而易见，若以为道德意义上的人权同样也是宪法和法律意义上的权利，只能导致思想混乱。毋庸置疑，某些不难想见的法律可能造成一些简明而极端的事况，使得整个共同体揭竿而起，以至于立法机关即便在没有宪法明文禁止的情况下也不敢颁布这样的法律；这似令如下命题言之成理，即法律就算不属于道德，也要受制于道德。但法律权力的边界并不与任何道德体系同延（coextensive）。在大多数情况下，法律都稳稳当当地保持在道德体系的范围内，但特定时期特定国民的习惯可能促使法律在某些场合逾越道德。我曾听已故的阿加西兹教授（Professor Agassiz）说，如果让每杯啤酒涨价两分

钱,德国居民将揭竿而起。制定法此时将成一纸空文,这不是因为它错了,而是因为它无法施行。谁也不会否认,不当的制定法能够施行而且事实上也在施行;再者,对于哪些是不当的制定法,我们也不见得达成共识。

我所谈及的法律与道德的混淆,公然困扰着一些法律观念。我们来说说“法律由什么构成”这一根本问题。大家会发现,有论者说法律是有别于马萨诸塞州法院或英格兰法院判决内容的东西,说它是一个理性的体系,说它从伦理原则、得到肯认的公理或诸如此类的东西演绎而来,而这些事物是不是符合法院判决则另说。但我们如果采用我们那位坏人朋友的视角,就会发现他对那 173
些公理或演绎不屑一顾,但他确实想知道马萨诸塞州法院或英格兰法院可能采取的实际举措。我俩英雄所见略同。我所指的法律,正是对法院将会采取的实际举措作出的预测,而不是什么故作高深的东西。

我们来说说另一个概念,这个概念被大家视为法律所包含的最宽泛观念,即我在前面讲过的法律义务这一概念。我们把取自道德的所有内容都塞进了这个术语。但对坏人来说,法律义务意味着什么呢?主要而且首先意味着以下预测:如果他干了某些事情,他将被处以监禁或强制给付金钱等令人难堪的后果。但从他的立场来看,因为某种行为而被判处一笔罚金,与因为某种行为而缴纳一笔税金,二者有何不同?各法院就某一法定给付责任到底属于刑罚还是属于税收所作的众多讨论,表明坏人的立场才是法律原则的准绳。行为到底合法还是不合法、某人到底是被迫的抑或自由的,对此的判定取决于上述问题的答案。撇开刑法不谈,因

下列两种情况产生的给付责任有何不同：(1)根据《米尔法》的授权进行征用；[①](2)实施我们称为非法侵占财产的行为而且不可恢
174 复。在这两种情况下，取得他人财产的一方都不得不给付陪审团评估的公平市价，仅此而已。称一种财产取得合法而另一种财产取得不合法，到底有什么意义吗？就既定的后果即强制给付而言，我们在描述被追加强制给付的那个行为时，究竟以赞赏的口吻还是以责备的口吻，或者法律究竟声称禁止该行为还是允许该行为，这都无所谓。还是根据坏人的立场判断，假如这真的有所谓，那必定是因为在其中一种情况下，法律对该行为附加了某些更进一步的不利效果(或至少是某些更进一步的后果)，而在另一种情况下并不如此。对该行为附加的其他不利效果，我能想到的只见于两条不那么重要的法律准则，这两条法律准则即便被废除也不会惹出什么乱子。其中一条规定，从事违禁行为的契约不合法；另一条规定，两人以上共同实施侵害的，若其中一人不得不赔偿全部损害，其不得向同伙追偿。我想也就是这些了。大家可以看到，一旦我们用离经叛道的酸液(cynical acid)浸洗法律义务的概念，并且除了作为我们研习对象的法律运作之外，其他一概不予考虑，此时，法律义务

① 《米尔法》(Mill Acts or Statutes)是政府为推动经济发展、鼓励居民有效利用水力资源兴建水磨坊等工业设施而颁布的法案或法规，涉及有偿使用他人私有土地、河流的活动。参见 John F.Hart,“The Maryland Mill Act,1669-1766:Economic Policy and the Confiscatory Redistribution of Private Property”, in *The American Journal of Legal History*,Vol.39,No.1,1995,pp.1-24;Abram P.Staples,“The Mill Acts ”,in *The Virginia Law Register*, Vol. 9, No. 4, 1903, pp. 265-277; David M. Gold,“Eminent Domain and Economic Development: The Mill Acts and the Origins of Laissez-Faire Constitutionalism”, in *Journal of Libertarian Studies*, Vol. 21, No. 2, 2007, pp. 101-122。——译者

概念那模糊不清的轮廓逐渐限缩，同时也变得更加明朗。

法律观念与道德观念的混淆，在契约法中最为明显。在契约法里，所谓的主要权利义务等东西，同样被赋予一种莫可名状的神秘意义。普通法上的守约义务意味着如下预测，即如果不遵守契 175
约就必须赔偿损失，仅此而已。凡实施侵权行为者，要承担支付赔偿金的责任。凡缔结契约者，除非兑现所允诺的事项，否则要承担支付赔偿金的责任。侵权行为和缔约行为的差别仅止于此。但那些认为宜把尽可能多的伦理成分引入法律的人，对上述看待问题的方式嗤之以鼻。然而上述看待问题的方式，对大法官柯克来说已经足够好了，而且我在这里以及在许多其他情形下，都乐于与他为伍。在“布罗米奇诉詹宁案”（*Bromage v.Genning*）里，[1] 原告布罗米奇向王座法院申请禁审令（prohibition），要求禁止受理发生在威尔士边境的一桩请求租约之特定履行（specific performance）的诉讼。柯克认为特定履行将有违立约人的意图，因为立约人想要自由选择是赔偿损失还是履行租约。代理詹宁的高级律师哈里斯（Harris）坦言，以特定履行为由向王座法院提起诉讼是有违其良心的，王座法庭最终便批准了禁审令。① 这个事例虽然扯远了些，

1 1 Roll.Rep.368.

① 最初詹宁起诉立约人布罗米奇，请求王座法院强制以特定履行的方式要求布罗米奇兑现土地租约。但特定履行是衡平法上的救济措施，而王座法院是普通法法院，于是布罗米奇反过来请求法院批准禁审令，理由是詹宁所采用的令状错误，适当的令状本该是通过普通法诉讼（an action at law）请求损害赔偿。柯克认为如果走衡平法的特定履行救济途径，则剥夺了立约人布罗米奇原本享有的选择权，有违当时的公共政策。詹宁的代理律师哈里斯虽然坚持诉讼请求在于强制执行租约而不是赔偿损失，但他也承认，土地租约的特定履行属于衡平法院的权限，向王座法院提出这一诉讼请求是不明智的。因此，王座法院综合几方面考虑，最终批准了禁审令。霍姆斯对该案的援引和讨论，成为后来“有效违约理论”（theory of efficient breach）的端倪。——译者

但它表明我斗胆提出的观点自始就是普通法的立场。而依本人拙见，哈里曼（Harriman）先生因受到误导，故而在他那本才华横溢的小册子《契约法》里得出了不同的结论。

目前我仅仅谈到普通法，因为在有些案例里，要把民事责任称为明明白白的施加义务，是能够找到逻辑上的正当理由的，而这类
176 案例相对是少数，衡平法会在其中批准禁制令，并通过监禁或其他刑罚来实施该禁制令，除非被告遵从法庭命令。但我认为，根据例外情形塑造一般理论的做法不太可取，而且我认为，最好别再纠缠于主要的权利和制裁，这强过用那些不恰当的术语来描述我们（关于法律通常施加的责任）的预测。

我前面谈到法律所使用的另一些取自道德的词汇，即恶意、意图和过失。以民事不法行为责任法（我们法律人称之为“侵权法”）所用的恶意为例，便足以表明它的法律含义和道德含义有所不同，也足以表明，这种差别如何因对彼此无甚关联的原则进行统一命名而变得模糊不清。三百年前有位牧师在布道时，讲述了一则出自福克斯（Fox）《烈士纪》（*Book of Martyrs*）的故事，说某人曾是迫害圣徒的帮凶，后来在内心忏悔的煎熬下郁郁而终。碰巧福克斯弄错了。故事的主人公还在世并且恰好听了这场布道，他随即起诉了那位牧师。首席大法官雷伊（Wray）指示陪审团，说被告没有责任，因为牧师的叙事是清白的，即没有恶意。雷伊在道德意义上使用恶意，即表示恶毒的动机。但如今毫无疑问的是，即便没有
177 任何恶毒动机，一个人也可能要为其明显预计造成现时损害（temporal damage）的虚假陈述承担责任。在陈述案情时，我们仍应当称被告的行为是恶意行为；但至少依本人之见，恶意一词并不

指涉动机,甚至也不指涉被告对未来情况的态度,而仅仅表示:在所知的情况下,其行为倾向显而易见会给原告造成现时侵害。[2]

契约法中对道德术语的使用导致同样的混淆,对此我已给出部分的说明,但也仅仅是部分的说明。道德调整的是个体的实际内心状态,即他的实际意图。从罗马时代至今,这一调整模式已经影响到契约方面的法律语言,而语言一经使用又反作用于思想。我们常说契约是当事人的合意,于是我们在五花八门的案例中推断:因为当事人尚未形成合意,换言之,因为当事人的意图不同,或者一方当事人不知道另一方当事人的同意,所以契约不成立。然而至为确定的是,对于双方当事人皆未意图的事情,以及在一方当事人不知道另一方当事人同意的情况下,双方当事人仍有可能受到契约的拘束。设想一下,双方当事人以适当格式和书面文件形式,签署(executed)一份举办讲座的契约,但未约定讲座时间。一方当事人认为要把讲座允诺理解为立即履行,即一周内履行,而另
一方当事人认为,是指当他准备就绪时履行。法院认定,讲座者允 178
诺在合理时间内(within a reasonable time)履约。双方当事人须受到经法院解释的契约内容的拘束,然而他们谁都不曾意指被法院判定为他们曾言及的内容。依我之见,只有明白一切契约都是要式契约,契约的成立不取决于双方合意,而取决于两组外在标志(external signs)的一致。也就是说,不取决于双方**意指**(*meant*)同一件事,而取决于双方**言及**(*said*)同一件事,大家才会理解真正的契约理论,或者才能明智地讨论一些基本问题。此外,鉴于上述外

2 参见 *Hanson v.Globe Newspaper Co.*,159 Mass.293,302。

在标志可能关系到视觉，也可能关系到听觉，契约成立的时刻将取决于该标志的性质。如果标志是有形的，例如信函，那么允诺函一经投寄，契约便告成立。如果必须要双方当事人达成合意的话，那么，一方当事人能够读到允诺函之前就不成立契约。例如，如果第三方从要约人手中抢走允诺函则无契约可言。

此刻不宜详述一套理论，也不宜就上述一般观点带来的诸多显见疑问作出回应。这些疑问在我看来都不难回应，但我现在仅仅试图借助一系列提示，向法律准则的狭窄道路（narrow path）投下一抹光亮，并让大家像我一样觉察到埋伏在路旁的两处陷阱。[①]

179 有关这第一处陷阱，我已经唠叨很多了。我希望我已经阐明，把道德和法律混为一谈的做法带给思辨和实践的危险，以及法律语言在我们道路的另一侧给我们设下的圈套。我个人经常畅想：如果我们能从法律中彻底清除所有具备道德意义的词语，并且转而采用的词语将传达不被任何法外事物浸染的法律观念，这是不是塞翁失马焉知非福呢？我们将失去许多陈腐的历史记录，也将失去源自伦理纽带的尊荣（majesty），然而一旦我们得以摆脱不必要的混淆，我们将在我们思想的清晰性（clearness）方面大有斩获。[②]

① 本演讲最初发表时没有具体的标题，只是确定以职业法律教育的观念变革为主题，这句话很大程度上就是标题的出处。——译者

② 美国实用主义哲学鼻祖、同属“形而上学俱乐部”成员的皮尔士有篇论文《如何使我们的观念清楚明白》（“How to Make Our Ideas Clear”），似与此处宗旨遥相呼应，参见涂纪亮编：《皮尔士文选》，涂纪亮、周兆平译，社会科学文献出版社 2006 年版。关于“形而上学俱乐部”最重要的研究文献，参见 Louis Menand, *The Metaphysical Club: A Story of Ideas in America*, Farrar, Straus and Giroux, 2002。——译者

关于法律的限度问题我就谈到这里。下面我想讨论法律内容和法律成长的决定力量。你们可以像霍布斯、边沁和奥斯丁那样，假定一切法律源自主权者(即便首先宣布法律的人是法官)，你们也可以认为法律是时代精神(Zeitgeist)之声，或者随便什么东西。就我本次演讲的目的来说，这都是一回事。即使每份判决都需要一位反复无常的(a whimsical turn of mind)独裁皇帝批准，我们仍应为了作出预测，致力于为他定下的规则寻找出某种秩序、某种理性解释和某种成长原则。每套法律体系都有待找出这样的解释和原则。[①] 我认为有必要揭示的另一个谬误，其出场正与这些解释和原则相关。

我这里所指的谬误是这样一种观念，即法律发展中唯一起作 180
用的力量非逻辑莫属。从最笼统的意义上说，这种观念确实无可厚非。我们借以思考宇宙的先决条件是，在每个现象及其前因后果之间存在着某种定量关系。哪种现象要是脱离了这些定量关系，便属奇迹。这种东西跳出了因果律，也就超越了我们的思考能力，或者说至少我们不能推理出这种东西，也无法根据这种东西展开推理。我们思考宇宙的条件是，宇宙能够被理性地思考。或者换言之，宇宙的每一部分都是因果，正如我们至为熟悉的那些部分一样。[②] 由此，下列观点在最笼统的意义上确属实情，即法律像其他任何事物一样，是一种合乎逻辑的展开。我认为危险的观念，不

① 这里是对开篇“法律预测论”的补充说明。——译者

② 这一观念可能来自格林(Nicholas St.John Green)，参见 Green，“Proximate and Remote Cause”，in *American Law Review*，Vol.IV，No.2，1869，pp.201-216。格林也是“形而上学俱乐部”的成员。——译者

是承认其他现象的支配原则同样支配着法律，而是认为我们能按数学方式从某些行为公理中推导出既定的法律体系（例如我们的法律体系）。[①] 这是书生们自然而然犯下的错误，但并不只有他们会犯这种错误。我曾听一位赫赫有名的法官说起，他只在绝对确信判决的正确性之时才会宣判。于是，司法异议（judicial dissent）经常受到指责，仿佛它仅仅意味着某一方算错了数，而如果他们愿意再费些心思则势必达成共识。

181 这种思维模式是再自然不过的。法律人的训练是一种逻辑训练。类推、辨析和演绎的过程，是法律人最得心应手的事情。司法判决的语言主要是逻辑的语言。而且逻辑的方法和形式，正好迎合了每个人心目中对于确定性和对于恬静的向往。但确定性一般而言只是幻象，恬静也不是人的命数。潜藏在逻辑形式背后的判断，关乎相互竞争的各种立法性根据（competing legislative grounds）的相对价值和重要性，这判断固然经常是不明不白和浑

① 霍姆斯对于泛逻辑主义的批判，最初见于他的一篇匿名书评（“Book Notice”, in *American Law Review*, Vol.14, 1880, pp.233-235），评论对象是兰代尔的《契约法案例选编（附案例主题指要）》（1879 年第 2 版），书评要点重述于次年发表的《普通法》。霍姆斯认为，兰代尔是“经过伪装的黑格尔主义者”，完全醉心于逻辑（或曰事物间的形式关联），而为逻辑填充内容并实际塑造着法律实质的情感则被撇在一边。霍姆斯在一封信中甚至写道：“在我看来，兰代尔代表着黑暗的力量（powers of darkness）。他醉心于逻辑，憎恶逻辑之外的任何事物，并且他对案例的说明与调和会令断案法官瞠目结舌。”转引自 William Twining, “The Bad Man Revisited”, p.277。兰代尔的学说因为霍姆斯及其追随者的批评，背上数十年骂名，近来有些学者，例如金博尔（Bruce A. Kimball），试图为其平反。——译者

然无觉的,但却正是整个诉讼活动的根基和命脉之所系。[1] 你们能给任何结论包装上合乎逻辑的形式,你们总可以暗示契约中存在着某项条件条款,但是你们之所以这样暗示,是因为对整个共同体或某一阶级的做法抱有某种信念,或是因为某种政策意见。抑或简言之,是因为你们对于无法进行确切量化权衡(exact quantitative measurement)因而无法达成确切逻辑结论的事情的态度。这类事情确系战场,[2]其中不存在一劳永逸的法门,判决可能仅体现了特定时空之特定群体的偏好(the preference of a given body in a give time and place)。我们并未意识到,一旦公众精神的习性发生些许变化,我们的法律中将有多大一部分要被重新审视。[3] 没有哪项具体命题或条文是不证自明的,无论我们可能多么乐于接受它,就连赫伯特·斯宾塞(Herbert Spencer)先生的如下命题也不例外:每个人都有权利按其意愿行事,只要他不干涉周 182
邻的类似权利。

[1] 法律现实主义者对该观点的发挥,参见 Joseph C. Hutcheson, Jr.,"The Judgment Intuitive:The Function of the 'Hunch' in Judicial Decision",in *Cornell Law Quarterly*,Vol.14,1929,pp.274-288。——译者

[2] "战场"(battle grounds)的意象,源自霍姆斯投身南北战争的经历,杂糅了他对古典政治经济学的阅读,透露着强烈的社会达尔文主义气息,是霍姆斯思考社会生活时极其关键的根据或线索,参见霍姆斯发表于 1895 年的阵亡将士纪念日演讲《军人的信仰》(The Soldier's Faith)。关于霍姆斯"斗争伦理"(ethic of struggle)的讨论,参见 James W. Springer,"Natural Selection or Natural Law: A Reconsideration of the Jurisprudence of Oliver Wendell Holmes",in *Georgetown Journal of Law & Public Policy*,Vol.3,2005,pp.57-58。"战场""斗争"等意象,甚至同他著名的"观念市场"(marketplace of ideas)隐喻相关。——译者

[3] 关于人类风尚或兴趣变迁的问题,参见本书收录的《科学中的法律与法律中的科学》。——译者

在透露某位仆从的信息时，若是真诚地(honestly)作出了虚假且有害的陈述，为何就能得到特免？这是由于大家一直认为，相比于保护某人免遭其他情形下原本可诉之不法行为(actionable wrong)[的侵害]，信息的自由传达更加重要。某人明知自己兴办的产业会挤垮邻人的产业，为什么还是可以随意兴办产业？这是由于大家以为自由竞争是促进公共利益的不二法门。这类事关轻重缓急的判断，显然可能因时因地而改变。为什么法官会指示陪审团，说除非雇主有过失，否则他对雇员在雇佣过程中所受伤害不承担责任，而为什么如果该案被允许移交陪审团，他们一般作出支持原告的裁定呢？这是因为按照我们法律的传统政策，只有在审慎者[1]本可预见伤害或至少本可预见危险的那些情形下，当事人才承担责任，而共同体的很大一部分成员，倾向于让特定阶级的人保障交易对象的安全。自从写下最后这些话以来，我已经看到，一家极其知名的劳工组织将这种保障要求写进了纲领。立法政策问题引发了一场被遮蔽起来的、半自觉的战斗，如果有人以为该问题
183 可按演绎方式解决，或者一劳永逸地解决，我只能说我认为他在理论上是错误的，而且我确信他的结论在实践中也不会始终得到众口一词的认可。

实际上我认为，即便如今，我们有关这一问题的理论也有待反思；尽管如果有人提议反思，我并不打算阐明我将如何决断。我们的侵权法从昔日发展而来，当时的侵权、恐吓、诽谤等行为，还处于

① “审慎者”(prudent man)居于霍姆斯法律解释理论的核心，参见本书收录的《法律解释的理论》。——译者

零散的、未加概括的状态,可以说损害赔偿不脱依法认定的个案情境。而今我们的法院忙于应付的侵权行为,主要是某些著名产业的事故,即铁路、工厂等造成的人身伤害或财产损失。为此承担的赔偿责任是经过评估的,并且迟早会把代价转嫁给公众消费。事实上是公众承担了损害赔偿金,而这里的赔偿责任问题说到底其实是,公众理应在多大程度上保障服务提供者的安全。也许有人会说,在这类案件中,陪审团裁定支持被告的概率纯属偶然,只是偶尔相当武断地打破常规索赔过程,而这极有可能出现在原告大发慈悲的场合,因此最好予以排除。然则,我们甚至连一条生命对于共同体的经济价值都能估定,而且可以说任何赔偿都不应超过
这一估价。可以想见,有朝一日我们在某些案件中,可能在更高程 184
度上效仿"蛮族法"(Leges Barbarorum)的身家性命价目表。

我认为,法官自己尚未充分意识到,他们肩负着权衡社会利益的职责。他们对此责无旁贷,而司法往往声称讨厌考虑这类因素,结果正使得判决的真正理据,处于我前面谈到的不明不白和经常浑然无觉的状态。① 人们刚开始议论社会主义时,共同体中各种过着滋润日子的(comfortable)阶级感到惊恐万状。我想这股恐慌已经波及美英两国的司法行为,然而它肯定不是我提到的判决中的自觉因素。我觉得,类似的观念已使那些不再寄望于操控立法

① 这里照应着《普通法》的开篇段落,以及其中关于逻辑与经验关系的著名论断,鲜明地反映出霍姆斯以公共政策(public policy)为本的法律方法论,正是公共政策(或曰"立法理论",二者在霍姆斯那里意思相当)支撑着霍姆斯的"经验"概念。参见姚远:《以公共政策分析为中心的法律方法论——重访霍姆斯大法官》,载《华中科技大学学报(社会科学版)》2013年第4期。——译者

机关的人，转而指望作为各部宪法(Constitutions)阐释者的法院，并且一些法院已经发现了那些宪法文件之外的新原则，我们不妨将其概括为采纳大约五十年前盛行的经济学说，以及一概禁止法庭不以为然的事物。我不由得确信，如果法律人的训练驱使他们习惯于更为明确直白地考虑社会利益——因为社会利益是他们所立规则的证成基础——那么他们有时会在他们如今信誓旦旦的地方举棋不定，并看到自己在有争议且经常是棘手的问题上其实有所偏倚。

关于[法律发展中的]逻辑形式谬误，我就谈到这里。现在我
185 们来考察，作为研习对象的法律，其当前状况如何，并且臻于实现何种理想。我们眼下仍与我渴望有朝一日可以达到的立场相去甚远。目前还没有人已经达到或能够达到这种立场。我们只不过刚刚开始对各种准则的价值作出哲学反应和重新审视，而其中大部分准则目前仍被视为理所当然，没有人慎重、自觉且系统地追究(deliberate, conscious, and systematic questioning)其根据。我们的法律发展已历千年，如同草木的繁衍生息，每一代都依其宿命向前迈进，精神恰如物质那样恪守着自发生长(spontaneous growth)法则。自然天成，本当如此。模仿实出于人性的需要，正如法国著名学者塔尔德(Tarde)先生在《模仿律》这部杰作中阐明的那样。[①]我们在行事时，多半只是鉴于我们的父辈做过这些事，或者我们周围的人在做这些事，再没有别的更好理由，而我们的思想往往也是

---

① 参见〔法〕塔尔德:《模仿律》，何道宽译，中国人民大学出版社 2008 年版。——译者

如此,其比例超乎我们的意料。模仿是个不错的理由,毕竟人生苦短,如白驹过隙,没有时间找出更好的理由,但模仿终归不是最好的理由。不能因为我们都被迫间接(at second hand)信受作为我们行动和思想基础的大部分规则,所以我们谁都不可以力求用理性来理顺自己世界的某个角落,或者我们全都不应有志于尽可能把理性贯彻到整个领域。就法律来说,进化论者(evolutionist)肯 186
定不会轻言他自己的那些社会理想(social ideals)具有普遍效力,也不会轻言他认为应由立法体现的那些原则具有普遍效力。[①] 他要是能证明那些社会理想或立法原则最适宜此时此地,便感到心满意足。他或许乐于承认,他完全不了解和谐寰宇中的至善(absolute best),甚至承认他不太了解对人来说何者永为不二之选(permanent best)。可假如法律体系中的每条规则都清楚明确地指出它所促进的目的,假如我们阐明或乐于阐明因何理由追求该目的,这样的法律体系毕竟还是更理性、更文明的。

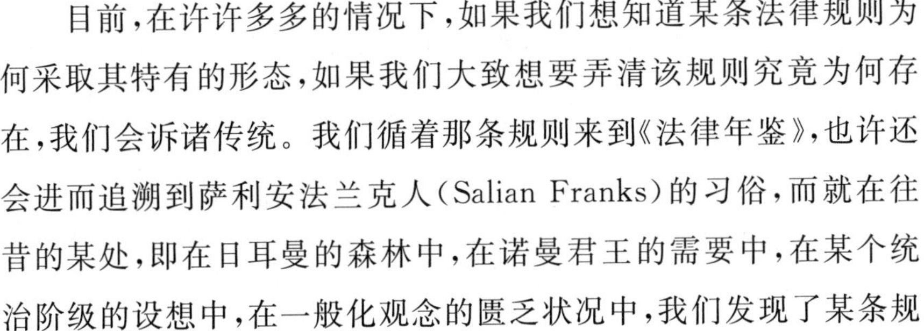

目前,在许许多多的情况下,如果我们想知道某条法律规则为何采取其特有的形态,如果我们大致想要弄清该规则究竟为何存在,我们会诉诸传统。我们循着那条规则来到《法律年鉴》,也许还会进而追溯到萨利安法兰克人(Salian Franks)的习俗,而就在往昔的某处,即在日耳曼的森林中,在诺曼君王的需要中,在某个统治阶级的设想中,在一般化观念的匮乏状况中,我们发现了某条规

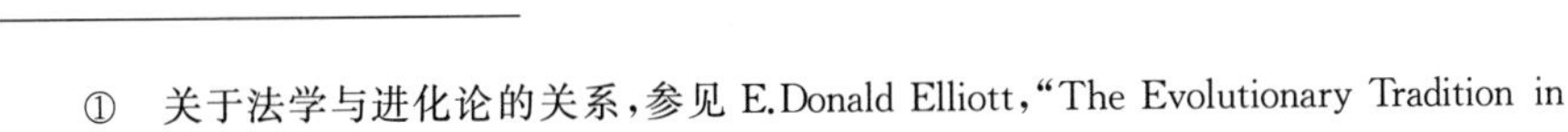

① 关于法学与进化论的关系,参见 E.Donald Elliott,“The Evolutionary Tradition in Jurisprudence”, in *Columbia Law Review*, Vol.85, 1985, pp.38-94。——译者

则的实际动机，而该规则现在之所以存续，至多是由于人们因循守旧。[①] 理性的(rational)法律研究仍在很大程度上是历史研究。历史必须作为研究的一部分，因为若没有历史，我们就不可能了解规则的确切适用范围，而了解这一点正是我们的本分。历史是理性研究的一部分，因为它向着开明的怀疑精神(enlightened scepticism)
187 迈出了第一步，也就是说，向着关于规则价值的慎重反思迈出了第一步。当大家把巨龙从洞穴弄到光天化日之下的平地上，大家就能数出它的爪牙，从而看到它的力量之所在。但是引龙出洞只是第一步，接下来要么干掉它，要么驯服它并使之成为有益的动物。[②] 对理性的法律研究来说，在法律的故纸堆里皓首穷经之人(the black-letter man)或许眼下大行其道，但统计学和经济学的行家里手则引领未来。[③] 要是人们考虑一条法律规则时，除了它是在亨利四世时期定下之外再找不出更好的理由，这实在令人作呕。要

---

① 这里涉及法律发展中形式与实质的悖论。霍姆斯曾谈道："当先例曾经的用途已告结束，并且它们的理由已被忘却很久之后，这些先例依然残留(survive)在法律中。"参见 Holmes, *The Common Law*, The Belknap Press of Harvard University Press, 2009, p.33。——译者

② 有学者提出，《法律之道》的关键意象不是赫赫有名的"坏人"，而是"巨龙"和"开明的怀疑精神"所代表的黑暗与光明(光明联系着前述的思想清晰性)。"巨龙"代表法言法语，它所栖居的"洞穴"代表法律人所持有的那种通过接受训练而变得根深蒂固的集体惯习。"洞穴"是黑暗的，这黑暗意味着浑然不觉和不明就里。参见 Richard D. Parker, "The Mind of Darkness", in *Harvard Law Review*, Vol.110, 1997。——译者

③ 以波斯纳(Richard A.Posner)为首的当代法律经济学，以及更广泛的"法律与社会科学"运动(社科法学)，从这句话中获得了重要灵感(据说波斯纳办公室只挂着霍姆斯的画像)。不过，此处的语境是在反对法学中过度诉诸历史传统的现象。从霍姆斯时代以来，美国法律人不仅发展出更加现实主义的法律事务对待方式，而且越来越多地参酌和引入社会科学的理论成果。——译者

是该规则的创制基础早已湮灭,人们仅仅出于对往昔的盲目模仿才把该规则保留下来,则更加令人作呕。我在此想到的是所谓自始非法侵入他人土地之诉(trespass *ab initio*)方面的技术性规则,我曾试图在马萨诸塞州最近的一件案子里作出相关说明。[3]

让我举个三言两语可以说清楚的例子来表明,法律规则旨在实现的社会目的,如何因为下述事实而变得模糊,终于没有得到充分落实:该规则的形式源自渐进的历史发展,人们没能自觉而清晰地参照其社会目的对其进行整体重塑。我们认为理应防止一个人的财产被他人非法侵占(misappropriate),于是我们把偷盗(larceny)规定为犯罪。无论非法侵占所有权人交到自己手上的财产,还是非法掠走这笔财产,其恶行大同小异。但虚弱的原始法基本上限 188
于防范暴力,自然而然把非法侵夺(即侵害)划进它的犯罪界定。近代的法官将犯罪定义稍作扩张,即主张不法行为人若靠诡计或诈欺取得占有,也属犯罪。这其实无异于放弃侵害这一要件,而且要是完全放弃该要件,原本更符合逻辑也更适宜现行的法律目标。然而那样做会显得太过鲁莽,因此人们便把这个问题留给制定法解决。后来颁布了一些制定法,将侵占(embezzlement)规定为犯罪。但是传统的力量导致人们把侵占罪和偷盗罪视为截然不同的事物,于是直到今天至少某些司法辖区还为窃贼大开方便之门,即如果被控犯有偷盗罪,他们就辩称本应指控侵占罪,如果被控犯有侵占罪,他们就辩称本应指控偷盗罪,从而逃避制裁。

各种远比这更为根本的问题,仍有待我们作出更好的回应,而

3 *Commonwealth v.Rubin*, 165 Mass.453.

不是拿一句“我们取法于父辈”敷衍了事。除了靠盲目臆测，我们有什么更好的依据来表明当前形态的刑法利大于弊？我这里且不讨论现行刑法的负面效果，即贬低囚徒的人格，把他们进一步推向犯罪的渊薮，也不讨论如下问题：罚金和监禁给罪犯妻儿带来的负担，与给罪犯本人带来的负担相比，何者更加沉重？我在考虑影响
189 更为深远的一些问题。刑罚具有威慑力吗？我们对待罪犯的方式是否立足于妥当的原则？现代欧陆的一个犯罪学流派，弘扬据说由加尔(Gall)①首倡的一条准则，即我们必须考虑的是犯罪人而不是犯罪。该准则只是点到为止，但他们所开辟的研究，为首次基于科学来回应我的问题做好铺垫。如果典型的犯罪人是变态堕落者(degenerate)，由于一种深藏着的机体必然性——正如使得响尾蛇注定咬人的那种深藏着的机体必然性——而注定要去诈骗或谋杀，那么用古典的监禁方法来震慑他就纯属枉然。我们必须除之而后快；他无可救药，也不会因为畏惧而抑制自己的机能反应。另一方面，如果犯罪像正常的人类行为一样主要出于模仿，那么人们完全可以指望刑罚有助于遏制犯罪。一些科学界的名流认为，关于犯罪人的研究支持前一项假说。而关于犯罪相对增长量的统计数据则强有力地支持后一种观点，涉及的统计对象既有大城市之类的人口稠密地区(榜样在其中最有机会发挥作用)，也有人烟相对稀少的地区(不良影响在其中传播较慢)。然而，“在如何指导社会对犯罪人作出必然反应的问题上，构成唯一合理的法律准绳的，

① 弗朗茨·约瑟夫·加尔(Franz Joseph Gall，1758—1828)，解剖学家，颅相学的奠基人。——译者

不是犯罪的性质而是犯罪人的危害”[4]——这一信念无论如何都值得尊奉。

对理性概括的阻碍——我已从偷盗法的角度阐明——不仅表 190
现在刑事法中,同样表现在其他法律部门中。我们来谈谈侵权法,或者说非由契约等导致的民事损害赔偿责任法。存在关于这种赔偿责任的一般理论吗,抑或我们可将这种赔偿责任的存在情形逐一列举,并分别作出特定解释吗?(毕竟针对侵害、诽谤等某几类著名不法行为的诉权,皆有其各自的特定历史。)我认为存在着有待发现的一般理论,虽然它还只是一种倾向,未得到牢固确立和广泛接受。我认为,除非在某些案例中法律依照特定的政策理据,而拒不保护原告或者准予被告特免,[5]否则,但凡在责任人明知的情况下,根据日常经验,或是在责任人的经验超出日常经验时根据他本人的经验,责任人行为的危险显而易见,那么法律便规定他所造

4 Havelock Ellis, *The Criminal*, 41, citing Garofalo. 也参见 Ferri, *Sociologie Criminelle*, passim。请比较 Tarde, *La Philosophie Pénale*。[这里援引的《犯罪人》(*The Criminal*, 1890)是霭理士(Havelock Ellis, 1859—1939)的早期著作,书中讨论了加罗法洛(Raffaele Garofalo, 1851—1934),参见〔意〕加罗法洛:《犯罪学》,耿伟、王新译,中国大百科全书出版社 1995 年版。霭理士更为国人熟知的是其后来的性学研究,参见〔英〕霭理士:《性心理学》,潘光旦译注,生活·读书·新知三联书店 1987 年版。霍姆斯这里引证的另两位学者分别是菲利(Enrico Ferri, 1856—1929)和塔尔德(Gabriel Tarde, 1843—1904)。前者参见〔意〕菲利:《犯罪社会学》,郭建安译,中国人民公安大学出版社 2004 年版。后者著作的英译本参见 Gabriel Tarde, *Penal Philosophy*, trans. by Howell, Transaction Publishers, 2001。霍姆斯在前面引证过塔尔德的《模仿律》。此外,相关探讨也可参见〔意〕龙勃罗梭:《犯罪人论》,黄风译,北京大学出版社 2011 年版。——译者]

5 法律拒不保护原告的情形例如:原告一直未经许可地使用某条有价值的道路,在距离时效期届满还剩一周时被外人打断。一周后原告本会取得一项权利,但现在他只是一名非法侵入者。我前面谈过特免的例子,比较能说明问题的就是商业竞争。

成的现时损害是可诉的。我认为，恶意、意图和过失通常仅仅意味着，在行为人明知的情况下其危险或多或少显而易见，尽管在一些
191 特免情形里，恶意可能意味着实际的恶毒动机，且这种动机可以剥夺对有意施害的许可，否则法律根据这样或那样的主流公共福祉将予以许可。但有一天，我向一位赫赫有名的英格兰法官陈述我的观点时，他说："阁下是在讨论应然的法律；而法律实际上要求阁下提供权利证明。若非负有义务，谁也不会因为过失而承担赔偿责任。"如果我们的分歧不仅是用词的分歧，或是关乎例外与规则之间的比例，那么在他看来，认定行为是否承担责任时，单单根据该行为造成一般现时损害的明显倾向还不够，而必须考虑损害的特殊性质，或者从行为倾向之外的某些特殊情况进行推导，而对这些特殊情况不存在一般化的解释。我对此观点不敢苟同，但这是大家司空见惯的观点，而且我敢说它在英格兰广为采信。

原则到处以传统为基础，以至于我们甚而冒着夸大历史作用的危险。埃姆斯教授曾写过一篇精妙的文章，其中谈到普通法不承认盖印书面契约之诉(actions upon specialties)里面以欺诈为由进行抗辩，而其寓意(the moral)似乎是，这种抗辩的对人性(personal character)源自衡平法。[①] 但倘若如我所说，一切契约都

---

① 埃姆斯(James Barr Ames，1846—1910)，1895 至 1910 年间执掌哈佛法学院。他去世后，所著 *Lectures on Legal History and Miscellaneous Legal Essays* 一书出版(1913)。霍姆斯这里提到的论文是 Ames，"Specialty Contracts and Equitable Defences"(*Harvard Law Review*，Vol.9，No.1，1895，pp.49-59)。此外，普通法的裁定一般针对物，衡平法的裁定一般针对人。——译者

是要式契约,那么在形式瑕疵(其阻碍契约成立)与动机错误(任何 192
堪称理性的法律体系都显然不会加以考虑,除非用来对抗私密知情人)之间,就不仅有历史的差别而且有理论的差别。这并不限于盖印书面契约,而是具有普适性。我应该补充一句:我不认为埃姆斯先生会反对我的看法。

然而,如果我们考虑契约法的话,我们会发现其中弥漫着历史。债务、盖印契约和非盖印契约之间,仅仅有历史性的区分。法律不考虑议价(bargain)而作为准契约(quasi contracts)施加的某些金钱给付义务,其分类仅是历史性的。对价学说仅是历史性的。为盖印赋予的效果,只需历史即可说明。——对价是单纯的形式。它是有用的形式吗?果真有用的话,为何不是所有契约都要求对价呢?盖印是单纯的形式,而鉴于花押(scroll)[的出现],以及某些法令要求一定得有对价而不论有无盖印,盖印正在消失。——为什么竟让单纯历史性的区分影响生意人的权利义务呢?

自从写下这番话以来,我偶然碰到一个例子可以极好地说明如下曲折:传统不仅压倒了理性政策,而且在这一事态出现之前,传统遭到误解并被赋予较之初始含义更宽广的崭新外延。这个例子就是英格兰的一条既定法律,它规定凡一方当事人对书面契约作出实质性更改,作为对该当事人的不利效果,契约归于无效。该
准则同法律本身的一般倾向背道而驰。我们不会告诉陪审团,说 193
如果一个人曾在某件事上说谎,就得推定他嘴里没一句真话。纵使一个人曾试图欺骗,这也不是阻止他证明真相的充足理由。类似的反对意见一般而言涉及证据的证明力,而不涉及证据的适格性。此外,这里谈到的规则不考虑有否欺诈,也不限于证据。不仅

你无法使用那份书面文件，而且契约本身也告终止——这是什么意思呢？一份书面契约的存在，其实依赖于要约人和受要约人彼此交换他们的书面表示，而不依赖于那些书面表示的持续存在。但有关保证书(bond)的原始观念与此不同。该契约本身与这张羊皮纸(parchment)须臾不可分离。如果外人毁掉这张羊皮纸、撕破盖印或者有所改动，那么被保证人(obligee)无论多么无辜(free from fault)也得不到补救，因为被保证人无法(以曾经约束被告的样子)出示(produced)被告的契约，亦即由被告盖印的那份现实有形的保证书。上百年以前，大法官凯尼恩(Kenyon)根据该传统进行推理(他有时就是这样损害法律的)，他不理解该传统，说他看不出来适用于保证书的规则为何不应适用于其他契约。他的判决碰巧是正确的，因为该判决涉及本票(promissory note)，相关普通法也是认为该契约与书写契约的那张纸不可分
194 离，但是他的推理具有一般性，不久便扩展到其他书面契约，而为了说明这条经过扩张的规则，人们纷纷杜撰出各种荒唐扯淡的政策理据。[①]

但愿没有人因为我如此畅所欲言地批评法律，就认为我言语之间对法律有失恭敬。我尊崇法律，尤其我们的法律体系，法律可谓人类心智最恢宏的产物之一。我比任何人都更清楚，数不胜数的仁人志士为了能使法律有所增益或改进而殚精竭虑，但同法律

---

① 有人批评霍姆斯这篇演讲“小家子气”(littleness)，因为他完全囿于私法的大千世界，没有涉及公法理论，而且虽然在某些方面比较现代和前卫，但主要在回顾既往。参见 Louise Weinberg, “Holmes' Failure”, in *Michigan Law Review*, Vol. 96, No. 3, 1997, pp.691-723。——译者

的巍巍整体相比,那些增益或改进只是沧海一粟。法律之所以赢得尊重,根本上是因为它实际存在着,是因为它不是黑格尔式的幻梦(Hegelian dream),而是人类生活的一部分。但即便面对我们敬仰的事物,我们也可以提出批评。我把一生都献给了法律事业,而假如我未将心中所念化为法律的改进,以及(当我领悟到在我看来的未来法律理想时)假如我不能果断指明这一理想并且尽心尽力朝它奋进,这还算得上鞠躬尽瘁吗?

就明智地研究现行法律而言,历史研究有何必要作用,对此我大概已经谈得够多了。在你们波士顿大学法学院以及坎布里奇[哈佛大学法学院]的教学中,历史研究的作用不存在被低估的危险。贵院的比奇洛先生,以及哈佛的埃姆斯先生和塞耶先生,都已作出不可磨灭的贡献,而在英格兰,波洛克爵士和梅特兰先生新近联袂撰写的早期英格兰法律史,已令该主题具有近乎迷惑人心的魅力。[①] 我们必须提防怀古之情(antiquarianism)的陷阱,并须谨

① 比奇洛(Melville Madison Bigelow,1846—1921),法律史学家,波士顿大学法学院奠基人之一。塞耶(James Bradley Thayer,1831—1902),哈佛法学院教授,其最著名的论文参见〔美〕塞耶:《美国宪法原则的起源和范围》,孙文恺译,载《法制现代化研究》2013 年卷。波洛克(Sir Frederick Pollock,1845—1937),1883 年至 1903 年执教于牛津大学,霍姆斯的挚友,两人的书信集参见 Mark DeWolfe Howe(ed.),*Holmes-Pollock Letters:The Correspondence of Mr.Justice Holmes and Sir Frederick Pollock 1874-1932*,2 vols.,Harvard University Press,1942。梅特兰(Frederic William Maitland,1850—1906),英国法学家、历史学家,其作品《英格兰宪法史》《国家、信托与法人》《普通法的诉讼形式》《英格兰法与文艺复兴》等已有中译本。霍姆斯这里提到的是波洛克与梅特兰合著的《爱德华一世时期之前的英格兰法律史》(*The History of English Law before the Time of Edward I*)。——译者

195 记，就我们的目标来说，我们对往昔感兴趣只为以古鉴今。或许有朝一日，历史对解释教义的作用微乎其微，并且我们将摒弃精巧的钻研，孜孜不倦地探究哪些目的有待落实，以及根据怎样的理由追求这些目的——我对这一天的来临翘首以盼。[①] 依我之见，每位法律人都应该试着理解经济学，这样才能朝着上述理想迈进。在我看来，目前政治经济学界和法学界老死不相往来的状况，表明[法律的]哲学研究路漫漫其修远兮。按照政治经济学目前的状态，我们确实又在更大范围内遭遇历史，但政治经济学要求我们权衡考量立法目的及其实现手段和相应成本。我们深知，必当有所取舍；我们也获悉，失之东隅收之桑榆，抉择之间须心明眼亮。

此外还有一种研究时而被实务型头脑低估，而我希望为之美言几句，尽管我认为在该研究的名义之下，滥竽充数者络绎不绝。我指的是所谓法理学的研究。依我之见，法理学是法学中最概括的部分。把个案化约为规则的一切努力，都属于法理学的努力，尽管法理学一词在英格兰仅用于指称最笼统的规则和最基本的概念。伟大法律人的标志之一，便是洞悉那些最笼统规则的

① 试联系《普通法》关于法律史用途的说明："我将在概念说明或规则解释所必需的限度内援用我们的法律史，绝无逾越。这样做时，作者和读者都要避免两种错误。一是因为某种观念对我们来说显得非常熟悉且自然，就设想它向来如此。我们认为理所当然的诸多事物，都是过去经奋力搏求或思虑而得来的。二是相反的错误，即过度求诸历史。我们的出发点是完全发展起来的人。可以设想，我们要考虑其惯例的那些远古蛮族人，与我们有颇多相似的情感和激情。"参见 Holmes, *The Common Law*, The Belknap Press of Harvard University Press, 2009, p.4。——译者

适用。[1] 有一则关于佛蒙特治安法官(justice of the peace)的故 196
事,说某天农民甲向他状告农民乙,因为乙弄坏了甲的搅乳器。这位法官思忖良久,然后说自己遍查制定法,可找不到关于搅乳器的规定,于是判定被告胜诉。同样的心态在我们常见的判例摘要(digests)和教科书里比比皆是。基本的契约法规则或侵权法规则的适用情形,被藏掖在"铁路"或"电报"等条目之下,或者收录于论述历史性分支(例如"航运"或"衡平法")的精致论著中,或者汇编在某个专断的条目(例如"商法")之下,以便能够吊起实务型头脑的胃口。谁若涉足法律,那么精通法律会令其获益匪浅,而精通法律意味着看透所有戏剧性的事件,辨明预测的真正基础。因此,大家理应确知,法律、权利、义务、恶意、意图、过失、所有权、占有等概念究竟是指什么。我想到在一些案件里,最高法院由于对其中某些主题缺乏清晰的观念,因而在我看来错谬百出。我已举例阐明了它们的意义。谁要想看看进一步的例证,不妨翻阅詹姆斯·斯蒂芬爵士《刑法》中有关占有问题的附录,然后看看波洛克与赖特合著的透辟之作。[2] 有的作者在分析法律观念时,因为一心想要

[1] 试比较兰代尔关于法理学的看法:"它[即法理学研究]并不专门关乎法律人或者那些有意成为法律人的人,而同样关乎共同体的其他成员;或许某些人对其更加上心,例如,那些关注公共生活或者上层新闻评论活动的人。法律人的主业是而且必须是学习和实施**实然**法;而我认为,法理学研究的重大目标应该是确定**应然**法;尽管这两种追求或许看起来具有相当的亲缘性,但经验告诉我,投身于其中一者或多或少容易厌恶另一者。"1872 年兰代尔致伍尔西(Theodore D. Woolsey),转引自 William P. LaPiana, "Victorian from Beacon Hill: Oliver Wendell Holmes's Early Legal Scholarship", in *Columbia Law Review*, Vol.90, No.3, 1990, p.830。——译者

[2] 这里援引的两部著作是:Stephen, *A Digest of the Criminal Law* (5th ed., 1894)(霍姆斯提到的"附录"其实是斯蒂芬对书中论述占有的第 306 节和论述各种财产侵害的第 425 节的注释);Frederick Pollock & Robert Samuel Wright, *An Essay on Possession in the Common Law*。——译者

建构起所有法律体系的无用典范(quintessence),而没有致力于准
197 确剖析单个法律体系,结果如坠五里云雾之中,斯蒂芬爵士就属于这类人。奥斯丁的困境在于他对英格兰法所知有限。但是,掌握奥斯丁及其先驱(霍布斯和边沁)和可敬后继者(霍兰德和波洛克)的理论,仍有实际的助益。[①] 波洛克爵士最近发表的小册子,一如既往地精审妥当,而且完全不受罗马法模式的歪曲。

长辈对年轻人的建议,非常容易像百佳图书清单一样避实就虚。至少我当年曾遇到过这类参考意见,而这些不接地气的参考意见首推研习罗马法。我想这种建议不仅仅意味着收罗几句拉丁法谚装点门楣——这正是大法官柯克推荐阅读布莱克顿的目的。[②] 如果以拉丁法谚装点门楣便足矣,那么我们可在一小时内通览《论

① 一般认为,霍姆斯的法律思想从维多利亚时代的英国法学理论洪流发展而来,在奥斯丁的分析法学和梅因的历史法学之间开辟了第三条道路。霍兰德(Thomas Erskine Holland,1835—1926),英国法学家,代表作是《法理学要义》(*Elements of Jurisprudence*)。——译者

② 霍姆斯当年虽然不满于普通法的现状,但并没有走上罗马法的道路,而是对之保持警惕和审视的态度。他认为,普通法断案方式具有独树一帜的优点,即先判决案件而后确定原则。当在同一主题之下积累了一系列决定之后才有必要调和这些案件,即归纳迄今被隐约感觉到的原则。而且在被抽象出来的一般规则最终定型之前,要经受新判决的多次修正。一项稳固确立下来的法律学说凝结着许多人的心血,并且其形式和实质皆经过训练有素的批评者检验。这种"接连不断的相互靠近"或"持续调和"的发展程序,是任何精审的法典条文都难以企及的。他还认为,法典化方案不仅过于刚性,难免受到新兴案件的冲击,而且追求简约,与具体法律生活有相当距离。所以不宜鼓励普通法开业律师研习大陆法系法典,他担心沉湎于抽象法条会让律师怠于案件的具体分析,从而抛弃普通法之精髓。法律"不是科学,本质上是经验的事物"。但就教学目的而言,法典的精神旨趣值得承袭,即"促成一套经哲学编排的法律大全"。换言之,他希望在判例而非罗马法的基础上,为法律赋予"哲学一致性",建构普通法的准体系科学。只要法律的编排方法得当,就可以规训研习者的心智,并扫除本需多年摸索才能克服的障碍。在此意义上,他认同兰代尔的哈佛法律教育改革。请阅读霍姆斯的两篇早期论文《法典与法律编排》("Codes, and the Arrangment of the Law",1870)和《对大陆法系的误解》("Misunderstandings of the Civil Law",1871),参见 Felix Frankfurter (ed.), "The Early Writings of O. W. Holmes, Jr.", in *Harvard Law Review*, Vol. 44, No. 5, 1931, pp.725-737, 759-772。布莱克顿(Henry of Bracton,1210—1268),英国法学家,霍姆斯曾就伍德拜恩编订的《布莱克顿论英格兰的法律与习惯》发表短评(见本书)。——译者

古代法律准则》(*De Regulis Juris Antiqui*)这一标题下的内容。[①]我认为,若研习罗马法果真可行,那么研习之时宜将其作为有效用的体系。这意味着掌握一套精细的处理技术,这套技术比我们自己的技术来得复杂难解,还意味着研习另一番历史进程,比起我们自己的法律体系,罗马法更需要借助这番历史进程得到说明。若是有谁质疑我的看法,让他去读读凯勒(Keller)的《罗马民事程序与诉讼》(研究裁判官告示的专著)、缪尔黑德(Muirhead)饶有趣味的《罗马私法的历史导论》以及(倘有良机的话)索姆为人称道的《罗马法阶梯》。[②] 打住。要对你的研究主题[即法律]形成不拘一格的观点,其方法不是阅读别的资料,而是对该主题刨根问底,这 198
就要首先借助法理学,循着现存的法律教义直达其最高的原理概括;其次,通过历史查明现存法律教义如何变成现在的样子;最后,尽可能考虑这些规则力图实现什么目的,人们根据什么理由追求那些目的,为实现那些目的必须舍弃什么,以及是否值得为其付出这样的代价。

在我们的法学中,理论成分太过浅薄(而非太过厚重),在上述最后一种研究分支中尤其如此。[③] 我前面谈到历史时曾以偷盗罪为例,表明法律如何由于未把一条规则——该规则将落实其明显

---

① 具体出处是“De Diversis Regulus Juris Antique”,*Digest*,50.17。——译者

② 凯勒的著作参见 Friedrich Ludwig von Keller,*Der römische Civilprocess und die Actionen in summarischer Darstellung zum Gebrauche bei Vorlesungen*;缪尔黑德的著作参见 James Muirhead,*Historical Introduction to the Private Law of Rome*;索姆的著作参见 Rudolf Sohm,*Institutionen des Römischen Rechts*(该书英译本标题是“The Institutes:A Textbook of the History and System of Roman Private Law”)。——译者

③ 即上文提到的“哲学研究”。霍姆斯认为要精通法律或者理性地研习法律,须将三种研究结合起来,它们依次是法理学研究、历史研究和哲学研究。其中,哲学研究涉及规则的目的考量和价值判断。——译者

的目标——以清晰的形式体现出来而自食恶果。那种情形下的困境是因为，昔日的规则形式残留下来，但昔日所秉持的目标却比如今狭隘。现在让我举例说明理解法律理由（the reasons of the law）对判决现实案件的实际意义，该例证取自就我所知从未有人予以恰当解释，也从未有人进行充分理论思考的那些规则。我指的是关于有效期限的制定法和关于取得时效的[普通]法。这类规则的目的显而易见，但是因为到期（lapse of time）而剥夺一个人的权利（就此而言乃是纯粹的恶果），其证成理由何在？人们有时提到证据灭失，但那是次要问题。人们有时提到理应追求安定（peace），但为什么更应追求 20 年之后的安定而非此前的安定？
199 这种安定原本就越来越可能出现，无须立法施以援手。人们有时提到，若某人怠于行使自己的权利，那么要是法律在一段时间后顺应他的做法，他就不得起诉。假如以上就是人们能够想到的全部证成理由，你们多半会在我打算举出的案例中判决支持原告；而如果你们采纳我将提议的观点，你们就有可能判决支持被告。甲被乙指控非法侵入土地，甲遂以通行权（right of way）作为抗辩。甲证明，他以逆于原告权利主张的方式公开占用这条道路长达二十年，但经查明，乙曾许可丙使用土地，并且乙合理地假定丙是甲的代理人（尽管事实并不如此），故而乙以为甲对道路的使用是经过自己允许的，这就意味着甲不会因时效取得权利。那么，甲到底有没有取得权利呢？如果甲取得权利的前提，像人们通常以为的那样，在于土地所有者出现一般意义上的过错（fault）和懈怠（neglect），那么本案中并不存在这样的懈怠，因而甲尚未取得通行权。但倘若我是甲的代理律师，我会提出：应到取得权利者（而非

丧失权利者)的处境中寻求时效取得的基础。把古代的财产观念同时效联系起来的做法,因亨利·梅因爵士而流行起来。但是那种联系要比最早的信史(recorded history)更加源远流长。它存在于人心的本性之中。你若是把某样东西(无论是财产或是意见)当 200
作自有之物来享用,久而久之它便嵌入你的生活,且不论此物如何得来,谁要是从你手中将它夺去,你势必对该行径愤恨不已,并极力捍卫自己的利益。法律能要求的最佳证成理由,莫过于人类最深层的本能。仅是为了回应"你这样会令先前所有者倍感失落"这一看法,你才指出:先前所有者的懈怠致使他的权利主张与他本人日渐疏远,而与其他人日渐结合。如果乙明知甲一直从事某些行为,而这些行为看起来表明甲正在逐步确立那种结合,那么我会主张:为对甲公允起见,乙须自担风险地查明甲的行为是否得到乙的允许,并确保对甲提出警告以及(如有必要的话)加以阻止。

我一直在讨论法律的研习,而没太提到人们常常在这方面顺带谈论的东西,即教科书、判例体系以及学生径直接触的整套机制。我下面也不会过问这些东西。我的主题是理论,而非实践的细节。[①] 从我那个时候到现在,教学模式无疑有所改进,但[一个人]只要有才华、够勤勉,随便哪种模式都照样精通原始素材。理论是法律教义中最重要的部分,正如建筑师是房屋建筑活动中最

① 《普通法》"序言"的结尾有一段主题限定:"在我自己设定的界限内,如果有人竟想指责我不够细致周到,那么我只能援引勒韦鲁(Lehuërou)的话说:'我们是在做理论而不是编杂记(Nous faisons une théorie et non un spicilège)。'"参见 Holmes, *The Common Law*, The Belknap Press of Harvard University Press, 2009, p.2。——译者

重要的人。近二十五年最重要的改进，是理论层面的改进。不要
担心谈理论就是不接地气，因为这对游刃有余之人来说，无非意味
201 着穷根究底。对力有未逮之人而言，喜好一般观念有时确确实实
意味着具体知识的匮乏。我记得在我的戎马生涯中曾读过一则故
事，说有位年轻人因为成绩倒数第一而受到检查，当被问及中队演
练的问题时，答曰他从未考虑万人以内的军训(evolutions)。此诚
所谓朽木不可雕也。真正的危险在于，对于同自己业务没有直接
关系的观念，精干务实者竟会抱以冷漠或者疑虑。日前我听到一
则故事，说某人高薪雇了一名侍从(valet)，但假如这名侍从犯错则
扣发薪水。有一次扣发薪水的缘由是："因为缺乏想象力，扣5美
元。"缺乏想象力的岂止侍从！权力这个众人朝思暮想的目标，如
今一般单单表现为金钱。金钱是最直接的表现形式，也是合适的
欲望目标。雷切尔(Rachel)说过："财富是衡量才智的尺度。"就唤
醒人们脱离愚人乐园来说，此话堪称金玉良言。但恰如黑格尔所
言："必须得到满足的，最终不再是需要，而是意见。"[6]任谁都不难
想象，影响最深远的权力形式不是金钱，而是对天下观念的号令。
如果谁需要一些伟大的例证，不妨读读莱斯利·斯蒂芬先生的《18
202 世纪英格兰思想史》，[①]看看笛卡尔的抽象思辨在他去世百年后，
如何成为操控人们举止的实际力量。不妨读读德国法学大家的著

6 Phil.des Rechts，§ 190.(黑格尔这段话出自《法哲学原理》的"市民社会"部分，其现代标准英译文参见 Hegel，*Elements of the Philosophy of Right*，ed. Allen W. Wood，trans.by H.B.Nisbet，Cambridge University Press，1991，p.229。——译者)

① 莱斯利·斯蒂芬(Leslie Stephen，1832—1904)，英国评论家。这里援引的著作参见 Stephen，*History of English Thought in the Eighteenth Century*(1876)。——译者

作,看看这个世界现今如何更多地是由康德而非拿破仑所主宰。我们不可能都成为笛卡尔或康德,但我们都希求幸福。而根据我对许多成功人士的了解,我确信单凭成为大公司的律师和 5 万美元的收入,不足以赢得幸福。一个人若是才华横溢到足以赢取这一奖赏[即幸福],除了飞黄腾达之外还需要其他[精神]食粮。法律的那些更玄奥、更宽泛的层面,使其成为广受关注的对象。正是透过那些层面,你们不仅成为所属志业之翘楚,还将自己的主题同整个宇宙关联起来,进而捕捉到无限者的回响,瞥见它那深不可测的进程,参悟那普遍法则的玄机。

203 # 法律解释的理论(1899 年)*

霍金斯先生(Mr.F.Vaughan Hawkins)撰写的《论法律解释的原则》一文,重印于塞耶教授近来出版的精湛著作《普通法证据初论》。[①] 这篇文章促使我谈谈我所认为的关于我们解释规则的理论,该理论在我看来会支持大法官温斯利代尔(Wensleydale)[的意见],以及霍金斯先生所引用并反对的其他人[的意见],如果我正确理解了那些人和霍金斯先生的意思的话。

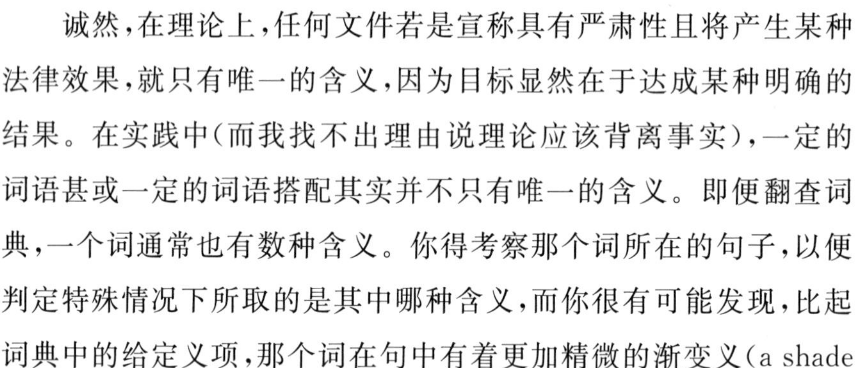

诚然,在理论上,任何文件若是宣称具有严肃性且将产生某种法律效果,就只有唯一的含义,因为目标显然在于达成某种明确的结果。在实践中(而我找不出理由说理论应该背离事实),一定的词语甚或一定的词语搭配其实并不只有唯一的含义。即便翻查词典,一个词通常也有数种含义。你得考察那个词所在的句子,以便判定特殊情况下所取的是其中哪种含义,而你很有可能发现,比起词典中的给定义项,那个词在句中有着更加精微的渐变义(a shade

* *Harvard Law Review*, Vol.XII, 417(1899).(原文标题为"The Theory of Legal Interpretation"。——译者)

① 参见 Hawkins, "On the Principles of Legal Interpretation, with Reference especially to the Interpretation of Wills", reprinted in James Bradley Thayer, *Preliminary Treatise on Evidence at the Common Law*, Little, Brown and Co., 1898, pp. 577-605。——译者

of significance)。不过,至少在迈出这第一步的时候,你不是纠结
于书写者的行文癖好,而只是考虑一般的言语习惯。所以,当你让 204
文契(instrument)其余内容表达的随便哪种意向去贯通特定的句子时,仍是异曲同工。

如果你允许引入关于情景(circumstances)的证据,并据之解读文件,事情又是怎样的呢?这是不是要试图查明个人的特定意图,探入他的内心,并使他的言语紧扣他的需要呢?没人会主张极力贯彻此一流程,而在我看来,我们其实并未沿着那个方向前进。这不是划定界限的老练手法问题。我们在探求不同的事情。实际情况如下:当词语经由外在证据(parol evidence)转译为事情时(理当如此),我们会发现甚至整份文件的含义都出现一定的模棱两可。它并没有根据语言规律断然传达单一含义。我们由此追问的不是这个人当时的意思,而是一位正常的英语言说者(a normal speaker of English)在那些词语当时的使用情景下,说出那些词语时所要表达的意思,并且正是为了弄清后一问题,我们才引入关于情景的证据。不过,这位正常英语言说者仅仅是我们的老朋友审慎者(prudent man)的特殊变种,或者可以说是他的书面(literary)形态。他外在于具体的书写者,将其作为参照标准不过是法律外在性(externality)的又一实例。

但还是有人认为——而且这被视为关键之所在——在将甲地 205
产(Blackacre)赠与张三(John Smith)的情况下,[①]假如赠与人拥有两处甲地产,且名录上显示两位张三,你可就赠与人的意图给出直

① “Blackacre”和“John Smith”是假想案例里面杜撰的地产名和人名。——译者

接证据，而无法在所有案件下作出直接证明的情况仅仅是反常现象。我却认为，这条例外规则表明确立该规则的法官们拥有直觉洞察力(instinctive insight)。我再次援引关于我们语言的理论。根据关于我们语言的理论，尽管其他词语也许同时意指不同的事物，但专有名词仅指唯一的人或事物。倘若语言像边沁希望促成的那样完美履行其职能，它将在所有情况下指向唯一的人或事物。但按照我们[语言]的随机系统，有时你的名字碰巧跟我的名字同音(*idem sonans*)，甚至连拼写都可能一模一样。但这个名字绝不会不加区分地意指你或我。根据言语理论，你的名字意指你，我的名字意指我，这是两个不同的名字。它们是不同的词语。尽管名称一样，但其含义却因人而异(*Licet idem sit nomen，tamen diversum est propter diversitatem personae*)。[1] 在这种情况下，我们引入关于意图的证据，不是为了澄清理论所认定的言语不确定之处，并把书写者当时的意思解读进他努力言说但未能言说的话里；相反，我们在承认其话语具有理论上的确定性这一前提下，为查明他已经说出的话而探究他当时的意思。按此道理，如果某专有名词被一方当事人用来指一艘船，被另一方当事人用来指另一艘船，契约便

206 不成立。[2] 单纯用意本身的差别无关紧要。在使用普通的名称和词语时，根据不同于法院所采用的含义进行抗辩可是不妙的，但双方当事人在此谈论的是不同的东西，也就绝没有明确表示缔约。

---

1 Bract.190 a.

2 *Raffles v.Wichelhaus*，2 H.& C.906.参见 *Mead v.Phenix Insurance Co.*，158 Mass.124；*Hanson v.Globe Newspaper Co.*，159 Mass.293，305。

假如前述赠与人说的不是“甲地产”,而是“我的金表”,并且拥有不止一块金表,那么鉴于“我的金表”这一组词语虽为单数名词,却意在描述说话者拥有的任何一块金表,我认为就不宜引入关于意图的证据了。但我敢说可以允许引入足够证明如下事情的情景证据,即正常英语言说者本会用“我的金表”意指特定的一块表。

我已阐明在我看来何谓我们的一般阐释理论,还需要费些笔墨为之提供证成理由。书面文契的目的,当然在于明示书写者的某种意图或心态,若要该文契派上用场的话,理应尽可能落实其目的。问题在于法律应该在多大程度上帮助[文契]书写者。首先,就契约而言,其显然表达的不是单个人的意愿,而是双方的意愿,

且是相对的双方。倘若其实一方意指一件事而另一方意指另一件 207
事,那么总体来说,立法者只能选择要么让双方当事人服从(如前所述)法官的语义解释,要么因为不存在合意而允许撤销契约。后一思路不仅大大增加对败诉方执行契约的难度,还将背离质朴的正义原则。因为每一方契约当事人都知悉,对方当事人会按照该情景下正常英语言说者的习惯来理解己方措词,因此在对方按那种意思理解己方措词时不得起诉。[3]

不难想见,我们可以为阐释不同种类的书面文件定下不同的规则。让我们从契约转向另一端,就制定法而言,我们可以说,鉴于我们正在探讨的是主权者的命令(commands of the sovereign),唯一要做的就是查明主权者想要什么。倘若最高权力定于独裁者

3 我认为在如下判例中,对该原则的贯彻理应超出法院多数成员愿意的程度,参见 *Nash v. Minnesota Title Insurance & Trust Company*, 163 Mass. 574。

本人，他会在你犯错时砍掉你的手或脑袋，那么你多半会想方设法查明这位暴君的需要。然而事实上，我们怎样对待契约，我们就怎样对待制定法。我们不去探究立法机关当时意指什么；我们只问制定法的含义。至少在美国，出于宪制层面的理由（如果并不出于其他理由的话），倘若颁布某部制定法的立法机关后来竟宣布，该
208 制定法具有一种在法院看来其措词并未承担的意思，那么我认为，这一解释性法律（declaratory act）对于在此期间的交易不生效，除非当时当地允许溯及既往的（retrospective）立法。既然是溯及既往的立法，那自不是经由阐释而奏效的（除非在形式上如此）。

遗嘱的情况亦同此理。诚然，立遗嘱人在一定范围内（即在自己的财产问题上）也是独裁者，但制定法要求他以书面形式明示自己的命令，而这意味着，当依照该情景下正常英语言说者的用法来理解时，他的措词必须足以明示自己的命令。

容我补充一句，我认为我们应当进一步在阐释之时贯彻外在原则（the external principle of construction），甚至超出我在前面指示的程度。我认为，你不可能（出于阐释而非撤销的目的）证实如下口头声明甚或协议：某一处分性（dispositive）文契中所包含的本身有意义的用词，将具有非同寻常的含义。例如，缔约的双方当事人达成口头协议，说当我们写下 500 英尺的时候，它将意指 100 英寸，或者邦克山纪念碑（Bunker Hill Monument）将表示老南教堂（Old South Church）。[4] 另一方面，当你确知某个地方或某个阶级的言语习惯时，不妨假定：书写者符合他所在地区或阶级的惯

4 *Goode v.Riley*, 153 Mass.585, 586.

例,如果该惯例是正常人在同样情境下的做法的话。但以上事例 209
同我据以展开全文探讨的理论要点相去甚远。

说一千道一万,事情大概是这样的:问题在于敲定重要的事情(即法律),而不同的人会按照各自最称心如意的理论来解释法律,在下述由来已久的争论中便是如此,即抛弃物的发现者到底是由于赠与而取得处于连续关系中的(in privity)产权,抑或由于抛弃而取得新的产权。反正他取得了产权,这一点没人否认。但是,尽管实务人士通常更喜欢在自己的大前提方面秘而不宣,然而即便出于实践的目的,理论通常也被最终证明是最要紧的事。我绝没有说理论不会影响到前述古老问题。

210 # 科学中的法律与法律中的科学(1899年)*

风尚法则(the law of fashion)是一种生活法则。人类兴趣的浪峰总在运动着,我们只消了解到,文学、音乐或绘画领域的某种特质或风格在一百年前达到极盛状态,就足以断定它如今不复有当年那般深远的影响。我应该得出结论说,艺术家和诗人不宜斤斤计较于永恒的东西,只要能够激荡一代人的情怀就该心满意足,但我无意探讨这个主题。我更想说明的是,关于艺术的上述论断,在理智事物的可能性范围内依然适用。当我们谈论关于某一事物的解释时,我们所指的是什么?一百年前的人们在解释宇宙的任何部分时,都致力于表明该事物契合于一定的目的,并且证明他们根据天意计划把握到的该事物的目的因(final cause)。当今时代,神学氛围日益衰微而科学风气渐趋昌隆,我们为了解释某个对象,会追溯它从某个假定出发点的成长发展顺序和过程。

211 这种历史解释的手法已被用于法律,近年来尤为显著,取得了丰硕的成果,确乎众望之所归,于是人们竟以为只要掌握了历史上的真实[法律]教义,就对当前甚至行将发生之事都有最终发言权;

---

* 在纽约州律师协会发表的演讲,1899年1月17日。*Harvard Law Review*, Vol. XII, 443.(原文标题为"Law in Science and Science in Law。"——译者)

有鉴于此,我一定要提醒诸位,与既往保持连续性只不过是一种需要而非义务。一旦立法机关能够想象到废除简单契约的对价要求,只要它视其为明智之举,它就可以随心所欲地废除之,丝毫不用顾及与既往的连续性。那种连续性恰恰限制了我们能够发挥想象力的空间,并为我们的思考定下不得不遵循的规矩。

历史解释有两个方向或方面,即实用性的和抽象科学性的。对于那种在不甚相干的实践中寻求哲学和科学之证成理由的风气,我不敢苟同。我不认为在证成我们的追求时,必须说是为了社会福祉着想。如果我们满足于说我们的追求有益于社会,或至少无可厚非,那么我想不妨为着科学追求本身的愉悦、为着科学成果的愉悦而(像追求艺术那样)追求科学,将其作为目的本身。我有些认同那位剑桥数学家对自己定理的称许:“其最妙之处在于,对任何人任何事而言,绝不可能派上一丁点儿用场。”人在播种、编织和生产其他一切经济资料的时候,不单单是为了维系和繁衍其他 212
的播种者和编织者(这些人转而又会繁衍下一代,子子孙孙无穷匮也),相反,人把一定比例的经济资料用于非经济的目的,这些目的也是他出于自身的渴望,不为着其他任何事情——在我看来,此乃人类的一种荣耀。经过一段时间的衣食生产,人就放下生产活动,跑去看戏、绘制图画或者提出某些关于宇宙的令人难以作答的问题,就这样开开心心地消费这世界上的一部分食品和衣物,诚所谓偷得浮生半日闲。

诸位若是这样考虑问题的话,就容易领会到,我认为法律准则史的研究者不一定非得抱持某种实用目的。把法律单纯视作伟大的人类学文件(anthropological document),并按此立场研究法律,这完全恰如其分。我们不妨通过法律来查明如下事情:哪些社会理想强盛到足以达成其最终表达形式的地步?各种主流理想随着时代更迭而发生了怎样的变化?我们在研究法律时,不妨将之视为人类观念的形态学(morphology)操演和转变过程操演。出于诸如此类目的而追求的研究,便成为最严格意义上的科学。从牧师的真相检验[1](即神判的奇迹)、军人的真相检验(即决斗审)到陪审团的民主裁决,这一转变过程多么引人入胜!有鉴于免除陪审团的案件量大大增加,或许我还可以再加上近来朝向如下事物的转
213 变,即从商业角度和理性角度检验经过审判训练者所作出的判决。

仍然只有少数人认识到,侧重点的变迁(即我所谓"风尚法则")如何甚而支配着道德领域。有一天我在翻阅布拉德福德(Bradford)的历史著作①时——此书是贝亚德先生(Bayard)从兰贝斯(Lambeth)带到马萨诸塞州议会的礼物——偶然发现书中讲述了有人因犯下某一罪行而被处死,且仪式庄严肃穆,其罪行诚然仍跻身现行法律所规定的重罪行列,但已不再是法院经常审理的事情。许多人会认为,普罗大众的厌恶已足以作为对该罪行的惩罚,有些人会认为,该罪行不过是一种主要引起病理学家(pathologist)兴趣的生理失常。我在这本书里还读到,人们向神职人员(ministers)请教,将其看作法律的终极阐释者,而那些神职人员凭借对义理的精晓向人们证明,我们如今理应视为只需要谨

1 我不曾忘记,教会已经废除了神判。

① 该书是指 William Bradford, *History of Plymouth Plantation*。贝亚特先生于1897年将其从伦敦带到马萨诸塞州。该书至今仍是通俗美国史的重要读物。——译者

遵医嘱来抑制的行为,在当时乃是一种可被处以死刑的犯罪,而且这种犯罪是通过检视被告的良心就可以查获的,尽管经商议之后,他们认为严刑拷打之事应该留待国家出面。

不妨来做个不那么令人不快也不那么血腥的对比。我们在故纸堆里读到,根据[百姓的]要求较为娴熟地完成自己的工作,是公共职业(common calling)从业者的职责,而我们现在看到的情况是,公共职业从业者掌控着局面,为了自己的方便而想让百姓保持乖顺。我们意识到颐指气使的口吻今已倒转方向,更经常出自宾 214
馆职员而非顾客的嘴里。

我前面提到,要科学研究法律中的人类观念的形态学和转变过程,在座诸位不见得都熟悉这种研究。我未听闻有谁曾系统地从事这种研究,而我已经举出我在工作中邂逅的若干事例。或许眼下我可以继续以例详述,这些事例据我所知尚无其他学者加以总结。在《萨利克法典》(*Lex Salica*[2],萨利安法兰克人的法律)中,你会发现早在5世纪的时候存在一种诡异的人,后来[3]被称为萨尔曼努斯(salmannus,英文写法是 sale-man),他是被叫来辅助完成某些情况下的财产移转的第三人。捐赠人递给他一根象征性的权杖作为信物,他则在适当时候通过庄严的仪式呈交受赠人。如果我们可以信赖达雷斯特阁下(M.Dareste)①的研究,取材于难

2 Merkel,Ch.46.

3 A.D.1108,Beseler,263,n.

① 达雷斯特(Rodolphe Dareste de la Chavanne,1824—1911),法国的法律史学家,其研究成果评述参见 Bernard Haussoullier,"Rodolphe Dareste et les Etudes de Droit Grec en France",in *Nouvelle Revue Historique de Droit Francais et Etranger*,Vol.42,1918,pp.5-42。——译者

免以讹传讹的二手资料，那么看起来埃及人和其他早期民族似乎也知道第三人的类似作用。但确定无疑的是，直到现代，英格兰在移转公簿保有地产（copyhold）之时仍采取相同的形式。我敢说，就像当年在法学院负笈求学的我一样，在座的有不少人当时也对如下事情感到困惑：为向他人转让公簿保有地产，第一步居然是将一根权杖呈交给采邑的领主或管领者。这其实不过是萨利克法的
215 古老形式的残留，维诺格拉道夫（Vinogradoff）已在他的《英格兰的农奴土地保有》一书中最终予以明察。[①] 那里可以找到萨利克法的制度设计雏形。但我希望提请诸位关注的是这种制度设计所经历的种种转变。向管领者呈交[象征着公簿保有地产的权杖]的行为，被明示为出于取得人或受赠人的用益考虑。于是，尽管迪格比（Kenelm Digby）先生在其《不动产法史》中提醒我们说，上述制度设计与用益准则毫无瓜葛，[②]但我不揣冒昧地认为，借助于博学多识的德国人关于欧陆萨尔曼发展史的研究成果，我到现在为止已经表明，萨尔曼在英格兰变成了更广为人知的用益受封人（feoffee to uses），而且用益受封人与（接受了公簿保有地产之呈交行为的）采邑管领者之间有着一清二楚的联系。而遗嘱执行人最开始不过是用益受封人。继承人偿还被继承人的债务，并取得他的财产。直到布莱克顿撰写他那部彪炳史册的英格兰法专著之后，遗嘱执行人方才接替继承人的角色，在个人财产和债务问题上

① 参见 Sir Paul Vinogradoff, *Villainage in England: Essays in English Mediaeval History*, Oxford University Press, 1892。——译者

② 参见 Kenelm Edward Digby, *An Introduction to the History of the Law of Real Property with Original Authorities*。——译者

开始完全代表立遗嘱人。花与叶的差距、一片头盖骨与脊椎骨的差距,并不比我们现在所知的遗嘱执行人与其原型(即萨利克法上的萨尔曼)之间的差距更大。坦白地说,这样一种发展之所以令我兴致盎然,不仅为着它本身的趣味,而且因为它例证了你们在法律的来龙去脉中俯拾即是的东西,即人最初的观念稀疏匮乏,他缓慢且又绵绵不绝地付出心血,遂从原始的开端终而发展出文明生活 216
那错综复杂的人为观念。大自然的高度创造力在其他方面的表现也是同样道理,它最初只有零零星星的气味、颜色或类型,元素少得可怜,却以同样缓慢的速度从一种化合物发展到另一种化合物,最终,被我们称为有机生命的那令人着迷的最复杂构成物,在与它们的构成元素径直比对时,看起来简直属于不同的种类。

在我多年以前付梓的一本书中,[①]我力图确立关于观念发展转变的另一例证。早期法律体现着对于任何直接伤害来源的仇视,这种仇视缘于联想和粗浅的分析,表现为针对动物和无生命对象的诉讼,还表现为损害投偿(*noxae deditio*),即致害物的所有人交出致害物,从而免除将来的任何责任。我力图表明,如下事物至少在一定程度上衍生自上述初始渊源:(1)我们现代法律规定的所有权人对其动物承担的责任、雇主对其雇员在雇佣范围内的行为承担的责任;(2)船主依法承担的有限赔偿责任,该责任允许船主通过交出船舶来免责;(3)诡异的迪奥丹法(law of deodand),[②]财

① 指发表于1881年的《普通法》。——译者

② 迪奥丹(deodand,也译为“敬神之物”)是英格兰古法里面的一种制度,要求对直接致人或其他生灵死亡的私人动产依法予以没收、归于国王,并用于宗教和慈善事业。——译者

税法庭(Court of Exchequer)在1842年曾据之宣布没收一台蒸汽机。[4] 我随后也得说明,它在契约的发展中同样发挥了作用。

217 通过诸如此类的例子,我们不再局限于某个观念的转变过程,而是迈入我们那些更笼统法律观念的更广阔发展天地。我们在这一有意识的思想和行动领域的进化,丝毫不逊色于在那些较低的有机阶段的进化,只不过须就其本身来研究该领域的进化。我敢说这项研究仍是未竟之业。以契约的起源为例。自从索姆1875年发表《婚姻法》一书,①就盛行起只经过少许修正的单一观点。然而科学中的风尚如同其他领域的风尚一样强劲有力,索姆虽然摧毁了前人[的观点],却并不能阻却后起之秀对他的冲击。索姆遵循着我认为首先由萨维尼(Savigny)提出、后通过梅因《古代法》发扬光大的一种思想,认为契约起源于中断的买卖。这在后来的法律中被我们的普通法表述为"债务",它立足于债务人从债权人那里收到的折抵物。要式契约,即萨利克法上象征缔约的信物交付、我们所熟知的盖印契约,经由一种众说纷纭的过程从此脱胎而出。而且这种二分法穷尽了问题的全部。我想这未必不是最终的正确论述,但我要就某些考虑因素稍作点拨。我们不见得要像索姆那样想当然地假设:他的法兰克祖先头脑中有某种理论,这种理论纵然没有充分明示于外,仍与当时罗马人的成就旗鼓相当。这

4 *Regina v.Eastern Counties Railway Company*, 10 M.& W.59.

① 参见 Rudolf Sohm, *Das Recht der Eheschliessung aus dem deutschen und kanonischen Recht geschichtlich entwickelt: Eine Antwort auf die Frage nach dem Verhältnis der kirchlichen Trauung zur Zivilehe*, 1875。——译者

个假设进而引发另一个能被确切感受到的隐含假设,即自始就必 218
定存在着某种契约理论,但愿你能够发现它当时的形态。我得提醒诸位,初民根本没有理论,也没有诸如契约之类的概括,有的只是具体案情,即便他们作出概括,也往往与后世的最终概括相去甚远。到了 19 世纪,人们还是一度用列举的方式描述对价——比如我们可在蒂德(Tidd)的《实践》[①]或布莱克斯通那里看到的情况[5]——只是在最近这些年,它才被化约为对受允诺人的损害这一普遍术语。因此,在现代之前,寄托仅仅放在"寄托"(Bailment)的名目下,那时它还不属于契约。那时,担保仅仅放在"担保"(Warranty)的名目下,是法律对不动产出卖人(vendor)施加的义务。[6] 现在,信托仍然仅仅放在"信托"(Trust)的名目下,尽管按照正统学说它只是创设了一种人身义务。

我曾在别处提请人们注意如下事实:提供人质(hostages)的做法,能够追溯到我们法律史的开端,可以说与买卖一样源远流长,而且保证人肇始于人质,基本上独立于债务或要式契约的发展。要是保证人——由于其起源导致的悖论,早期法律上的保证
人经常在没有主承揽人的场合作为唯一受拘束方出现——的义务 219
为其他承诺(undertakings)提供了类推,我们本该用不着对价学说的。要是其他承诺受到从买卖发展出来的法律的类推支配,那么

① 参见 William Tidd, *The Practice of the Courts of King's Bench, and Common Pleas, in Personal Actions, and Ejectment*; William Blackstone, *Commentaries on the Laws of England*。——译者

5 1 Tidd, Ch.I; 2 Bl.Comm.444, 445.

6 Glanv.X, C.16; Bracton, 151; 1 Löning, Vertragsbruch, § 14, p.103; cf. Sohm, Inst.Rom.Law, § 46, § 11, n.7.

保证人必定要么已经收到折抵物，要么已经订立盖印契约。相互竞争的观念在此发生冲突，而正如在当时贸易凌驾于战争，买卖的衍生物便驱逐了人质的衍生物。在爱德华三世的时代，法律判定保证人若无盖印契约则不受约束，但在某些城市除外，因为当地习惯坚守古代法。土地担保开始同样要求盖印契约，故而也就开始成为同样的盖印契约，尽管针对动产（chattels）买卖的产权担保如今仍保留着它的古老特征，只不过它现已被视为一种契约。[7]

但人质并不是支配地位的唯一竞争者。宣誓也与我们种族的历史一样久远。[8] 它有着不同的出发点，而且撇开制裁层面可能存在的差异，它本可完全覆盖允诺问题。证人一旦违背自己的允诺宣誓（promissory oath），现在仍以伪证罪论处，而在早先时候，陪审团若被判犯有类似违法行为、被褫夺法权（attaint），等待着他们的将是严苛的惩罚。[9] 这种庄严仪式曾被用于诸多其他目的，

220 当年要是教会一意孤行的话，宣誓在其堂兄弟盟誓（the plighting of troth）的支持下本来很有可能胜出。在亨利三世的时代，诺言、宣誓和书面文件（即盖印契约）是三种广为人知的允诺形式。盟誓如今依然用于我们的婚礼，当年的用途比比皆是，而且教会法院曾宣布对盟誓和宣誓都有管辖权。我曾在别处提请人们注意，早期的教区大法官有倾向于在别的法院延续神职人员管辖权，并实行古老义务形式的迹象。埃姆斯教授已经反驳了我的见解，但我还

7 Y.B.13 & 14 Ed.III.80.

8 Caesar，B.G.，IV，11；Ammianus Marcellinus，XVII，1，13，按照**祖先的礼法**正式宣誓（jurantes conceptis *ritu patrio verbis*）。

9 Bracton，292 b.

是不由得认为如下事实意义重大,即直到晚近时期,我们仍然能够见到教会法庭对违背诺言或允诺宣誓的行为判处宗教惩罚(spiritual penalties)。当我们得知,一定形式的承诺广为使用并在宗教审判所中得到神职人员的实施,那么十分单薄的证据也足以令我们确信:尤其鉴于世俗权力对教会施加的限制,在一家同样由神职人员主持且缺乏自有实体法的新法院那里,多半会萌生实施那种承诺形式的观念。但宣誓和盟誓只是作为非常规的庄严仪式残留于世俗裁判所(forum),而我之所以提到此二者也仅仅是为了以鲜活的实例表明,相互竞争的观念之间如何展开生存斗争,以及最顽强者如何最终凯旋和残留下来。关于盖印契约和债务的法律
在凯旋之后继续演进,以诸位熟知的方式巩固和发展它们的帝国, 221
直到有一天,由于"简式合约"(Assumpsit)这一新兴对手异军突起,它们的声威才就有所衰减。

有些其他种子在早期法律中被弃置一旁,但从它们却萌发出一些如今或可称为契约关系的关系,例如歃血为盟(blood covenant),即人们新宰杀动物,饮其血、啖其肉,据此成为同盟或结为一体。这是对家庭关系的拟制。例如,埃杜伊人(Aedui)当年曾以此方法象征他们与罗马人的联盟。[10] 我不妨在此提醒诸位,我猜想,早期日耳曼人的监护制度(拉丁文写法是 *mundium*)是我们现代财物寄存(bail)的源头,而如前所言,保证人则有与此不同的来源。我说这些只是为了更进一步阐明,前面提到的相互竞争的观念和形式之间如何展开生存斗争。在某些情况下,被降服的竞争者消亡

10 Strabo, iv, 32.

了。在另一些情况下，被降服的竞争者披上了征服者的制服，在形式和外观上仅仅变成盖印契约或简式合约的一种情形。

另一重要问题是，形形色色的义务在经过承认之后，如何成为有拘束力的东西。违背誓言当然随之引发诸神的不悦。不难想见，在其他情况下我们会发现如下事情的迹象，即更原始类型的责
222 任延伸到了争夺法律认可的新候选者那里。按照罗马法，未能支付购置物的价款似乎意味着可类推为盗窃。卖身抵债的做法遍布全世界，而且这种做法似乎不是基于我们乍看之下想到的纯实际考虑因素，而是基于与侵权损害投偿相近的观念。有大量证据表明：在作为我们法律体系源头的那些法律体系中，五花八门的早期契约固有地承载着以缔约者本人作担保的观念——该观念的极端形式可见于扣留或分割债务人尸体的做法，[11]而且它似乎出现在“债务施及于债务人的尸骸”(*Debita inhaerent ossibus debitoris*)这一法谚中。

我无意相继追溯我们每个法律部门的发展，但假如我们把目光转向侵权法，会在那里发现另一番甚或比契约法中表现更为明朗的进化过程，赫伯特·斯宾塞先生称之为“整合”(Integration)并将其介绍给我们。侵权的第一阶段，基本无外乎那些简单的暴力行为——因死亡、伤害或重伤、纵火以及诸如此类事情引起的控告，此时已经取代私力救济——而所谓侵害之诉(the action of trespass)这一修正形态则为其后继。不过，当类案诉讼(action on

---

11　例如参见 *Three Metrical Romances*, Camden Soc. 1842, introd., p. xxvi, and cantos xii & xxii; Boccaccio, Bohn's tr., p.444 n.,其中提到一首古英格兰民谣。

the case)[①]将书面诽谤(libel)、口头诽谤(slander)以及现代法律所知的一切其他侵权行为引入民事审判庭,每一种被认定的侵权都 223
在数世纪的时光里发展出自己的个别历史、自己的先例,而且据我所知,当时无人料想到,各种不同的责任情形其实或应当自始至终由相同的原则所支配。贾加德(Jaggard)先生在其大作的序言中有云:"把'侵权'(Torts)作为专门主题来著书立说的观念,在数年之前还要授人笑柄。"[②]若想了解已经出现的变化,诸位不妨对比一下希利亚德(Hilliard)的《侵权法》,以及波洛克的《侵权法》,前者各章相继列举了恐吓和殴打(assault and battery)、书面诽谤和口头诽谤、妨害(nuisance)、侵害(trespass)、侵占(conversion)等情形,后者则宣称其写作目的"在于表明'侵权法'(Law of Torts)是确实存在的,不是只有关于各类侵权(torts)的一系列法律规则——'侵权法'是'普通法'(Common Law)的一个真正鲜活的部门,而不是一堆大杂烩"。[③] 若说整合过程已经完结,若说整合过程已是既成事实,兴许有些鲁莽。英国上议院审理的"艾伦诉弗勒

① 侵害之诉与类案诉讼的区别在于,前者针对现实存在的或默示的暴力,被侵犯的对象是有形物,且原告对之享有直接的利益;后者则不存在暴力行为,或被侵犯的对象是无体物,或损害是间接的,或原告享有的只是回复权而非直接的权利。在类案诉讼中,原告对其损失负举证责任,但诽谤除外。——译者

② 参见 Edwin A. Jaggard, *Hand-book of the Law of Torts*, 2 vols., West Publishing Company, 1895, "Preface", p. vi。霍姆斯在引用时误把"idea"记成"use",该句的完整原文为"Indeed, as Mr. Bishop's personal experience shows, the idea of a book on Torts, as a distinct subject, was a few years ago a matter of ridicule"。——译者

③ 参见 Francis Hilliard, *Law of Torts or Private Wrongs*, 2 vols., 1859 (1st ed.); Frederick Pollock, *The Law of Torts: A Treatise on the Principles of Obligations Arising from Civil Wrongs in the Common Law*, 1887(1st ed.)。霍姆斯对波洛克著作标题的引用疑误,引文来自波洛克《侵权法》一书中向霍姆斯的献辞。另外,"侵权""侵权法""普通法"等以首字母大写形式出现时,用于表达专门化的抽象整体,译文中加标引号以示区分。——译者

德案”(*Allen v.Flood*)最近引发热议,该案在我看来意味着:甚至在老一辈的贤达人士心目中,统一的责任基础仍好比镜花水月,传统和列举才是当今的最佳指南。但我坚信,恰如概括常常居于支配地位,一般化原则(the generalizing principle)也终将占据上风(即便尚待提供相关证明),因为概括能带来安定惬意。

224 关于世界各个部分的科学研究,彼此之间都可以融会贯通,这一点对于如我这般思考世界的人来说不证自明。假如我已经举出的例子未能阐明这种相通之处,我再费口舌也是徒劳无益,因此我将转向本次讨论主题的另一部分。但首先容我穿插几句。法律领域的科学家可不止是个书呆子。他不仅要拥有明察秋毫的眼光,还须兼备遴选重要细节的见识。并不是每位开展精确研究的人都重要,唯独切中要害的研究者才有价值。但我怀疑还有什么生活方式比伟大的抽象思想家的生活方式更为崇高,后者埋首于对其所献身的那些难题的精深研究,既不为着通常所说的无私目的,也不为着通常所说的自私目的,而仅仅是要满足其灵魂最深处的渴望,运用其灵魂最精妙的禀赋。

不过,能力完备之人终究应该投身于斗争。教授(亦即文人)放弃了半边的生活,以便自己那被呵护起来的才华能够平平静静地成长和绽放。可是,为了行动的目的,冒着风险下定决心投身于一个鲜活的问题,要求调动你们的全部天性。我相信我已经表明,我欣赏目前为止我所谈论的东西,仿佛那是科学法律研究的唯一形式,然而我当然赞同其他人的意见,即法律的主要目的是经世致用,而从经世致用的立场来看,历史——我到目前为止一直在谈历史——只不过是掌握工具的手段之一,并且属于相关手段中最不

起眼的那一类。从经世致用的立场来看,恰如我在另一场合说明 225
的那样,历史的用处主要是否定和怀疑。历史可以帮助我们了解某一学说的真实范围,但其主要好处是戳穿夸夸其谈。[1] 大家都本能地意识到,如今对我们来说不能凭靠如下事实证成一条法律,即我们的祖先始终遵循这条法律。一条法律的证成理由须在于:它为达成共同体统治力量决意要求的社会目的,提供了某种助益。法律人在看待一条现行有效的法律规则时,非常倾向于杜撰(假如他没有查明的话)某种政策理据来作为它的基础。但一些规则其实仅仅是残留物。许多规则完全可以是另一番面貌,历史就是我们用于衡量既往事物的力量的手段,既往事物通过强加已经偏离初衷的传统,可以说能够不顾我们的意愿而主宰当下事物。历史令我们获得解放,让我们能够就如下问题作出冷静的判定:我们正在实施的残留物,倘若不再因应旧日的目标,是否因应什么新兴的目标?尽管我进行了上述对比,但经世致用的法律研究也应当具有科学性。真正的法律科学并不主要在于按照神学方式钻研教义,或者效仿数学的逻辑阐发,也不仅限于将其作为人类学文件而从外部(from the outside)开展研究;真正的法律科学有个甚至更
重要的部分,即立足于准确测定的社会需求(而非立足于传统),从 226
内部(from within)确立法律的先决条件。我下面就打算讨论这后一部分,并以关于历史如何有助于清扫废弃物的一两个实例抛砖引玉,这些细节实例来自我本人的从业经验。

① 此处的观点与《法律之道》里面的“穴中巨龙”隐喻遥相呼应。——译者

去年秋天，我们法院[1]不得不考虑有什么理由认可如下事情：关于被强奸妇女有过及时告发行为的证据，要列入强奸罪公诉书中的官方控词。我们全都赞同的是，除非在非常情况下以反驳的形式发言，否则，让证人以在其他未宣誓场合有过同样言论这一点来确证(corroborate)自己的证词，是普通证据规则的例外。但这一例外真就存在，且差不多跟普通证据规则同样牢固，而法院和法律人一旦发现有待确立的法律，就想方设法予以说明。有种学说认为，强奸的暴行伤天害理，于是自然推定有节操的女子一旦抓住合适的机会，将在第一时间揭露该暴行。坦白地说，我得认为此种推定最不可能适用于强奸案件；男子兴许会说起自己钱财失窃或险遭谋杀，但敏感女子往往极难启齿身遭强奸的惨祸。假如我们查阅史料的范围不超过黑尔(Hale)的《公诉史》[2]——其中可以找到前述学说的首次表述——我们就会找到真正的理由和简单的真相。在强奸罪的诉讼中，女子首先要呼喊捉拿罪犯(hue and cry)。
227 大法官黑尔在陈述该事实之后接着指出，那名女子可以就强奸罪公诉书作证，如果她曾及时告发并指控侵犯者，那么她的证言将会得到确证。这就是再一次呼喊捉拿罪犯。当年的证据规则很不完备。后来我们的证据法日益发达，渐成体系。但大法官黑尔实在过于权威，以至于他的个人意见竟然残留下来成为这一特殊情形

---

① 霍姆斯此时供职于马萨诸塞州最高法院，就在发表本次演说这一年(即 1899 年)8 月被任命为该法院首席大法官。三年后，即 1902 年 8 月，他被西奥多·罗斯福总统提名为美国联邦最高法院大法官。——译者

② 参见 Sir Matthew Hale, *The History of the Pleas of the Crown* (1st ed., 1736)。该书是黑尔最负盛名的著作，其拉丁文标题为“*Historia Placitorum Coronae*”。——译者

下的法律，而作为其相应证成理由的原则已被摧毁。换言之，这个例外是纯粹的残留物，除了相关做法习以为常之外，我们实在没有或几乎没有理由赞成它。[12]

在早先的一桩案子里，[13]我试图表明，关于自始非法侵入他人土地之诉(trespass *ab initio*)的准则，同样是一条原始证据规则在特殊类型案件中的残留物，该准则根据后续的行为，从法律上推定行为意图，而此时那条原始证据规则已经完全湮灭。从该判决作出以来，埃姆斯教授已经提出了一些意见，无论这些意见对我所持的观点是否有所更正或扩展，他同样认定上述学说是残留物，且它的理据早已烟消云散。

在“布劳尔诉费舍尔案”(*Brower v.Fisher*)中，[14]身为聋哑人的甲曾向乙转让不动产和动产，并起诉乙要求支付价金，判决结果不利于乙。乙遂提交衡平法起诉状，要求查明这笔转让是否合法，228

并取得诉讼进行期间的暂时禁制令(injunction *pendente lite*)，暂缓前述判决的执行。根据乙的申请，法院委托关于心智丧失问题的委员会调查甲是否心智健全(*compos mentis*)。经查，甲心智健全，除非甲的先天性聋哑致其丧失心智。御前大臣肯特(Kent)据此驳回了乙的衡平法起诉状，然而他认为以上调查结果实在理所当然，因此他未要求乙付费。英格兰的古籍为他的观点提供了充分的证成理由；为什么呢？历史再一次告知我们真正的原因。罗

12 *Commonwealth v. Cleary*, 172 Mass.172.

13 *Commonwealth v. Rubin*, 165 Mass.453.

14 4 Johns.Ch.441.

马法恰如其分地认定，哑巴（以及聋子）不能缔结一种被称为要式口约（*stipulatio*）的契约，因为那种契约的关键在于形式上的一问一答，而对于此种问答，哑巴无法言说，聋子无法听闻。布莱克顿效仿罗马法，也重申了真正的原因，即哑巴和聋子不能表达合意（*consentire*）；但他以为或许可以通过打手势或书面方式作出要式口约允诺（*stipulari*），看来他没有领会要式口约允诺的真义。弗莱塔（Fleta）效仿布莱克顿，但他似乎认为困难在于没有能力形成合意心，而既然罗马法主张上述规则不适用于单纯的听力障碍者（*qui tardius exaudit*），弗莱塔似乎推想该主张意味着先天性聋哑人有别于后天性聋哑人。[15] 珀金斯（Perkins）的《金言集》青出于
229 蓝，要求那人须是先天性的盲、聋、哑，他继而阐明理由："先天性的盲聋哑人无从具备理解力，因此不能赠予或转让财产。"[16]副御前大臣伍德（Wood）审理的一桩案子中，[17]常理占据了上风，认定关于聋哑人的心智健全推定没有例外。

我所谓夸张不实的解释的其他情形——它们一旦触及历史就土崩瓦解了——包括：(1)雇主对雇员在雇佣过程中的侵权行为所承担的法律责任，这个问题我在前面已有提及，在我看来它始终没有获得合乎理性的立足点；(2)公共承运人的法律责任，据我所见，它又是一种受到歪曲的残留物，源自早期法律上受托人（bailee）的

---

15 但参见 C.6,22,10。

16 Pl.25；Co.Lit.42b.

① 参见 John Perkins, *A Profitable Book, Treating of the Laws of England, Principally as They Relate to Conveyancing*。——译者

17 *Harrod v. Harrod*, 1 K.& J.4,9.

绝对责任,与前文谈到的公共职业从业者的法律责任相交叉。我希望这些例子足以阐明我的意思并指出如下做法的危险,即不假思索地为我们找出的任何既定法律规则杜撰理由。这些例子让我产生别的一般想法,在这些想法中,历史不起作用或不起主要作用,我的目标是表明真正的法律创制过程和疑难案件判决的真义,从而(套用我曾经的言论)促使科学理据取代虚浮之词。

关于不实的解释,这里暂且告一段落,下面我们来看看不实的程式化用语(formulas)和不当的概括,我会举一两个例子,这些例 230
子尤其涉及我们当下必须应对的那些难题。尤其鉴于前面发表的见解,我所想到的第一个例证得自风尚力量的另一实例。当我看到一项准则、一种歧视甚至一条惯用语如何在一两年间传遍整个英语世界,我就深讶于人类的盲从性。最近,“对同意者不构成侵害”(*volenti non fit injuria*)这条惯用语,以及大法官鲍恩的评语“是对明知者(*scienti*)而非同意者(*volenti*)不构成侵害”,难道不是让我们听到耳朵生茧吗?哪个州的判例汇编中要是见不到有人反复提到这条谚语及其限定,那简直可喜可贺。我也和其他人一样有罪过,对此我感到汗颜。我们难道不是成天听闻“担风险”吗(就在几年之前,我们从未听闻这条惯用语如此铺天盖地)?我们难道不是常常听闻“下套”吗(在座诸位即便不是大部分人,也有不少人还记得这条惯用语如何变得脍炙人口)?但愿我不至于因为某个提法比较新颖就找它的茬儿,也不至于为着任何理由就对刚才那条惯用语百般挑剔!法官多是年长之人,倘若某种分析未按他们的惯常套路出牌,令他们感到烦扰,他们更有可能第一眼看到便生出恼恨,而不太可能爱上新鲜事物。生动且泰然的话语总是

受欢迎的。我所品评的不是偏颇口头禅的首次使用，而是对它们没完没了的重复——这些惯用语本来可圈可点，但这恰恰推
231 迟更进一步的分析长达五十年之久。这种情况与墨守成规（即思想的慵懒或虚弱）同出一源，亦即逐渐怠于精益求精。

教养的成长是尺度（measure）知识的增长。借用逻辑学和科学的惯用词汇，即以量化判断取代定性判断。同是批评一件艺术品，未受过技术训练、跟着感觉走的人，与在艺术工作间里徜徉之人不可同日而语，这一情况将会释明我的观点。前者面对一尊雕像时会说："造型怪诞"——这只是定性判断；后者则会说"那尊雕像的身体太长而头颅太小，有违正常的头身比例"——此乃量化判断。在倾听贝多芬《第九交响曲》的一段韵律时，前者会说："万丈霞光喷薄而出，壮哉！"后者会说："啧啧，把大三度（major third）放在此处真乃神来之笔，不是吗？"其实，我们在法律中只能偶尔获得绝对终极的量化决断，因为相互竞争的社会目的——它们分别要求判决支持原告或支持被告——的价值难以被化约为数字，也难以精确固定。相互竞争的需求的价值（亦即强度），随着不断变迁的时代理想而改变，而如果这些需求是恒定的，我们就只能得出一种相对而言的轻重判定。但是，改进的要义就在于我们应当尽可
232 能地精确。现在我们来重新审视"担风险""对同意者不构成侵害"等提法，这些提法在头一回使用它们的能言善辩者那里难能可贵，但我们根据如下理由反对将其作为既定的程式化法律用语而一再重申：它们并不意味着盖棺定论，而只是用花言巧语来绕开困难、推脱责任。当我们说工人承担着雇佣所附带的一定风险时，我们的意思是：按照盲目感受到的或者我们的心智准确把握到的某些

一般政策根据,我们把他先前从未想过的条款解读到他的[雇佣]契约里面了;每个案件的真正问题在于,此处的一般政策根据是什么、范围有多大?以这种方式提出的问题,立刻就明显变成一个留待科学决定的问题,亦即留待使用我们掌握的任何尺度展开量化比较的问题。当我们在契约之外说到担风险时,我想我们仅仅是在表达法律所认为的过失,而出于这样那样的理由,我们希望用委婉的方式予以表达。

当我们臻于准确时,我们不断力求划定分割线或环切线以示区分,而我们最初以之为两极的差别。未成年人和成年人的法律地位必有差别,这是自始明白无疑的事情。最终我们把 21 周岁确定为分界点。夜与昼最初有着显而易见的差别。马萨诸塞州的制定法把分界点定在日落之后一小时和日出之前两小时,按当时的

时间具体确定。一旦发现所谓的差别乃是程度的差别,相异的极 233

端之间有一片渐变半影区(penumbra),新手会试图通过追问你打算在何处划定界限来为难你,而老练的律师会通过把过渡地带的情形放在这一边或那一边,证明所提议的界限是专断的。但是法律理论认为此类界限确实存在,因为关于任何可能行为的法律理论认为,该行为要么合法要么违法。这种[法律定性上的]差别非此即彼,因而一旦适用于极其相近的渐变行为,便显出专断的外观。我们喜欢隐瞒这种专断性,我们喜欢绕开精微(nice)且又疑点重重的辨别过程。在特殊类型行为的某些领域,我们在能够明智地划定界限之前,必须获知某些未知事实,因此,当我们趋近分界点的时候,我们便诉诸陪审团。从认为我们将把问题留给陪审团,到认为那是个事实问题,仅有一步之遥,于是在这一日,“过失

既是个留待陪审团解决的问题，也是个事实问题”这一准则便开始广为流传。我曾听闻如下事情受到律师的强烈呼吁和[法学]教授的冷静坚持：当法院就过失案件中的陪审团裁决作出指示时——即便采取“没有证据表明存在懈怠”这一谦恭的裁定形式——不仅侵犯了劳工权益，而且侵蚀了陪审团的职能范围。

234 另一方面，我在此冒昧地认为（正如我 20 年前的想法，那时我还没成为法官），法官一旦拒绝就某行为是否属于过失的问题作出裁定，就等于招认自己没有能力陈述法律。再者，把精微的问题留给陪审团，意味着如果一个法律问题清晰明了，我们就能够作出判定，这也是我们的职责所在。而如果一个法律问题困难重重，则从大街上随机找来的 12 个人反倒更能妥善地作出判定。如果有人向一望无垠的大草原射击，或者穿越左右两边 1000 码内见不到列车的铁轨，他就不算过失。也就是说，从法律上看，他在前一种情况下免于承担法定责任；而在后一种情况下，如果他被列车碾撞，他自己的行为并未阻却[铁路方面支付]他的赔偿金。还是从法律上看，如果他向闹市区开枪，或者试图穿过轨道而光天化日之下以时速 60 英里行进的高速列车仅有 10 尺之遥，假定以上就是全部案件事实的话，他便要承担责任，或者他不能获得赔偿金。如果射击地点介于大草原和闹市区之间，如果高速列车在 200 码、100 码或 50 码开外，那么到底引发了什么新的事实问题呢？我不愿重申我多年之前发表的论点，主流教科书已经或多或少有所援引。我只想坚持如下观点：日常实践不应依靠虚假的理由和虚假的类推。我们太容易接受“没有证据表明存在过失”这样的惯用
235 语，并由此作出推断，说过失问题在类型上与其他任何关于“是否

有证据表明存在某种事实”的问题并无二致,就像英格兰上议院所推断的那样,塞耶教授在他那本令人称道的《普通法证据初论》(该书在本文写作之时已面世)里面也作出了同样推断。

当我们就过失的证据作出裁定的时候,我们是在裁定一种行为标准,该标准被我们认定为双方当事人理应预先知晓,而且在理论上总是对同样的事实发生同样的效果,并不取决于某个陪审团的心血来潮,或者某位律师的三寸不烂之舌。容我再次根据历史而申说:类似问题原本是作为法律问题来处理的,而且在一定程度上依旧如此。在诬告(malicious prosecution)的可成立理由(probable cause)问题上,过去如此,现在也如此。[18] 在未成年人的生活必需品问题上曾经如此。[19] 在关于何谓“合理”[20](例如,合理的罚金[21]、方便的时间[22]、合宜的时间[23]、合理的时间[24]、合理的拒付通知[25])的问题上,曾经如此。在契约诉讼中损害的远近问题上,现在便是如此。[26] 就诬告案件而言,原本不是在起诉状中否定诬告的可成立 236

18 *Knight v. Jermin*, Cro. Eliz. 134; S. C. *nom. Knight v. German*, Cro. Eliz. 70; *Paine v.Rochester*, Cro.Eliz.871; *Chambers v.Taylor*, Cro.Eliz.900.

19 *Mackarell v.Bachelor*, Cro. Eliz. 583. 关于已婚女子,参见 *Manby v. Scott*, 1 Siderfin, 109, 2 Sm.L.C.。

20 *Caterall v.Marshall*, 1 Mod.70.

21 *Hobart v.Hammond*, 4 Co.Rep.27 b.

22 *Stodder v.Harvey*, Cro.Jac.204.

23 *Bell v.Wardell*, Willes, 202, A.D.1740.

24 *Butler v.Play*, 1 Mod.27.

25 *Tindal v.Brown*, 1 T.R.167, A.D.1786.在该案中,人们为商业票据划定了准确的界限,并确立了专断的规则。

26 *Hobbs v.London & Southwestern Railway*, L.R.10 Q.B.111, 122; *Hammond & Co.v.Bussey*, 20 Q.B.D.79, 89; *Johnson v.Faxon*, 172 Mass.466.

理由，而是由被告以可成立理由进行抗辩，然后法院来判定其所主张的理由是否充分。在著名的“韦弗诉沃德案”(*Weaver v.Ward*)中，[27]时人提议这一流程适合于过失问题。当时是这么讲的：“好比被告说自己射击时原告恰好从枪口前跑过，并以当时的情势支持自己的抗辩事由，那么在法院看来这件事就是不可避免的，被告也就没有伤人的过失。”但大约在18世纪中叶，行为规则因为种种实际细节而趋于复杂，法院便开始将其中一些问题交给陪审团裁决。然而，敏锐的斯塔基(Starkie)先生不拘泥于惯用语，近乎发现了行为规则的成立根据，并使其立足于纯实用的区分，即一旦案情太过特殊和复杂，难以设定一般规则，那么我们就可以诉诸陪审团。但显而易见的是，一条行为标准并不会因为该标准所适用的事实不太可能经常重现，就不再是法律。

我不相信陪审团在决定行为标准方面，有任何历史上的或先
237 天的权利。我想，相反的观点会抱持以下逻辑：法院对此类问题的每一项判决，都在入侵陪审团的职能范围，一切法律严格说来皆存乎陪审团的良心。不过，我之所以讨论这个主题，不是因为我想抱怨现行的既定做法，而是仅仅将其视为惯用语取代真正理由的另一事例，并且尽自己的本分去主张过失案件的处理应该不落窠臼。我想现行的既定做法的确比较方便，就斯塔基的理由而言或许尚可。若不审理相关的证据，若不顾及行为的实际情况，没人能够明

---

27 Hobart，134.

① 这是英国王座法院1616年审理的一桩案子，韦弗和沃德都是军人，在参与一场军事演习时，沃德用步枪射击并意外打伤了韦弗，韦弗遂提起诉讼并胜诉。此案涉及过失问题的举证责任规则。——译者

智地设定行为标准——这样的案子比比皆是。虽说不能由此认为此类证据须交由陪审团裁决——立法机关是否通过某部制定法这一事实问题同样用不着交由陪审团裁决——但陪审团仍是方便的裁判组织,而且假如要由他们裁决确立法律规则的证据,那么似乎自然也要由他们从证据中得出结论。坦白说来,就我的经验而言,我不曾见到陪审团具备发现真相的特别灵通。我没发现陪审团能比训练有素的明智法官看得更深刻,或者作出更合情理的判断。我没发现陪审团比普通法官更不受偏见左右。实际上,我之所以信赖我们那种把过失问题交由陪审团裁决的做法,原因之一在于,从他们理论上的功能而言,他们恰有一项严重缺陷,即他们会把一定量的——据我观察是相当可观的——大众偏见带入他们的裁决,从而 238
使司法契合于共同体的意愿和情感。多年以前,英格兰的一位著名出庭律师(barrister),向我证成出庭律师和事务律师(solicitor)之间的区分,他给出的理由或许有点类似于上述证成理由,其大意是:如果法律要付诸实践,总要有人倒霉,而他宁愿此事摊到别人头上。

我的目的与其说是指明我在个案中觉察的谬误,不如说是借助于各种例子和各种适用情形,呼吁人们审视我们所遵循的那些规则的理由,切勿仅仅因为虚浮之词在我国每每被称引,就满足于这些虚浮之词。如果我们要紧扣实情和真相,我们就必须考虑事情而非语词,或者我们至少必须将我们的语词不断转译为它们所表征的事实。我有时会告诉学生,法学院所追求的方法兼具灵感性(inspirational)和逻辑性。也就是说,先根据权威法律依据来假定某些先决条件而不追问其价值,再把逻辑用作推演结果的唯一工具。此乃传授教义的必要方法。但既然法律规则的真正证成理

由(如果确实存在的话)在于促成我们所谋求的社会目的,那么制
239 定和发展法律之人同样有必要把这些社会目的铭记在心。我并不指望法官对法律革故鼎新,也没觉得那样可取,那不是他们的本分。实际上,正是因为我相信世人若是生活在迥异于我国法律的法律之下,也会同样安居乐业,还因为我相信我们那套典章之所以有权获得尊重,仅仅在于它是现行的东西,它是我们习以为常的唯一典章,而不在于它代表着永恒不变的原则——有鉴于此,我不太愿意赞成推翻先例,我认为我们最重要的职责在于,要求用惯常的方式解决司法争端。但凡出现一桩疑难案件时——相对立的两边各存在某些类推——我认为最重要的是将如下事情谨记于心:我们所面对的实为两种社会需求之间的冲突,它们都在争夺案件主宰权,且不可能两全其美。这里的社会问题是:冲突之际,哪种需求最强劲?这里的司法问题或许狭窄些,因为其中一种需求可能已在先前判决中得到充分表达,故而逻辑要求我们假定它在我们所审理的案件中占据上风。但假如情况明显如此,该案也就称不上疑难案件了。单纯的逻辑工具不足以应付疑难点,而且法官被要求行使至高无上的选择特权(the sovereign prerogative of choice),即便这是隐藏起来的无意识举动。

240 我已通过“担风险”这一说法为例说明,在我看来人们如何慵懒无益地凭借惯用语来逃避周密思考的麻烦;我也已举例说明,把留待陪审团裁决的所有问题都称为事实问题,在我看来实属误导性的提法。让我来举个过度概括(over-generalizations)方面的例子,毋宁说这个例子关乎如下事情的危险:不顾及概括所包含的特殊情形,径从概括出发展开推理。概括只要是一般性的,总是空泛

的。概括的价值取决于,它让言说者和听闻者联想到多少特殊情形。因此,谁若是不记得经济事实就对经济问题发言,必定徒劳无获。最近,英格兰上议院基于恶意诱导工人炒雇主[即原告]鱿鱼这一事由,对“艾伦诉弗勒德案”(*Allen v.Flood*)作出了判决。除了片段性的引文之外,我们看不出来陪审团获知的事情会算作恶意干涉,这使得我们较难弄清上议院当时审理的争点(issue)究竟是什么。依我推断,法官像在“滕佩顿诉罗素案”(*Temperton v. Russell*)中那样指示陪审团,[28]大抵是说陪审团宜裁决认定如下:被告行事之时,明知且理解自己一旦事成将给原告带来的损害。或者即使我再补充说,被告有着不考虑任何直接获益就去伤害原告的意图,我也仍然不认为那份裁决意指被告的行为出于没有私心的恶毒动机,而非出于巩固被告在市场竞争中的联盟这一愿望。

若是判决要点跟我猜想的如出一辙,该案就确认了我时常在司法 241
工作中表达的意见,并将赢得我的衷心拥护。但在实际发生的精心讨论过程中——尽管在我看来这场讨论并不恰如其分——赫赫有名的法官们提示说,一个人不论出于何种动机都有权去做他有权做的任何事情,该观点因为表征着外部标准原则在法律中的胜利而博得喝彩,这条原则也是我倾全力倡导和命名的。此处推理的出发点是“权利”这一模糊的概括,而我们不禁立刻扪心自问:“权利”是否明确到经得起推敲的地步?如果权利的范围已被规定为不受动机左右的绝对事物,那么问题即告解决,没什么好争论的。要是一切权利都有着不受动机左右的绝对范围,便用不着争

---

[28] 1893,1 Q.B.715.

论了。可如果不同的权利有着不同的范围，如果它们立足于不同的政策根据且有着不同的历史，那就不能得出结论说因为某项权利是绝对的，所以另一项权利也是绝对的；如果你单纯宣布一切权利皆应如此，那不过是在独断专横地禁绝讨论。财产的出售权差不多同我能想到的任何权利一样绝对，尽管（至少按照制定法）就连这项权利也可能受到动机的影响，例如优先偿付债权人这一意图。而雇主被允许将自己雇员的性格告知有意雇佣他的人，这种特免也是一项有限度的权利。它在各个方向上的外延相同吗？我想它包括出于对未来雇主的关爱，而诚实地自愿作出的错误告知。它是否
242 包括单纯出于对那人的仇恨而自愿作出的错误告知呢？依我看来，大而化之的东西在这里还是有害无益，若要解决此处面临的问题，唯有权衡如下两项权利的各种支持理由，即[雇主方面]所主张的以上特殊权利，以及[雇员方面]与之相竞争的尽量免遭诽谤的权利，并判定何者占据优势。但凡凭靠一般性术语的解决方案，在我看来无不标志着分析力的匮乏（a want of analytic power）。

先生们，我已尝试就科学之被适用于法律领域的意义举例说明一二，并尝试指出我们在处理法律领域的实际问题时可能作出的某种改进。无疑，许多人难以痛快地认同我的后一种努力。但在那一领域，一如在与之相对的领域，我秉持着最终依赖科学的立场，因为最终要由科学（在其能力范围内）决定我们不同社会目标的相对价值，并且恰如我已经尝试透露的那样，正是我们对不同社会目标的权重评估——该评估在当下往往是盲目和无意识的——引导着我们坚守和扩张某条原则的领地，并任由另一条原则逐渐萎缩。很可能发生的情况是，纵有统计学和一切现代装置所能提

供的大力支持,处处由科学统领的国度也绝不会出现。但这毕竟是一种理想,而若丧失理想,生活有何价值可言?理想让我们得以洞察和领略无限者。理想的优点往往在于它遥不可及,从而始终把未竟的事业摆放在我们面前,防止我们沉迷于单调的完美。毋 243
宁说,理想美化了枯燥的细节,提振和维持着苦闷艰辛的岁月,恰如乔治·赫伯特那广为传颂、砥砺人心之气不减当年的诗句所云:

> 洒扫亦时,曾念又曾忆,上帝律法在心底。
>
> 掸尘望尽,旧帘新衣;神意拂拭,赐得清晰。[①]

① 出自赫伯特的《点石成金》(The Elixir),这首诗收录于他的著名诗集《圣殿》(*The Temple*,1633)。此外,本文最初发表时,霍姆斯的引文有误,应将"as in Thy cause"改为"as for Thy laws",参见 Holmes,"Correction:Law in Science and Science in Law",in *Harvard Law Review*,Vol.12,No.8,1899,p.557。——译者

244

在波士顿律师协会宴会上的演说（1900 年）*

1900 年 3 月 7 日，在波士顿律师协会招待霍姆斯首席大法官的宴会上

萨福克律师界的诸位同仁：

你们的款待之盛情简直令我羞怯难当，兼之规格如此隆重，此刻我心中更是忐忑。正如溺水者在弥留之际体验到的那样，全部
216 往事凝缩为倏忽而过的心念，人生路上的每一步都历历在目。前日我刚刚解下戎装，求学于法学院，在一间小俱乐部里跟古尔丁（Goulding）、比曼（Beaman）和彼得 · 奥尔尼（Peter Olney）辩论案例，同另一位退伍军人亨廷顿 · 杰克逊（Huntington Jackson）并肩喷洒一定量的水雾，以掩住诉讼卷宗上积满的尘埃。这一日的晚些光景，我在鲍勃 · 莫尔斯（Bob Morse）的律师事务所亲眼见识了真正的令状，在实践操作中确证了简约之诉和动产侵占之诉（trover）的差别，而且行家里手办理业务时的那种利落精干，直令我目瞪口呆。

---

* *Speeches*(1913), Little, Brown & Co.（原文标题为“Speech at Bar Association Dinner”。——译者）

昨日我以讲授者而非听课者的身份重临法学院，我亲爱的合伙人沙特克(Shattuck)突然出现并告诉我，若得到我的明确同意，州长将在一小时后向议会提名我出任法官。这不啻为一道闪电，245
改变了我的整个人生轨迹。

诸位同仁，我所说的“前日”是三十五年前，而“昨日”也距今十八年有余。我现在依然自感朝气充沛，但我也注意到，我所遇到的令我毕恭毕敬的老人越来越少，而且最近我愕然被人告知，我这一批法官都垂垂老矣。好吧，我接受这个虽说不易觉察的事实，并扪心自问：过往的半辈子究竟留下了怎样的印迹呢？我查阅我的簿册，里面存有我所执笔的全院庭审(full court)判决一览表，涉及近千件案子。这上千件常常起于琐碎无定事由的案子，代表着约莫半生的韶华啊！借由这上千件案子，一个人可就涉及的所有相关问题进行彻底钻研和自主判断，继而谋划新的疑难问题以为准则之检验标准，进而对准则作出整体概括，并用前后连贯的、合乎逻辑的、富于哲理的行文加以表述，这样一来，整个法律体系及其历史根基和(真实或假拟的)权宜证成理由便映入眼帘！

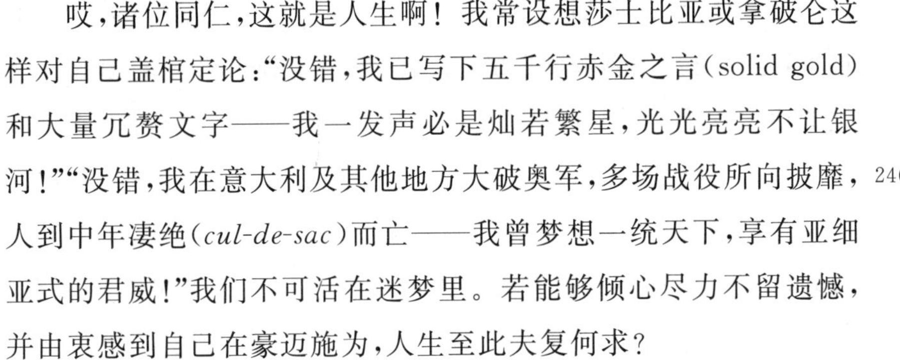

哎，诸位同仁，这就是人生啊！我常设想莎士比亚或拿破仑这样对自己盖棺定论：“没错，我已写下五千行赤金之言(solid gold)和大量冗赘文字——我一发声必是灿若繁星，光光亮亮不让银河！”“没错，我在意大利及其他地方大破奥军，多场战役所向披靡，246
人到中年凄绝(*cul-de-sac*)而亡——我曾梦想一统天下，享有亚细亚式的君威！”我们不可活在迷梦里。若能够倾心尽力不留遗憾，并由衷感到自己在豪迈施为，人生至此夫复何求？

渐渐地，一些事情悄然改变，这些改变未必涉及我们志趣的本质，而甚为关乎我们志趣的侧重点。我倒不是指我们安居乐业、一展宏图的愿望有所改变——谁人不想了却此愿——我指的是我们隐微的思想志趣或精神志趣、我们的理想层面有所改变，若缺失理想层面，我们与迟钝如蜗牛者或凶残如虎狼者何异！

人起先寻求总体观点。些许时日之后，他发现一条总体观点，继而沉迷于对该观点的检验，力图自行确知该观点的虚实。而诸多试验或探索的结局如出一辙，于是他对自己的理论深信不疑，他预见到下一次的结局无非再次确证该理论而已，遂散尽此前那种求知若渴的心气。他意识到，自己所掌握的知识部门，不过是在为普遍原则提供更多例证；他把这一切视为那同样的古老倦怠感（*ennui*）或者庄严神秘境界的又一印证——无论你为那全部事理冠以何种称号，它们不过是你本人的判断罢了。此时此刻，人的欢愉兴许并未减弱，但这却是不问收获、但求耕耘的纯粹欢愉，而一旦达此境地，窃以为你才体悟到“快乐·责任·目的”这三位一体的人生公式。

247 当马勒伯朗士（Malebranche）提出如下观点时，他想到的正是这三位一体公式，即如果上帝一手持有真理，另一手持有对真理的追求，他会说：“主啊，真理为您独有；请赐予我对真理的追求。”人生的快乐在于，运用自己的能力时，水到渠成且有所裨益（或者无所损害）。舍此别无他途。而真正的不幸在于相反情形。旧世界的文学所描绘的苦境，应被视为无能为力之事。美国以故事的形式表达了——我想是因为美国亲身经历过——一种更深的渊薮，即思想的窒息（asphyxia）或生命力的倦怠，此时能力自觉无从发挥。

快乐的规则和责任的法度在我看来完全是一回事。我承认，利他主义的话语和离经叛道的利己主义话语，在我看来同样不真切。我诚惶诚恐地认为，“凡你手所当作的事，要尽力去作”(Whatsoever thy hand findeth to do, do it with thy might)，[①]比那爱邻如爱己的徒然努力不知重要到哪里去。你若想命中飞翔着的鸟儿，就必须全神贯注，绝不可惦念自己，同样绝不可惦念邻人；你必须死死盯着那只鸟儿。每一成果都是飞翔着的鸟儿。

人生的快乐、责任以及(我冒昧补充的)目的。当然，我仅仅谈论尘世，以及尘世的心得。我不想侵犯宗教向导的领地。但从尘世的观点看，生活的目的就是生活本身。生活就是行动，就是运用
一己之力。既然将一己之力用到极致就是我们的快乐和责任，那 248
么这也正是具有正当理由的唯一目的。曾经我能想到的最有利于支持文明的事项，除了文明全盘采纳宇宙秩序之外，就是文明为艺术家、诗人、哲学家和科学家的出现创造条件。但我现在认为此非最要紧的事项。我如今的信念是，最要紧的事项关乎我们所有人的切身体会。有人说，我们太过操心生活资料而无力享受生活，我的回答是，文明的首要价值恰在于生活资料的复杂化，文明唤起宏伟协作的智识努力(而非简单特立的智识努力)，从而为群众提供衣食住行的便利。因为智识努力越是纷繁复杂、绞尽脑汁，则意味着生活越饱满越丰富，更加洋溢着四射的生命力。生活就是目的本身，而要弄清生活是否值得过下去，唯一的问题在于你是否拥有足够充盈的生活。

---

① 引自《旧约·传道书》第 9 章第 10 节。——译者

容我多说两句。我们所有人都邻近绝望。载着我们飘摇于绝望波浪中的船底包板(sheathing),包含三种构成要素:(1)希望;(2)对于奋斗之不可言说的价值和确定结局的信念;(3)源自我们能力发挥的、深切的下意识(sub-conscious)满足。有首动人的黑人歌曲这样唱道:

总有人生漂浮不定,
怎奈得触底之险陡然即来。

以上念头支撑着我——我希望它们也可助推我的年轻听众——挺
249 过多年的彷徨、畏缩和寂寞。它们如今在年轻人身上收此成效,因为审判日虽看似已成过往,实则每天周而复始。你们的拳拳盛情,使我敢在春风得意之时确信,旷日持久的激昂奋斗终非黄粱一梦。

孟德斯鸠(1900年)* 250

“太阳底下无新事。”此乃见多识广之人(a man of the world)的论断。从他的立场来看,该论断无可厚非。他看到在一国发生的事情也出现在另一国,这使他自始就有点儿见怪不怪。但从科学或哲学的立场来看,前述论断大错特错。从伯里克利(Pericles)时代至今,在人类思想史上的这段辉煌岁月中,某世纪的科学或哲学总是有别于前一世纪,并在某种意义上继续推进。不难推知,我们面临着一条悖论,即那些历久弥新的著作,那些如今仍像在其冷静的初诞时期那样警醒世人的思想,都是见多识广之人的著作和思想。《传道书》(*Ecclesiastes*)、贺拉斯(Horace)和拉罗什富科(La Rochefoucauld)①令我们享受的欢愉,可与它们各自带给希伯来人、罗马人或路易十四治下臣民的欢愉相媲美。从这个意义上讲,衍生的影响经久不衰。但这类源自理解力的最伟大著作,不久便只剩下它们的史料意义。下一代人的科学驳倒了上一代人的科学,或者使其相形见绌;某世纪的哲学被后来世纪的哲学所扬弃

---

* 本文是为《论法的精神》(*Esprit des Lois*)1900年重印本撰写的导言。(原文标题为“Montesquieu”。——译者)

① 拉罗什富科(François de La Rochefoucauld,1613—1680),法国文学家,其代表作《道德箴言录》已有多个中译本。——译者

(taken up or transcended);因此,柏拉图、圣奥古斯丁和笛卡尔,
251 甚至也包括康德和黑格尔,如今都像希波克拉底(Hippocrates)、居维叶(Cuvier)[①]或者比沙(Bichat)[②]那样鲜有人问津。

孟德斯鸠既是学问家,也是见多识广之人。身为学问家的他撰写了一部划时代的著作。而正有鉴于他的书曾是划时代的饱学之作,就此而言,他的书也跟古典作品一样成为明日黄花。毕竟该书所奋力开启的后续探讨,已经取其精华、去其糟粕;这些探讨不必诉诸论争,只消采光通风,便杀灭了因异想天开和知识不足而萌发的许多菌芽。若一位初学者在阅读孟德斯鸠时,期待着从中发现他对于社会存在物法则的理解,这就好比十八岁时阅读柏拉图而竟指望从中找到生活之谜——这些谜题开始给年轻的心带来困扰和惆怅——的解答一样天真。他从莱基(Lecky)[③]那里可以学到的东西要多得多。孟德斯鸠在无限风光之后归于寂灭(套用他本人在另一场合说过的话)。

但孟德斯鸠同样是见多识广之人和机敏(*esprit*)之人。那种把握日常生活并且三言两语就提出犀利解决思路的机敏,是一种危险的禀赋。在那种机敏和伟大艺术之间很难两全,福楼拜(Flaubert)执笔谴责那种机敏的时候也不是无缘无故的。那种机敏同样殃及伟大的思想,亦即入木三分的持久洞察力,这种洞察力

---

① 居维叶(Georges Cuvier,1769—1832),法国科学家,解剖学和古生物学的创始人。——译者

② 比沙(Marie François Xavier Bichat,1771—1802),法国医学家,组织学之父。——译者

③ 莱基(William Edward Hartpole Lecky,1838—1903),爱尔兰散文家、历史学家。——译者

不信任两难推理,将之仅仅视为一种逻辑工具,并且领悟到事情未
必非此即彼,兴许别有洞天,或者说得更平实些,即真理未必局限 252
于给定的思维平面,而可能跃升到更高层面。孟德斯鸠曾说伏尔
泰太过机敏而无从理解他。但是,当年梅因、斯蒂芬[①]或维纳布尔
斯(Venables)[②]为《星期六评论》(*Saturday Review*)[③]撰写的稿子
里,可没少说道孟德斯鸠的机敏,而且机敏之人孟德斯鸠的作品如
今读来依旧清新怡人。如果有谁浏览了《波斯人信札》(*Lettres
Persanes*),他会为自己平素竟然心安理得说出的那么多东西——这
些东西在两百年前已蔚然成风——而感到不可思议和无地自容,这
感觉跟读完斯威夫特(Swift)的《雅言集萃》(*Polite Conversation*)之
后如出一辙。[④] 他置身于老生常谈却也历久弥新的领域,即那些自远
古社会流传下来的中庸经验公理,它们在现实生活中一再得到印证,
从而给每代人带来新鲜的愉悦。书中所言远不止于此,因为孟德斯
鸠绝不仅是见多识广,他的书还使我们慧眼识得琐碎中之大观。

---

① 斯蒂芬(Sir James Fitzjames Stephen,1829—1894),英国法学家、作家。其著作《自由·平等·博爱:一位法学家对约翰·密尔的批判》已由冯克利、杨日鹏译出,参见广西师范大学出版社2007年版。——译者

② 维纳布尔斯(George Stovin Venables,1810—1888),英国新闻评论家、律师。——译者

③ 《星期六评论》全称《关于政治、文学、科学和艺术的星期六评论》,是1855年由霍普(A.J.B.Beresford Hope)在伦敦创办的一家周报。除了霍姆斯提到的人物之外,其著名撰稿人还有公法学家沃尔特·白芝浩,以及文学家萧伯纳、赫伯特·乔治·威尔斯、奥斯卡·王尔德等。——译者

④ 该书的完整标题是"A Complete Collection of Genteel and Ingenious Conversation, According to the Most Polite Mode and Method Now Used at Court, and in the Best Companies of England"。斯威夫特在该书中以传授优雅谈吐技巧的形式,讽刺英国上流社会交往中彰显的迂腐气。斯威夫特的相关代表作是《格列佛游记》。——译者

我们在阅览《论法的精神》时也有同感,你们不妨就开开心心地把这本书当成文学作品来读。你们也可以将它视为打算日后加以推进的系列研究的第一步。但若想按照应有的方式来阅读此书,若想领略作者的体大思精及其在顶尖思想家权威序列中的位
253 置,你们就必须等到阅历丰富、身心成熟的时候再回头阅读此书。品读昔日的伟大著作而能一窥堂奥,这是学问生涯的终极成就之一。但在继续评论这本书之前,我们先来说说作者的生平。

夏尔·德·色贡达(Charles de Secondat),拉布雷德男爵,1689 年 1 月 18 日生于波尔多附近的拉布雷德堡(Château de la Brède)。他的家族无论在军政方面还是在法律上,都已变得显赫。他的父亲是一位地方官,并期望他也成为地方官。他的母亲有着虔诚的宗教信仰,显然期望他也如此。二老的心愿都没能完全实现。

在孟德斯鸠出生的时候,一个乞丐造访拉布雷德堡,遂被雇为这位少爷的教父,于是终其一生提醒他善待穷人。他由一些农民照料,生活中一直接触加斯科(Gascon)方言,并且据法国人说,他的文风也始终带有点夸夸其谈的(Gascon)味道。少年孟德斯鸠求学于一些教士,但在二十岁那年他撰写了一篇文章,证明异教徒不该遭受永恒的诅咒,由此表明他的心志。这篇文章没有保存下来,但我们或可在《波斯人信札》第 35 封信中找到他当年思路的痕迹:书中不无争议地被视为孟德斯鸠化身的郁斯贝克(Usbek),向“高尚的苦行僧”仁希德(Gemchid)问道,他是否认为真主会因基督徒不信奉他们从未听闻过的、所谓唯一真实的宗教[即伊斯兰教]而受惩罚。

254 孟德斯鸠曾修习法律。他说:“当我离开学院的时候,他们把

法律典籍放到我的手中。我尝试着探求其中的精义（J'en cherchais l'esprit）。”《论法的精神》是他法律研究的成果，但这成果不是即刻取得的。即刻达到的效果倒是他在1714年2月24日（即他二十五岁那年）获准以顾问身份入职波尔多高等法院（Parlement de Bordeaux）。1716年7月13日，他继承伯父的职务（即庭长）和财产，条件是承袭孟德斯鸠之名。与此同时，他喜结连理，当年即得一子，后来又添两个女儿。身为法官的孟德斯鸠似乎颇有威望。在1722年，他被委任针对酒类征税问题拟就一份启奏国王的抗议书，并获得一时的成功。身为丈夫的他也是端庄得体。然而，无论官职还是婚姻，似乎都没有填满他的生活。

他当年——我猜差不多就是从1715年开始的——有过适度的恋爱经历。无论他有没有说过同女人交往使我们变得“狡黠和虚伪”，反正他的确说过同女人交往会败坏我们的道德，并塑造我们的品位。我还疑心正是同女人的交往使他的笔调平添一抹辛辣，他在讨论男女之事时显然挥洒自如而且饶有兴致。他在情欲方面拿得起放得下。他声称，一旦他不再相信一个女人还在爱着他，他就会立刻一刀两段；他还在其他地方更笼统地告诉我们，没有什么悲伤惆怅是一小时的阅读所不能排遣的。有的时候他似乎太佛了，因为曾有一位女士责备他在约会的时候还在写自己的书。255
这或许是懦弱的表现，他说过，懦弱祸害了他的一生。关于他在家庭内外与女性的交往，到此告一段落。就官职而言，他在1726年辞去庭长之职。他发现自己很难精通法律程序，而且如果眼睁睁看着那些他有理由小瞧之人，在他十分看重的事情上混得风生水起，他会感觉分外厌恶。

差不多就在他继承伯父职务和财产的时候，孟德斯鸠加入了波尔多的一家学会，并在一段时间内献身于科学事业。他做了一些实验，写了一些科学议事录，筹划着钻研地球博物学，还在 1719 年发放了一些调查传单，但所幸这些工作都一无所获。此番挫折，加上他孱弱的对外交往能力和丰富的内在洞察力，共同促成他一门心思致力于其天职。他有“攒书的毛病”，于是早在 1721 年他就发表了《波斯人信札》。借一位睿智的外国人之口鞭挞时事，以及大肆渲染东方风情，这类手法如今似乎是业已消逝的薄物细故。但这类手法仅仅是为书中讨论社会问题和关乎社会利益之事——上至天主，下至时尚——的一系列文章提供了框架或由头，这些文章跟差不多同时代的《观察家》所刊载的异曲同工。①

书中几乎每一封信里都有些段子广为称引，复述似有多此一举之嫌。比如，他就自杀问题发表的一些见解颇有说服力，而且有
256 其现实关怀（如果我们考虑到当时法律的暴虐状况）。再比如，他在离婚问题上同样直言不讳，不无道理地指出，[禁止离婚的]法律本欲收紧婚姻的纽带，实际却使其变得松弛，本欲令夫妻心心相依，实际却使两颗心势同冰炭。在亚当·斯密之前，他就品评了各异议教派的活动，并以非正统的坦诚态度指出，这些教派有助于改善既成信仰的滥用状况。

他借郁斯贝克之口说道：“一切事物都使我兴致盎然，一切事

① 《观察家》(*The Spectator*)应该是指 1711 年约瑟夫·艾迪生(Joseph Addison)和理查德·斯蒂尔(Richard Steele)在英国创办的日报，每篇都是短文，旨在“以机智活跃道德，以道德锤炼机智”。——译者

物都吊起我的好奇心。我就像个孩子,连最微不足道的东西都会强烈刺激着我那稚嫩的感官。”孟德斯鸠的《波斯人信札》本身就是明证。除了前述那些严肃的讨论,他还描绘了一些至今仍不失其意义的人物肖像或原型:那位身为暴发户(parvenu)的包税商,那位倾听他人告解的神父,那位“因为我们”(颇为合理地)“相信一个人若在而立之年尚不具备将军的素质,以后也绝不会具备此类素质”而无望获得提拔的老兵,那位头发浓密、笨手笨脚、傲慢无礼的时运亨通之人(homme à bonnes fortunes),还有露出一脸怪相、谈吐异于他人、宁愿挨揍也容不得别人一丝批评的诗人(孟德斯鸠轻视诗人,至少轻视他所见到的那帮诗人),那位装模作样的大爵爷,“他吸鼻烟时神情那样傲慢,擤鼻子时那样冷峻,吐痰时那样旁若无人,抚摸他的爱犬时简直像故意侮辱他人,使我不由得侧目”,以及那位裁定者(décisionnaire),“他在一刻钟之内裁定了三个道德问题、四个历史难题和五个物理学疑点……大家抛开科学话题,转 257
而讨论时事,[他也就跟着评判时事]……我想我可以刁难刁难他,就聊起波斯。但我刚开口说了四个词就遭到他两回反驳……我暗自感慨起来:啊,我的天呀!此公是何等样的人物啊?用不了多久他就会比我更熟悉伊斯法罕(Ispahan)的街区。”

那封关于时尚的信札值得全文援引。当他在下一封信里提到,法国人总以为凡是域外的东西皆属荒谬,他显然不过是在告知普遍规律的一则实例,但他令我们意识到小派德灵顿镇(Little Pedlington)无处不在,而且如今没有比锦衣玉食的巴黎文人更明显的小帕德灵顿镇居民式的人物(Little Pedlingtonian)。诚然,此处孟德斯鸠的行文流于琐碎。他说,如果你们恭维法国人在穿着

上更讲究，那么他们会欣然承认其他民族更聪慧。他关于西班牙人的段子也很妙。他说，那些未受火刑的西班牙人似乎极其青睐宗教裁判所，谁若是加以剥夺简直算是居心不良。但在那封信的末尾，他安排了西班牙人的报复。[①] 他设想一位置身巴黎的西班牙人如是说：法国人在巴黎有间房子关着一些疯子，以此说服世人相信其余的人都没发疯。诸如此类的事情谈过之后，我们往下再翻两页便会读到：最完美的统治是以最小代价达成种种目标的统治，故而以最契合国民性情的方式引领国民乃是上上之选。此后
258 的两百年为这项原理增补了什么内容呢？关于统治优劣与否的最贴切准绳，若不是契合共同体中实际的力量平衡点，亦即与统治势力的意愿保持一致，还能是什么呢？这样的一致性当然可能走向穷途末路，因而让统治势力明辨是非就成为值得追求的事情。但无论统治势力是否明智，善治的最贴切准绳乃是让统治势力放手行事。

孟德斯鸠还谈到殖民地，谈到人口，谈到君主制，并惊人地预言新教国家将更加富庶强盛而天主教国家将走向衰落。总之，他零零碎碎地批判了社会秩序中的几乎一切事物。他虽以怀疑的目光彻底审视一切，但始终秉持温和理性的态度。书中可以找到他日后著述的种种端倪，还点缀着诸多适宜人性消受的平实箴言，其中一些广为传颂，例如“有时确有必要变革某些法律，但这种情况比较罕见；倘若这种情况果真出现，人们也应小心翼翼、慎之又慎”。再如“自然总是缓慢地、可以说是有节制地发生作用；自然的

① 这封信里首先抄录了一位游历西班牙的法国人的来信，对西班牙人极尽讽刺，而最后则设想一位游历法国的西班牙人会怎样挖苦法国人，是为“报复”。——译者

运行从不激烈”。后面这句话被索雷尔（Sorel）称为《论法的精神》全部哲理之所在，甚至意味着一套更为气象万千的哲学，但这套哲学在当时无疑还或多或少令人捉摸不定，不久之后便在林奈（Linnaeus）的“自然从不跳跃”（*Natura non facit saltus*）之中得到表达，我们如今将这套哲学的更发达形态称为“进化论”。

《波斯人信札》系刚过而立之年的孟德斯鸠匿名发表的，名义上在阿姆斯特丹印行，第一年就出了四版。作者的真名不胫而走，259
远近皆知。他前往巴黎，时常出入名士名媛的社交圈子。对于当下的美国人来说，那些名流的名字不过沧海一粟、早已湮灭，但他们都是当年出类拔萃的人物。孟德斯鸠置身其间，为取悦于女士们或某位女士，而在 1725 年撰写了《尼多斯的神殿》（*La Temple de Gnide*）[①]和《塞菲兹与情爱》（*Céphise et l'Amour*）。我们不必在这两本书上费心。他说只有耗神打理卷发和涂脂抹粉的人方能领会其中的奥秘。1728 年初，孟德斯鸠当选法兰西学院院士。跟别的法国人一样，他曾取笑法兰西学院，但渴望有朝一日跻身其列。他之前也曾得到推选，但遭到国王的否决。这一回他时来运转。伏尔泰（Voltaire）和达朗贝尔（D'Alembert）叙述了此事的曲折原委。入选法兰西学院院士的场合，容易成为一方或另一方亮明恶意的契机；当时的欢迎辞恭维他说，公众肯定会将各种妙趣横生的匿名作品归功于他，这言下之意就在调侃他缺乏公认的著作来证明自己有资格当选。除此之外还有些其他事由，终而导致他

① 参见 Carole Dornier，“Le Temple de Gnide”，in *A Montesquieu Dictionary*，http://dictionnaire-montesquieu.ens-lyon.fr/en/article/1376475968/en/。——译者

不怎么出入于法兰西学院，并且很快开启欧洲之旅。他前往维也纳，在那里觐见了欧根亲王(Prince Eugene)。他申请担任外交官，结果(对世界来说值得庆幸的是)再次失利。他造访匈牙利，又奔赴威尼斯，在那里见到大名鼎鼎的约翰·劳(John Law)，[①]并结交了切斯特菲尔德勋爵(Lord Chesterfield)；随后他又取道莱茵河，
260 游历了瑞士和荷兰。他从荷兰出发，跟随切斯特菲尔德勋爵到达英格兰，在那里驻留近两年时光，并于1731年8月回归拉布雷德、他的家庭和他的笔墨事业。

1734年，孟德斯鸠发表《罗马盛衰原因论》(*Considérations sur les causes de la grandeur des Romains et de leur décadence*)。他距离自己的集大成之作越来越近了；他从零散的梗概(aperçus)转向系统的阐述。常言道，人生巅峰介乎三十岁和四十岁之间，这委实颇有道理。或许该说法的意义超出它的实际所指，因为人们通常到而立之年锁定毕生的追求，并很可能在后续十年果真发现他们打算寻找的那些主要观念；余生不过是在细节上做文章。孟德斯鸠和康德要么是这条定则的例外，要么就例证了前面暗示的限定条件。当你回顾他们的早年生活，你会见到《纯粹理性批判》和《论法的精神》正在酝酿之中，但这成果要到他们临近花甲之年才大功告成。1734年，孟德斯鸠的人生已走过四十五个春秋了。

---

① 约翰·劳(1671—1729)，苏格兰经济学家，曾在法国摄政王时期受命整顿路易十四死后留下的破败国民经济，通过创办法兰西通用银行和密西西比公司，以金融手段(比如大量发行法币)刺激经济复苏，后因经济泡沫破裂而失败，是为经济史上的重要教训。——译者

自孟德斯鸠时代以来,尼布尔(Niebuhr)及其后继者已经重述了罗马史。[1] 但孟德斯鸠在下面这段话里,向我们传达了理解其思维方式和全部透辟历史思考的法门:“在每个君主国中,都有些道德方面或自然方面的一般原因在发生作用,它们或者使国家崛起并得以维持,或者促成国家的垮台;没有无缘无故的偶然事件;
如果一次偶然的战争(亦即一种特殊原因)导致某国灭亡,那么此 261
前肯定存在着某种一般原因造成该国很容易因单单一次战争而倾覆。总之,主要潮流卷携着形形色色的特殊偶然事件。”

作为女士心中男神的孟德斯鸠,作为科学研究者的孟德斯鸠,热爱实地旅行和天马行空的孟德斯鸠,具备渊博的古典学养并追慕那早已湮灭(因而同法国现实无甚关联)的古风古韵的孟德斯鸠:诚如法盖(Faguet)——我写到这里时,正读到他对孟德斯鸠多角度的精湛评论——恰当指出的那样,所有这些孟德斯鸠形象都凝聚于《论法的精神》。法盖说,这本书实际的标题是“论法的精神”,但本应干脆把它唤作“孟德斯鸠”。之所以题为“论法的精神”,大概一定程度上是因为书的主题并未局限于某个专门领域。亚当·斯密的《国富论》同样有许多别出心裁且入木三分的论述,唉,可这些论述恐怕很难被允许出现在一部现代政治经济学著作里,即便作者明明足够机敏。无论如何,在发表他的罗马史研究之后,孟德斯鸠的余生事迹便可被概括为写成《论法的精神》一书。

① 尼布尔(Barthold Georg Niebuhr,1776—1831),著名丹麦裔德国历史学家和政治家,古代罗马史权威,现代历史编纂学的奠基人之一,曾发现长期失落的《盖尤斯法学阶梯》稿本(后由法学家萨维尼编订)以及西塞罗和李维的残篇。——译者

他在该书的序言里，称这是自己二十年的心血。该书出版于1748年。在写作过程的后期，他须发皆白，双目几近失明。他说：“我觉得，留给我的光明似乎只有我撒手人寰那日的曙光。”后来他发表了《为〈论法的精神〉辩护》(1750年)，料理自家庄园的酒类销售，
262 因发现《论法的精神》出版后家里的酿酒生意似乎在英格兰越做越大而欢欣愉悦。1755年2月10日，孟德斯鸠在巴黎与世长辞，就算不像亚瑟王(Arthur)当年那样有一群王后嫔妃撒泪送别，至少也有艾吉永公爵夫人(Duchess d'Aiguillon)以及满屋子心仪和倾慕他的友人目送他离开。按照莫佩尔蒂(Maupertuis)的描述，孟德斯鸠身体匀称，穿戴随意，举止谦和，言谈率真，生活方式简约，在社交中博得众人欢心。勋章上的他，面容俊朗。

细细解析放在读者面前的这本《论法的精神》是不合宜的，恐怕要写一本更大部头的书才能涵盖该书的全部思想。探讨封建法的那几章跟全书其余部分不太吻合，因而曾有人认为孟德斯鸠不该把它们加进书里。现代研究者自然会参阅罗特(Roth)，或可能取代罗特的后辈学者的著作。就该书的主体内容而言，有人可能会说它表达了一种关于现象界之连续性的理论，而现象界的事实对时人来说还在很大程度上是不可思议的(这倒不是孟德斯鸠的错)。孟德斯鸠还不能把历史视为进化过程，他在看待一切事件时就好像它们是同时发生的那样。他心目中的罗马，是未加批判就接受下来的寓言所呈现的罗马形象。他的人类学具有八卦奇谈的性质。他的民主概念意味着拉丁时代的市镇会议，而非美法两国的新发展。他让世人意识到气候和自然环境的影响——在我们这个时代，这一点给如今已被遗忘的巴克尔(Buckle)提供了颇有启发

性的章节[①]——但因数据资料不足而仅仅停留于先驱的角色。 263

孟德斯鸠笔下的英格兰，即那个立法、行政、司法三权分立的英格兰，是他自己的杜撰，而这杜撰后来在布莱克斯通(Blackstone)和德洛尔姆(Delolme)那里以讹传讹。请听听白芝浩(Bagehot)在著作中的相关论述："可以认为，英格兰宪制的生机秘诀在于行政权和立法权的紧密联结，亦即近乎完全的融合。"他还指出："当年，美国宪制的建构立足于一套极为缜密的论证，而这套论证大致以为国王是英格兰宪制的唯一执行人，因此认为断然有必要以某个非世袭的角色(即总统)取代国王。美国联邦宪制的敏锐创建者们由于身处大西洋彼岸，又被种种广为信受的学说所误导，即便全神贯注也没有察觉到，首相才是大英宪制的行政首脑，而且主权者[即国王]在该体制内居于次要地位。"

值得一提的是，孟德斯鸠尽管深刻认识到天行有常，却对立法权有着似乎过分的执念，并且同样坚信抽象正义的现实性。不过，我们没必要试图批判书中的细节。事实上，比批判更重要的是理解该书同先前成果的关联。这里甚至容不得我展述该书所播撒的不胜枚举的种子。我再重申一遍，孟德斯鸠是一位先驱，在许许多
多的方面都是如此。他是政治经济学的先驱。在刑法方面，他是 264
贝卡里亚(Beccaria)的先驱。他是柏克的先驱，尽管柏克似乎比当时领先一百年。法国人告诉我们，他是卢梭的先驱。他还是《联邦论》(*The Federalist*)作者们的权威依据之一。他影响并在很大程

① 这里应指英国史学家巴克尔(Henry Thomas Buckle，1821—1862)及其未竟之作《英格兰文明史》(*History of Civilization in England*)。——译者

度上开启了社会研究方面的科学理论，而且他对从俄罗斯到美利坚的各国立法实践都有相当的影响。《论法的精神》在当时一炮走红，从那以后很可能像 18 世纪的其他成果——须知 18 世纪焚毁了大片森林、耕种了大片田地——那样大大重塑了世界。

而且该书出自一位书斋中的孤独学者的手笔。就像笛卡尔和康德那样，他凭借自己的研究号令未来，其力度超过凭借君威的拿破仑。与此同时，他没有故作威仪，反倒让我们在一两处领略到他那种动人心弦的平易质朴的姿态：当这部饱经沧桑的著作尘埃落定，而作者在辞世前得偿夙愿之时，他惊呼“意大利！意大利！”（*Italiam*！*Italiam*！）；在该书第 20 章开篇，他有一段点到为止的祈祷；他豪情满怀地写下题词“无母而生的孩子”（*Prolem sine matre creatam*）；这方面居于首要地位的非该书序言莫属，它给其他孤寂的灵魂带去永恒的砥砺和宽慰。那篇序言是一位伟人在完成一项伟业之际的深深感慨。作者序言的结束语也应作为这篇导言的尾声：“这部著作如能获得成功，我主要将之归功于主题的恢
265 宏。但我并不认为自己全无天资。当我看到法兰西、英格兰和德意志的诸多伟大人物在我之前写下的那些著作时，景仰之情激荡我胸怀，可我毫不气馁。我与科雷乔[①]一样，也要说：‘我也是画家。’”

① 科雷乔（Antonio Allegri da Correggio，1494—1534），意大利文艺复兴时期著名画家，曾在一睹拉斐尔名画之后产生与之一较高下的抱负，这句话即出自情此景。——译者

约翰·马歇尔(1901年)* 266

本文为答复如下动议而作:在1901年2月4日,亦即马歇尔就任联邦最高法院首席大法官之职100周年纪念日,法院休庭

当我们在法院街(Court Street)漫步,穿行于像我们一样专注今时今事的熙攘人群,我们的目光可能会流连于坐落在州街(State Street)端点的那栋深色小楼,它好似一块寓意吉凶的礁石,将那涌向一道道拔地而起的暗灰峭壁[即高楼大厦]的商业之流分割开来。不论我们何许身份,我们都可能暂且驻足,将仆仆风尘抛诸脑后,追忆起当年预示着美国革命风暴的第一股浪潮就在这块礁石处激荡迸发。但倘若我们是法律人,我们将对那段往事更加刻骨铭心、万分景仰。犹记得当年詹姆斯·奥蒂斯(James Otis)在这栋老州议会大厦里,就协助收缴走私物品令(writs of assistance)展开辩论,由此确立美国宪法的基石之一。笼罩在老州议会大厦周围的巍峨建筑物,非但没有令这栋小楼黯然失色,反倒衬托出它的熠熠光辉。同样道理,美利坚民族生活的战役开端 267
或法律开端,与所有后续的事态发展相比,在量和度的方面本应相

* *Speeches*(1913),Little,Brown & Co.(原文标题为“John Marshall”。——译者)

形见绌，但其丰功伟绩实则丝毫无损。对我们参加过南北战争的人来说，美国革命时期的最大战役简直不过是一次成规模的军事侦察，而列克星敦（Lexington）和康科德（Concord）战役仅仅是不会见报的小摩擦罢了。然而我敢说，与那些告知我们“战争即将一去不复返”的开明商业子弟相比，知晓现代大规模作战的老兵们不会低估往昔小型战斗的精神意义。

若我在考虑布兰迪万（Brandywine）战役时，抛开它在来龙去脉中的地位，我将会茫然失措。同样道理，若我单单从抽象的量和度的层面评价约翰·马歇尔，我可能会犹豫要不要把他尊为第一人。但此类思考越是抽象就越是空洞。把一个人同他实际所处的环境剥离开，乃是愚不可及的做法。诚然，在幻想中抛开财富来看人，比抛开品格来看人更容易。但两种做法同样徒劳无益。[从声带上]拿掉一平方英寸的黏膜，男高音歌手将失去其美妙歌喉。从大脑里拿掉一小块，演说家将哑口无言，或者，勇毅、宽厚、沉着之人摇身一变成为胆怯懦弱、吹毛求疵的浪子。伟人代表着社会神经中的重要神经节（ganglion），或者换个形象的说法，代表着历史

268 战役中的战略要点，他之所以伟大，一定程度上就是因为他在**那里**。我不能抛开命运的垂青来看待约翰·马歇尔，当年恰由约翰·亚当斯（而非一个月之后上台的杰斐逊）来任命联邦最高法院首席大法官，他便把这个职位交给了一位联邦主义者兼宽松释法者，由此推动宪法运行；同样，我也不能在谈论肖上校（Colonel Shaw）的时候，抛开他率领黑人军团向瓦格纳堡（Fort Wagner）发起凌厉攻势的事迹。当我们缅怀马歇尔之时，我们也就势必在庆贺一则绕不开的事实，即最庄严的法院[即联邦最高法院]凭借其

判决和裁定在当年宣布,国家的统一和国宪的至上乃是支配着国民交往的准则。

我的意思当然不是说,个人评价派不上用场或者无甚教益。毫无疑问,今日我们将会听闻贤达人士对马歇尔这个人的评价。但我不愿侵夺他们的用武之地。这样做是不合适的,毕竟大家只是要我来出面答复本院受理的一项动议,毕竟对马歇尔法官个人展开孜孜研究的那位教师颇有造诣,将在今天下午向在座诸位里面的许多人娓娓讲述,而且今晚还有一位因其出身而与马歇尔一脉相承的先生跟大家分享心得。我只是在通常的法学教育和法律实践过程中,才渐次形成我自己的印象。根据这些印象我似乎意识到,自己对我们那些纯粹基于地方(local)或基于民族(national)的评价有些反感,并渴望看到人们在评判事情和人物时放眼四海。一个人的实践注定是范围狭隘的(parochial)——他的生活注定要 269
献给他所扎根的那片热土,如有必要甚至不惜以身相殉。但他在思考时应当放眼四海、遗世独立。他应能批判自己所敬重所热爱的东西。

许多年前我翻阅《联邦论》的时候,感觉它是那个年代真正原创且精妙的产物。现在当我想起,我在英格兰的一位名流友人对《联邦论》及其作者好评有限,我不认为自己依旧会坚持当年[看似无可厚非]的判断;而且我还应当深深地怀疑,在汉密尔顿和联邦宪法本身之后,马歇尔的工作所最终展现的是否不过是明达的理智、精巧的文笔、他在法院中的个人权势、勇气、公正和他的党派信念。最激起我兴致的,不是所谓的大问题和大案件,而是判例遴选者们通常会略过的点点滴滴的判决,这些判决并不处理联邦宪法

或者电话公司[等重要事项]，但它们却蕴含着某种博大理论的萌芽，因而有可能带来穿插在法律肌体中的深刻变化。我所不禁怀念的，是那些移转风气的思想的原创者。他们往往不那么显要，因为世人看重的是决断，而非原创的观念。

但我方才所言，绝不意味着我不愿真心真意地参加此次庆典，或者不愿真心真意地批准本院受理的动议。我要重申一开始谈到的事情，并深知不要脱离一个人的位置来看待那个人，我同样深
270 知，历史托付给马歇尔的，或许是曾为一位法官所担当的最伟大位置；不仅如此，我一想到他的能力、他的公正和他的智慧，便心悦诚服地认定，倘若美国法律界要选一个人物作为表率，那么无论怀疑者抑或崇拜者都将异口同声地认为，此人不做二选，非约翰·马歇尔莫属。

容我再说几句。我们的生活依靠象征(symbols)，而所见到的形象究竟象征着什么，则取决于观看者的心意。为纪念一位伟大的法官而留出今天，此举对一位弗吉尼亚人来说，可能象征着他们辉煌的弗吉尼亚州的荣耀；对一位爱国者来说，可能象征着马歇尔所在的阵营顺应了历史大势，那套为汉密尔顿所捍卫、由马歇尔付诸判决、得到韦伯斯特(Webster)代言并成为格兰特(Grant)的战争宗旨和林肯殉国缘由的理论，如今已成为美利坚的基石。对法律人的更抽象但也更深邃的思索而言，此举象征着一套崭新法理的兴起，若干指导原则由此超越制定法和州的边界，法官群体由此被委以闻所未闻的庄严权威和职责。对醉心于孤绝思想世界的人来说，今天不仅意味着被当年数位总统指示尽力贯彻其决定的那个人的胜利，还意味着如下事实：一切思想都是社会性的，都将化

为行动;(套用一位法国作家的表述)每种观念都倾向于首先成为问答录(catechism),继而成为典章(code);孤独思想者那无所依傍的沉思,依其内在价值或可有朝一日君临天下,并且不论有无军队 271
扶持,都可能将一种无敌力量的王霸之道推行于四海。这完全是个象征,如果你们愿意这样理解的话,而我们的国旗亦如此。对缺乏诗意的人来说,我们的国旗不过是一块彩布。但多亏了马歇尔以及他那一代人——我们也正是主要为此而缅怀他本人和那些先贤——国旗上面的红是我们的鲜血,上面的星是我们的尘世,上面的蓝是我们的天堂。国旗据有着我们这片土地。我们因其意愿而抛头颅洒热血。

本院应允律师界的动议,现在休庭。

272 # 在西北大学法学院的致辞（1902年）*

发表于芝加哥西北大学法学院大楼落成典礼，

1902年10月20日

尊敬的校长先生和诸位同仁：

对于不当行为，天道只会作出唯一的判决——如果可将这种似乎无关特定行为本身的结局称为判决的话——即处死。这种判决或者结局正适用于过度放浪形骸的情形。你们若浪费太多食物就会饿死，若浪费太多燃料就会挨冻，若浪费太多神经组织就会衰竭。这样看来，生活的法则就是百姓的法则；人应当生产衣食，以便还可生产其他衣食，子子孙孙无穷匮也。可谁不反对这一结论呢？在接受上述前提的情况下，我却不禁认为，每一种给人生平添灵韵的乐趣，都意味着朝向死亡挺进却又明智地及时收敛。艺术、哲学、慈善、北极探索、人生每一重大时刻的妄念——这些大同小异，都意味着放浪形骸，意味着酣畅纵情，意味着向死而生。为艺术提供的证成理由，不在于它犒赏了经济斗争的凯旋者（即在经济
273 层面产出最多东西的人），也不在于它间接提升了酒类和油画颜料

* *Chicago Legal News*, October 25, 1902.［原文标题为“Address of Chief Justice Holmes”（首席大法官霍姆斯的致辞），由于不明确，改为现在的标题。——译者］

的供给。艺术之所以应当存在，其理由正在于艺术本身，而不论其经济效益如何。就某些高贵的灵魂而言，艺术所满足的那种欲求比食欲更炽烈。此处的原则或可进一步引申，从而为艺术确立起一种法则。因为人们不妨认为——我自己常常这样认为，而且我欣喜地发现考文垂·帕特莫尔(Coventry Patmore)这位真正的诗人也详述过这样的观点——审美之悦(aesthetic pleasure)的一大根据便是酣畅纵情。关于“适可而止”(enough is as good as a feast)所隐含的谬误，查尔斯·兰姆(Charles Lamb)的著名评论毋庸赘述。当发现陋巷中某位巧匠正对一座中世纪教堂精雕细琢，当看到那位艺术家豪迈而又不失翩翩风度，且在展露自己巧夺天工的技艺时并不局限于大观之所，谁的心田不油然升腾一股暖意？谁不承认长方体横梁的魅力远胜于在边边角角点到为止的托梁？让我们暂且撇开艺术问题，谁不感到南森(Nansen)的极地探险自述，因为宣扬一些琐碎的新科学成果，而在实现凌云壮志方面黯然失色(而非增添光彩)？如果我想插科打诨，我甚至可以这样追问：塞翁失马，焉知非福？但我不打算在此执念于悖论。我只想坚持认定放浪形骸对于人的重要意义，像他如今实际感受到的那样。你们可对闲暇之荣耀(honors of leisure)加以哲学思考，视其为历史残留物；倘若你们愿意的话，你们可按同一方式描述我们心头燃烧着的诸般理想(我已听闻有人这样描述诸般理想了)。可是，诸 274
般理想就洋溢在我们心头。诸般理想是绝对命令。诸般理想抗拒着饥渴之欲而岿然不动。诸般理想藐视那种将它们仅仅归为肉体需要之间接支撑物的做法，它们同这种做法勉力抗争。我们的朋友(即经济学家们)若要讨论本真意义上的人，最好考虑到诸般理

想，正如塔尔德之类的伟大著述者要考虑到的那样。你们势必已然察觉我为何恪守这种二元的人生观。大学的独特价值就在于，它行走于我所描述的人类欲望的双重方向上。我曾饶有兴致地听职场高手言之凿凿地说起，大学的训练使人更易在实际竞争中脱颖而出。我绝不否认这一点。毫无疑问，此类训练令人更多精通作为工作之先决条件的自然规律，使人具备放眼科学世界和事实世界的更广阔视域。若是每位学子在大学中历练出科学的立场，若是教育能够使人意识到生产过程不能无中生有，使人即刻看穿当前日常言论所充斥着的此类夸夸其谈，则我认为大学训练便不负所望。若大学向世界输送一批熟知自身环境之规律的人，我更要认为大学训练劳有所获了。除科学前提得到一切思想领域的普遍信受之外，我不相信还有别的什么事态能够同样确保繁荣
275 (prosperity)。然而，不仅要考虑繁荣，还得考虑幸福(happiness)，两者并不是一回事。大学增进人类幸福能力的几率，至少不亚于它增进人类收益能力的几率。我承认，就幸福能力而言，恰如就人的其他一切渴望而言，在我看来最紧要的问题在于天资如何。

你们应还记得，拉斯金(Ruskin)先生提出的学画第一要义，即天生就是这块料。这也是其他所有事情的第一要义。如果一个人与生俱来的品性力量恰如其分，那么无论命途如何，他很可能拥有最深切意义上的幸福。但我们绝不可低估后天努力，即便其所占权重相对小些。大学势必令人亲近一切理想化趋势，而且我不揣冒昧地说，大学应当教人觉悟生活的浪漫维度——这样的特点使得大学高踞其他所有公共机构之上，成为相续之薪火的掌管者。我们的品位具有终极意义，而且人们自罗马时代以来就承认，品位

的争执徒劳无益。如果哪位教授竟然宣称他想要一个严守经济规律的世界，那么我用不着同他展开唇舌之争，甚至也用不着辩称我们与那些蔑视理想者之间只欠一战。但目前大部分人还是力挺大学的。他们想要聆听故事，想要观赏戏剧。他们想要领会和（如果可能的话）绘制图画，想要书写诗歌，无论长远看来食品产量会否因为这些文艺作品而增长。他们想要尽心澄清哲学的意蕴，并始 276
终极力追求某条不在光谱范围内的、可揭示现象背后深层事理的精神射线。他们钟爱没有可见回报的英勇历险。我想，我最熟悉的那所大学[即哈佛大学]的荣耀在于，毕业生的心底洋溢着浪漫的激情，且不论其湮没在怎样错综复杂的风格品性之下。

但是，诸位同仁，务请允许我特别强调你们西北大学的一个部门，我因为职业关系与该部门关系最紧密，而且我今日有幸到此也是应此部门的邀请。我指的当然是法学院。在我就座之前，我想谈谈法学院。已故首席大法官库利（Cooley）——我想他在同代人之中颇有威望——曾经断言：法律实际是并且应当成为老生常谈。毫无疑问，这一论断有其真实性。法律之成为老生常谈，的确胜于法律之成为咄咄怪事。同样毫无疑问的是，对于融会贯通之人，法律在任何方面看起来都是老生常谈。但这正是一切真理的弱点所在。假设你已丧失更上一层楼的乐趣，自以为已然完全掌握真理，那么你将发现自己陷入如下进退维谷的境地：要么对四元数（quaternions）或者本体论——简言之，宇宙的整个架构——方面至为超绝的成就亦感乏味，要么乐此不疲地详述“2+2=4”这一命题。在我看来，对于本真的人而言，法律既可保持其日常性，但同时也可成为知性惊异（understanding wonder）的对象和挥洒天资 277

的领域。我今日到此，并得以表达我对贵院的殷切企盼和历史品鉴，深感快慰。这在一定程度上是因为，正是这所法学院以及诸如此类的地方引燃了知性的惊异，四下飞溅起一些星火，从而释放出天才人物的爆炸性能量。

我并不是在谈论一般情况。我的意思不是说，我向某所法学院致以敬意仅仅看在它是法学院的份上。实际上，我简直担心优秀法学院的思想砥砺可能会过度吸引年轻人，以至于把许多原本在其他领域更加出色的人士诱入法律职业。但我现在考虑的仅是西北大学法学院。你们那位立下汗马功劳的院长[①]可谓呕心沥血，我一直没有机会对此公开表达我的感念。我因他对我的批评意见而到场，同样，他的一席话也让我在孤寂的路途上新生斗志。但私人关系并不影响我对他一手营造的局面由衷钦佩。正由于我认为，有识之士应当认可未获宣扬的一流人物，故而，对他的渊博学识和不落窠臼，对他的著述等身和鞭辟入里，我想现在致以崇高敬意，这些品质在我看来理应获得更为显赫的名望，打破我所知的
278 那种不温不火的现状。从他已经刊行的作品来看，我深信他的教诲必将满足人的双重欲望：他的教诲将因理智的经济学观点而获启迪，并授人以外出拼搏时的须知事项，但与此同时，他的教诲在遣人出征时既配以刀剑又送上旌旗，这样一来，在长期的斗争中，便始终有面旗帜在人们眼前招展，诠释着隐藏在千头万绪中的理想、荣耀甚至浪漫。

① 即时任西北大学法学院院长的威格莫尔(John H.Wigmore)。——译者

经济原理(1906 年)[*]

279

我对阁下提出的议题略持浅见,将以并不一一对应的方式加以论述。

真正的难题在于,谁是年产品的消费者,而非谁是年产品的所有者。将这两个截然不同的问题混为一谈,造成了诸多谬论,并误导了不少工人。耗资五万美金的舞会以及私人豪奢的其他表现,其真正的害处在于通过刺激无知者的想象,容易在他们脑海中强化前述混淆,令他们以为范德比尔特们(Vanderbilts)和洛克菲勒们(Rockefellers)吞下了大家的血汗钱,正如饮下克莱奥帕特拉(Cleopatra)那颗溶解了的珍珠。[①] 与此相同的观念,构成亨利·乔治(Henry George)《进步与贫困》(*Progress and Poverty*)一书

---

* 这是为回应一些问题而写的信件,本不欲刊行,但由于这封信曾发表在 1906 年的一本杂志上,兹重刊于此。[原文标题为"Economic Elements"。节选自一篇题为"巨额财富是巨大危险吗?"("Are Great Fortunes Great Dangers?")的文章。原书中将该文的发表时间标注为 1904 年,有误,查阅原始档案后修改为 1906 年。该文发表于:*The Cosmopolitan*,Vol.40,February,1906。——译者]

① 范德比尔特是美国铁路大亨,洛克菲勒是美国石油大亨,两人都是美国史上数一数二的巨富。克莱奥帕特拉就是著名的埃及艳后,据说她拥有两颗价值连城的珍珠,有一日当着众多达官显贵的面,把其中一颗放入一杯醋中溶解并一饮而尽。参见 https://www.zhihu.com/question/263317195。——译者

的基础。[①] 他认为自己一旦证明地主们将财富据为己有的趋势，相关探讨便大功告成。他并不考虑地主们拿财富做些什么。

我认为，如果美国的所有小麦每年都是由人民这一群体消费的，那么，你究竟是把洛克菲勒抑或合众国称为这些小麦的所有者，从经济学上看都无所谓；只不过洛克菲勒出于自利的幻觉或者
280 刻意谋求飞黄腾达，很有可能更执意于审视未来，以便来年获得更多收益。

那么我相信，倘若当前体制下最有能耐的人们，致力于谋求最大的市场份额和最多的收益，就算是把此种能耐用在具有可取经济意义的目标上。

我常徒然地呼吁，我们的各类统计人员应以众所周知的形式，按照劳动时间或者其他便捷的计算方式，展示多数人的消费产品和少数人的消费产品各自所占比重。这样就可以表明，私人所有权是否被滥用于为少数人生产不当比例的奢侈品。我不相信奢侈品会占到百分之一。

这样看来，对无限私有制的各种反对意见，是出于情感的或政治的考量，而不是出于经济的考量。当然，随着私人财富逐步做大做强，公众会越来越关注相关监管问题。若哪个人是本国半数小麦产量的所有者，并且宣称自己有意将这些小麦付之一炬，那么此种滥用所有权的行径绝得不到允许。群众不会忍气吞声，将立刻诛杀此人。

---

① 该书已有中译本，参见〔美〕乔治：《进步与贫困》，吴良健、王翼龙译，商务印书馆 2010 年版。——译者

不过在我看来,如果每个值得追求的对象都掌握在一位垄断者的手里,而且他决意用其换得尽可能多的收益——这也不是没有条件的,即那个对象必须被消费,而且不可被肆意毁坏(当然通常也不至于如此)——那么,这些对象就其价值而言,将各自取决于人们的需求强度,并且将由能够得到它们的人来消费,这自是理 281
想的结局。

恕我冒昧地说,阁下提出的第一个问题在我看来真是天马行空。[1] 我不知怎样才能给出明智的答复;假如我没有弄错的话,这种问题似乎意味着提问者犯了我前面所表明的那种谬误或混淆。

若我尽力作出答复,将如是相告:任何人对于这个世界的贡献,完全在于那种引导物质领域变动的智慧。人并不是他所把持之物或者他所运用之力的创造者。如若用不到那种起引导作用的智慧,前述力量就贬值了。这个世界在物质层面的全部进步,就在于进一步使智慧得其所哉。就房屋形态的改变而论,建筑师的智慧所作出的贡献,显然超过所有那些施工者的智慧。谁能够衡量变化的远因究竟有多宽的范围和多大的价值呢?我怎能比较康德的思辨和拿破仑的帝国这二者对人们当前生活造成的影响呢?断定前者的作用更大,恐怕不见得荒谬,尽管显然无法加以证实。我的实际答复是:巨额财富并不意味着相应的消费,而是意味着一种号令权;必定要有某个人来进行号令,而我认为找出合适人选的最佳方法,莫过于确认谁在市场竞争中赢得了号令权。

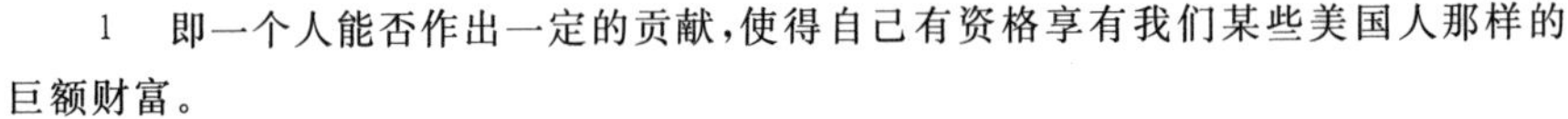

1 即一个人能否作出一定的贡献,使得自己有资格享有我们某些美国人那样的巨额财富。

282 我已经透露了我的意见，即巨额财富的所有者具备公共职能，因而在我这里未加讨论的一些法律问题上应当受到某种否定性的限制。例如，我认为要禁止他把大量财富移交给某些慈善事业，除非能够清楚地论证那属于目光长远的公共投资。

就其他问题而言，我只想联系前述语境来谈谈赋税的性质。若从事情和结果的角度考虑，那么赋税就是指为了统治的目的而从年产品中抽出一部分，仅此而已。无论以什么样的形式征税，赋税肯定是由消费者承担的。也就是说，是由社会中的劳动者和奋斗者承担的。理应向消费者明示这一事实，别用具体征税形式做文章而极力加以掩盖。

悼梅特兰(1907年)* 283

称颂一位亡故的大师在世所公认其至为精通的领域功勋卓著，这简直使人汗颜。当他大功告成之际，称颂已显得太迟，给不了那种所有人都渴望且成功者极少得到的鼓舞。不过，纵然是姗姗来迟的告白也依然令人愉悦，可以由此大大方方地想象死后的威望，这种威望是一切理想主义者和一切从长计议者的生活慰藉。恐怕梅特兰君因太过谦和而不那么醉心于那种想象，但我坚信，如果他真那样做，想象将会成为现实。他对英格兰法源如数家珍，或许比任何人都更有能力阐明和解说法律现状。他的知识仅是其健全感悟力的工具。他的健全感悟力和洞察力，因其文字功夫和叙事天赋而变得明快生动，谁若真的愿意阅读他的作品——即便是那些讨论公认的枯燥细节的作品——势必如痴如醉、爱不释手。他最后一部著作《莱斯利·斯蒂芬爵士评传》(*Life of Sir Leslie Stephen*)，偏离研究主线而转向新的领域，仍旧获得好评，展现出同样的才华，字里行间浸润着一种无意识的高尚情怀，这种高尚情 284
怀虽不令人称奇，却在该书中获得更加淋漓尽致的表达。我没有足够的时间细细评述梅特兰君的斐然成就。但我衷心希望借此机会表明我的心迹，并向他的坟墓敬献(哪怕是叶瓣已干的)花圈。

---

* *Law Quarterly Review*(1907).(原文标题为“On F.W.Maitland's Death”。——译者)

285 霍尔兹沃思笔下的英格兰法(1909 年)[*]

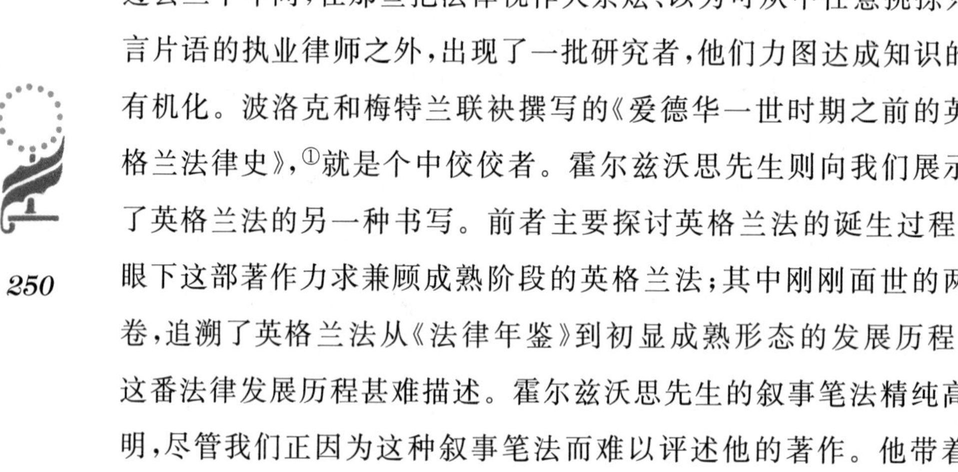

有关英格兰法的研究,在感知科学的脉动方面素来迟钝。但过去三十年间,在那些把法律视作大杂烩、以为可从中任意挑拣只言片语的执业律师之外,出现了一批研究者,他们力图达成知识的有机化。波洛克和梅特兰联袂撰写的《爱德华一世时期之前的英格兰法律史》,[①]就是个中佼佼者。霍尔兹沃思先生则向我们展示了英格兰法的另一种书写。前者主要探讨英格兰法的诞生过程。眼下这部著作力求兼顾成熟阶段的英格兰法;其中刚刚面世的两卷,追溯了英格兰法从《法律年鉴》到初显成熟形态的发展历程。这番法律发展历程甚难描述。霍尔兹沃思先生的叙事笔法精纯高明,尽管我们正因为这种叙事笔法而难以评述他的著作。他带着我们去感受英格兰法这株参天古木萌发之初的复杂先决条件——撒克逊传统、诺曼惯例、罗马法、历代国王的性情、议会的崛起、变

* *Law Quarterly Review*(1909).本文的评论对象是《英格兰法律史》(*A History of English Law*,by W.S.Holdsworth,D.C.L.,London:Methuen & Co.,1909,8vo.,Vol. II,xxxi and 572 pp.;Vol.III,xxxviii and 532 pp.)。(原文标题为"Holdsworth's English Law"。——译者)

① 参见 Sir Frederick Pollock and Frederic William Maitland,*The History of English Law Before the Time of Edward I*,in 2 vols.,Cambridge University Press,1895(new ed.1898)。——译者

动不居的经济需求和目标——并向我们诉说那欣欣向荣的生长状
况。展阅此书,我们将深信自己已把握到观念生发过程中的最重 286
要经验教训。细节记忆方面的难题,就是难以标记有机发展过程
的各个阶段。我们见证了英格兰法的胚胎孕育成型、茁壮成长、持
续协调,比我们标记的变迁步骤更加灵动直观。

怀古之情与经世致用,在霍尔兹沃思的妙笔之下相得益彰。
书中的内容足以迎合不温不火的哲学好奇心,对于渴望领略其技
艺的人来说倒也恰如其分。霍尔兹沃思的如下说法无疑是正确
的:“我们对普通法起源时期的定位,只能大致始于12世纪上半
叶。”因此,他有理由不在所谓盎格鲁-撒克逊古代风俗上盘桓太
久,而把精力放在他认为更具显示度且构成真正开端的事情上。
教会和罗马的法律是另外的次要影响因素,同样得到精湛阐发。
它们被证明巩固了王权,迫使时人首度尝试把即将形成的新法律
加以体系化安排,倾向于限缩旧日的责任原则——该原则被略微
坚决地表述为“自担风险”这一命题——的适用范围,引入了有助
于自由交易的最后遗嘱和土地授予登记制度,提议了新的救济手
段和诉讼答辩中的异议(*exceptio*)。简言之,它们凭借自身的外
来背景,以形形色色的方式(特别是通过影响王室法院)推动本土
法律的成长。书中的许多内容(甚或绝大部分内容)我们都不陌
生,作者也坦承自己多有参阅前人著述,但该书的叙述一气呵成, 287
详略得当,将普通法的诞生和发展历程娓娓道来。

在该书之前已有人呼吁关注以下事项:(1)观念间进行着生存斗争;(2)于是,有的观念凋零殒灭,有的观念成就霸业;(3)实际上理论仅仅是法律的落脚点,法律的起点在于具体案例。但就我所

知，以上考虑因素迄今尚未得到充分关注。霍尔兹沃思先生在说明史实的时候，或多或少明确采用了此种进路。一则小小例证就是 21 岁（骑士的成年时间）压倒了 15 岁（农役土地保有人的成年时间）。但最佳事例在于契约。作者向我们表明，早先时候人们从转让（grant）角度考虑的事务，或者像寄托（bailment）那样自成条目的事务，如何被纳入契约的范畴。源自人质的保证人（surety），变成了盖印契约订立人（covenantor）。作者向我们多方举证表明，象征缔约的信物交付和宣誓作为要物契约和要式契约的古老竞争者，如何坚韧持存，又如何最终失势。针对违背允诺宣誓的伪证罪（perjury），教会法上的相关惩罚措施沿用至晚近时代，[1] 而尽管有反对的声音，我仍然认为有迹象表明，教会大法官在裁定不对失信行为予以救济之前有所迟疑。

252 288 当我谈论契约的时候，我还可以补充一点，即该书在我看来至为妥善地叙述了从侵权到简式合约的进步。在我看来如下两者的混淆或许挥之不去：(1)如果一个人持有已经完成的（executed）对价而不愿履行自己的允诺，从而通过哄骗（wrought）实施的欺诈（fraud）；(2)因为不遵守未得对价的允诺，而可能造成的不幸（misfortune）。对价准则的要义在于，若一个人信赖无对价的允诺，则自担风险。除非因信赖允诺（the faith of the promise）而实施的行为乃是对于允诺的双方协定诱因（conventional inducement），否则对价不生效。我所谓双方协定的诱因，当然是指无论实际动

1　在乔叟（Chaucer）的《托钵修士的故事》（*Frere's Tale*）里面，执事长（Archdeacon）“就诽谤、遗嘱、契约、侵犯圣礼等事项实施刑罚”。

机如何，在磋商过程中作为允诺理由来盘算的事项。如果我的印象没错，有时该书对于上述错误准则的讨论，仿佛以为该准则乃简式合约的主要根基。

如果观念的发展及其间的生存斗争乃是今朝利益之所在，那么法律上关乎未来的终极紧要问题，便是观念的发展及其间的生存斗争有何价值。这里所说的价值，绝不仅限于表达当时共同体的实际意志。尚无人对此详加阐明。要回答此一问题，我们首先应当确立我们进行价值判断时所依据的种种理想；而各阶级在表述此类理想时，将会（至少在形式上）互有区别。但是，假设我们都已同意法律的目的在于（比如说）让某一类人幸存，我们朝向建立 289
科学化法典的道路仍可能步履维艰。统计学将使刑法的效果惹来质疑。谁能证明，主从关系准则或者对价理论有助于实现我们假定的理想？国家对于婚姻事务的态度，更多地受制于教会和传统，而较少受制于事实。但凡我们目光之所及，我们便发现所谓的良法之易被称为良法，是因为人们看到那些法律促成了众皆向往的结果，而没有看到各种相对隐蔽的反作用所招致的代价。有人异想天开地以为：自己能够发明一套不同的法典，倘若大家果真采用该法典，那么大家的生活也会像现在这样美满。但这里的“倘若”颇有痴人说梦的味道。法律之树已经长成我们所知的模样。务实的问题在于判定下一步的有机发展。当我们目睹了某条规则或准则如何成长起来，或者当我们留意到人们以社会偏见充作永恒原则时的那股天真劲儿，法律史当然会激起怀疑精神。可法律史同样导致不无疑问的保守心态。因为法律史表明，几乎唯一能被假设必定成为希冀对象的事情，就是人们应当了解今后的游戏规则。

对其中某些规则的价值表示怀疑，并非法院拒不遵守那些规则的充足理由。立法若有所变更，至少会发出通知。毕竟，我们之中有些人像社会学家莱斯特·沃德(Mr. Lester Ward)先生那样，信奉
290 人为优先于自然，他们可能通过既有成果发现，理应相信人类还是可以自觉而理智地掌握自身命运的。

霍尔兹沃思先生向我们讲述着一则引人入胜的故事。这则故事是人类最重大文件——它记述了人类最深切的信念和最炽烈的欲求——的关键篇章之一。霍尔兹沃思先生的讲述旁征博引、体大思精，我要把他的著作同时推荐给能够了然于心的哲学家，以及务实的法律研究者。塔尔德的读者会发现，霍尔兹沃思先生的著作为模仿律提供了最醒目的例证，并且如果他们怀疑能在多大程度上认定任何体系诸原则的永恒性，那么他们将会意识到，除非有明确理由作出改变，否则因循守旧就像爱好(appetite)那般无须证成。在我们清楚地把握到我们所需要的不同愿景之前，因循守旧乃是我们理应接受的一种宿命。

“欧陆法律史丛书”导言(1912 年)[*] 298

本卷以及这套“欧陆法律史丛书”所收录的著作，都出自无需引介的驰名人物之手。在下的名字在此场合有幸同他们的大名联系在一起，因而熠熠生辉。但那些尚在操练功夫、从未征战沙场的军士，或许也愿意听听一位老兵的点拨。①

---

* Little, Brown & Co., Boston, 1913. [原文标题为“Introduction to Continental Legal Historical Series”。原载《欧陆法律史概览：事件、渊源、人物及运动》(*The General Survey of Events, Sources, Persons and Movements in Continental Legal History*, 1912)，该书由多位欧洲学者联袂撰写，作为首卷收入“欧陆法律史丛书”(The Continental Legal History Series)。本文是霍姆斯为该书撰写的导言。《法学论文集》原书目录误将该文时间标为 1913 年，我按照正确时间(即 1911 年 11 月 28 日杀青，1912 年付梓)恢复了该文的应有位置。此外，“欧陆法律史丛书”还包括如下著作：《世界法学巨擘：从帕比尼安到冯·耶林》(Various Authors, *Great Jurists of the World, from Papinian to von Ihering*)、《法兰西私法史》(J. Brissaud, *History of French Private Law*)、《日耳曼私法史》(Rudolph Huebner, *History of Germanic Private Law*)、《欧陆刑事程序法史》(A. Esmein, François Garraud, and C. J. A. Mittermaier, *History of Continental Criminal Procedure*)、《欧陆刑法史》(Ludwig von Bar, *History of Continental Criminal Law*)、《欧陆民事程序法史》(Arthur Engelmann and E. Glasson, *History of Continental Civil Procedure*)、《意大利法律史》(Carlo Calisse, *History of Italian Law*)、《法兰西公法史》(J. Brissaud, *History of French Public Law*)、《欧陆商法史》(Paul Huvelin, *History of Continental Commercial Law*)、《欧洲的法律进化》(Gabriel Tarde, Raoul de la Grasserie and others, *The Evolution of Law in Europe*)。——译者]

① 老兵是霍姆斯本人的自喻，他在早年参加南北战争之后经常使用战争隐喻。——译者

哲学家教导我们说，观念是迈向行为的第一步。信念，就其影响到意愿的实现（正如大部分信念实际产生的影响那样）而言，首先催生一种社会态度，继而催生联合的社会行动（combined social action），也就是说，催生法律。因此，法律自其面世之日起，就在表达人们至为强烈的信念对象和需求对象。而鉴于《十二表法》（*Twelve Tables*）和《萨利克法典》的时代以降，西方世界的信念和需求已有颇为可观的变迁和发展，于是我自认为在十二年前近乎迂腐地指出，可将法律视为伟大的人类学文件。[1] 但某州律师协会的一位煊赫人物坦白相告，他难以理解我的说法；这样看来，那
299 些基本原理显然需要反复申说。凡是对观念感兴趣的人，只消根据我的提示即可明白如下道理：法律史是关于一组极重要观念的发生学，或许比其他任何历史更能揭示一个种族的故事。

通俗史著作的困难在于，其中涉及的前提或结论都是未经量化的（unquantified）。我们也愿意像它们那样假定，如此这般的先前事实倾向于造成如此这般的后续事实；然而，先前事实的多少成分将是后续事实的多少成分的必要条件，以及实际上它们各自是在多大程度上发生的，这些疑问我们在通俗史著作中找不到答案。另一方面，在哲学史和经济史里面，我们可以更有信心地说我们在追溯因果关系。前者表明人类思想之相继发展阶段间的内在纽带；后者表明，那些支配着人类行动、（有人相信）真正决定着人类思想的外在事件，有何先后顺序。无论如何，后者与前者相契合，

① 参见《科学中的法律与法律中的科学》（1899 年）。——译者

正如大教堂的外部与内部相契合——尽管大教堂的外面有狰狞的怪兽(gargoyles)和魔鬼靡菲斯特(Mephistopheles),里面有天使和圣徒。

这番隐喻没有给法律史留下位置;但直白地来讲,它介于另两者之间。当我们从古至今纵览法律史,我们看到逻辑致力于将经验中既定的具体案件发展为普遍规则,也看到逻辑实际谋求的规则概括与其他相争竞形式之间的生存斗争。我们目睹着简单的东 300

西变形为(metamorphosis)复杂的东西。我们看到环境的变迁催生新的制度,新的信念和需要取代旧的信念和需要。我们观察到俯拾即是的侧重点变动,该现象在法律史中如在诗歌或音乐中一样醒目,每个世纪都在不断上演。对于一种本会盛行于普洛登时代,并且或许本会给大法官埃伦伯勒的时代提出有待化解之难题的论点,我们如今可能仅仅付之一笑。

我前述言论最明显的寓意在于,法律会为哲学的心灵提供哲学的养料。南北战争(War of Secession)时期我的随团外科医生,习惯于将世人分为外科意义上的人(external men)和内科意义上的人(internal men)。这种划分早在柏拉图时代就有了。我认为,使得《会饮篇》(*Banquet*)成为不朽之作的,不是阿里斯托芬(Aristophanes)、阿尔西比亚德(Alcibiades)和苏格拉底的非凡闲谈,而是因为《会饮篇》和《柏拉图对话录》所收录的其他对话在传世之作中首次明确表达了关注内在之人(internal men)的确信,即观念比事物更加引人入胜。对关注内在之人而言,我不必大费周章地荐读本卷及其余各卷的主题。但并不是唯有关注内在之人才能从中获益。如果一个人有效了解其业务,那么他就不至于把闲

暇时光都用来在判例汇编中皓首穷经了。判例汇编多半仅仅体现出法律思想的微妙变化。它们代表着如下双方的妥协时刻，一方是传统和先例，另一方是关于值得追求之事的自由领会。即便对
301 于至为世俗的理想来说，最大限度地掌握一个人的工作主题总也是值得的。因此，我们理应尽力启蒙我们关于值得追求之事的概念，并理解那些约束着我们的先例。如果一个人要以广阔的视野践行法律，那么法律史就与社会学和经济学一道成为其必要工具。

若我以上所说言之成理，那便不必多费笔墨来证明，要理解我们自己的法律就必须概览欧陆法律的一般发展状况。我们的法律与欧陆法律之间的关系牢不可破，对此无须提供新的佐证——尽管我相信仍有些标准论著将信托归因于罗马[法]，而忽视[日耳曼法上的]萨尔曼(Salman)。[①] 实际上，我觉得证明这套丛书之必要性的最佳方法，没准就是展示来自教科书和判决的一系列"文萃"(Elegant Extracts)。

我禁不住羡慕年轻一代的福分，他们[通过阅读这套丛书]能够轻而易举地从整体上把握法律。想当年我开始学习法律的时候，法律表现为大杂烩。我当年找到的、按照历史视角对一般[法律]观点展开探究的表率，便是斯彭斯(Spence)的《衡平法管辖权》，[②]以及(在实务层面的)沃克(Walker)的《美国法》。[③] 那时能

---

① 关于萨尔曼(又称萨尔曼努斯)，参见本书中的《早期英格兰衡平法》和《科学中的法律与法律中的科学》。——译者

② 参见 George Spence, *The Equitable Jurisdiction of the Court of Chancery: Comprising Its Rise, Progress and Final Establishment*, 1850。——译者

③ 参见 T.Walker, *Introduction to American Law: Designed as a First Book for Students*, 1882。——译者

够找到的唯一的法哲学,就是奥斯丁的《法理学》。我们不无苦恼地扪心自问:[法律]这个主题是否值得引起睿智者的兴趣?我们眼见着自己尊重和仰慕的人纷纷放弃法律学习,因为他们高举柏克这一权威榜样,认为学习法律会使心灵变得狭隘。那时,学习法律是需要盲目的信念的——这种信念还找不到什么公式来为自己 302
提供证成理由。我们当年接触不到外国法学著作,只能经年累月地自行摸索,并且内心涌动着一种忧惧,害怕自己要是知道该去何处查看,就会发现自己的困难和疑问落后于时代 50 年。如今,一个人能够从他应有的起始知识出发,因为欧洲以及美英两国最优秀的成果就摆在他面前。而且这些成果可谓鞭辟入里,一个人只要够勤奋,就足以据之理解法律如何演变为现在的样子,理解最笼统的法学原理概括,理解维系法律现状或者谋求法律改变的真正理由(有鉴于随便什么人都能对此发表看法)。

1911 年 11 月 28 日于华盛顿特区

291 法律与联邦最高法院(1913 年)*

发表于哈佛法学院纽约校友会宴会,1913 年 2 月 15 日

尊敬的主席先生和诸位同仁:

在我们被教导应去鄙夷的那些情感中,虚荣心是最富哲学气息的一种。因为虚荣心承认,一个人如果特立独行(in a minority of one)就会遭到我们的封杀,因此虚荣心[驱使人们]渴望得到他人的认可,以确信自己的工作并不是白费气力。如果一个人的抱负是渴望获得来自心灵而非来自职位的权力,那么他永远难以确定所谓幸福不是痴人说梦——他永远难以确定自己真坐上了预留给硕学大儒的彼岸席位。而且,至少直到一个人年近古稀之时,他不太可能听到[进军的]号角,而多半只能远观前线四起的狼烟。我已年过七十,却仍旧置身于火线,唯有适逢(诸如当下场合的)非同寻常的时刻才会暂且停顿,并在半小时内感受到令人悸动的希望。这些非同寻常的时刻是对毕生工作的犒慰。

不过,我们还是把话题转向更为清晰显明的现实吧,即转向世
292 间可见的联邦最高法院(Court),我有幸在那里履职十年且收获满满。我们那里相当宁静,但众所周知,那是风暴中心的宁静。科学

---

* *Speeches*(1913),Little,Brown & Co.(原文标题为“Law and the Court”。——译者)

教导世人秉持怀疑精神,并使得凡事讲求证据成为一股正气。多少美妙高贵的敬意风雨飘摇啊,但在这样的时代,如果哪种制度、体系或信仰被要求证明自身存续的正当性,没有人会心生怨念。当然,我院也不例外,而且未能幸免。有些人表达的质疑,直击我们的根本。他们不仅告诉我们,当马歇尔宣布一项国会法案违宪的时候,他篡夺了联邦宪法(the Constitution)并未授予的权力;他们还告诉我们,我院是某个阶级的代言人,唯金钱势力马首是瞻。不少来信(并不总是匿名的)向我历数我院的腐败。诸位同仁,我承认这种事态令我心如刀割。试想,一个人殚精竭虑、兢兢业业,只求依据自己有义务适用的规则来解决问题,岂料众人竟然从中揣摩出险恶用心,并欣然采纳证据表明此人系有意作恶,这怎能不使人肝肠寸断!但我们须以哲学方式看待此类事情,努力从中发现憎恶和质疑能够带给我们的教诲,以及在憎恶和质疑的背后可否存在着暧昧真理的某种萌芽。

联邦最高法院遭到的攻讦,仅仅表明一种不安,即似乎对于应否维持法律和秩序感到茫然失措。当无知者学会怀疑的时候,他们并不知道可以有把握相信什么。而在我看来,此时我们需要的
不是辨正难解之理,而是掌握显明之事。遍设委员会研究高额生 293
活成本问题,并调查该问题在多大程度上归因于黄金产量的攀升,多大程度上归因于牧场的缩小和人口的增长,多大程度上归因于莫须有的东西(bugaboo)——我看不出以上举措有多少直接用处,还不如让人们了解一些社会经济真相呢。大多数人都靠拍脑门(dramatically)而非定量化的方式(quantitatively)思考事实,聪明的富人最好记住这个事实,但自己别那样做。我们倾向于拿殿宇

与寒舍做对比，拿雪莉酒店的宴饮(the dinner at Sherry's)与工人的便当作对比，而从不过问或意识到究竟要用多少东西换得成功的奖赏(这还只是次要的奖赏，因为有权势者不能忘怀的唯一奖赏就是权势。同将军般配的奖赏不是更气派的营帐，而是号令权)。我们倾向于把所有权看作界限(terminus)而非通道(gateway)，却没有认识到在所征收的个人消费税之外，大宗所有权意味着投资，投资意味着将劳动引向盈利最多的生产活动，丰厚的盈利本身就表明消费者是多数人而非仅仅是少数人。如果容许我说一段老生常谈的话，我会说，我们需要考虑的是事情而非词语——我们需要抛开所有权、货币等[词语]，转而考虑产品流(stream of products)，考虑小麦、布匹和铁路运输。这样一来，以下事实便浮出水面：是多数人消费了产品；多数人如今真正拥有近乎一切[生产成果]，仿佛产权握于合众国之手；大宗财产今已实现社会化管理，私有制的功

294 能乃是预测社会需求的平衡点——社会主义同样需要预测这一点，但自利的幻觉有利于更敏锐地预见到它。

我希望公众能够了解：公道价格的问题[之所以存在]，是因为在一切我们想要得到的东西上，谁也做不到想要多少就拥有多少；鉴于生产出来的东西跟不上公众的需要，那么问题就在于每种产品会有多少份额落到公众手里，又会有多少份额没有落到公众手里；于是最终的竞争在需求对象之间展开，因而也就在那些需求对象的生产者之间展开；当我们将劳动和资本对立起来的时候，劳动是指出售自己产品的阵营，而资本是指购买该产品的所有其他阵营。受人憎恨的资本家，不过是根据自己对未来需求的卜测(divination)，而承担中介功能、先知功能、调节功能的人物。如果

你们能让民众相信上述事情,那么他们就会对法律的存在价值深信不疑。

以上是我关于当前民怨的一点浅见。至于那些责难所包含的真理,是我们在一定程度上无能为力的。法律势必落后于时代,这不仅是事实而且理当如此。我曾对一位劳工领袖说道,他们要的就是支持,如果判他们败诉,他们就对判决恶语相向。他们的对手在这一点上跟他们半斤八两。这意味着法律正在成长之中。鉴于法律体现着那些在观念斗争中凯旋从而将自己转化为行动的信条,如果疑虑仍未解消,如果相互对立的信念依然鏖战不休,那么 295
法律的出场就为时尚早,注定胜出的那种观念就还不具备统领所在领域的资格。倘若法官把他对一方或另一方的有意无意的同情,贸然解读进法律之中,忘记了有一半同胞都对他眼中的首要原则不以为然,那么这实属不幸。我想我们至少在州法院层面已因之付出代价,这也是应从民怨中汲取的另一条极为重要的真理。就在二十年前,隐约的恐慌遍及世界,到处开始听闻社会主义一词,我当时认为(而且至今仍然认为)人们已将这份忧惧心,转化为某些在联邦宪法或普通法上缺乏适当根据的准则。法官很容易天真率直,他们需要靡菲斯特之类的东西。我们同样需要掌握显明之事,要学会超越我们自身的信念,要允许通过有条不紊的法律变动,在不引发革命的情况下祛除我们所珍视的许多东西。

我绝不相信什么万用灵药,而且认为不太可能出现所谓轰然垮台的局面。我跟孟德斯鸠一样,认为如果一次偶然的战争——不妨再补充一点,即一部法律的通过——导致一个国家灭亡,那么此前肯定存在某种一般原因,造成该国很容易因为单单一次战争

或一部法律而倾覆。因此，对于那些如今得到热烈倡议的秘方(nostrums)，我是提不起多少兴趣的。我并不认为，若是我院丧失
296 了宣布国会法案无效的权力，合众国就要一命呜呼。我倒是认为，若是我院不能宣布某些州的法律无效，联邦将遭到削弱，因为一个人要是处在我的位子上，便会看到地方政策常能诱导那些尚未习得国家大局观的人，而且各州频繁采取那种包含着[联邦宪法]“通商条款”意在禁止之事项的行动。但我没听说有谁郑重地希望限制联邦最高法院的这方面权力。面对确实可称为法律现状之弊端的大部分事情，一如面对公共舆论的弊端，我认为最主要的矫治方案就是等待我们成长到更加文明的境界。

如果我没有搞错的话，那么我们美国人要形成合乎理性的观点，可谓路漫漫其修远兮，这还得假定我们有条件平平稳稳地实现该目标。不过，时光如梭，我也越加处之泰然。如果说我萌生出兴许是老年人特有的领悟，即来自新种族的竞争将比劳工纠纷的影响更为深远，并将检验我们是否能够精诚团结、同仇敌忾；如果说我担心我们正按难以为继的节奏席卷世界资源；那么我并没有心灰意冷。我并没有把我对未来的梦想，寄托于我的祖国甚或我的种族。我想文明很可能会以某种方式持续到我所展望的长远未来，或许其数量会有所减少，但也许会因科学的哺育而臻于宏伟辉煌。我想如下事情或也成立：人可能有着他并不理解的天命，正如幼虫为它从未得见但终将化身的有翅成虫准备好了茧壳。于是，
297 我在种族争斗和地球枯竭的景象之外，如梦似幻间得以参悟和平的玄机。

有一日，我的梦境印刻在了我的脑海里。那是在傍晚时分。

我沿着宾夕法尼亚大街漫步回家,途经财政部大楼,此刻我朝着谢尔曼纪念碑(Sherman's Statue)的方向举目西望,夕阳的余晖燃红天际。但正像瓦格纳(Wagner)歌剧中表征倾覆的那种音调,昏黄稀疏的灯光在薄暮下点点闪烁。我暗自思忖,"诸神的黄昏"(Götterdämmerung)行将落幕,[①]天空的新主宰将从那些宛如恶魔之蛋般簇拥在一起的微灯中脱胎而出。我们如今生活的时代亦如此。但那一刻我回想起自己部分表达过的信仰,即相信这个宇宙不以我们的忧惧为尺度,相信其中蕴藏着思想以及超乎思想之物。当我失神凝望之际,夜色悄然降临,满天星斗在人间灯火的烘托下璀璨生辉。

① 《诸神的黄昏》是德国音乐大师瓦格纳四联歌剧《尼伯龙根的指环》(*Der Ring des Nibelungen*)的最后一部。此处霍姆斯似乎在使用双关语,故翻译时标记双引号而非书名号。——译者

303 理想与怀疑(1915年)[*]

过去30年间，我们醉心于法律观念的发生学；对事情的解释，在我负笈求学之时还是指找出目的因，后来就开始指追溯起源和成长。不过，风尚在思想世界和在其他领域一样强劲，于是出现了不可避免的针锋相对迹象。假如真有这样的针锋相对，在我看来倒是进步，因为它迈向终极的价值追问。那便是莫里斯·R.科恩的精彩论文《历史vs价值》(发表于《哲学、心理学和科学方法杂

266 志》)，[①]以及或许采取保守形式而非进步形式的德尔韦基奥的《法的形式根基》(“现代法哲学丛书”之一)。[②] 我对这一新趋势的同情，可见于我在《法律季评》发表的文章。[1] 但或许无可厚非的是，在此表达一下我看待任何被青年人寄予厚望的总体查验(recension)时，不得不抱持的谨慎态度。

我们首先要探究的是准绳(criterion)。假如我可以根据自己

---

* *Illinois Law Review*, Vol.X(1915).(原文标题为“Ideals and Doubts”。——译者)

① 参见 Morris R. Cohen, “History versus Value”, in *The Journal of Philosophy, Psychology and Scientific Methods*, Vol.11, No.26, 1914, pp.701-716。——译者

② 参见 Del Vecchio, *The Formal Bases of Law*, trans. by John Lisle, The Boston Book Company, 1914。——译者

1 25 *Law Quarterly Review*, 412, 414, October, 1909. *Ante*, pp. 285-290.(参见《霍尔兹沃思笔下的英格兰法》。——译者)

的匆匆翻阅,冒昧地用一两句话总结我所体察的德尔·韦基奥的
准绳获取模式,那么他采取的是新康德主义观念论者的模式。发 304
生的经验按照意识的机制和法则(例如,因果的范畴),由意识加以组织。因此,意识建构宇宙;意识作为根本事实有资格获得根本尊重。由此很容易推导出康德主义的训谕,即把每个人视为目的本身而非手段。

坦白地说,我立刻拍案而起。如果我们招兵买马,我们让兵士扛着刺刀奔赴前线,为了他们或许并不信仰的事业而血染沙场。在我们眼里,敌军恐怕连手段都算不上,简直可以说仅仅是不除不快的眼中钉。这两步都不会令我的良心产生些许痛楚,我自然不愿接受一套看似与我所认可的实践相矛盾的理论。事实上,我觉得观念论者在著书立说的时候便露出马脚了。因为著书立说的行为表明他们是在从事伟大的信仰活动,并规定了他们不是上帝。倘若世界是我的梦幻,我就会成为我所知的这唯一世界之中的上帝。但尽管我无法证明我是清醒的,我依然相信我周围的人跟我一样实际存在着,而如果我承认这一点,也就很容易承认我在宇宙之中,而不是宇宙在我之中。

当我说某样事物是真实的,我的意思是我不由自主地相信它。
我是在陈述一种别无选择的体验。但鉴于有很多事情我不由自主
而宇宙却处之泰然,我就不敢假定我思想方式的能力缺陷也是宇
宙的能力缺陷。于是,我把真理界定为我的限度的体系,并把绝对 305
真理留给那些造诣更精深的人[去探究]。我同样把绝对的行为理想与绝对真理一道悬置起来。

不过,尽管人们相信通常被模模糊糊称为必然性的东西,即总

是可以见到各种现象与先前现象处于定量关系之中，我们也不能由此推断，若无此类绝对理想，我们便无所事事，坐待时光流逝。如我多年之前所写的那样，不可避免的东西总是通过奋斗而降临的。有意识的也好，无意识的也罢，我们全都力求打造一种我们喜欢的世界。虽说我们不妨像斯宾诺莎那样认为批评往昔乃属徒劳，但是，千方百计地打造我们欲求的未来，却是义不容辞之事。

努力让我们的欲求变得理智起来，同样是义不容辞之事。困难不仅在于我们的理想大都不清不楚，还在于就算我们已经予以阐明，我们关于理想兑现方式的实验知识(experimental knowledge)也少得可怜。我们不可能借助立法无中生有，正如我们不可能借助力学无中生有——当今的社会改革者在我看来早将以上事实抛诸脑后，因此他们对于总账单里[只计入改良之收益]未计入改良之代价这一事实才会感到心安理得。没人操心那些可能远超[社会改革]所许诺之收益的间隙损失(interstitial detriments)。大概是我对我们的改良能力过度怀疑，认为我们最多只是把烦人的负
306 担从强者转嫁给弱者。但我恪守一些信条，而且我并不指望它们能在有生之年流行起来。我相信，眼下似为众望所归的大规模社会革新，即便能够得益于人类有意识的协作，也不能寄望于摆弄财产制度，而只能寄望于管控生命和努力塑造种族。这便是我为法律理想设定的出发点。有人认为，随着财产的社会化，妇女将获得解放，人人都将拥有钢琴——该观念在我看来实属花言巧语。

稍微务实些的话，我想有可能在一定程度上肃清(purged)我们现行的伦理，肃清我们对惯习性法律规则的流行执迷，而无须顾及我们可能有怎样的终极理想。固守某条公式，无异于呼呼沉睡，

而一旦迟迟不醒,就意味着死亡。我们的道德体系是一套按情感术语表达的、不完善的社会原理。若要弄清其本真状况,不妨忽略情感,扪心自酌:那些社会原理是什么?它们在多大程度上由经过准确测定的事实所确证?因此,就法律公式而言,我发现考察其中可能隐含的先决条件是极有助益的。总体说来,有两项先决条件:(1)如此这般的状况或结果是值得追求的;(2)如此这般的手段适于达成该状况或结果。就一切存在争议的事情而言,都有彼此冲突的欲求须以互不协调的手段加以实现,于是进而产生一个问题,即哪种欲求有资格支配某件案子。面对此类问题时,逻辑派不上什么大用场,而实际解决方案有时可能显得有些离经叛道。我身 307
为法官的第一要务就是确保游戏按规则进行,无论我喜不喜欢游戏规则,而我发现有利于澄清思维的做法是,努力审视关于法官角色的传统假定。质疑自己的首要原则,乃是开化者的标志。了解你需要的东西,以及你认为特定举措将产生成效的理由,是迈向理智的法律改革的第一步,但绝不是最后一步。要迈出的另一步更加困难,即弄清若想得到你需要的东西,你必须舍弃什么,并且考虑你有没有付出这种代价的准备。

对照着富于个人主义色彩的 18 世纪权利法案,而强调社会福利这一准绳,这样的做法如今时髦得很。我冒昧地提请读者参阅我三十四年前出版的一本书[即《普通法》],[2] 以表明这样的做法并不新鲜。某些那样不温不火炒剩饭的人,其问题在于他们容易把那项总前提[即社会福利]当成特定举措的充分证成理由。一个

2 *The Common Law*, 1881, pp.43, 44, 48.

人可能诚挚地接受社会福利这一前提，同时却不采信一切流行的社会主义观念，甚或怀疑为妇女赋予选举权是否算作灵丹妙药。就我本人而言，我喜欢在点大餐之前先了解要支付的价码。不过，看着年轻人心中滋长着更多的信仰和热忱，倒是一桩美事。而且我认为有位年轻人曾经很好地回应了我的某些怀疑论调，他说："[那样一来就等于]你让立法基于遗憾而非基于希望。"

评《布莱克顿论英格兰的法律与习惯》308 (1915年)*

伍德拜恩编订，耶鲁大学出版社，纽黑文，1915年版，第1卷

暂且不提更为常见的主题，在过去三十五年间，人们见过的与北美印第安人签订的条约都比布莱克顿的著述要多，因此，我恐怕无法就这部里程碑式著作的细节侃侃而谈。实际上，与布莱克顿此书的情况大致类似的，要属已故的索福克勒斯(Sophocles)教授编写的《罗马-拜占庭时期希腊文词典》，①据说在欧洲只有一个人有能力品评这部词典。要说有能力品评布莱克顿此书的人，我的朋友波洛克大概可算一个，但我肯定做不到。不过我仍可谈谈一些想法。即便不谈法律史对于比较中正的人类学研究的意义，单就理解法律而言，法律史也是分外重要的。布莱克顿此书是法律史领域不可多得的瑰宝。目前尚没有一个完整版本使我们得以澄清未知的原文，让我们一览各善本之间的异文(variations)，或为我们打开解决文本疑难的思路。这个虽玲珑却紧要的领域被这些

---

* *The Yale Review*, 1915.(原文标题为"*Bracton de Legibus et Consuetudinibus Angliae*"。——译者)

① 参见 E. A. Sophocles, *Greek Lexicon of the Roman and Byzantine Periods* (*From B.C.146 to A.D.1100*), Harvard University Press, 1914。——译者

309 问题所萦绕，多年来翘首盼望有人能够承担伍德拜恩教授(Professor Woodbine)的使命。

现在，这个人[即伍德拜恩教授]终于出现了。他在一笔慷慨善款的资助下，呕心沥血、甘之如饴。因他已在该书上精耕多年，依然孜孜不倦，憧憬着全书杀青那一天。目前出版的首卷，展现出他所谋求的那种淋漓尽致、那种将材料一网打尽的派头（有两部手稿未曾得见则错不在他）和那种精擅考据的才华。该书含有一份关于各版本之谱系的研究（配以图表说明各版本的大致源流关系），以及一项关于文字改动情况的分析。该书说明了编订者[即伍德拜恩教授]悉心详查的无数细节。该书表现出编订者研究成果的影响。至此，真正值得述论的唯一事情或许就是，该书编订工作显示出学者的高尚心怀和英雄豪情。有些人花在细节上的功夫远逊于伍德拜恩教授，却心心念念自己有朝一日将会揭示那有机的命程，从而名动天下，他们若谨记勃朗宁(Browning)在《一位文法学家的葬礼》(A Grammarian's Funeral)里面依想象刻画的英雄文人，那位英雄文人——

> 孤心枯坐半身麻，经久历时肝胆裂，
> “De”之学说难求解。

就会以军人对军人的敬意，向这位真正的男子汉[即伍德拜恩教授]肃容行礼，这位真正的男子汉为了荣誉，像诗中的文法学家那样彻底牺牲小我，而且执着于比文法更重要的目的。

自然法(1918年)* 310

对浪漫的骑士而言,你同意说他的情妇是个很招人怜爱的女孩,这还不成——如果你不承认她在上帝已有或将有的造物中首屈一指,你们二人就得短兵相接。所有人都在心目中渴望绝妙[的人或物],这一渴望殊为炽烈,无从获得绝妙[的人或物]的可怜虫不得不借酒意淫。哲学家致力于证明真理的绝对性,法学家寻求普遍有效的准绳(这些准绳被归于自然法的旗号下),在我看来,他们的行为深处就涌动着前述渴望。

想当年我常说,真理是所向披靡的那个民族的多数决。我们显然可以预料,关于当前这场战争的主流意见,①在很大程度上取决于哪一方获胜(我衷心希望胜利属于我们),而且我认为这条论点仅在如下意义上正确:它意味着我们的真理标准立足于赞成我们看法的多数人,该多数人要么存在于当下,要么存在于假想的未来。如果套用我在别处的提议,把真理定义为我的(智识)限度的体系,那么真理客观性的事实依据就是:我发现我的同胞或多或少 311

* 因阅读惹尼(François Gény)《实定私法的科学和技术》(*Science et Technique en Droit Positif Privé*,1915)之后有感而发(*Harvard Law Review*,Vol,XXXII,1918)。(原文标题为"Natural Law"。——译者)

① 指当时正在进行的第一次世界大战。——译者

(但并不完全)服从于同样的“**不由自主**”(*Can't Helps*)。如果我认为我正坐在桌前,我发现在场的其他人都表示赞成。如果我说三角形的三角之和等于两个直角,情况同样如此。如果我遗世独立,他们就会找来医生或者把我关起来;而且我能够远远超越令我信服的自身感官证据或理性证据,进而意识到假如我形单影只,很可能是我这边出了岔子。

[主观]确信(certitude)并不是[客观]确定性(certainty)的检验标准。我们素来对许多今非昔比的事物深信不疑。请允许我再次援引自己的观点,财产、友谊和真理都靠岁月养成。如果谁被拽出自己栖身多年的蜗居,定会感觉自己有性命之忧。我们最热爱、最敬重的东西,一般取决于早年的印迹。我爱花岗岩和伏牛花丛,这无疑是因为我那些历久弥新的儿时欢乐与之息息相关。然而,一方面,个人的经历使其固守某些偏好,另一方面,一个人如果意识到这些偏好的来龙去脉,就能发现其他人(那些凡夫俗子)或许同样固守另外的偏好。而这还是意味着怀疑精神。这不是说一个人的信念或爱不长久,也不是说我们不会为了重要的信念或爱而赴汤蹈火——我们全都在奋力缔造我们喜欢的那种世界,无论我
312 们是否认识到这一点——而是说我们已经学会认识到,其他人也会凭着同样的真挚或信念,为缔造一个不同的世界而赴汤蹈火。根深蒂固的偏好是不容置喙的——你无法通过论证,让一个男子爱上啤酒——因而,一旦分歧足够深重,我们就努力消灭另一方,而不是让他自行其是。但这完全不妨碍我们承认:乍看之下,人家的根据跟我们的一样在理。

那些相信自然法的法学家们,在我看来心智状态十分幼稚,他

们把那些耳熟能详且为自己及周围人所采信的东西接受下来,视之为必被天下所有人采信的东西。诚然,在我们眼界所及的范围内,耳熟能详的制度的某些安排和精髓——它们可能源自我们自己的社会,并且对我们来说是文明的——似是任何社会的必备要素:(1)某种长久的两性结合形式;(2)一定剩余量的私有财产;(3)某种要求自己将来必须作出某种行为的方式;(4)至为根本的是,某种人身保护。然而,或可想象这样一种社群,它可能缺失前三种要素,好不容易有第四种要素,却还得受到我们多数人深恶痛绝的限定——就算不思虑这种可能性,自然法的**应然性**依旧存疑。

诚然,信念和愿望的根基是专断的,就此而言它们有着超验的基础。你不由自主地怀有和感受着那些信念和愿望,仅此而已。人们希望活着,这是一项专断的事实,而我们或多或少肯定地说, 313
人们只有在某些条件下才能活着。要活着就得吃喝。这一需要是

绝对的。如下需要不那么关键但实际上广为接受,即人们得生活在社会中。假如人们生活在社会中,照我们看来就引出某些进一步的条件。立足于经验的理性确实告诉我们:如果我们仍然希望活着,那么唯有在那些条件下我们才能做到。但在我看来仅此而已。我没发现存在着以那种方式与他人一起生活的先天义务,我只发现关于如下问题的断言,即假如我希望继续活下去,那么我必须做什么。假如我确实与他人生活在一起,他们会告诉我有一大堆事情是我必须做和不得做的,否则他们就会逼我就范。我相信他们干得出来,而且人同此心,我不仅接受了那些规则,久而久之还对它们生出认同之情,并开始谈论起义务和权利。但正如我们谈论那解释了空间中的物体运动的引力,就各种法律目标而言,权

利无非是预测的基质(hypostasis),也就是设想支撑着如下事实的实体,即人们将动用公共强制力制裁那些践踏权利之人。无论权利话语还是引力话语,都没怎么增加我们在缺少这些话语之时的既有知识。显而易见,这些法律权利的背后是权利维护者的斗争意志,以及朝向作为维权基础的一般规则蔓延的情感;但在我看
314 来,那并不等于对义务的所谓先天识别,或对预先存在的权利的主张。一条狗也会为了自己的骨头而战。

不仅在战争中,而且但凡人们认为社会利益(亦即共同体之统治势力的利益)需要,所谓预先存在的权利中最基本的一项权利——生命权——就会被义无反顾地牺牲掉。没人说得清那种利益是不是人类的长期利益,而且对于那些并不认同康德和黑格尔的人来说,它无论如何只是一种利益罢了。既然如此,其圣洁性也就消失殆尽。我记得一位心思细腻的法官认为,纵然明知会使底下的人窒息,为灭火和防范货物毁损而关闭舱门也是正当的。这里毋庸赘述,因为对那些赞同我的人来说,我这些话都是老生常谈,而对那些不赞同我的人来说,我忽视了思维的必然基础。满脑子先天观念的人(the *a priori* men)总认为反对者流于肤浅。但我的确同意他们的如下信念,即一个人在这些事情上的态度,与他对宇宙的总体态度息息相关。如前所言,大致说来,这主要取决于早年印迹和性情,以及对于绝对指南的渴望。人们在很大程度上相信他们想要相信的东西,尽管在我看来其中没什么能为一种向我们告知应然需求的哲学提供基础。

当我们来讨论我们对宇宙的态度时,我找不出如下心态的理
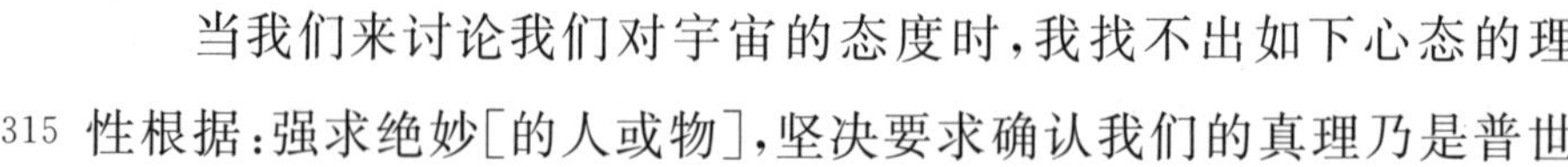
315 性根据:强求绝妙[的人或物],坚决要求确认我们的真理乃是普世

真理(倘若真有这么个东西的话),亦即确认这小小地球上的微末造物[即我们]的终极判断乃是浩渺万象的盖棺定论,否则就不善罢甘休。假如我们终而认为,意义、意识和理想不过是有限者的标志,这也不等于证成了法国怀疑论者的惯常路数,即高高在上,对着破败不堪的尘世极尽嘲讽之能事。真正的结论是:部分无法吞没整体,我们的范畴实际上或者可能不适于表达我们无法认知的东西。假如我们相信,我们脱胎于宇宙而不是宇宙脱胎于我们,那么我们就得承认,当我们说起原始物质(brute matter)时,我们其实对自己的言论不明所以。我们的确知道,某种能量体(complex of energies)可以摇尾巴,另一种能量体可以进行三段论推理。这些都在未知者的能力范围内,而倘若未知者兴许还拥有我们无法理解的诸般更强大能力,正如法布尔(Fabre)关于本能的研究会令我们信服的那样——他的研究曾为柏格森(Bergson)哲学带去最显明的思路之一,并曾使得梅特林克(Maeterlinck)能让我们一度在冥冥中以为自己听到了现象背后的动静——倘若果真如此,那我们为何不安分守己?我们为何竟要用和谐寰宇(cosmos)赐予我们的能力反过来挑衅那和谐宇宙,向着苍天挥拳示威?这样的举动在我看来愚蠢透顶。

宇宙所包藏的东西超出了我们的理解范围,列兵们(private soldiers)尚未得悉作战计划,甚至不知道有作战计划,更别提某种更加庞大、难以设想、无以言表的[东西]——凡此种种并不影响我 316
们的行为。我们仍将奋斗——对我们所有人来说,理由在于我们想要活着,而至少对某些人来说,理由在于我们想要实现我们的自发冲动,以及证明我们的力量——并且乐此不疲,而我们不妨把关

于我们必定珍视之物的所谓最终评价托付给未知者。明确如下事情对我们而言便足矣：宇宙造就了我们，我们所信所爱的一切事物都蕴含在宇宙之内，跟宇宙相比是小巫见大巫。假如我们不自视为宇宙外面的小小神祇，而自视为宇宙内部的一个神经节，那么我们的背后就矗立着无限者。无限者为我们赋予了我们唯一的但也恰如其分的意义。一粒沙子有着相同的意义，但什么能耐人会以为自己理解一粒沙子？一粒沙子同样超出了我们人类的领悟力。如果我们的想象足够丰富，能将我们自己视为不可与其余世界相分离的部分，并能让我们的终极旨趣超越肉体的界限，那么，这就为出于满足外在目的之需要而牺牲我们性命的做法提供了正当理由。该动机确是我们在人心中发现的共同欲求和理想。哲学并不提供动机，但哲学向人们表明，做自己本来想做的事情无可厚非。我们赖以安身立命的渺茫希望，人类思想最天马行空的展望，未知者鼓荡出来的和谐旋律，都可与哲学水乳交融。

附录一　评波洛克的《法律与命令》*

霍姆斯

本期《法律杂评》(*Law Magazine and Review*)引人入胜,在其中的第三篇文章里,弗雷德里克·波洛克先生讨论了奥斯丁的法律定义。鉴于他的结论与一门哈佛法理学课程伊始——课程讲授与波洛克此文付印是在同一时间——详加发挥的意见大致吻合,或可简明陈述授课者阐发的某些要点以飨读者,至于更详尽的论述则留待日后进行。

我们面前的作品已经表明如下总体意见,即奥斯丁的定义从哲学立场来看并不令人满意。按照奥斯丁的定义,严格说来的法律,是指一定的政治层面的上级或主权者(political superior, or sovereign)的命令,如遇违抗则施以惩罚,由此迫使政治层面的下级或从属者(political inferiors or subjects)作为或不作为;所有宣称如此施为的主权命令都是法律。现在每个人都承认,"谁是主权

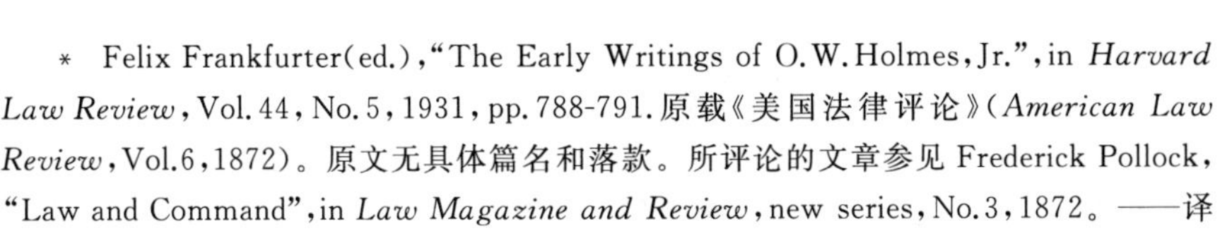

* Felix Frankfurter(ed.),"The Early Writings of O.W.Holmes,Jr.",in *Harvard Law Review*,Vol.44,No.5,1931,pp.788-791.原载《美国法律评论》(*American Law Review*,Vol.6,1872)。原文无具体篇名和落款。所评论的文章参见 Frederick Pollock,"Law and Command",in *Law Magazine and Review*,new series,No.3,1872。——译者

者”是个事实问题，相当于追问“谁掌握着一国全部政治权力”。也就是说，主权是一种权力形式，主权者的意志就是法律，因为他有权力强迫他人服从或惩罚违抗行为，仅此而已。于是，他的意志在多大范围作为法律，就看他在多大范围内有（或被认为有）强迫或惩罚的权力。曾有许多事例表明，主权者的这一权力不仅受到来自外部的限制，即战争责任（这被表明可能是一种真正的制裁），也受到来自内部的限制，诸如相冲突的主权原则（领土主权 vs 部落主权）、未分享主权之人组成的各种团体、无组织的公共意见。曾有人证明，没有主权时也可能存在法律，与此同时，在有严格说来的主权者的地方，非属主权者的其他团体甚至舆论倒可能产生一种法律，这种法律在哲学意义上与主权者意志相对抗。须谨记，就大部分国家而言，一直有大量的男性并未分享政治权力，且其人口比例在不少国家占据多数，然而与此同时，他们的身体力量以及他们的欲求却不应当被忽视，且在某些情况下不应当被违逆。

在开篇提及的法理学课程中，讲授者怀疑，就律师赋予“法律”一词的那种相对限缩的意义而言，法律除了指借助法院程序实施的规则，是否还包括其他什么对律师具有实际意义的共有属性。讲授者证明：以那种方式实施的规则，未必依靠法院来获得行为调整之实效，而且，说这些规则必然衍生自**作为法律**的主权者意志，这无论从哲学方面看抑或从法律方面看都纯属虚构。

奥斯丁遵循海内修斯（Heineccius，*Recitationes*，§ 72）的观点，[①]

① 此处是指海内修斯（Johannes Gottlieb Heineccius，1681—1741）的《依〈法学阶梯〉次序叙述的市民法原理》（*Recitationes in Elementa Juris Civilis secundum ordinem Institutionum*）。有趣的是，据传记作家透露，霍姆斯在距婚期仅剩两天之际还在阅读该书。——译者

认为唯有经由主权者的默示同意——这表现为得到法院采纳——习惯才转变为法律，而在法院采纳之前，习惯不过是判决的动机(motive)，跟政治经济学学说、法官的政治抱负、法官的痛风病或者皇后的蜜语甜言的地位大同小异。但显而易见的是，在许多情况下，纵有禁止性的制定法摆在那里，习惯和商事惯例仍有堪比法律的同等强制力；若说习惯和商事惯例在被法院采纳之前仅是判决的动机，那么采纳它们的那份判决对于未来判决而言，不是动机又能是什么呢？制定法[若不是判决的动机]还能是什么呢？法律除了让我们相信如下事情之外还有什么别的意义：我们认为法律向法官提供的判决动机将占据支配地位，并诱导法官以一定的方式作出一定的判决，从而基于该预期(anticipation)塑造我们的行为。法官有可能不遵循某条先例；法官有可能通过阐释而使某项制定法落空，或者可能在我们依据某些制定法行事之后毫无保留地将其废止；但我们有着相反的期待，并且倘若我们的期待成真，我们说我们在所处理的事项上服从了法律。英格兰制定法和美国宪法的大量司法解释实例，表明了一件我们务必谨记的事情，即在一个已实现文明的国家，创设了律师所认为的法律的，并非主权者的意志(即便主权者意志乃是法源)，而是一群负责实施法律的从属者(即法官)**声称**为主权者意志的东西。撇开法官自己的专断意志不谈，法官尚有除主权者命令之外的其他判决动机。并且只要那些其他动机足可居主导地位，从而为预测提供根据，那么它们是否有同等强制力则在所不问。对律师而言唯一的问题是，法官将会如何行事。法理学论著理应将法官的一切行为动机视为法源，不论那动机是宪法、制定法、习惯抑或先例，只要它们真可能在大多数案件中起主导作用即可。特异动机(singular motives)——例

如皇后的蜜语甜言——并不算预测的根据,因此不予考虑。

再来看看奥斯丁的定义是否足以确定"什么主权者命令应被称为法律",前述法理学课程认为,奥斯丁似乎隐含地假定终极检验标乃是具体的惩罚或制裁,但二者未必可靠。

义务概念的内容不止是某一行为方式承受的负担(tax)。关于钢铁的保护性关税,并未创设禁止从境外购入钢铁的义务。"义务"一词意味着,掌握义务施加权力的一方,绝对希望(absolute wish)促成一定的行为方式,并绝对希望阻却相反的行为方式。如果法律倾向于允许所谓服从义务者以一定代价作出选择,那就不能说存在着这项法律义务。法律义务的检验标准是命令的绝对性。如果制定法规定一旦某人从事特定行为,则对其提起罚金诉讼(penal action),但此种行为在法官可能审理的所有其他诉讼情境中,全都受到保护且被视为合法行为,那么这里实际上就允许作出选择。著名的"克雷奥勒案"(case of the Creole,2 Wall.Jr.485)就是引人注目的例证,在该案中,一项制定法规定某些船舶"不得不"雇佣一名领航员,否则就"被没收和支付"一笔钱作为"惩罚",于是法院认定这项制定法使雇佣与否成为带有负担的选择行为(至于这是否正当则无关紧要)。因此,施加惩罚仅是倾向于表明如下事实的证据,即有意发布一项绝对命令(此乃一项阐释规则)。然而不论有无惩罚,绝对命令仅当违抗行为丧失法律保护时才存在,至于怎样算作丧失法律保护,则要看一般定义中未能详加规定的若干后果。例如:从事法律禁止行为的契约无效,"双方当事人的过失相等时,被告的地位更强(*in pari delicto potior est conditio defendentis*)"这一规则,原告也参与违法行为时则不予救济,等等。

若不存在直接追加于既定行为的惩罚,则更加(*a fortiori*)必

须根据上述附随后果(collateral consequences)来判定是否存在某项作为或不作为的法律义务。因享有权利(enjoyment)而给付公平的价格或价值,恢复或交还属于他人的财产——这类责任(liability)不算惩罚,而属于普通法上民事诉讼的正常责任范围。在此类情况下——其中没有追加附随后果(在某些契约中,大概事实正是如此,例如一手交钱一手交货的契约)——很难说存在严格意义上的义务,并且人们出于前述经验理由,在法律书籍中加入如下规则:义务由法院加以适用,因此必为专业人士知晓。

由于民事责任并不属于本身创设义务的惩罚或制裁,因而,另一方面,民事责任不像过度遵循刑法学家视角看待法律的奥斯丁所以为的那样,必然意味着可责性(culpability)或者违反义务。法律的目标是实现一种外在结果。如果法律通过作用于人的意志而能够最大程度实现那种结果,或者如果不存在故意或过失的时候才能确保实现法律的要求,那么法律将故意或过失——此乃责任要件之一——作为诉讼理由(the gist of the action)便无可厚非。但在另外的情况下,法律可能认为这种[诉讼理由]限定过于狭隘,认为甚至应当保护产权免遭无辜的侵占(innocent conversion),认为人们无论如何应就特别危险(extra-hazardous)情势所致损害获得赔偿(过失在此不是责任要件)。公共政策必须决定应在哪里划定界限。普通法上有一条规则,要求家畜的所有者自担风险地将家畜圈养在自家土地上,而该规则在西部某些州已被摒弃,此诚可谓措置有方,因为在那些地方,圈围广袤的大草原的做法必定在很长时间内行不通。

(姚远　译)

附录二 《普通法》第12讲*

霍姆斯

法律的主干在于责任原则。早期的责任基础是复仇。侵害之诉是如下事情的直系后裔，即提起诉讼以获得血亲复仇(blood feud)的抵偿金(composition)。侵害之诉最开始适用于蓄意的不法行为，后来扩展至伴有暴力的无心之失(unintentional wrongs)。因奴仆、动物和无生命物而起的间接责任，其出发点是同样的情感[即复仇]，但这情感并不针对着雇主或所有者，而是针对着事物本身。时光荏苒，将奴隶或公牛交由受害方发落的义务，开始被视为一种责任限制和一种特免，而该特免又会在某些案情下被撤销。这样一来，现代的雇主(为雇员承担的)责任和所有者(为家畜承担的)责任就被引入法律。无生命对象的责任，仍旧构成海事诉讼(admiralty proceedings)的基础。船舶要对自己的不法行为(比如碰撞)负责，尽管事发时船舶不在其所有者的手里。船舶就是责任的界限，责任可通过交出船舶而免除。是船舶与船员订立契约的，

---

* *Boston Daily Advertiser*, January 1, 1881, p.1.译自 Sheldon M.Novick(ed.), *The Collected Works of Justice Holmes: Complete Public Writings and Selected Judicial Opinions of Oliver Wendell Holmes*, Vol.3, The University of Chicago Press, 1995, pp. 104-109。——译者

如果船舶沉没则船员失去薪水，但船员可以起诉随后漂上岸的木壳板(plank)。[①] 复仇(vengence)还是法律的目的吗？复仇被视为刑罚的目的之一，但它不可能是主要目的。主要目的乃是预防。诚然，预防意味着为了一般福祉而牺牲个体考量，但这是法律永远的无奈。当法律一视同仁地要求每个人自担风险地了解法律时，就是在为了一般福祉而牺牲个体考量，而倘若如此，则大家或许更愿意承认，刑罚不以罪犯的实际道德状况为转移。事实上显而易见的是，刑法一般不考虑个体的个性化因素(personal equation)，除非此人与其他人的差异甚为显著，例如精神错乱。刑罚只适用于不法行为，但所谓不法仅限于一种意义上，即共同体平均成员(the average member of community)所衡量的不法。因此，在谋杀罪中，恶意——它在百姓眼里表示恶毒动机(malevolent motive)——不过是指招致法律力求预防之恶果的意图。而就意图来说，唯一具有法律意义的要素是预见；就预见来说，唯一具有法律意义的要素是对当前客观情况的认识。如果某人的行为在所知客观情况下极有可能致人死亡，那么即便他并没有恶毒预谋、意图实现甚或实际预见死亡结果，也不影响他的谋杀罪认定。谋杀罪和非预谋杀人罪(manslaughter)的主要区别在于，在所知客观情况下实施的行为将有多大的致死概率。

某些未遂情形的成立要求有犯罪意图，这不是因为法律在判处监禁时反倒比判处绞刑时要求存在更多罪过，而是因为既有行

① 霍姆斯用主格“she”和宾格“her”指代船舶，符合当年海事法上的船舶拟人化称谓惯例。——译者

为只表明一种联系自然因果链来认定的、招致法律所预防之侵害的趋势(tendency),除非其他行为接踵而至,否则既有行为本身并不会招致侵害。犯罪意图表明其他行为极有可能(probability)接踵而至,而一旦确立某行为极有可能招致恶果,那么此种概然性究竟是根据物理知识抑或根据人性知识判定的,则在所不问。法律将永久(permanently)剥夺他人财产的未遂行为处以偷盗罪(larceny),而在此同在其他未遂情形中一样,犯罪意图属于构成要件。

侵权法亦然。因无心之失而承担责任,既不等于对某人行为的一切后果负责,也不局限于个人实有缺陷的情形。法律要求一个人达到审慎者(prudent man)或者共同体平均成员的标准,否则自担风险,而法律通常仅就审慎者所厘定的可责(blameworthy)事态,判处行为人承担责任。但何谓审慎者在所知客观情况下厘定的可责事态,则依经验判定,故而法律总是倾向于搁置这种模糊的尺度,代之以关于如下事项的特定规则:基于所知客观情况下的行为趋势方面的经验教诲,一个人可以不受惩罚地从事何种行为,或者自担风险地从事何种行为。在认定明显有备而来的或者蓄意的不法行为时,也可见到同样的注重外在准绳并避免直接参考道德状况的趋势。在认定欺诈的时候,不必诉诸希望他人按照某一事实陈述(representation)而行事的现实意图,只要客观情况显可确保他人假定存在此种意图就够了。不需要明知事实陈述是虚假的,只要相关证据无法令合理审慎者采信就够了。我们可以根据所知客观情况——这些情况必令本身中性的行为产生危害(其实一切行为本身都是中性的)——的数量,安排整套侵权法体系。

某些权利和责任的成立，须以原告、被告或双方当事人存在特定事实为先决条件。这类特定事实中，最主要的是占有和契约。要理解关于占有的理论，我们必须看看法律如何对待受托人(bailees)。旧日的普通法认定，受托人对盗窃或抢劫所造成的损失承担完全责任。此种责任的基础在于，受托人有权获得基于占有的救济(possessory remedies)，而且该权利原本还是专属权。普通法甚至把代管人和借用人(depositories and borrowers)归为占有者。罗马法和康德哲学在德国的结合，引出如下结论：占有立足于意志自由，要求对象完全被置于占有者意志的掌控之下，因此，占有要求存在据为己有的意向(*animus domini*)，而这并不符合受托人的情形。可是，理论必须因应事实，现代立法到处都在遵循普通法的方向，而德国的理论与之相悖。一旦某人决心排除其他人对某物的占有，若法律不以温和方式平复外来干涉的话，他将凭借暴力平复外来干涉——这对于法律来说即已足够[占有的主观要件]。因此，在普通法上取得占有的充分条件是，在有力量防止对象逃脱的情况下，不仅存在着排除其他人占有该对象的意图，而且存在着同该意图范围相称的(coextensive)外显力量。至于已经取得的权利如何存续的问题，尽管催生权利的力量这一事实已告完结，但法律是否便不会将占有视为一种资格——正如其他资格一样，该资格一经取得，只有等待剥夺(divest)——却不无疑问。权利的占有(possession of rights)作为一般提法是没有意义的。占有的基础在于，你已在事实上占据某一身份，而法律又把权利附着于该身份。你可将他人赶出地盘，并取得因持有该土地而附带的权利，但你对于此人经历的既往事实莫可奈何，比如他昨天给出对

价并得到允诺。因此，你无法占有那附着契约权利的情境。

契约史上的关键点在于，对价准则的成长和简约之诉的发展。对价似已成为人们发明出来用以解释如下限制的政策准则，即鉴于先前的案情，对没有契据(charter)佐证的债务诉讼作出的限制。在陪审团出现之前，债务——指任何金钱上的要求——不可能在被告否认欠债的情况下获得清偿，除非原告能够利用某种公认的争端解决模式胜诉。当时的争端解决模式包括诉诸决斗、诉诸契据、(在古时使用证人的场合)诉诸证人。在撒克逊时代和早期诺曼时代，官方证人亲临买卖现场，为财产的诚实取得(come by)做个见证，以防财产持有者事后被人指控盗窃。在法律规定要有证人的场合，他们也可以宣誓保证议价的真实性。但此类场合仅涉及财产的易手。因而，多数情况下，仅在诉讼请求指向财产价格问题的时候，债务才用得上证人证据。这种原始的程序逐渐消失了，以文书来证明契约的做法变成历史上的通例。当时的法律仍然允许在缺乏文契(deed)的条件下，证实古时曾靠证人或其他近似人等作证的债务，但舍此无他。在这类案件中，事实上总是存在某种折抵物，且在一个世纪的岁月中，折抵物被视为构成要件。简约之诉引入了一种更广泛的观点。简约之诉最开始是因财产或人身损害而起的诉讼，后来扩展到单纯懈怠所致损害的案件，如果这懈怠出现在被告着手处理人或财产的过程中。接着，简约之诉扩展到未造成财产损失的懈怠，并成为一种契约诉讼。但这种诉讼的起源、该诉讼较晚才被认定为基于契约、罗马法的影响，三者共同导致如下准则：对价可以说是受允诺人的不利益，也可以说是允诺人的利益。若是双方当事人这样考虑事情，简直任何情势变更都构

成损失，例如，让渡一桶有待无酬运输的酒。问题的实质在于，应将不利益和允诺分别视为每一方对另一方的立约诱因(inducement)。

允诺——它是简单契约的另一要件——不仅仅指向允诺人的行为。一个人可以允诺明日会下雨或者他人会作画。不论允诺人对于事件的控制力如何，允诺的后果并无不同。因此，契约的真正效果在于，缔约人甘冒某一未来事件的风险，且对风险范围心知肚明。也就是说，关于损害的理论其实乃是契约理论的最重要部分之一。假设契约形式完备，因错误、误解或其他事情而致契约无效的那些情况，皆可化简为某一基本要件的缺失。如果一个人在交易时，以为对方是代理人而其实对方不是，那么就不存在来自所谓受允诺人方面的对价。事实上，此时仅有一方契约当事人。于是，如果两人以某一专有名词(proper name)描述契约标的，但有两样东西都叫这名字，且双方当事人各说各的，那么就不存在契约，因为双方言说的不是一回事。毕竟言语中使用的专有名词，是在表示和告知对方其仅特指单一事物，尽管这同一发音可以指称两种东西。于是，如果双方当事人在同一意义上言说同一事物，比如销售“这一桶鲭鱼”(this barrel of mackerel)，而桶里有盐，那么协议无效，因为标的不一致(repugnant)。标的必须同时是“**这一**”(this)和“**鲭鱼**”。但是，标的不一致原则仅适用于两条用语都很重要的场合。如果结合语境甄别出特定标的，则该标的将推翻任何其他说法(但最根本的必要条件除外)，而契约仍然有效。假设缔结了一份契约，该契约可能因违反某些条件而被撤销。契约的条件之一，是全部(而非部分)基本意思表示的诚实性(the good faith

of preliminary statements),后者自然而然将会提供缔约动机,而且事实上也确实提供了缔约动机。契约的其他条件包括事实陈述的真实性,或者作为该契约主题的事件的发生。但务必区分严格意义上的条件(若坚决要求必须达到这种条件,则将双方当事人推回缔约前的状态),与允诺事项所受之限制。条件的法律效果,既包括把允诺局限于满足条件的场合,也包括在违反条件时授权变更契约条款。双方契约(bi-lateral contract)中的信赖问题,往往不过是对应允诺(counter-promise)的范围问题,而这一点的决定因素,与其说是任何单纯的语法规则或逻辑规则,不如说是务实考量业务的属性和不同实质性条款的相对权重。

我已表明,人们不能占有作为特定事实情境之后果的权利,除非将该事实情境据为己有。可是权利转让现象每天都在发生,这势必借助于某种有待说明的拟制或设计。在古罗马,家庭是权利义务的最初中心。家长的死亡并不引发权利义务的变动。当家长开始被视为所有者,继承人取而代之的时候仿佛不曾有过任何变动。借助于一种与早先原则遥相呼应的拟制,法律认定继承人和被继承人具有身份同一性。现代的遗嘱执行人对应着罗马时代的继承人,像后者一样也是概括的承继者。现代的继承人虽然仅仅继承某些特定的权利,同样被视为保有被继承人的法律人格。满二十年的使用是通过时效制度取得权利的必要条件,但继承人可以利用被继承人的使用时间,因为就取得时效而言,继承人和被继承人在法律看来合而为一。由此引发的"一个人能够接替另一人的位置"(one man could step into the shoes of another)这一观念,在罗马和英格兰皆被扩展至买方和卖方的场合。法律允许二者利

用上述的时间累加规则，但不法占有人除外，因其不能被视同为原先的占有人。同样的认识曾适用于给予受让人(assigns)担保利益的情况，后来延伸至现代的[作为一种盖印契约的]权利担保条款(covenants for title)。但早期法律对其他盖印契约的处理，是从地役权(easement)角度进行的，即视其为特定地皮所固有或者从属于特定地皮。而由于未区分此二者，施行于(running)土地权益的整套盖印契约法陷入混乱。不过，一般原则是，要从非由自己订立的契约取得利益，你就必须通过原本缔约人确立起一种优先权，于是就此而言，你可采取与他身份同一化的做法。同样的原则适用于地租的契约救济、用益和信托。用益的收益首先扩展至继承人，继而被允许转让。负担首先由继承人承受，继而由具有优先权的受让人承受，但绝不会转移给强占者(disseisors)或不法占有者，因其不可能被视同为原初的受委托人。买方和卖方的身份同一性观念，是我们的不动产转让业务(conveyancing)理论的根本所在；在掌握一般责任论和特殊责任论之后，也须掌握不动产转让业务理论，以便弄清普通法的全部梗概。

(姚远 译)

附录三　法理学中的若干定义和问题*

格　雷

在一切知识分支中，一套说得过去的准确术语不仅是进步之助力，亦收抵御败坏之功效。暧昧不清的措辞催生形形色色的麻烦。诸如神学中的“教会”和医学中的“性情”等用词，含义模棱两可，由此酿成的恶果不容小觑。

然而在法学中，不求甚解的定义所造成的麻烦尽管实实在在，倒也不是全无回馈。人们非常乐于采纳新观念，前提是旧瓶装新酒；诸多法律术语正因为不明朗，恰好掩盖了法律中悄无声息的改进，而若是那些术语的含义更为确切，此类改进即便真实发生，也难免筚路蓝缕之艰。假如四百年前的制定法就界定了“契约”“对价”“侵权”“信托”，那么法律发展之途必定坎坷多磨。

任何领域中的分类，随着该领域知识的增长而改变；分类的改变也带来了术语含义的改变。[1] 只要知识对象是鲜活的，就不可能存在一劳永逸的定义；正是这条论断的真实性，强有力地驳斥了

* John Chipman Gray, “Some Definitions and Questions in Jurisprudence”, in *Harvard Law Review*, Vol.6, 1892, pp.21-35.——译者

1　Mill, *Logic* (9th ed.), Vol.1, 159.

法典编纂计划。可话又说回来，虽然分类必须而且也应该随着法律的成长而改变，虽然官方层面将分类予以固定的尝试有不少弊端，但这绝不意味着非官方层面也不得对分类作出探讨。

我们的前进方向如果是正确的，就有可能不断改进法律的表述和安排；我们坦言，任何表述和安排终将被取代，但这毕竟是百尺竿头更进一步，令我们看清自己已在多大程度上摆脱混乱。

英格兰人和美国人不怎么热衷于分析一般法律概念。在边沁和奥斯丁之前，这方面的研究凤毛麟角。奥斯丁的书仅为一个小圈子所知晓，当其遗孀于 1861 年重新推出该书增补版的时候，该书已经甚少见引于学术文献。1861 年之后，该书广为流传，直到亨利·梅因在《早期制度史讲义》最后两讲对其予以严厉抨击，[①] 该书由此信誉中落。

后来，霍兰德（Holland）教授和马克拜（Markby）教授出版了精妙论著，其他人也发表了有价值的论文，尤其值得一提的是波洛克（Sir Frederick Pollock）的文集，以及霍姆斯大法官刊登于《美国法律评论》（*American Law Review*）的系列文章。但除了写给实务界人士的著述外，我们这代英美法理学者大都采取历史的进路。

法律史研究的辉煌成果，这种研究本身的迷人气质，又兼对于进化论哲学（常常过犹不及）的普遍信受——这些使得人们聚焦于法律的变迁和成长，不再关注法律所包含的恒常要素。学者们关心的问题是法律何以变成现在这样，而不是法律现在的实际情况。

① 该书中译本参见〔英〕梅因：《早期制度史讲义》，冯克利、吴其亮译，商务印书馆 2022 年版。——译者

他们埋首于探究法律之树的成长，而不是现今或任何其他时间出现的横截面。

我绝没有为此感到惋惜，我完全承认法律概念确实不断变化；不过，(套用商店的形象)我们不妨时常清点一下库存，考察法学上的研究和探讨已将我们领到何处，尽管我们相信，若要阻止法学研究和探讨继续引领我们前行，既不可能也不可取。

此外，我们应该谨记，尽管大多数法律概念有所变化，或许鲜有法律概念扎根于永恒原则因而在自然秩序存续期间无法改变，但它们的改变往往异常缓慢，其中许多法律概念可以追溯到我们对人类事务有清晰体认之始，并且在我们看来毫无衰颓之象。

经验表明，关于一般法律概念的分析性研究(analytic study)并非没有弊害。它容易导致贫乏的经院主义。正如戴雪先生所说："开业律师对'法理学'一词嗤之以鼻。他们一再发现，所谓法学家就是号称要对一般法律进行教义研究的教授，其实他并没有掌握任何一套特殊的法律体系，而他自诩的学问不过是在宣扬一些陈词滥调，这些陈词滥调即便如他坚信的那样应当成为普遍的法律，其实也无法被证明存在于某处。"[2]但正如戴雪先生在同一篇文章里继续表明的那样，"我们不应该由于被空谈家或冒牌货垄断的名称所引起的偏见，就对如下事情的裨益视而不见，即形成关于法律主题的清晰明朗的观点"。

分析性研究在破的方面弥足珍贵。分析性研究在立的方面或

---

2 Dicey, "The Study of Jurisprudence", in *Law Magazine and Review*, Vol.5, 1880, p.382.

许狭隘而贫乏，但它是戳穿故弄玄虚者的不二之选。我们多数人的心中，都秉持着一大堆实际上或重叠或荒谬或愚昧的条条框框，而我们或执迷不悟，或自欺欺人，或四处兜售。倘若我们的心灵和语言得以清除这些东西，将受益匪浅。

奥斯丁的超绝之处便在这里。他的文风单调枯燥到难以言表的地步。他本人曾经怀疑，自己的情书是不是也写成了衡平法文书起草员(equity draughtsman)的样子；他的著作行文，跟衡平法起诉状的指控部分简直如出一辙。他那高冷的语言——尽管他的思想多半并不高冷——也常令人感到不快，他所提倡的理论也并非牢不可破。然而，他比任何人都更不希望别人或自己玩弄文字游戏，比任何人都更希望释化某一主题的各种疑问，于是对莘莘学子而言，阅读他那佶屈聱牙的著作，无异于锻铸自己的思想操守。

我希望在本文中提出一两条定义和命题，权且推荐给读者作为参考之用，并不是要郑重肯认其为真理。

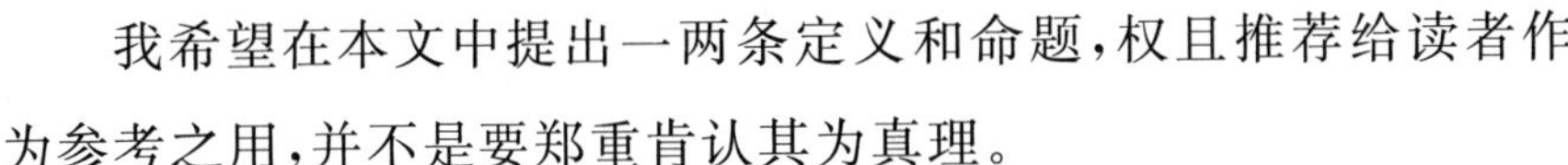

一、法理学是一门探讨法院的应然判案原则的科学[3]

每个社会或者有组织的一群人，都必须有法官来定分止争。

3 可能有人会主张，这条定义就好比把医学界定为探讨医生的应然诊治原则的科学，可以说这是一条临床(clinical，也译“诊所式的”，跟法律诊所教育直接相关。——译者)定义。假如医生对待自然法则(the laws of nature)的立场，与法官对待国法(the law of the land)的立场一样，并且奉造物主之命担当那些法则的正式解说者，假如当一群医生宣布某人患有痂痛，按照事实他就真的患有痂痛，那么法理学和医学的情况就没什么两样，前面的医学定义在我看来也就不容反驳。

有时，同一个人身兼法官职务和其他官方职务。社会越文明，法官职能的行使越是与其他职能的行使区分开来。

社会的“法”(the law)或“法律”(the laws)，是其法院据以判决案件的规则，因而也是社会成员据以管理自己的规则；这些规则之所以有别于其他行为规则，之所以成为“法”，是因为法院真的依其行事。原因并不在于这些规则比其他规则更易得到遵守。我更有可能超速驶过一座乡间桥梁，而不是戴个鼻环，尽管前者违法而后者不违法。原因也并不在于这些规则关乎更加重要的事情。套用麦考莱(Macaulay)的例子，卖苹果的女人用她的运货车堵塞街道是违法的，而守财奴放任那位将全部财富倾囊相赠的大恩人死在济贫院是不违法的。在任何情况下，行为是不是违法，取决于法院会不会实施那些行为所触犯的行为规则。

或许有人会说，“法”是由国家授权或实施的行为规则构成的，无论是否经由法院。因此，法规定我可以射杀闯入家中的窃贼，或者我可以向警察呼救以抵御强盗。但这种自救的权利，以及寻求国家公职人员帮助的权利，是由法院来界定范围的；法院通过阻止他人指控我射杀窃贼或拘捕强盗，成为国家据以最终兑现其所实施的全部行为规则的机关。

照此看来，一个人借助于法院来贯彻自己特定意愿的权力，构成了这个人的一项法定权利，而此类权力的总和构成了他的各种法定权利。

(一) 我从法院角度切入法理学这个主题，并以法院为参照系来界定法理学。奥斯丁及其追随者，把主权者观念作为法理学的核心观念。

依奥斯丁之见，法理学是关于实定法(positive law)的科学；实定法是实定法律(positive laws)之总和；实定法律是主权者批准的命令。他并不否认存在着法官创制的诸多实定法，但他借助如下命题将所有这类法纳入自己的定义，即法官在这样创制法的时候，扮演着主权者代理人的角色。

但“法理学”一词的这种含义，并不是它通常承载的含义。

一般都会承认，**某条**实定法律是主权者的命令。但根据人们对法理学一词的通常理解，作为法理学主题的“法”并不是此类命令的集合。“法”并不包括所有此类命令，而且“法”其实还包括许多其他东西。

1. **作为法理学主题的“法”，并不包括主权者的全部命令**。步兵战法指南或者关于填写邮政报表的规定，是最稀松平常的主权者命令。若按照奥斯丁的定义，它们是法理学这门科学最重要的组成部分。然而，根据法理学一词的通常含义，它们显然不属于法理学的讨论对象。

我们不能说，这类命令是地方性的和特殊的，故而不适于纳入一般法理学。关于步兵战法的比较科学，是完全可能的。由一切实际战法体系所涉及的一般原则构成的一般科学，也是完全可能的——事实上，只有大胆的人才会否认以下事情：正步走和战斗指南的某些原则，就像契约法或侵权法的许多原则一样，深深植根于人的天性。

假如被定义为主权者命令之科学的法理学，要扩展到囊括法官造法的地步，那么它就应该要扩展到囊括上校造法和邮政局长造法、囊括主权者麾下官员所创制的所有一般规则的地步。

但战法指南实际上并不属于法理学。法理学所包含的，是那些以界定和实施权利为主旨的主权者命令。法理学并不包含那些主要旨在提供其他目标——例如修建道路、分发邮件、维系和操练军队——的达成机制的命令。我们未必容易判定许多命令的主旨。故而，法理学范围内的那些命令和法理学范围外的那些命令，彼此间的精确界限或许不好划定，但在实践中，大多数情况并不棘手：战法指南肯定不在法理学的范围内。

2. **作为法理学主题的"法"，包含着主权者命令之外的许多其他东西**。"法"在很大程度上由法官造法所构成，这是共识。奥斯丁把法官造法纳入主权者命令，他的箴言是：法官在造法的时候，是以主权者代理人的身份行事的。这条牵强的准则，素来是其追随者的绊脚石，而梅因已经指出，在某些社会，它无论如何也不符合事实——

> 它立足于一种单纯的言辞伎俩，假定法院以自己全然无意识的方式和动机在行事……存在着这样一些独立的政治共同体——而假如我们周游世界，就会发现实际上还有某些这样的独立政治共同体——那里的主权者尽管掌握所向披靡的权力，却从未设想过变革，而且坚信那些宣布和适用法律的个人或群体与他同属社会的必要构成部分。世上还存在着这样一些独立的政治社会，那里的主权者享有势不可挡的强制力，而且极尽可能地推行变革，但假如法律被视为他的命令，那里与法相关的每个团体早就践踏法了……请大家明白，让奥斯丁的理论符合上述情况并不难办到，但这个过程纯属语言的

扭曲。这个实施过程使得词语和命题完全脱离了习惯上与之相联系的那些观念。[4]

从法院视角看待法，相较于从主权者视角看待法，一项确定的益处是：要判定特殊社会中的主权者，每每困难重重，而要判定其中的法院，则不存在这样的麻烦。

将法理学与作为核心观念的法院（而不是与主权者）挂钩，另一个优点在于：这契合共同体实际构成中的一个特殊阶级所持有的学识。我们不会向法官或律师请教新兵的步子应该迈多少英寸，也不会向他们请教邮政局长应在什么空白文件中填写他的报表。但法官和律师（或多或少要履行）的职责，**就是**了解法院应该根据什么规则作出判决。

奥斯丁认为主权者没有权利，该理论与他参照主权者来定义法理学的观念密切相关。该理论和他所主张的法官造法源出于主权者一样，仅博得其追随者勉为其难的认同。

他是这样推导的：如果其他人对某人有作为或不作为的法定义务，那么此人就有法定权利。每项法定权利都涉及三方："持有权利的一方；承担相应义务的一方；立法以便分别赋予权利和施加义务的那个主权政府。"法定权利是法的创造物，是主权者命令的创造物；鉴于主权者不能对自己发号施令，主权者就不可能有权利。

可是，倘若我们把权利定义成"如果法院迫使其他人对某人作为或不作为，那么此人就有法定权利"，则主权者就拥有权利，法理

4　Maine, *Lectures on the Early History of Institutions*, 1888, pp.364, 365.

学的命名法也就合乎法定提法和日常提法。

（二）因此，法理学就是探讨法院应该依何原则判案的科学。人们在界定法理学的时候，经常排除道义论要素（deontological element），他们宣称：法理学有别于作为应然事物之科学的伦理学，仅仅是关于实然事物的科学。

> 法理学关乎实定法律或曰本来意义上的法律，而不考虑其好坏。[5]
>
> 我们所探讨的科学因此有别于立法学，后者试图规定：我们在创制或者调整实定法的时候，应当根据什么准绳或标准（以及从属于或契合于此类准绳的原则）。[6]

法理学“是关于现实法或实定法的科学”。[7]

然而，这并非通常被归于法理学一词的含义，而且似乎也没有理由排除应然要素；因为一旦排除应然要素，我们也就排除了这门科学的全部未来，使之局限于既往成就的单调罗列。这就好比把化学局限于已知的元素和化合物，并向一名正在探索某种新合成物的研究者宣告：他已经逾越了这门科学的边界。

我们设想一下，同一国中两家平起平坐的法院宣布了相反的司法意见，而最高司法机关或许未曾表态。例如，假设美国的两家

5 Austin, *Lectures on Jurisprudence*, 4th ed., Vol.1, 1879, pp.176, 177.

6 *Ibid.*, Vol.2, p.1107.

7 Holland, *The Elements of Jurisprudence*, 5th ed., 1890, p.12.

巡回法院就同一部制定法给出了相反的解释，而联邦最高法院从未讨论过这个问题，那么，美国的法理学难道不要着手考虑那个问题的**应然**判决方案吗？

再者，某国的各个法院可能尚未就某个问题作出过判决。例如，马萨诸塞州从未判决过批准限制出票人责任的效果问题。但考虑这个问题难道不是马萨诸塞州“法学家”的本分吗？只有“实务工作者”才有资格对这个问题发表意见吗？

可见，限缩法理学就是剥夺法理学的宗旨和荣耀。正是法理学诸原则那为人假定的不可动摇性，曾为法理学带来尊严和魅力。如今，法理学的尊严和魅力毋宁说取决于其无拘无束发展的可能性和前景。

二、法内许多通常归为习惯的东西，其实应当归为法官对道德问题的意见

（除制定法之外）习惯是法的渊源，或者说它其实就是法本身——这个命题是老生常谈，以至于可能在许多人看来似是而非。

那么，什么是法的渊源呢？换言之，什么是法院据以提取裁判规则的渊源呢？

（一）国家——法院是它的司法机关——通过其立法机关颁布的命令。[8]

8　假如一个国家通过其立法机关颁布了被某人或某组织禁止颁布的命令，并且该国法院认为这个人或这个组织的政治权威高于该国，那么法院就会忽视那些命令。邦联的情况便是如此。

每个国家里都存在着作为主要立法机关的人或(一般而言)组织——Parliament、Congress、Cortes、Assembly。[①] 但其他人或组织也掌管着(通常权重较轻的)立法职能。例如,国家的行政首脑往往有权发布公告或指令;城市可以制定条例;法院本身可以规定程序。故而合众国最高法院为联邦法院系统受理的衡平案件和海事案件制定操作规则的权力,所行使的是一种影响深远且意义重大的立法权。

这里没必要考虑制定法何时生效、何时失效。只要制定法还在为人所用,它们就对法官有拘束力。

(二)立法之后要数**先例**了。任何国家的某家法院如果在某案中对某个法律争议点作出判决,那么该国的每一家不具有更高权威的法院,都把该判决作为对该争议点给出相同判决的一项理由。这样一份判决理应具备超越其固有价值的分量——这一点在任何法系都近乎必要。但究竟有多少分量,在不同法系则大相径庭——例如,判决在普通法法系的分量远重于在大陆法系的分量。

(三)同一国家的下级法院或者其他国家的法院,就同一争议点作出的判决,也可能具备超越其固有优点的人为(artificial)重要性。不过,这里的范围比较宽泛,所添附的价值有时也微不足道。例如,偏远乡村的治安法官这样或那样裁决某个争议点,对于纽约州上诉法院如何审理包含该争议点的案件来说,意义微乎其微。但另一方面,如果美国各州法院都对商法的某个争议点作出相同判决,而其中只有一个州的法院从未受理过此类案件,那么假如该

① 这些名词乃是世界各国对国家立法机关的不同称谓。——译者

州法院有朝一日碰到这个问题，前述判决的一致性将成为决定性的裁判理由。

（四）接下来是论著。同样，论著在某些法系的权威性也是远高于在另一些法系的权威性。例如，在大陆法系就远高于在普通法法系。

（五）法院据以从旧案发展出新原则的推论和类推过程。塞耶在本刊上一卷关于“司法造法”（Judicial Legislation）的论文中对此做了透辟的讨论。[①]

（六）以上所列皆为法的渊源，无人对此有疑义。但它们还不是全部的渊源。剩下的那个是什么呢？人们通常答曰：习惯。我不揣冒昧地认为，习惯本身对法的影响相对微眇，重要的附加因素实乃法官对道德问题的意见。我始终认为，道德包括公共政策，即为共同体的福祉而**应为**之事。

法官应该如何——法官事实上如何——裁判案件呢？首先，他会看看有没有关于该案主题的制定法；如果有的话，他就最终据之作出判决。第二，他会寻找对他有拘束力并且直接（抑或经由必然的推理或有分寸的类推）涉及该案判决的先例。如果他找到这样的先例，事情便告一段落。只有当他需要诚实无私地解释制定法和先例的时候，他的良心才开始发挥作用；他或许认为那些制定法和先例是不道德的，但他不会因为遵守它们而悔恨。若将智识

① 参见 Ezra R. Thayer, “Judicial Legislation: Its Legitimate Function in the Development of the Common Law”, in *Harvard Law Review*, 1891, Vol. 5, pp. 172-201。——译者

上的诚实授予魔鬼,魔鬼对我们的做法亦步亦趋,也足以成为优秀的法官。

第三,但假设法官找不到支配该案的制定法和先例,他将何去何从?他总得作出判决啊!有时法院会遇到两方面权重旗鼓相当的问题,即一方面的道德考量恰好抵消另一方面的道德考量。此外,还可能出现不涉及可以想见的道德层面的问题。但这类问题相当罕见,可以忽略不计。那么如果法官受理一件案子,并认为健全的道德要求他判决支持原告,那么他会不会以及是否应当这样判决呢?如果反对按照他所认为的善良风俗作出判决,这样的反对能找出什么证成理由呢?我们知道,如果制定法或有拘束力的判决作出相反规定,这确系一条证成理由。可是还有别的什么证成理由吗?说共同体中盛行着一种行为习惯,这类行为虽然在法官看来本应被法视为不道德行为而受到约束,但存在这种习惯就构成例外——这样的说法是一条证成理由吗?我们假设法官会说:"有一种不受制定法和先例支持的惯例;它是我本应视为不道德事物而加以限制的惯例,但它**就是**惯例这一事实构成例外;既然它是惯例,我就不会限制它。"法官应当如此行事吗?法官实际上是如此行事的吗?法官如果刻意违背自己对于正确事物的观念,而屈从于流行惯例,我们难道不会认为他失职吗?何谓正确的行为,无疑因时因地而异。别在不必要的情况下伤害感情,诚然是一项义务,但一种行为可能在一国被不约而同地视为冒犯,而在另一国则可能无伤大雅或者只是客套,因此,前面那个国家的法院若是准许这种行为,便有违公共政策,而后面那个国家或许并不持有这样的公共政策观点。同样的行为可能在某些情况下是道德的,在

另一些情况下是不道德的。但实际上决定着并应当决定法院如何判案的，是这种行为符不符合道德，而不是这样或那样的实际情况。

法院一般都听从习惯来判案，这是因为共同体总体来说认为自己的习惯是正确的，而且法官分享了他所属共同体的道德情操和偏见：习惯和法官的伦理信条通常合而为一，但二者之中哪个才是法的真正渊源，要看二者分道扬镳的情况。当习惯是这样而法官的道德判断是那样的时候，法官便遵循后者而撇开习惯。法官不会这样撇开先例，更不会这样撇开制定法。法官一直在遵循他们认为有害的制定法和先例，但有谁听说过，一位法官宣称某种习惯没有法院先例支持而且是有害的，却依然遵循这种习惯？相反，法官一直在抵制他们认为不可理喻的习惯，尤其是他们认为不道德的习惯。也就是说，他们使自己关于一种惯例是否合理、是否道德的判断，凌驾于被当作法源的单纯惯例事实。

或许有人会说，习惯之为习惯，虽然如今为法所采纳者较少，但以前经常为法所采纳。也许曾经确实如此；这个问题值得深究。与此同时，我们不妨谨记一些事情。

1. 在早期将法的源头追溯到习惯，很可能经常颠倒了实际的历史过程。

> 习惯这一观念产生于“Themistes”（忒弥斯特斯，或曰判令）的观念之后。但无论我们多么强烈地借着我们的现代联想，而倾向于先验地断定：习惯概念必定先于司法判决的概念，忒弥斯特斯必定确认习惯或者惩罚违反习惯的做法。看

来相当肯定的是，观念的历史顺序正是我所排列的那样。[9]

2. 就普通法采纳商事习惯而言，这种采纳的理由与当今准许特殊贸易中之惯例证据的理由相一致，即贯彻当事人的意图。在股份交易案件中，法院允许当事人提供交易惯例的证据，这不是因为法院有丝毫地在意那些作为惯例的惯例，而是因为那些惯例是表明当事人意图的案件相关事实，并且法官的道德感认为正义要求他考虑这类事实。正是这个理由——即法官的道德感认为诚信和公平交易要求这样做——解释了法为何采纳商人习惯；而且这样看来，我们也不妨期待，这些习惯也与契约问题相关。

3. 国民习惯显然和行星运动一样，与法里面的很大一部分没什么关系。大量的诉辩法和证据法都孕育于法院的高墙之内。作为习惯创制者的整个共同体，对此一无所知。那些没有明确的伦理性质的法律规则中，有很大一部分都是如此。例如，"雪莱案"(Shelley's case)的规则是"国民共同良知"的产物吗？[①] "死后无嗣"(dying without issue)是指在不确定的无嗣情况下，这条规则是"国民共同良知"的产物吗？没有对价的口头允诺无法强制实施，这条规则是民心的自发演化物吗？当普通法规则和衡平法院规则不一致的时候，何者将被视为"国民知晓其作为法的必然性的"那些规则呢？在纽约州，我认为契约的成立始于允诺函投邮之日；在马萨诸塞州，自收到允诺函之日起契约成立。在这个问题

9 Maine, *Ancient Law*, 1861, p.5.

① "雪莱案"规则是根据1581年"雪莱案"命名的地产继承规则。——译者

上，纽约州的国民共同良知与马萨诸塞州的国民共同良知不一样吗？是不是正由于主审法官碰巧是甲、乙、丙而非丁、戊、己，所以“国民知晓其作为法的必然性”的那些观念才发生变化？实际上，“习惯催生了法里面非由立法创设的部分”这一理论，随着我们将其适用于越多的现实例子，看来愈加站不住脚。[10]

因此，法的形成要素主要是立法，以及法官对伦理问题和公共政策问题的意见；后者的效果常常暧昧不明，法官本人也往往自惭形秽地极力淡化后者，话里话外仿佛其唯一职责就是建构三段论；但暂且不论早先的情况，本世纪的法律很大一部分都归于各位法官对伦理问题的意见。我曾说过，这在许多问题上并不明显，毕竟一切体面的（decent）国民在许多问题上都有共识；可一旦有意见分歧的余地，有多少法归于特定法院所持有的道德观和政策观，就变得一目了然。宪法中的相当一部分都属于这个范畴。迄今由逻辑规则必然推导出结果的宪法判决少之又少；不仅如此，在许多案件中，通常解释规则的适用本不会让法院得以作出他们的结论。倘若首席大法官马歇尔（Marshall）是个忠实而冷峻的共和党人（一如他实际上是个忠实而冷峻的联邦党人那样），那么宪法的发

10　就已然确定的法而言，说制定法、先例和法官对道德问题的意见构成其主要渊源，似乎无可厚非。但如果我们谈论的是那些尚未盖棺定论的问题，那么以下说法或许更加准确：用以判决那些问题的法源是制定法、先例和道德原则，并且套用卡特先生（Mr.Carter）在其击节称赏的演讲《成文法和不成文法的范围》中的提法，法官仅仅是那些原则的发现者。我想在本文表达的观点是：这些原则的主要发现者一直以来正是法官，而不是国民的“共同良知”。（卡特演讲的中译本，参见《民间法》第21卷。——译者）

展会有多大差别，这是个有趣的思考题。[11]

这种情况非宪法领域所独有。前面提到的塞耶先生的文章明明白白告诉我们，法院的公共政策观如何推动“赖兰兹诉弗莱彻案”(*Rylands v.Fletcher*)所立准则的延伸和限定；至于“拉姆雷诉盖案”(*Lumley v.Gye*)，以及雇主对雇员行为的责任豁免的整个领域，也是如此。此外，宾夕法尼亚州和马萨诸塞州准许设立挥霍者信托(spendthrift trusts)；男子被允许将财产赠予妻子，从而在其无力偿还债务时，他的债权人可能就得不到财产；国内债权人优位于国外债权人；承运人不得以契约方式排除其对雇员过失所负的责任——在所有这些情况及其他不可胜数的情况下，美国法院未受到立法或先例的桎梏，依从他们所理解的健康伦理的要求内容或批准内容来造法。

三、特殊法理学、比较法理学和一般法理学

(一) **特殊法理学**。目前为止我在使用“jurisprudence”时，将其作为可以适用于具体国家之法院判决的一个术语，并假定诸如“意大利的法理学”之类的表述是正确的。尽管霍兰德教授多有微词，[12]我仍然不揣冒昧地认为如下做法是可取的，即拥有一种表述

11 我在大法官霍姆斯先生的启发下，援引霍德利主教(Bishop Hoadley)在班戈论战(Bangorian controversy)期间所撰写的小册子，这段引文表明，短袍绅士有时比不少律师更好地掌握了基本法律原则：“不，无论谁拥有**解释**成文法律或口头法律的**绝对权威**，真正当之无愧的**立法者**正是**此人**，而不是那个首先写下或说出那些法律的人。”

12 Holland, *The Elements of Jurisprudence*, 5th ed., 1890, pp.2-5.

来指称那门教导具体国家的法院应当如何判案的科学。

事实上，似乎没有人反对霍兰德教授提到的那种源出于法国的用法，即在“法院在审理这类或那类问题时惯常使用的方式”的意义上，谈论具体法院的“jurisprudence”。所讨论的那些法院，未必要从领土内的主权者那里获得权威；“教会法理学”就是个正确的提法，而且我们也不妨说起“共济会的法理学”或者“皮西厄斯骑士会的法理学”，只要这类组织拥有执行司法职能的场所。[13]

不过，虽然这样一来特殊法理学可以是非政治团体的法理学，但特殊法理学通常指称具体政治共同体的法理学。

（二）**比较法理学**是对不同法院的应然判案规则的系统比较，目的是发现异同要素。

存在着可资比较的两大法系，即罗马法和英格兰普通法。还存在着一些既不源自罗马也不源自英格兰的其他法系，例如，埃及法系、犹太法系、希腊法系、波斯法系、中华法系、巴塔哥尼亚(Patagonian)法系。我们对其中许多都知之不详，而我们已知的东西告诉我们，更进一步的了解将有益于阐明法的先前发展阶段，而非推动法的未来发展；因为法在这些法系中的成长从未逾越相对稚嫩的状态。

---

13 诚然，人们常常在说不通的意义上使用“jurisprudence”。某些著作或手册——其中许多颇有价值——包含着那些很可能出现在诉讼活动中的事实，那些事实是特定职业或交易的成员熟知或应当熟知的；此类图书常被冠以“jurisprudence 著述”之名。于是，“法医学”(medical jurisprudence)的作品是律师和医生的随身读物，包含着大量关于毒药、分娩、装病等的有用信息，但不具有任何科学统一性，也根本不想被当成“法”。因此，法国人会谈论“兽医 jurisprudence”；而我们没理由不同样谈论“水管工人 jurisprudence”或“骑马师 jurisprudence”。

尽管不太可能在普通法和罗马法之外找到可资比较分析的丰硕领域，但这样的领域在普通法和罗马法的范围内却比比皆是。除英格兰之外的欧洲国家都取法于罗马，而除路易斯安那州之外的美国各州体系都立足于普通法。不过，法在以上这些国家和州的发展形式多姿多彩，因此为促进比较法理学研究提供了广阔空间。

（三）**一般法理学**：区别于比较法理学的一般法理学是什么意思，有什么价值？它可能指以下三种事物中的一种。其一，它可能指那些必然的一般原则，其必然性扎根于亘古不变的人性。在这层意义上，一般法理学是人类学的组成部分。我当然不打算否定此类原则的存在，但假如此类原则存在的话，我们也对其知之甚少，何况这些原则非常粗浅，完全不足以建立哪怕最单薄的法律结构。一般法理学的著作多半会在首章引入来自一种或多种特定体系的素材，而这样的素材显然不是**必然的**。

其二，它可能指所有法院——撇开特定情境不谈——应当据以裁判案件的原则，亦即在没有制定法、没有先例、没有制度、没有历史、没有衣服、没有语言的情况下，应当如何判定人们的法定权利义务。这类臆想一度非常时髦。但这种关于“有丫杈的萝卜”(forked radishes)的法理学如今不再受到追捧。①

第三，它可能指所有国家的法院的实际判案原则。但通古斯

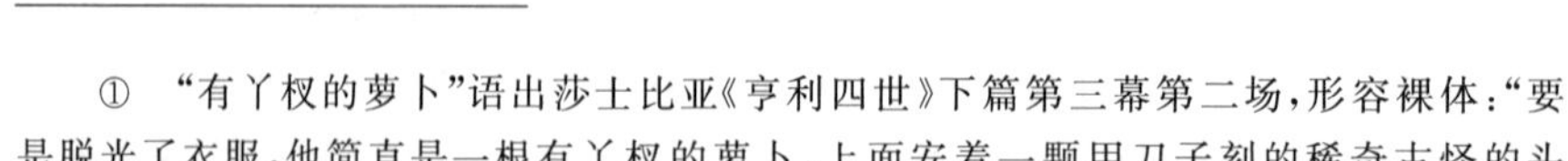

① “有丫杈的萝卜”语出莎士比亚《亨利四世》下篇第三幕第二场，形容裸体：“要是脱光了衣服，他简直是一根有丫杈的萝卜，上面安着一颗用刀子刻的稀奇古怪的头颅。”——译者

人(Tongooses)的法是否也像普通法和罗马法那样,要求把交付作为死因赠予(*donatio causa mortis*)的生效要件,达荷美(Dahomey)的首席法官是否认为婚姻限制条件仅仅是为了威慑(*in terrorem*),这些事情我想我们知道得还不确切。世界上所有民族和部落所实际适用的法律原则的清单,不太可能十分冗长。但如果人们应该值得花心思建立这份清单的话,恐怕我们这一代人难以具备用来明确建立这份清单的必要知识。

(姚远　译)

附录四　活法[*]

布兰代斯

自立宪以来，美利坚合众国的历史不到128年。而在这简短的历程中，美式政府理想已有大的改动。最初，我们的理想被表述为"法治而非人治的政府"，之后变为"民有、民治、民享的政府"，而现在叫作"民主与社会正义"。

在过去的半个世纪中，我们的民主不断深化。无独有偶，我们所憧憬的东西，已从法律正义（legal justice）转变为社会正义（social justice），而且必须承认，我们的法律敬畏心越发减弱。我们由渴望法律正义到渴望社会正义的这一转变，与趋弱的法律敬畏心之间有什么因果联系吗？若果真如此，那么这一结果是不可避免的吗？

很多不同的原因导致了法律敬畏心的式微。有律师的原因，有法院的原因，也有实体法本身的原因。首先，律师对共同体的影响越来越小。詹姆斯·布赖斯（James Bryce）曾提请留意这一重大事实，而这已经过去一代人的时间了。后来，司法机制的效率广

---

* Louis D.Brandeis,"The Living Law", in *Illinois Law Review*, 1916, Vol.10, No.7, pp.461-471.本文是1916年1月3日在芝加哥律协会议上的演讲。——译者

受诟病。最后，所实施的法律受到挑战——这一挑战强烈地表现为，几年前有人呼吁罢免法官并撤销司法裁决。

必须采取不同补救手段来收复法律的失地，拓展法律的版图。对问题原因和补救的讨论最有助益的，或许要数与芝加哥有关的三位法律人：最近转会哈佛、在这方面颇有造诣的罗斯科·庞德（Roscoe Pound）教授，威格莫尔（Wigmore）教授，以及弗罗因德（Freund）教授。另一位身为社会学家而非法律人的芝加哥教授、已故的查尔斯·R.亨德森（Charles R.Henderson），以其理智的批判而令人受益匪浅。由卓越的首席大法官奥尔森（Harry Olson）领衔的芝加哥市法庭，在上一代人的时间里革故鼎新，为祛除流弊一尽筚路蓝缕之功。而美国司法学会（American Judicature Society）在哈利先生（Herbert Harley）的有效管理下，通过宣传司法体制改革的现行助推举措和应有助推举措，激发起举国上下的锐意进取态势。

芝加哥在这方面作出的重要贡献使我生出一个心愿，即在诸位面前探讨此一宏大问题的冰山一角。

对现行法律的挑战。对现行法律的挑战，并非我们国家或我们时代特有的现象。[对于现行法律的]零星不满，无疑存在于古往今来的所有国家。这种不满一般被统治者视为违法者不明事理的证据。“若对法律怀有好感，小偷绝不会感到绞刑之苦”（No thief e'er felt the halter draw with good opinion of the law）这条谚语，表达了一些人的传统态度，他们倾向于将现行法律视为“一切美好事物的真正化身”。因此，需要罗米利爵士（Sir Samuel Romilly）与边沁形成合力，向一个仁慈、开明、热爱自由的英格兰阐明:死刑并不是针对盗窃罪的理所当然的刑罚。还要再过一个世纪,社会科学才开始提出质疑,认为盗窃不仅是个人的过错,共同体或许一样难辞其咎。

早先的挑战。在各种急剧转型时期,对现行法律的挑战不再零零散散,而是普遍现象。例如 2400 年前的雅典,当时欧里庇得斯(Euripides)以其激昂文字反对“非出于正义的法律束缚”。又如宗教改革时期的德国,当时查修斯(Ulrich Zäsius)宣称:“一切科学都脱去了脏衣,唯有法学仍衣衫褴褛。”

在另一段巨变时代亦即法国大革命之后,另一位诗人兼圣贤(poet-sage)歌德浸润着现代科学精神,为其抗议追加了关于弊病的明确诊断:

> 习惯所存,法律所在,亦如疾病,哀底嘶鸣;责己问天寻法权;
> 是非不辨,善恶难分,终是祸根,遍地古今,子孙哪曾敢承堪。

工业革命。法律在美国面临的来自 20 世纪的挑战,难道不适用歌德的诊断吗?我们实施的法律新近遭遇的不满,难道不在很大程度上归咎于以下事实,即法律跟不上我们的政治-经济-社会理想的迅速发展?换言之,法律正义所受到的挑战,不正是因其未能契合当代的社会正义观念吗?

自联邦宪法通过以来,特别是近五十年间,我们经历了一场经济社会革命,这场革命比历史上已知的任何政治革命更加根本地波及国民生活。机器到处取代人力(因而成百倍地提升人类生产力),蒸汽与电力打破空间界限,生活条件遂产生极大变化,就许多方面而言，其变化幅度超乎文明国家在过去数千年间经历的变化。作为一项自古存在的制度，合法化的人类奴隶制寿终正寝。但对于一切文明民族的绝大多数人的生活来说，发明和发现所造成的如下可能性，其影响力要深远得多：妇女以及号称自由民的男子，得以从确保衣食住行所需的过度艰辛中解放出来。但是，尽管发明和发现为男性女性摆脱苦役的羁绊创造了可能性，可随着工厂制的引入和商业公司的发展，自由其实面临着新的危险。大型公有公司代替了小型私有营生。生产资料所有权从工人手上转到了雇主手上。企业所有者及其帮手之间的个人人身关系告终。雇主与雇员之间的不平等地位，致使个人劳务契约丧失固有属性。雇员通过集体议价、作为群体同雇主建立法律关系的做法，变得稀松平常。这对保护工人来说甚为关键。

静止的判例法。政治学、经济学、社会学都注意到了这些革命性变化。但判例法——即区别于制定法的不成文法或法官造法——基本上对这些变化闭目塞听。法院继续忽视新兴的社会需求，洋洋自得地适用18世纪关于个人自由和私有财产神圣性的概念。19世纪早期科学上半真半假的提法——例如“适者生存”(The survival of the fittest)，当它移用于实践，即意味着“人不为己天诛地灭”(The devil take the hindmost)——被司法奉为道德法则。体现新社会精神的制定法明明合宪，在无情的个人主义精神中浸淫已久的法官们却常通过阐释加以抹杀。只要对此类制定法的合宪性生出任何质疑，法院就一再宣布制定法无效。在过去一代的时间里，其他国家的法律同样承受着巨大张力，因为那里也处于急速转型期，而法律在任何地方都有落后于生活事实的倾向。但在

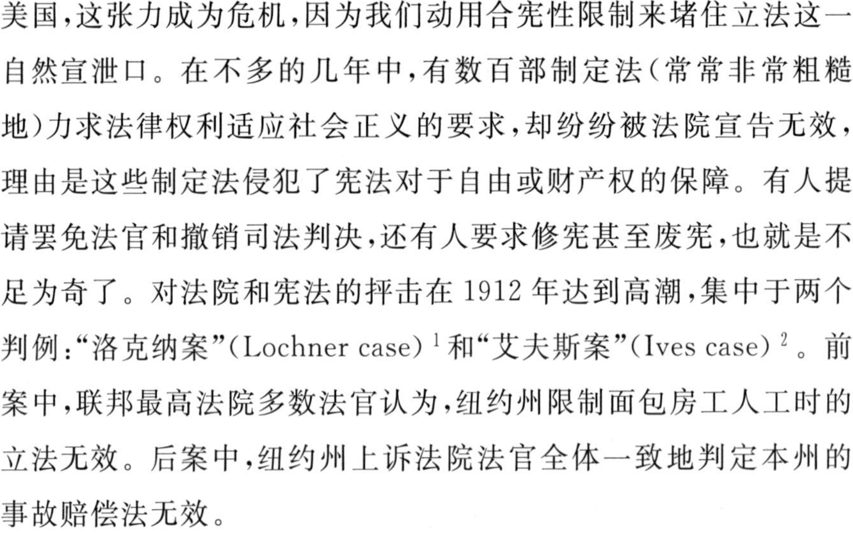

美国，这张力成为危机，因为我们动用合宪性限制来堵住立法这一自然宣泄口。在不多的几年中，有数百部制定法（常常非常粗糙地）力求法律权利适应社会正义的要求，却纷纷被法院宣告无效，理由是这些制定法侵犯了宪法对于自由或财产权的保障。有人提请罢免法官和撤销司法判决，还有人要求修宪甚至废宪，也就是不足为奇了。对法院和宪法的抨击在1912年达到高潮，集中于两个判例："洛克纳案"(Lochner case)[1]和"艾夫斯案"(Ives case)[2]。前案中，联邦最高法院多数法官认为，纽约州限制面包房工人工时的立法无效。后案中，纽约州上诉法院法官全体一致地判定本州的事故赔偿法无效。

两件"里奇案"。从1912年起，针对法院的愤怒有所缓解。公众对法院态度的这种转变，不是因为司法任期的更改，也不是因为宪法的修正，而是因为1912年之前数年兴起的运动最近开花结果，即提升法院对现行社会需求的鉴别力。

1895年，你们伊利诺伊州最高法院在第一件"里奇案"(Ritchie case)[3]中认定制造业女工的8小时工时法违宪。1908年，联邦最高法院在"马勒诉俄勒冈案"[4]中认定"妇女10小时工时法"合宪。1910年，你们伊利诺伊州最高法院在第二件"里奇案"[5]中与联邦最高法院判例立场一致。两件"里奇案"之间的差别，并

1 *Lochner v.New York*, 198 U.S.45.

2 *Ives v.South Buffalo Ry.Co.*, 201 N.Y.271.

3 *Ritchie v.People*, 155 Ill.98.

4 *Muller v.Oregon*, 208 U.S.412.

5 *W.C.Ritchie & Co.v.Wagman*, 244 Ill.509.

不在于每天 10 小时还是每天 8 小时，因为联邦最高法院从那时起也判定 8 小时工时法有效（正如某些州法院之前判决的那样），而且你们伊利诺伊州最高法院从那时起也认可 9 小时工时法。两件“里奇案”所适用的是同样的宽泛宪法原则。两个判例都完全承认，立法机关有权（通过警察权的行使）限制契约自由和财产使用。但在第一件“里奇案”中，法院根据抽象概念展开推理，认定限制工时是专断且不合理的；而在第二件“里奇案”中，法院根据生活展开推理，得出相反结论。换句话说，法院在第二件“里奇案”中注意到（但在第一件“里奇案”中则忽略了），世界各国关于无限制工时的经验中所包含的那些公认事实。[在第二件“里奇案”中]法院考虑到无限制工时所导致的恶果，以及随着削减工时而来的社会收益与产业收益。法院同样考虑到关于如此缩减工时之可行性的普遍信念，很多州和国家的立法机关均可作证。世界各地的经验和信念赫然摆在面前，但凡明理的法官都不会认为伊利诺伊州立法机关的限制工时法令不合理且专断。

两件“夜班案”。相比于伊利诺伊州的判例，纽约州上诉法院的判决甚至更明显体现出司法对生活事实的醒悟。

1907 年，在“威廉姆斯案”（Williams case）[6] 中，纽约州上诉法院认定，禁止女性上夜班的法令违宪。1915 年，在“施温勒案”（Schweinler case）[7] 中，该法院认定一项类似的夜班法令合宪。而且法院直截了当地阐明判决理由：

6　*People v.Williams*，189 N.Y.131.

7　*People v.Charles Schweinler Press*，214 N.Y.395.

在理论上，对如今引起我们关注的某些事实和某些立法，当时我们本可能予以司法认知(judicial notice)——这些事实和立法都支持如下信念和意见，即工厂夜班对女性健康造成了广泛而切实的损害——但实际上，我们当时很少注意到这些事实，据此赞成那部法律的论证意见也是草率而不合逻辑的。

我们当时尤其必然缺乏如下事情的证据：(1)在其间的岁月里，“夜班损害女性”这一意见和信念的传播范围与强调程度；(2)我国某些州以及大量欧洲国家所通过的显示此种信念的法律；(3)(作为下设代理机构的)工厂调查委员会向立法机关呈交的报告，该报告基于现实状况的调查，也基于对“女性在工厂加夜班通常有害，应予以禁止”这一科学兼医学观点的研究。……

所以在我看来，鉴于在“威廉姆斯案”中，作为本法基础的重大问题(即工厂夜班对女性的危险)以一种不完备的方式呈现给我们，我们不应该因为有该案的判决在前，就拒不参考如今摆在面前的全部事实和论证来考察本法，这些事实和论证对于当年的材料多有补充，这可不仅关乎实情陈述的问题，而且因为现在的材料得益于“威廉姆斯案”宣判之后这些年间研究和调查的进展。我们没有任何理由因在本主题上采纳新的补充知识而感到为难，即便这将导致我们在诸如公共健康或疾病之类的重大问题上，采取有别于先前居支配地位的观点。我尤其感到，我们应当严肃考虑和郑重对待如下事实，即本法以立法机关的一项调查作为立足点和支撑材料，该调查出自

立法机关下设的代理机构(即当前的工厂调查委员会),调查过程慎重而仔细。

两件“夜班案”时隔八年,但法院态度的变化其实出现在1912年骚动之后。迟至1911年,法院在“艾夫斯案”判决第一部事故赔偿法无效,[8]当时拒绝考虑生活事实,认为:

[立法机关在立法前为了解该主题而任命的委员会作出的]本报告基于大量的数据表格、哲理著作摘录以及多国产业法令,所有这些材料旨在表明,我国的产业事故处理制度,在经济上、道德上和法律上都是不健全的。然而,按照我国政体,不论所有那些经济理论、哲学理论和道德理论多么引人入胜和值得追求,法院在应对它们时都要首先提出一个基本问题:可否在无损于我国各部成文宪法的字面或精神的前提下,将它们融入制定法?在这方面,我们不同于工业法令参考样板所属的那些国家。实际上,那些国家全都是所谓的立宪君主制国家,就像英格兰那样,它们没有成文宪法,作为立法机构的议会至高无上。而在我国,联邦宪法和州宪法是标明立法权限的章程。有的时候,成文宪法的刚性确实可能妨碍进步潮流,但更多的时候,成文宪法的稳定性保护人民免受“公共舆论”——实在没有更好的词汇来命名这种东西——频仍动荡之影响。

8 *Ives v.South Buffalo Ry.Co.*,201 N.Y.271.

另一方面，1915年7月，在“詹森案”(Jensen case)[9]中，法院判决第二部事故赔偿法有效(该法在一条宪法修正案后颁布)，认为：

> 在判定某项给定计划是否构成了违反宪法的财产剥夺时，我们既要考虑理论，也要考虑实践经验。强制工伤保险计划保障高危工种的工人及其家属，使他们不致沦为慈善施舍的对象，这种计划肯定直接促进了公共福祉，其程度一如保险对于银行存款人利益的保障。

斗争在持续。法院如梦初醒：罗马法学家的古老法谚“法源于事实”(*ex factor oritur jus*)真是至理名言。法院意识到，要理解法律(无论成文法抑或不成文法)，就必须全面认识作为其产生根源和适用对象的事实。然而，拥立活法(the living law)的斗争尚未完全获胜。“洛克纳案”还没有被明确推翻。在六周之内，马萨诸塞州最高法院想必出于服从“洛克纳案”判例的考虑，判定某些铁路员工的“9小时工时法”无效。[10] 联邦最高法院在最近判决的“科皮奇案”(Coppage case)[11]中依旧先入为主、顽固不化，尽管它已通过诸多判例，在其他领域促成法律权利与当代社会正义观念的调和可能性。联邦法院早就认识到雇主“和他们的职员并非处

9 *Jensen v.Southern Pacific Co.(N.Y.)*, 109 N.E.R.600.

10 *Commonwealth v.B.& M.R.R.(Mass.)*, 110 N.E.R.264.

11 *Coppage v.Kansas*, 236 U.S.1.

于平等地位”，[12]认识到“熟悉当地情况的立法机关，是此类法令必要与否的主要判定者”；[13]认识到除非一项“禁令明显不合理且专断，否则我们不可随意认为它超出了州的保护性权力的界限”。[14]在适用这些原则的过程中，联邦最高法院曾一再判决支持对雇主和雇员之间契约自由权施加限制的立法。但联邦最高法院在“阿代尔案”(Adair case)[15]以及随后的“科皮奇案”[16]里面，宣布一部制定法无效，该法禁止雇主把“工人不得加入工会”作为确保或保留职位的条件。国会或堪萨斯州立法机关可能有充足理由(good cause)相信，此类禁令对于维持工会制度是必要的，并且工会制度是雇主和雇员地位平等的根本保障，而我们的联邦最高法院对此置若罔闻，判定这部反歧视法的颁布是在专断且不合理地干涉契约权利。

商人的抗议。然而，现行法律受到的挑战不仅来自工人阶级。法律在商人群体中饱受诟病。相比于工人阶级的批评，商人的批评基调更有风度，提出的具体反对意见也是五花八门。商人并不主张罢免法官或撤销司法判决，一般也不谋求修宪。他们更倾向于要求废除制定法而非颁布制定法。但商人和工人都坚信法院缺乏对当代产业状况的理解。双方都坚信法律没有“与时俱进”。双方都坚信错误的判决归因于[法院]不熟悉商业生活事实。为证明

12　参见 219 U.S.570。

13　参见 219 U.S.569。

14　参见 238 U.S.452。

15　*Adair v.U.S.*,208 U.S.161.

16　*Coppage v.Kansas*,236 U.S.1.

这一点，商人将矛头指向根据《谢尔曼法》(*Sherman Law*)作出的某些判决，以及违反公共政策而适用契约准则的某些事例，例如，"迈尔斯医生医药公司案"(Dr. Miles Medical Co. case)之类的判决，[17]法院在该案中认定，有竞争力的品牌商品的制造商若与零售商缔约，约定维持商品标准售价从而防范恶性降价，则该契约不合法。商人和工人致力于建立非法定的(non-legal)裁判机构或委员会，以行使具有裁判属性(即便有时不具有法律属性)的职能，而且他们坚决要求由商人和工人(而非由律师)来操作这些委员会——此举进一步表明他们不信任法院和律师。商人一直在积极设计其他途径来规避法院管辖，例如，他们普遍倾向于通过商业组织委员会开展纠纷仲裁。

不恰当的补救。所寻求的上述补救是不恰当的，可能最终有害无益。我们所需要的并不是取代法院，而是把法院改造为施行正义的有效媒介；不是取代律师，而是让律师适应其法定任务或司法任务。事实上，改造律师和法官、使之恰当行使调和法律与生活的职能，这一任务完成起来要比为缺乏法律训练之人赋予必要资质简单得多。

执业律师所受的训练，不仅最适于发展人们执行严格司法职能的能力，而且最适于发展人们执行(具有准司法性质的)行政职能的能力。这种训练培养一种刚健的、说一不二的品质，这种品质使人免于恐惧和偏袒。正是这种品质使我们的法官普遍秉公行事。显然值得注意的是，我们的司法体制虽然饱受诟病，却鲜有质

---

17 *Dr. Miles Medical Co. v. Park & Sons Co.*, 220 U.S. 409.

疑法官人品不端的情况，至于做实法官人品不端的例子更是凤毛麟角。

百事通达的(all round)律师。法律职业的追求，涉及思想生活和实践生活的欣然结合。思想生活旨在拓宽眼界；实践生活旨在认清作为明智生活之举的界限。从前，律师主要借助广泛的职业经验来确保拓宽眼界。作为见多识广的(general)从业者，他与当时生活的方方面面打交道。他所受的教育并不仅是法律方面的；正因其职业实践的缘故，他通过形形色色的委托人得到经济和社会方面的教育。各类社交圈子的相对狭小，致使他在实务中不仅处理性质多样的事项，而且同各种性情或地位的委托人打交道。同一个律师多半会在某个时候既服务富人也服务穷人，既服务雇主也服务雇员。而且，几乎所有精明强干的律师都在一定程度上参与政治生活。我们最伟大的法官们，比如马歇尔、肯特、斯托里、肖(Shaw)，都真正具备这种素养。奥利弗(Oliver)在他关于汉密尔顿(Alexander Hamilton)的研究中，描绘了这种素养之于公共事务的价值：

> 汉密尔顿以其青春活力和殷切希望，为法律研究带来了特定的品质，这种品质已经受过生活现实的锻炼和检验，因人生有成而得到塑造，并被法律必须处理的事实和纠葛深深浸染。在开始研究救济之前，他对人类社会状况已有广泛的认知。……在他看来……法律是……一种灵动的、人性的、丰富的、宜人的现实，而非一套干巴巴的、僵硬的、打上层层绷带的、落满灰尘的程式，如同埃及皇室的木乃伊。

汉密尔顿是活法的传道者。

专业人士。过去五十年间，职业生活发生了巨大变化。产业发展和随之而来的城市扩张，带来了高度的专业化(specialization)——不仅是所处理问题的属性和种类的专业化，而且是委托人特征的专业化。在此语境中，可以看到“公司律师”(corporation lawyer)一词的意义。日益增长的职业工作强度，也挫伤了参与公共事务的积极性，因而，那种源自政治生活的见多识广状态化为乌有。追求特定主题方面的知识深化，其代价便是在大量领域茫然无知，从而招致判断力扭曲这一重大危险。

律师同当代生活的紧密联系，带来了倍加严峻的后果；因为恰逢我们经济社会的剧变期，此时准确而广泛地了解当今问题对司法来说必不可少。马修·阿诺德(Matthew Arnold)说：“判决的错误更多归咎于信息滞后，而非不正确的推理。”

法官上任时，并不具备必要的经济科学和社会科学知识，且其判决书由于陈述案件事由的律师不学无术而有同样瑕疵。因为如果案件事由陈述不当，法官鲜可恰当履行自身职责。此诚可谓问道于盲(Thus were the blind led by the blind)。在这种情形下，实施的法律未能满足当代经济社会需要，自是情理之中的事情。

真正的补救。我们无力找回见多识广的执业律师，以及对公共生活的普遍参与。强烈的专业化态势必将持续。但我们可以通过更广泛的教育拨乱反正——这种研习启动于从业预备阶段，并且此后贯穿律师和法官的一生：即研习经济学、社会学和政治学，这些学科体现出当今的事实并呈现出当今的问题。

“立法中每一次除患兴利的改变”，亨德森教授说，“都是因为对社会状况和社会目的展开全新钻研，因为废除陈腐的法律以便接纳适应新事实的规则。谁都很难否认，未曾研习经济学和社会学的律师很容易成为公敌。”

你们曾经的市民、查尔斯·R.克兰（Charles R.Crane）曾给我讲过两个人的故事，他对这两人的生活心向往之。其中一位是博吉吉施（Bogigish），（达尔马提亚沿海）古城拉古萨（Ragusa）的当地居民，他是一位业务精湛的法律研究者，在维也纳大学以及法国声名鹊起之后，成为敖德萨大学（University of Odessa）教授。当黑山（Montenegro）屹立于世界民族之林时，[①]它的国君[尼古拉一世]认为，黑山必须像其他文明国家一样拥有法典。此时博吉吉施的名望已经传到黑山，因为距离拉古萨仅数英里之遥。于是，黑山国君请求俄国沙皇敦促这位博闻的法学家草拟黑山法典。沙皇应允了这一请求，博吉吉施遂承担起这项任务。他没有运用他的渊博法律知识起草法典，而是动身前往黑山，花费两年时间真正在当地安家落户，处处研究他们的风俗、惯例、需求、信仰和立场。后来他将黑山人的生活内容融入法律。黑山人尊崇那部法律，因其表达了人民的意志。

（姚远、岳岚培 译）

① 1910 年 8 月，亲王尼古拉一世宣布建立黑山王国。——译者

附录五　我的法哲学*

杜　威

当我们透过各流派学说及其间的争论，来考察法律的性质问题，便发现该问题至少分为三个相互有别而又相互关联的问题。这三个议题涉及法律**渊源**（*source*）、法律**目的**和法律**适用**，法律适用又包括有关我们实际和能够使法律产生效用的方法问题。

所谓哲学性的法律探讨所牵涉的各种问题，似乎源于这样一种需要，即拥有某些原则，以便证成和（或）批判现行法律规则和法律实践。这一需要和动机或许在如下哲学中得到最清晰的彰显，那些哲学在它们所谓的实定法和自然法之间作出明确区分，并且自然法被用作实定法应当实现之目的，以及应予符合之标准。当下，这种特殊的程式化表述只是特定思想流派的风尚，该流派依旧恪守那在中世纪得到表述，并持续影响到整个17世纪欧陆法学家的总体思路。然而，如下区分和需要似是法哲学领域全部运动的背后支撑力量：(1)区分某一时间碰巧存在的事物以及可能和应然的事物；(2)需要某种有关可能和应然事物的观念，它将为组织、证

* *My Philosophy of Law: Credos of Sixteen American Scholars*, Boston Law Book Co., 1941, pp.73-85.——译者

成和(或)否定、改革现存事物的某些方面提供“原则”。

照此看来，对法律渊源和法律目的之探讨可以合并为一个主题，即据以评价现行法律规定和法律实践的**标准**或准绳。“法律**是**什么”的问题，于是化约为“人们相信那些规定和实践**应该是**什么”的问题。根据那些极富影响力的传统，目的和标准的确定，与**终极**渊源的确定密切相关——当上帝“意志”或上帝“理性”，或者终极且固有的“自然法”被奉为法律渊源时，情况显然如此。把渊源等同于目的和标准，这种做法背后藏有一种信念，即除非能够找到比经验更高级更固定的渊源，否则对实存法律的任何真正哲学评价便没有确凿的根据。因此，诉诸渊源不同于诉诸时间中的起源(origin in time)，因为后一种程序把问题与经验挂钩，也就与古典传统(classic tradition)加在经验性事物上的一切缺陷挂钩。

前面的引论有着双重目标。一方面旨在表达如下信念：所谓“法哲学”的探讨包含一个真正且重要的问题，即能够根据什么来正当且有益地(legitimately and profitably)评价现行法律事务，包括法律规则、立法工作、司法判决和行政实践。另一方面旨在表达：事实上，各种法哲学素来反映着(且势必继续反映)其诞生时期的各种运动，因而无法与这些运动所表征的东西分离开来。

最后这句论断比较宽泛。对许多人而言，它似乎回避了(beg)法哲学所关注的一切重要问题。然而，就过去的各种体系而言，它意味着在看待那些体系时，须同其所处时代的现实文化运动和社会运动联系起来。该观点还认为，当那些哲学被视为种种实践尝试的体现时，它们的实际意义得以强化。因为如果基于单纯知性立场看问题，五花八门的法哲学彼此针锋相对，不啻意味着它们全都在尝试无稽之谈。若依本文提议的观点，则它们拥有其反映的那些运动所具有的全部意义，它们的冲突不断证明某种生机盎然的真实性。同理，假如《我的法哲学》一书收录的不同文章代表着各不相容的立场，那是因为它们表达了对“应该做什么”和“如何做得最好”这两个实践问题的不同态度。无论如何，我本人要谈的东西正是以这种精神提出的。从根本上讲，我给出的是要在行动中加以检验的行动计划，而非某种可基于纯粹知性进行判断的东西（事实断言和逻辑一致性问题除外）。

我所采取的立场是：法律是一种彻头彻尾的社会现象（law is through and through a social phenomenon）；在起源上、在目标或目的上、在适用上，法律都是社会性的。我们在说出或写下“社会性的”（social）这个词时，不会注意不到伴随着**社会**和**社会性的**这两个词的各种歧义和论争。此处，可能有人以如下理由反对前述观点：前述观点试图通过参照更加模糊的东西（即社会），来解释本就模糊的东西（即法律的性质）。但就本文宗旨而言，有必要对“社会性的”一词的含义仅作两点陈述。我假定，无论该词还有什么别的含义，它首先指向人的**活动**（human *activities*），其次指向这些活动所表现的行为方式，即**交互**活动（*inter*-activities）。说社会事实或社会现象是活动，从否定的方面，意味着它们**不**是如下类型的“事实”，即已然做到、完成和结束的东西；从肯定的方面，意味着它们是过程，是**持续**发展中的东西。甚至当我们面对既往的事件时，如果所考虑的是社会事实，那么就得承认：那些事件代表着一系列时间片段，它们有足够长的维度来覆盖各种初始条件，以及后果或结局的后续阶段，后者转又成为一种**持续**发展中的东西。就法律

而言，该立场意味着我们须以如下方式看事情：法律与其他活动错落交织在一起，同时法律本身又是一种社会过程，而非可以说在某一日做成或发生的东西。这前半句的意思是，我们不可将“法律”确立为仿佛自立门户的实体，而务必在探讨法律时联系其诞生时的社会状况及其具体施为。正是有鉴于此，把“法律”一词作为单独全称词项(a single general term)来用才颇为危险，我需要明确指出，“法律”一词乃是总结词项(a summary term)，用它是为了省去重复提及法律规则、立法和行政活动(在后者对人类活动过程施加影响的范围内)、司法判决等的麻烦。

那后半句[1]含有如下结论：所谓[法律]**适用**，并不是在规则、法律或制定法确立**之后**发生的东西，而是它们的必要部分；这部分确系必要，因为在给定案件中，我们要判定法律事实上**是**什么，就必须澄清法律是如何运作的，以及法律对持续发展中的人类活动造成什么影响。“可适用性”(applicability)一词的含义，可因特定目的而受到更多技术性的限定。但从可称得上哲学的观点来看，我们须对“适用”作出宽泛的理解。某一给定的法律安排**就是**该法律安排所**为**之事，而它所为之事无外乎调整和(或)维持作为持续事务的人类活动。倘若不加适用，则存在的只是悬而未决的纸片或声音，根本谈不上法律。

或许，当我们说社会活动就是**交互**活动时，所传达的意思仿佛已被“社会性的”一词所涵盖，因为该词意味着联合(association)。

① 指“法律本身又是一种社会过程，而非可以说在某一日做成或发生的东西”。——译者

然而，我们提请读者特别留意这个特点，是想说社会行为的一切事实中，都存在事实上的(de facto)——尽管未必是法律上的(de jure)或道德上的——交互关系(reciprocity)。**贯通**作用(*trans-action*)不仅进行单向贯穿，而且是一种双向过程。既有作用也有反作用。把某些人视为能动者(agents)、把其他人视为受动者(patients)亦即接受者(recipients)，尽管是一种方便的做法，但这是一种纯然相对的区分；没有不同时是反**作用**或回应的接受，也没有不同时包含接受性要素的能动性。各式各样的政治法律哲学对于同意、契约、共识的强调，实际就是在承认社会现象的这一方面，尽管其表达方式颇具过度理念化的色彩。

相比作为社会过程构成要素的种种特殊作用，社会过程有一些稳定且持久的条件。人类肯定在每每作出的特定举止中形成习性(habits)，而体现在交互活动中的习性就是习惯(customs)。依本文观点来看，这些习惯是法律的[唯一]**渊源**(the *source*)。我们不妨使用河谷、河水和河岸的类比或者(假如你喜欢的话)隐喻。与周遭乡土相连的河谷，或作为“地势”的河谷，乃是基本事实。我们不妨把河水比作社会过程，把它那多样的波浪、涟漪、漩涡等，比作构成社会过程的具体行为。河岸是稳定而持久的条件，限制并导引着那可比作习惯的河水流向。与川流不息的河水相比，河岸恒久而且固定，但这恒久和固定是相对的，不是绝对的。在一定的地势中，河水是一股由高向低滔滔奔涌的能量，由此(当被视为一种既在时间上也在空间上的漫长过程时)形成并改造着自己的河岸。与特定举止相比，与构成过程的系列行为安排相比，社会习惯(包括传统、制度等)是稳定且持久的。但社会习惯以及作为其沉

淀表述的法律规定,仅具有相对的固定性。它们或早或晚,或慢或快,要经受那些持续发展过程的磨损。因为尽管它们构成了**持续**发展过程的**结构**(*structure*),但它们在如下意义上是**属于**那些过程的结构,即它们在那些过程之内诞生并成形,而不是从外部强加于那些过程。

习性和习惯给人类活动构造(constitution)引入的因素,是自称为经验主义者的早期哲学家所未考虑到的;这些因素一旦为人所留意,将深切更改我们对如下两类事物的需求:(1)外在于时间的法律起源和渊源;(2)外在于且独立于经验的标准或规范。就(1)而言,在反抗那些号称是不变且永恒的、不容置疑且不容变更的普遍物和原则时,早期经验主义哲学家往往碾碎了(pulverized)经验,并把经验中所有一般且持久的因素,化约为其所承载的各种一般名称。然而,每种习性和每种习惯都具有特定范围内的一般性。习性和习惯脱胎于如下两者的交互作用:(1)缓慢变化的环境条件;(2)人的利益和需要,它们同样在漫长时光里略生变化地大致保持下来。受篇幅所限,我无法对习性和法律规则之间的各种关联进行充分定性。但显而易见、毋庸赘述的是:把习惯作为法律明文规定下来——无论该做法是如何发生的——将强化并常常拓展习俗那相对持久且稳定的特征,习惯的一般特征由此更改。

大家可能还不太看得出来,习惯和法律作为社会活动的结构性条件,其一般性(generality)同聚讼不已的法哲学问题有何干系。此处要义在于,我们一旦承认社会现象的这一方面,从**实践**考虑便不必诉诸一种外在渊源(an outside source)。一个人可能基于纯形而上学的理论,继续蔑视时间,蔑视那些受制于时间条件的

东西。但从实践立场来看，承认社会行动的某些成分有着相对缓慢的变化率，就足以完成一切有用的、一切**实际**需要的工作，这类工作在过去以及在其他文化氛围中导致各种外在渊源的确立，例如上帝的“意志”或上帝的“理性”、中世纪理论里面和（格劳修斯及其后继者那样的）哲学家笔下的“自然法”、卢梭的“公意”、康德的“实践理性”。

上述看法不适用于“**主权**是[唯一]法律渊源”这一学说。“主权”所指称的东西，至少具有社会事实的性质，存在于社会活动和社会关系**之内**（而非之外）。这种观点曾经备受政治学和法理学研究者瞩目，现在却已风光不再——倘若我没有弄错的话，该事实表明为何只需对其进行扼要阐述便足矣。（倘若我不是错得很离谱的话）该观点已多少有些迂腐陈旧了，我们甚至很难想见它为何曾盛极一时。细察之下，该学说的力量之源有二：（1）它避免使法律取决于外部的形而上学性质的渊源，代之以能够获得可证实的（verifiable）经验意义的条件和能动性。（2）主权是个**政治**术语，该学说之风行适逢通常所谓“政治”领域出现的立法活动大爆发。奥斯丁式的法律渊源理论，可以说是用理性化的方式赞许如下运动：将法律规则和法律安排纳入审慎且刻意的行动（deliberate purposive action）的范围，牺牲掉司法判决所解释的习惯的相对无计划结果（comparatively unplanned results）。该学说原本的魅力大都已经丧失，因为社会科学（历史学、人类学、社会学和心理学）的发展，趋向于使主权顶多作为众多社会力量运作的表达，弄不好则是纯粹的抽象物。基于主权的法律渊源学说代表着一种转变，即从接受外在于社会行动的“各种渊源”，到接受内在于社会行动

的某一渊源，但该转变固守单一社会因素，并把它孤立冻结起来。一旦人们发现，社会习惯和（一定程度上）社会利益，其实凌驾于任何一群能被挑选出来并称为“主权者”的特定人，主权学说便消沉衰落了。联系经济因素来解释政治活动的趋势不断增长，自与前述情况殊途同归。

目前为止，我还没谈及目的和标准。人们可能会说，假如接受我关于经验性法律渊源的论述，则只会更加支持外在于现实社会活动的目的与标准。因为据说凡此种种习惯与法律的壮大，并不表明它们**应该**存在，亦即并不是它们价值的检验标准。简言之，我们在此面临着“与事实相关的价值”（value in relation to fact）这个大问题，以及许多人持有的一种立论：事实与价值是截然分离的，故而，存在物的评价标准，须以任何可能的经验领域之外的标准为**其相应**渊源。

就此而言有着根本意义的是，承认作为连续活动的社会事实是持续发展着的。假如作为社会事实的那些东西，因被视为封闭的和完全终结的，而被我们切割下来，则有充分的理论根据认为，社会事实的评价标准必须外在于现实存在物的领域。但假如社会事实是持续发展着的，则它们产生各种后果，而对后果的考虑可以提供某种理据，便于我们决定应否改变社会事实。

假如不把社会事实作为发展着的事务，则**在理论上**有充分理由认为需要一种外在的目的和标准——以上论述并不意味着有充分理由认为，此类标准能够适用于现实社会状况，毕竟按照定义，此类标准与现实社会条件无关。不可否认，在既往的不同时空下，人们曾经持有和使用彼此冲突的不同标准。它们的冲突充分证明，它们并非源自任何先天的绝对标准。若不承认可从现实社会活动中抽取标准，其实就等于否认绝对标准的影响或效果（即便真的存在绝对标准）。**有什么理由认为，诉诸非经验性的绝对目的（a non-empirical absolute end）的那些人所提出之标准，会与过去提出的种种标准命途有别呢？**

应付这类难题的通常方式，是承认必须区分**形式**及其内容或填充物（contents or filling），形式是绝对的，内容或填充物是历史的、相对的。承认这一条，对绝对目的学说旨在迎合的所有东西都是致命的，因为一旦承认，则一切具体价值判断都必须立足于所谓经验性的、时间性的东西。

按本文的观点，标准存在于后果中，存在于社会上持续发展着的东西的**功能**中。该观点若被广为接受，势必把理性因素大规模引入法律安排的具体评价。因为该观点要求我们凭借能够获取的最佳科学方法和材料，运用理智去探究法律规则、被提议的法律决定、立法行为的各种后果，并且在探究时关注现实情景的语境。当前的趋势——即在探讨法律问题时回归其具体社会情境，而非流连于问题与问题之间关系的相对真空——迄今还只是初露端倪，但将因一以贯之的法律理论而得以强化。再者，社会事实是持续发展中的事务，一切法律问题也都在这些持续发展中的事务**之内**各得其所——若这两条在实践中获得系统认可，则如下事情的可能性将比现在大得多：获得一种新型知识，从而能够影响那永无止境的判断标准改进过程。

（姚远　译）

附录六　法社会学与社会学法学*

庞　德

季马舍夫(Timasheff)博士提醒我们,社会学诞生于对法律人所指称的“法”充满敌意的环境。[1] 孔德仅有着对于法的模糊而外行的看法,而且在他写作的年代,法国法学家把法等同于《拿破仑法典》。[2] 与此同时,历史法学派正在崛起(到19世纪下半叶居于支配地位),并且宣扬其对于立法的不信任。孔德关于法将消亡的预言,其领域有别于马克思的相似预言。孔德是在预言制定法的消亡。随着社会学在美国发展起来并得到普遍承认,普通法法律人也对社会学抱有相似的敌意。[3] 不过,社会学家已开始谋求把自己的学说与法律人之法联系起来,英美法学家也开始谋求把社会学用于法学。

---

* Roscoe Pound, “Sociology of Law and Sociological Jurisprudence”, in *The University of Toronto Law Journal*, Vol.5, No.1, 1943, pp.1-20.——译者

1 *The Sociology of Law*, p.45.

2 例如:Demolombe, *Cours de code Napoléon* (1845), Vol. I, § 2; Demante, *Cours analytique de code civile* (1849), vol. I, §§ 1-2; Marcadé, *Explication du code Napoléon* (1859, ed.5), vol.I, § 1.

3 参见 Fowler, “The New Philosophies of Law”, in 27 *Harvard Law Review* (1914), pp.718, 727, 730; *ibid*., “The Future of the Common Law”, in 13 *Columbia Law Review* (1913), pp.595, 601, 605。

尽管在19世纪最后二十余年间，有人尝试打通社会学和法哲学，[4]尽管当时还有很多作品将生物社会学应用于法，[5]但法社会学还是20世纪才有的事情。斯宾塞将法律（而不是法）视为他所谓的政治制度，认为法是固化的习惯，“表达了死者对生者的支配”。[6] 沃德（Ward）只考察了立法，他大致按照同时代的历史法学家的样子，认为立法试图左右社会学家在社会生活现象背后发现的“现实法则”之运行。[7]涂尔干试图将法解释为基本社会事实的表达，但是他仅限于笼统地区分压制性的法和恢复性的法，一者对应着经由利益相似性的连带，另一者对应着经由功能划分的连带。[8] 最后，罗斯（Ross）在1896年到1901年之间发表了系列文章，[9]且于1901年以单行本形式重新结集出版，[10]他在其中给我们带来了关于社会控制和社会控制手段的观念，将法看作“社会所运用的最专门化且高度完备的社会控制引擎”。[11]

4 Vadale Papale, *La filosofia del diritto a base sociologica* (1885); Ratto, *Sociologia e filosofia del diritto* (1894); Vaccaro, *Le basi del diritto e dello stato* (1893)，法译本为 *Les Bases sociologiques de droit et de l'état* (1898)。

5 Post, *Der Ursprung des Rechts* (1876), *Bausteine für einen allgemeinen Rechtswissenschaft* (1880), *Die Grundlagen des Rechts und die Grundzüge seiner Entwickelungsgeschichte* (1884), *Grundriss der ethnologischen Jurisprudenz* (1894-1895); Richard, *L'Origine de l'idée de droit* (1892).

6 *Principles of Sociology* (1882), Vol.II, p.514.

7 *Dynamic Sociology*, Vol.I, pp.36 ff.

8 *De la division du travail social* (1893).

9 In *American Journal of Sociology*, I, pp.513, 753; II, pp.96, 255, 433, 547, 823; III, pp.64, 236, 328, 502, 649, 809; V, pp.475, 604, 761; VI, pp.29, 238, 381, 550.

10 *Social Control* (1901).

11 *Ibid*., p.106.

法社会学正是沿着这条路线发展的。它从社会学出发，向法迈进。埃利希(Ehrlich)的《法社会学原理》[12]是先驱，对法律人来说在很多方面也是最有助益的作品。一系列法社会学的著作相继问世。[13]

社会学法学则走了另一条发展道路。它从历史法学和哲理法学出发，转而利用社会科学尤其是社会学的成果，迈向一种更广泛更有效的法科学。它起源于霍姆斯，[14]沿着柯勒(Kohler)的新黑格尔主义历史-哲理方向前进，[15]沿着基于涂尔干学说的狄骥

12 *Grundlegung der Soziologie des Rechts* (1913). 莫尔(Moll)的英译本为 *Fundamental Principles of the Sociology of Law* (1936)。参见凯尔森的批评意见："Eine Grundlegung der Rechtssoziologie", in 39 *Archives für Sozialwissenschaft und Sozialpolitik* (1915), p.839——埃利希的回应参见 41 *ibid.* (1916), p.844，凯尔森的再回应参见 *ibid.*, p. 850——以及维诺格拉道夫的批评意见："The Crisis of Modern Jurisprudence", in 29 *Yale Law Journal* (1920), p.312。关于莫尔英译本的书评，参见 Simpson, in 51 *Harvard Law Review* (1937), p. 190; Timasheff, in 2 *American Sociological Review* (1937), p. 120; Rheinstein, in *International Journal of Ethics* (1938), p.232。我本人的相关品鉴，参见"Fifty Years of Jurisprudence", in 51 *Harvard Law Review* (1938), pp.777, 805-809。

13 Cornil, *Le Droit privé: Essai de sociologie juridique* (1924); Jerusalem, *Soziologie des Rechts* (1925); Burckhardt, *Die Organisation der Rechtsgemeinschaft* (1927); Queiros Lima, *Principios de sociologia juridica* (1922; ed. 2, 1931); Horváth, *Rechtssoziologie* (1934)，威尔逊(Wilson)关于此书的评论，参见 52 *Law Quarterly Review* (1938), p. 138; Gurvitch, *Éléments de sociologie juridique* (1940); *ibid.*, *Sociology of Law* (1942)。

14 "The Path of the Law", in 10 *Harvard Law Review* (1897), p. 467，重刊于 Holmes, *Collected Legal Papers*, pp.167-202。（庞德在此提及的正是收入本书的《法律之道》一文。——译者）

15 "Rechtsphilosophie und Universalrechtsgeschichte", in Holtzendorff, *Enzyklopädie der Rechtswissenschaft* (ed.6, 1904), Vol.I.

(Duguit)的实证主义-社会学自然法方向前进,[16]以及沿着奥里乌(Hauriou)的新经院主义社会学方向前进。[17] 在美国,社会学法学在我本人[18]和卡多佐(Cardozo)[19]的带领下走上社会哲学的道路。

古尔维奇(Gurvitch)援引布格莱(Bouglé)的话告诉我们:“两队人马持镐各自挖掘地道并最终汇合。”古尔维奇补充说,交汇点是法社会学。[20] 两者目前汇合的程度和交汇点正是本文的主题。

社会学法学腹背受敌,不仅遭到来自社会学和社会哲学的批判,也遭到来自法学的批判。古尔维奇反对像法学家那样把(法律人意义上的)法——它是政治上有组织社会所实施的社会控制的高度专门化方面(法秩序),或高度专门化的能动因素(法令、技术

---

16 *L'État, le droit objectif, et la loi positive* (1901). 参见 Stone, Review of Durkheim's *On the Division of Labor in Society* (trans. by Simpson, 1934), in 47 *Harvard Law Review* (1934), p. 1448; Pound, "Fifth Years of Jurisprudence", in 51 *Harvard Law Review* (1938), pp. 444, 466-471。

17 "La Théorie de l'institution et de la fondation", in *La Cité moderne et les transformations du droit* (1925). 参见 Renard, *La Théorie de l'institution* (1930); Jennings, "The Institutional Theory", in *Modern Theories of Law* (1933), pp. 68-85; Gurvitch, "Les Idées maîtresses de Maurice Hauriou", in *Archives de Philosophie du Droit et de Sociologie juridique* (1931), p. 155; Bonnecase, *La Pensée juridique française* (1933), Vol. I, p. 379。

18 Pound, "The Scope and Purpose of Sociological Jurisprudence", in 24 *Harvard Law Review* (1911), p. 591; 25 *ibid.*, p. 140, *ibid.* (1912), p. 589; "Theory of Social Interests", in 15 *Papers and Proceedings American Sociological Society* (1921), p. 16; *Interpretations of Legal History* (1923); "Fifty Years of Jurisprudence", in 50 *Harvard Law Review* (1937), p. 559, 51 *ibid.* (1938), pp. 444 and 777; *Social Control Through Law* (1942).

19 *The Nature of the Judicial Process* (1921); *The Growth of the Law* (1924); *Paradoxes of Legal Science* (1928).

20 *Sociology of Law*, p. 3.

和既成理想的集合体，以及司法过程和行政过程）——同社会控制的其他方面和能动因素区分开，因为每个团体都有它的秩序、它的秩序框架、它自己的法价值，且“国家本身仅仅是特殊团体和特殊秩序”。[21] 这意味着法学家主要盯着他们的专门主题并为此目的将其单列，而社会学家可能关注着作为整体的社会控制，因此，就连法学家眼中的深深鸿沟在社会学家看来也不过是一道浅痕。由于法学家用“法”这个词指代专门化的社会控制，而社会学家用它指代作为整体的社会控制，“法”包含以上全部意涵这一点遭到遮蔽。社会学法学家相当愿意认同国家是具备固有内在秩序的特殊团体。但如果他所指的法，是法律人理解的意思以及法科学创立以来法学家所理解的意思，那么他能够根据自己的目的在现代发达体系中明确区分如下两种事物：(1)政治上有组织社会中的法，它对内至高无上，独立于来自外部的**合法**控制；(2)各种团体、联合体和关系的内在秩序，它**就法的层面而言**必须在运作时服从普通法法律人所称的邦国之法。

与所有接受欧陆训练的作者一样，古尔维奇深受“法”(法文为“*droit*”，德文为“*Recht*”，拉丁文为“*jus*”)这个术语的双面性的思想影响。对罗马人来说，“*jus*”是指由国家权威所支撑的正当且正义(right and just)的事物。欧陆语言中被我们译为“law”的那些词语保留着双重含义。此外，那些词语主要具有伦理的内涵。我们的词语“正当”[区别于权利(a right)]从未指称伦理之外的含义。“law”在英语法学思维中用来指：政治上有组织社会的立法机关以权威方式创设的或者传统上因袭的和既成的、在法院中获得

21　*Ibid*.，p.165，n.1.(引证疑误，应为 p.130。——译者)

相应承认和适用的法律。“*droit*、*Recht*、*jus*”只能用别扭的英语译成“正当+法律”(right plus law)。隐藏在这背后的是教学传统分别在欧陆和英格兰的全部进程。在欧陆,自12世纪以来,法的教学一直在大学中进行。因此,哲学——先是神学的哲学,接着是自然法,继而是形而上学的-历史的思维——始终在法学方法中居于显赫地位。在英格兰,自13世纪以来,法始终被视为法院所适用的法,而在出庭律师公会和执业律师事务所中进行教学。在美国,大学的法学院直到20世纪才开始承担大部分法律职业者的培训任务。因此,哲学一直没有显露于英美法学思维。欧陆凸显的是理性,或者可显示于历史的理念,或者经过哲学发展的经验,而英美凸显的是立法或司法判定所加盖的国家印章。

如果说“正当+法律”或曰“由法律所支撑的正当”在欧陆法学家眼中是单一观念,但在我们眼中却包含两种观念,这根源于我们据以塑造自身思想的词语。关于法的性质的讨论有很多是在讨论词语,而不是在讨论法学家努力通过“法”这一术语所表达的观念。但是,法学家所理解的那些用词的含义,无疑给他们的思想打上了烙印。我们恳请欧陆学者和英美学者致力于耐心理解对方的观念,不要通过预设仅为一方所认可的“法”的含义,而树立起不堪一击的批判靶子。

法的社会哲学阵营,指责我们美国社会学家和社会学法学家误用“社会学”这个术语,他们告诉我们,社会学“是指关于社会的理论科学,排除具有实践性和政治性的价值判断”。[22] 我们执着于

---

22 Radbruch,“Anglo-American Jurisprudence through Continental Eyes”, in 52 *Law Quarterly Review*(1936), pp.530, 542.

法秩序之具体问题的做法，被认为不科学。格雷(Gray)认为社会学法学具有“道义论”的性质，其致力于研究法院之法的功能发挥状况及其应然状态，因此不在法科学的讨论范围之内。[23] 凯尔森(Kelsen)截然划分了法学方法和社会学方法，他的“纯粹法理论”(正如奥斯丁的分析法学)仅仅关乎政治上有组织社会的机关所发布的规范。从这种立场看来，社会学法学的功能主义立场，以及它对法令的内容、法令的运作状况和改进举措的关注，同样超出了法学家的讨论范围。我们这里还是在很大程度上陷入词语之争。美国社会学法学纲领设定了挥之不去的迫切任务。[24] 如果社会学和法学这两个相对的阵营，一定要把自家讨论范围限缩到排除该任务的程度，那么，若是我们不能进行重新界定，我们就得寄望于“社会学”和“法学”这两个名称的惠允，正如法社会学的倡导者寄望于“法”这个名称的惠允。

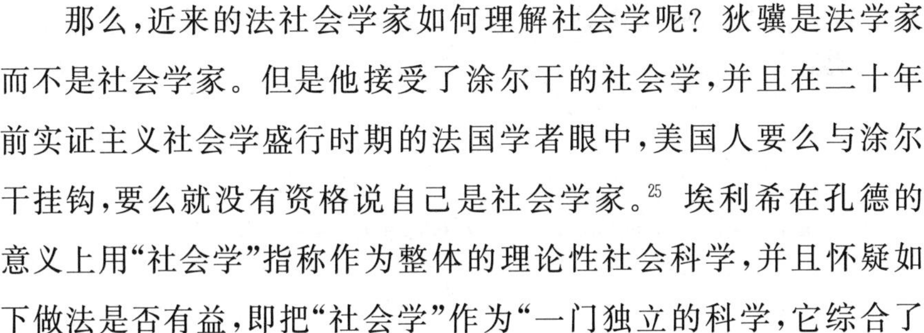

那么，近来的法社会学家如何理解社会学呢？狄骥是法学家而不是社会学家。但是他接受了涂尔干的社会学，并且在二十年前实证主义社会学盛行时期的法国学者眼中，美国人要么与涂尔干挂钩，要么就没有资格说自己是社会学家。[25] 埃利希在孔德的意义上用“社会学”指称作为整体的理论性社会科学，并且怀疑如下做法是否有益，即把“社会学”作为“一门独立的科学，它综合了

23　*Nature and Sources of the Law*(ed.2,1936),p.139 n.

24　Pound,*Outlines of Lectures on Jurisprudence*(ed.4,1928),pp.16-18.

25　Lepaulle,“The Function of Comparative Law”,in 35 *Harvard Law Review* (1922),pp.838-841.

一切理论性社会科学的内容，可以构成社会科学的统一'总论'"。[26] 后来马克斯·韦伯以不同方式将社会学界定为一门独立的科学。[27] 季马舍夫认为社会学是一门研究社会现象之一般命题的理论科学。[28] 霍瓦特（Horváth）想到的是一门"总揽全局的"科学，其重要特征在于我们的立场。[29] 古尔维奇认为社会学"将传统社会科学所武断分开的东西整合起来"，[30]并且立足于"人类精神的社会学"。[31] 我本人在1938年的论文中讨论过埃利希和霍瓦特。[32] 季马舍夫和古尔维奇的书，出现在那篇文章发表之后。另外，《夏延族的方式》（*The Cheyenne Way*）第一和第三部分里面，有值得关注的来自法社会学立场的阐述。[33] 那本书值得专文探讨。它由一流的法学家与人类学家联袂撰写，依循着从具体研究出发的美式传统。这本书的写作，体现出对于法科学的问题和使命的充分自觉。然而本文无法对该书作出恰如其分的探讨。因此，我将目光投向马林诺夫斯基（Malinowski）对该书的评论，他的评论从人类学路径出发，倒是阐明了一套关于法本质的社会学理论。[34]

---

26 *Fundamental Principles of the Sociology of Law*, p.25.

27 *Gesammelte Aufsätze zur Soziologie und Sozialwissenschaft* (1924).

28 *Introduction to the Sociology of Law*, p.60.

29 *Rechtssoziologie*, pp.89-91.

30 *Sociology of Law*, p.2.

31 *Ibid.*, pp.42-50.

32 "Fifty Years of Jurisprudence", in 51 *Harvard Law Review* (1938), pp.777, 805-807.

33 Llewellyn and Hoebel, *The Cheyenne Way* (1941).

34 "A New Instrument for the Interpretation of Law—Especially Primitive", in 2 *Lawyers Guild Review* (1942), p.1.

这样一来，在法是什么以及法社会学是或应当是什么的问题上，我们便有了实证主义社会学家的观点、现象学社会哲学家的观点和实证主义-决定论人类学家的观点。

霍贝尔(Hoebel)教授指出，古尔维奇在一种有别于美国社会学家的意义上使用“社会学”这个术语。[35] 在古尔维奇看来，法社会学是一种关乎社会事实以及法与社会事实之联系的纯粹理论科学，关乎社会事实及其相关法律关系。它被期待能为社会学法学提供用于解决实践问题的资料和原则。[36] 如前所述，他秉持着他所谓人类精神的社会学。他遵循现象学的方法，认为社会现象是分层存在的。在最表层是物质世界的对象，包括社会关系中的人。在此之下的是组织层，再深下去是“集体行动的标准化意象”层、“无组织的集体行动”层以及“社会符号”层。最终要寻求的是人类精神层(他同时用了“layer”和“level”这两个词来表达“层”的意思)，因为社会符号还是“对精神意蕴的不充分感性表达”。社会符号层之下的层级是：(1)“所有那些变革模式、摧毁模式和缔造新模式的集体行为”；(2)“价值王国”和集体观念，它们作为“发动机”驱动着上述集体行为，并作为社会符号的精神基础；(3)最后一层是随着社会时代和结构而特定化的那些精神价值和观念的王国。[37] 据此，他将“人类精神社会学或心智社会学”的目标定义为：“从功能上联系社会结构和社会的具体历史境况，来研究文化模式、社会

35　Review of Gurivitch, *Sociology of Law*, in 42 *Columbia Law Review* (1942), p.1241.

36　*Sociology of Law*, pp.9-10.

37　*Ibid*., pp.43-47.(疑误，应为第33—37页。——译者)

符号以及集体精神价值和观念。”[38]

“意向”(noetic mind)这一术语取自胡塞尔(Husserl)。我们被告知:“非感觉、非经验、单独经由理性而得到把握的概念是意向性的(noetic)。”作为集体心灵的意向这一观念,在一代人之前从欧陆社会科学消失了。当它运用在法学中的时候,使人想起萨维尼(Savigny)的“民族信念”(*Volksüberzeugung*),[39]它在这方面的出现意味深长,欧陆有一种哲学流派就是历史法学的后继者。实际上古尔维奇坚信,人类精神社会学与其他社会学之间的区分,在于它“与哲学唇齿相依”。[40] 作为法哲学与法社会学结合点的哲学,据说是“基于直观的彻底经验论”。[41] 但是,意向这一术语来自现象学,分层学说和人类精神社会学看来也源自现象学。现象学从现象本身衍生现象的意义和联系。它主张,认知不是一种评价或批判行为,而是一种实存模式。因此,法现象学(juristic phenomenology)自称为关于现实本身的理论,正如它的美国类似物自称现实主义(realism)。善被视为可直观把握到的终极客观持存。正确的行动是总体说来造成最佳实际结果的行动,而最佳结果是指包含最多的终极善、被直观把握为有价值的结果。经验承认体现于社会事实中的价值,社会事实是价值的实现领域。正义是通过集体经验予以直观承认的法价值的总体。但是这些事实是

38 *Ibid*.,p.37.

39 参见 Dernburg,*Pandekten*(ed.8),Vol.I,§ 20;Bierling,*Kritik der juritischen Grundbegriffe*,Vol.I,p.23。

40 *Sociology of Law*,p.304.

41 *Ibid*.,p.308.

极其多变的，因此脱离了作为价值实现领域的事实来谈论正义，被认为没有意义。[42]

正如绍尔(Sauer)所评论的，德国的法现象学迄今没能取得什么显赫的成就。[43] 它在不断变化的司法过程和行政过程的一个个现象中寻找意义。目的达到了，价值被把握住了，这样就在直观上得出正义的结果。[44] 有些美国现实主义者似将这种思维模式，同经济决定论和心理学现实主义结合起来。[45]

胡塞尔似乎素来认为，现象学是一门关于具有意向性的主观事物及其意指对象的科学。他的核心原则似乎是，观看呈现出来的事物是知识的唯一终极来源。但是，受胡塞尔影响的那些人对"现象学"一词的用法明显多样化。在胡塞尔的追随者中至少可以找到三种不同类型。因此，不可以将这个术语教条地运用于任何一位论者。

在美国社会学家眼中，"社会学"是指什么呢？他们显然不是指一种现象学的社会理论。他们所考虑的是一门科学的社会研究，关乎群体行为、人际关系以及人际关系所容纳和衍生出来的那些因素。一旦个人与其他人发生联系，一旦出现直接或间接的联系，那么该个人就是社会秩序互动关系中的一员。先于或后于人际互动和群体间互动的行为要素、行为模式和行为结果，被视为社

42　*Ibid*., pp.52-56.

43　*Rechts und Staatsphilosophie* (1936), p.25.

44　试比较 Hutcheson, "The Judgment Intuitive—the Function of the 'Hunch' in Judicial Decisions", in 14 *Cornell Law Quarterly* (1929), p.274。

45　参见 Yntema, "Jurisprudence on Parade", in 39 *Michigan Law Review* (1941), p.1134。

会学的首要研究主题。在群体生活中,或多或少获得清晰界定的形式、方式、标准、机制、问题和群体特征得以发展。这些都属于研究对象,要接受社会学的分析。因此,社会学是到社会环境中探寻关于人类的事实。美国社会学忠实于最初的实证主义基础,在发展中更多立足于事实调查研究而非哲学理论。并且它从不认为考察社会问题是什么禁忌。一旦有人意识到,某种特定的社会情况威胁到他们所秉持的群体价值,且这种社会情况只能通过群体行动予以消除或矫正,那么社会问题就登场了。正是这类问题的存在使得社会学有其价值。因此,美国社会学在很大程度上致力于社会问题,致力于广泛且透彻地描绘当代社会状况。

美国社会学法学的诞生正与这种类型的社会学有关。

以制度理论为例。人们从功能的角度——即从"自觉履行既定职能"的角度——考虑制度。[46] 麦基弗(MacIver)将团体看作追求某种共同利益的一群人——这应该与奥里乌的制度相比较——而把制度看作群体据以开展活动的既定形式或程序条件。[47] 这就是奥里乌眼中的制度的标志之一。我举这个有分歧的术语用法,不是为了像表面看到的那样,证明法学家为同一术语赋予不同意义的做法不是个案,而是想证明我们的社会学家是从他们所面对的问题那里,而不是从哲学的假定那里提取这些意义的。其实他们思考的是,集体行为在功能方面正式确定下来的特征。

46 就此而言参见 Faris,"The Primary Group: Essence and Accident", in 38 *American Journal of Sociology*, pp.41-50。

47 *Textbook of Sociology*, pp.15-16.

我们已经努力探索，有着欧陆法学背景的那些法社会学新锐研究者，在写下“法社会学”时所指何意。现在，让我们追问欧陆社会学家眼中的“社会学”是何物。在此我们立刻进入哲理社会学的世界。当心理学社会学家在社会学与社会哲学之间，划出一条清晰的界限时，菲尔坎特（Vierkandt）坚称，失去哲学基础的社会学将一无所获。[48] 他坚持现象学的方法，那就是说，通过直接理解它的本质，来发现在某种情况下或某种过程中的基本精神因素——这与行为主义者（behaviourist）的方法恰好相反。对当今社会学有着重大影响的韦伯认为，鉴于社会学涉及有意图的和有意义的社会行为，因而其任务并不是测量这些行为的现象，而是理解它们。他主张一种理想型或理想构造物的原则。他主张，社会中的因素、态度或运动是具体实在的不同方面，这种具体实在并不严格遵循那些我们据以展开理解的类型。理想型是来自经验的构造物，用作发现的工具，并由经验进一步加以发展。韦伯寻找的是一套用于理解现象的特定社会学方法，以便社会学成为一门“自主的”科学。[49] 与此一脉相承的是，追求一种有别于法科学且具备独特社会学方法的、自主的法社会学。但是，它与社会学法学所关注的法秩序问题没多少关系。

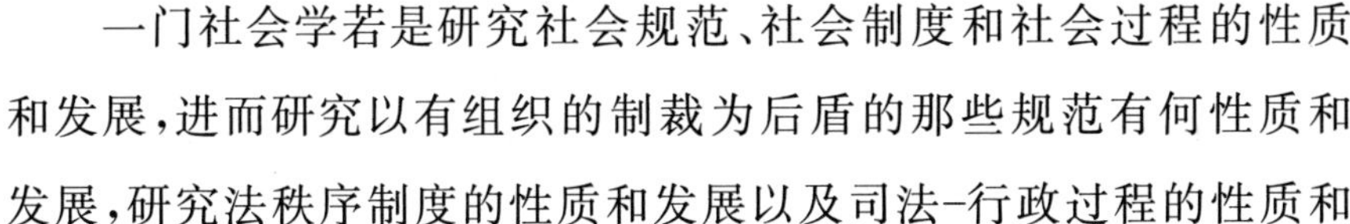

一门社会学若是研究社会规范、社会制度和社会过程的性质和发展，进而研究以有组织的制裁为后盾的那些规范有何性质和发展，研究法秩序制度的性质和发展以及司法-行政过程的性质和

48　*Gesellschaftslehre*(1928).

49　*Gesammelte Aufsätze*(1922).

发展，就与柯勒脑海中的普遍法史没什么两样。它可以作为社会学法学的基石。

形形色色的法社会学如何理解“法”呢？这就再次提出“法是什么”这个法学家们从13世纪起就争论不休的问题。法社会学的讨论在一定程度上显示了一种愿望，即凭借“法”这个术语的惠允，将其移用于新主张的观念，亦即剥夺法律人对一个开始承载甚多意义的词语的垄断权。但是对该词语用法的探究，不完全是出于为定义而定义的学究式目的，如同葛擂梗先生(Mr.Gradgrind)①要求为马下定义那样。早在社会学家登场之前，“法”所取得的不同含义以及罗马法术语“*jus*”所牵涉的那些含义，已给法学家带来颇多困扰。事实上，法学讨论当年已经折腾到法院那里，采用何种定义直接决定了一些重要案件的判决。[50] 在法学之外的领域，如物理-自然科学中，“法(法则)”这一术语已有牢固确立的用法。但是，在那些语境中使用“法”的人，并没有费心告知法律人应该怎样使用这个词。

埃利希追随历史法学派的惯例，用“法”表示所有的社会控制。例如，英国历史法学家[51]所主张的制裁观念，是关于整体社会控制所施加制裁的理论，而不是关于那些具体法律条文——奥斯丁谈到

① 狄更斯小说《艰难时世》里面的人物。——译者

50 Pound, “More about the Nature of Law” (1935), in *Essays in Tribute to Orrin Kip McMurray*, p.513.

51 Maine, *International Law*, pp.50-52; Clark, *Practical Jurisprudence*, bk.I, c.16; Lightwood, *The Nature of Positive Law*, pp.362, 389; Carter, “The Ideal and the Actual in Law”, in 13 *Reports of American Bar Association*, pp.217, 224-225; Vinogradoff, *Historical Jurisprudence*, Vol.I, C.6.

的正是它们[52]——所施加制裁的理论。维诺格拉道夫的基础讨论指向作为整体的社会控制,并不局限于高度专门化的制度性社会控制形式,后者被分析法学家和律师视为法。埃利希与 19 世纪历史法学家的不同之处在于,历史法学家就像过去的法学家那样,考虑的是作为法庭判决理据之来源的那套权威资料。相反,埃利希从功能的角度关注法秩序、构成法秩序的关系调整、行为规范以及具体的法令。他特别强调规范对判决的有限功用。在这一点上,后来的法社会学家追随他的脚步。他的方法是:联系作为社会构成要素的那些团体和关系的内部秩序,来考察作为一套裁判规范的法。他看到,在法秩序的意义上使用“法”时,群体和团体的内部秩序就是“法”的最初形式,且至今依然是其基本形式。那套法令和司法技术从逻辑上说属于派生的形式。但是,如果说这种内部秩序是法,一如说有政治组织的发达社会的法秩序是法,就会把被维系的体制同维系该体制的程序——在发达社会中,既有政治程序也有法律程序——以及据以实施那些程序的权威指南和既成技术混为一谈。

霍瓦特说“法”是斗争的替代物,[53]是对权力的限制,[54]是对权力的组织。[55] 他既在法秩序的意义上,也在司法和行政过程的意义上使用这个术语。

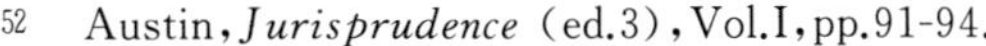

52　Austin, *Jurisprudence* (ed.3), Vol.I, pp.91-94.

53　*Rechtssoziologie*, §§ 51-53.

54　*Ibid*., § 62.

55　*Ibid*., § 63.

季马舍夫将法定义为伦理的-命令性的协调。[56] 他认为,“得到能动中心认可和支持的”法律规则体系,对应着每一种“权力结构”。因此,权力结构的等级制与法秩序的等级制相似,由低级权力结构认可的那些法律规则,要让位于高级权力结构所支持的法律规则。国家在这些权力结构中是最高的,因此法的上层是“直接源自国家或者直接由国家认可的法律规则”。但是他补充道,其他社会群体也有他们的法律规则,这些处于法的下层。他提议将上层称为国家法,将下层称为社会法。[57] 这里“law”和“legal”指向群体和团体的内部秩序,但是“law”也指那套律令和技术的体系,甚至指司法过程。所有的社会控制及其行使机构都包括在内。

在古尔维奇的书中,这种把法用于一切社会控制及其行使机构、以便用单个词表达单一观念的做法,是整个法社会学体系的底色。他一开始就告诉我们,法学家仅仅关心“法如何如何”(*quid juris*),而社会学家则关心“事实如何如何”(*quid facti*),他们把社会事实化约为力量关系。[58] 但是英美法律人可能感觉到,这个命题里面的“如何如何”至少在外延上“完全”来自“*droit*”。关系调整中的何谓正当,更多地是由欧陆语言中的那个词表示,而不是由我们的“law”来表示,后者主要指由强制力作后盾的东西,或者打上具备政治组织的社会印记的东西。自然法在欧陆的主导地位就

56 *Sociology of Law*, p.17.

57 *Ibid*., pp.302-303.

58 *Ibid*., pp.1-2.

证明了上述观点，而英国分析法学家的观点同样在英语世界广为采纳。社会学和哲理法学都试图克服两种观点的分离。但是可能会产生这样的顾虑：克服的办法是不是会给本就纷繁复杂的法律人之“法”增添更多含义。

古尔维奇认为，有一种将精神价值和观念——它们为社会设定了善恶的准绳——客观化的需要，而这种需要带来一种符号化(symbolizing)。但是，他认为，那些符号并不能清晰地反映那些价值的本质。我们必须去理解它们。法的功能是规范人类行为的构造，以便有组织的集体行动和个人行为同心智的精神价值保持和谐。他告诉我们，正义就是两方的有效谐和。法的任务不仅如此，它必须调和同属集体心灵的相互冲突的精神价值，从而带来有序的体统。[59] 他主张，法不是社会控制的同义词，因为法令是多边性的，且基于请求和义务的特定有限属性。但其实他也用“法”表示一切种类的社会压力。

马林诺夫斯基区分了“可被称为有效力的、经过核准的习惯(当事人对于逃避、违反和规避的做法反应强烈)，以及中性的或无关宏旨的习惯”。前者在原始社会“必须获得保障，不仅借助对于违反行为的后续惩罚，而且到处抵制诱惑。人们通过周密的安排和持续的警戒来防范可能出现的违反行为”。另一方面，“对日常习惯或中性习惯的违反并不招致任何人的不满，从这个意义上说，日常习惯或中性习惯未经核准”。[60] 因此他认为，法回溯到最原始

59　*Ibid*.,pp.52-59.

60　Introduction to Hogbin, *Law and Order in Polynesia* (1934), pp.xxv-xxvii.

的社会，“[在政治上有组织的发达社会中的]我们自己的法律，不过是确保我们各项制度顺畅运转的、具备固有效力的习惯；人们遵守习惯，与其说由于畏惧惩罚，不如说出于社会学家和心理学家理应发掘的更深层理由”。于是他得出结论：“在我们自己的社会和原始人的社会之间，并不存在根本的断裂。”[61]我们将看到，这是历史法学派学说的一种社会学翻版。另外，它让人回想起，耶利内克(Jellinek)把法视为不可或缺的伦理底线(与伦理奢侈相对)。[62] 但它是严格的社会学观点，主张法的拘束力源自具体社会中的制度结构。

正如先前埃利希所做的那样，他指出，家庭关系、生意关系、医患关系并不是立法或审判的产物，闹上公堂的违法行为只有很小一部分实际发生在上述关系中。但我们若想认识到，在随着法的发展而变得日益重要的社会控制中，利益纠纷的司法解决以及关于起诉之后的预测性知识发挥着一定的作用，我们只消把当年执行机制相对弱化之时发生的情况，与种种有效制裁——例如执行死刑、命令性禁制令、由法院指定的机构并以牺牲被告利益为条件来履行被告拒绝完成的事情——施行后所造就的状况进行对比。患者同医生的沟通、特免问题之类的事情，只有当医生作为证人被带上法庭的时候才能出现。这里，以及在许多其他场合，法令的实施并非由于违法行为。法令并不需要先被违反才登上法庭。季马

---

61 *Ibid*., p.xxx.

62 *Die sozialethische Bedeutung von Recht, Unrecht, and Strafe* (1878; ed. 2, 1908), C.2.

舍夫提出了一个很中肯的问题:19 世纪初美国许多地方的人们普遍坚信,认为自己受到侮辱因而提出决斗挑战的一方,有权要求这种形式的满足,并且对方有义务接受挑战。此外还存在一种社会机制,会对拒不回应挑战者施加沉重的制裁。这样一来,我们能说存在着决斗法吗?或者我们能把要求决斗的习惯与后来把决斗明文规定下来的法律区分开来吗?[63]

马林诺夫斯基在他关于《夏延族的方式》的书评里,阐述了自己的法理论。[64] 他区分了“法”的四层含义:(1)广为接受但并不为人明知或阐明的文化决定论规则,亦即“带有经由对于各种文化的演绎研究而得出的预测性价值”的一般命题。他告诉我们,相关人员大都会遵守这些规则而并未阐明这些规则。[65] 法学家并不关心这一层含义。(2)通过早期具有象征性的姿势或声音而得以明确标准化和程式化的规则。他在此提到认知规则、技术规则、合作规则、共同生活规则和约定俗成的规则。他说这些规则表现为命令性的或规范性的陈述。(3)指向人际关系的、划定各种利益界限的、遏制破坏性的生理学和社会学倾向的行为规则。(4)当出现相冲突的请求或违反某条社会行为规则时出场的专门机制。他把这些分别称为“法(1)”“法(2)”“法(3)”和“法(4)”。他告诉我们,法学的旨趣始于“法(2)”和“法(3)”的区分。“法(2)”的规则欠缺“作

63　*Sociology of Law*,p.277.

64　“A New Instrument for the Interpretation of Law—Especially Primitive”,in 2 *Lawyers Guild Review*(1942),pp.1,4-7.

65　*Ibid*.,p.4.

为社会反应的制裁要素”。[66] 他认为“法(3)”对应着法律人所指称的“法”。但他认为真正重要的在于区分“法(3)”和“法(4)”，也就是说，区分“得到维系的法秩序”和与之相对的“报应性和恢复性的社会行动”。他补充道：“当‘法(3)’不再行之有效的时候，‘法(4)’便应运而生。只要‘法(3)’掌控局面，就没有留给‘法(4)’的余地。”[67]他要求重视恪守该区分的重要性，并批评那些忽略这一点的法律人。“一切法学论证都应当在清晰界定的意义上使用法这个词。”[68]许多世纪以来的法学家都感受到这一点，至今仍在力求予以落实。马林诺夫斯基为达成这一可取的结果而做出了多大程度的贡献呢？

马林诺夫斯基告诉我们，法律人“势必认为法是在必须动用法律机制时开始出场的东西”。[69] 也就是说，法律人从“法(4)”出发。我则要指出，过去的法学家考虑的是“法(3)”，当今多数英美法学家也更可能考虑的是“法(3)”，并认为“法(4)”不过是“法(3)”的机械适用。他说“法(4)”是“一旦规则遭到明明白白的违反，共同体就会启动的、或多或少有组织的强制性反应”。[70] 这就是每天都能见到的现象，即外行人参照刑法典来思考一切法。[71] 他只考虑狭义的规则，即对一定的具体情事施加一定的具体法律后果的律令。

---

66 *Ibid*., pp.5-6.

67 *Ibid*., p.6.

68 *Ibid*.

69 *Ibid*., p.9.

70 *Ibid*.

71 “大维勒先生(the elder Mr. Weller)坚定不移地相信，中央刑事法院是本国的最高法院”(*Pickwick Papers*, c.xxxiii)。

这是最简单的法令类型，也是古代法典的主打产物。发达的法已经远远超出这个范畴，而且原则、概念和标准开始比此类规则更加奏效（但对刑法典来说并不如此）。但这类律令是人类学家所研究的那些社会的特色，甚至也是远为发达的社会的特色。如果说人类学家在当今具有政治组织的社会中看不到更多的东西，那么法学家也可能出于自身目的而看不到尚未具有政治组织的原始社会中的法，并认为原始社会有一条条的法律（如果你愿意这样说的话）而没有法。

法学有必要为法提供一种术语，不仅囊括法律，例如我们所看到的《汉谟拉比法典》（*Code of Hammurabi*）、《德拉古法令》（*Laws of Draco*）、《十二表法》、《萨利克法典》或盎格鲁-撒克逊法令（the Anglo-Saxon dooms），而且囊括原则、概念、标准以及学说、技术和既成理想。马林诺夫斯基的"法（3）"要想成为对法学有用的概念，就必须大大拓宽其外延。说"法（3）"掌控局面的时候"法（4）"百无一用，这样的看法也是不对的。司法过程和行政过程并不局限于违反规则的行为，它们也具有导向的功能。对受托人的指示、对合同含义——没人想违反契约，但双方当事人都希望对合同含义作出权威性解释——的宣判、为判定通行权而提起的（作为土地侵害之替代的）排除地役权之诉（*actio negatoria*）或地役权保全之诉（*actio confessoria*）。简言之，整个日益增长的预防性司法的领域都可资为证。

此外，马林诺夫斯基忽视了法律专家或法律人的工作，法律人了解"法（3）"，并对应当采取的举措和后果出具咨询意见。法律人了解法院将会根据既定情事作出怎样的判定，或者至少在绝大多

数案件中能够对此作出靠谱的预测。但他之所以能够做到这一点，是因为“法(4)”发展了“法(3)”，从而为预测提供靠谱的基础。因此，“法(4)”的运作方式维系着“法(3)”。事实上，与其说“法(3)”是民众习惯性行动模式的产物，不如说它在大得多的程度上是“法(4)”里面类比经验发展的产物，这一点远超历史法学家的了解范围。“法(4)”远不止于报应和恢复。

关于“法(3)”和“法(4)”的区分，不妨再多说两句。卡多佐开始在司法过程的意义上讨论法，而19世纪的欧陆法学家看到了如下二者的差异，即调整关系和规制行为的体制，与据以维系该体制的那套律令或规范。实际上，某些古典时期的罗马法学家早已洞悉这一点。

马林诺夫斯基批评卢埃林和霍贝尔“几乎完全侧重于研究‘法(4)’”。[72] 同样，埃利希和后来的维诺格拉道夫，批评梅因将法指向争讼习惯，[73]坚持主张非争讼习惯或马利诺夫斯基所说的“法(3)”发挥着一定作用。[74] 受过欧陆传统训练的学者，容易忽视罗马法如何经由裁判官告示(praetor's edict)这套判例法成长起来，也容易忽视现代罗马法如何经由评注者的(*ad forum explicatio*)和教授的咨询意见成长起来。普通法法律人会不由自主地意识到“法(4)”在我们体系发展中的角色。他会感到卢埃林和霍贝尔的

---

72 “A New Instrument for the Interpretation of Law—Especially Primitive”, in 2 *Lawyers Guild Review* (1942), p.11.

73 Maine, *Ancient Law*, lect.I.

74 Vinogradoff, *Historical Jurisprudence*, Vol. I, pp. 368-369, citing Ehrlich, *Grundlegung der Soziologie des Rechts*.

如下做法属于正道，即在“祛除繁芜”的过程中，以及关于如何以最少摩擦和浪费来祛除繁芜的经验中寻找法。

我们不妨把马林诺夫斯基的法的四种含义——他认定其中两种与法学家无关——与可见于法学文献的八种含义——它们全都与法学家有关——相对比。这八种含义如下：

(1) 群体、团体和关系的内部秩序(埃利希)。

(2) 据以维系上述内部秩序的社会控制。

(3) 政治上有组织社会中的社会控制，亦即此类社会中的有组织的力量。

(4) 在政治上有组织的发达社会中，借助法院和行政官员来调整关系和规范行为的体制。这是法学家所理解的法秩序。

(5) 那套裁决指南或裁决理据，随之变成上述体制(或政治上有组织的发达社会的内部秩序)据以获得维系的行为指南。它的构成要素包括律令、技术和既成理想。

(6) 司法过程和行政过程，在其中，以既成理想为背景的律令得到权威性技术的发展和适用。现实主义者将这些东西命名为法，卡多佐继而开始讨论它们，将这种意义上的法命名为司法过程。

(7) 在政治上有组织社会或任何具有公务人员的社会中的任何官方行为。一些现实主义者就是这样定义法的，或者说有些现实主义者可能仍然这样定义法。

(8) 社会的政治组织本身就等同于法。这正是凯尔森的论点。

自古典罗马法律专家以来，法学家和律师就把第(5)项称为法。过去五十年里，法学家增加了第(4)、(6)、(7)项。不过他们对第(4)项和第(6)项进行了专属命名，即把第(4)项称为法秩序，把第(6)项称为司法过程。如果说哪种含义具有优先性的话，法学中的“法”这一名称非第(5)项莫属。“a law”可用于指称具体的科学法则，例如某条物理学法则、某条经济学法则、某条道德法则。但应当注意的是，这种用法源自中世纪神学家，后者思考的是永恒法(*lex aeterna*)，那是造物者像罗马君王(*princeps*)颁布一统天下的敕令(*constitutiones*)那样进行的立法。“内部秩序”和“社会控制”这两个术语可以满足第(1)项和第(2)项的需要。第(8)项用不着专门术语。无论如何，法学家们出于各自特定的科学目的而规定了法的不同含义，关于它们的说教迟迟才出现。[75]

从最原始民族的社会控制的角度向上观看法，看到的会是当代法的扭曲变形。这就好比通过研究希耶罗(Hiero)的汽转球(*aeolipile*)，来试图理解庞大战舰的引擎。从当今社会控制的角度向下观看原始社会控制，则可有助于同时理解原始社会控制和当今社会控制。关于法的制定问题，存在着两种路数的法学探讨。其中一种路数认为，民众行动习惯经由立法表述或司法表述而被

---

75 参见我的如下文章：“What is Law”, in 47 *West Virginia Law Quarterly* (1940), p.1;“Juristic Science and Law”, in 31 *Harvard Law Review*, pp.1047, 1060 ff.;“The Administrative Application of Legal Standards”, in 44 *Reports of the American Bar Association* (1919), pp.443, 453-458;“Hierarchy of Sources and Forms in Different Systems of Law”, in 7 *Tulane Law Review*, pp. 475, 481-486;“Theory of Judicial Decision”, in 36 *Harvard Law Review*, pp. 641, 643-653;“The Ideal Element in American Judicial Decision”, in 45 *ibid.*, p.136;“A Comparison of Ideals of Law”, in 47 *ibid.*, p.1。

定为法律。奥斯丁就持这种论点。[76] 另一种路数认为，法脱胎于通过个案判决对相互冲突或重叠的利益作出调和或调整的经验，而这些个案判决出自首领或贤人组成的议事会，或者出自家长式的君王，或者出自官员或法院。总而言之，套用卢埃林和霍贝尔的生动说法，法是从袪除繁芜的过程中成长起来的。当代法中值得注意的现象是，分析法学家开始侧重于法院，而不像边沁和奥斯丁当年那样侧重于立法机关。[77] 也请注意，欧陆学者正日益关注司法判决的造法功能。[78] 卢埃林和霍贝尔在原始社会发现了同样的事情。卢埃林的讨论可圈可点，他在观察当代法的时候，认为关键之处在于社会中指定的权威机关如何处理纠纷。[79] 正是有鉴于法院的做法，法院所承认或确立的规则才成为个人在危急之时的指南，才成为律师的预测基础。奥斯丁从德国习得其观念的时候，适逢一种关于立法机关的学理让位于另一种关于立法机关的学理，前者认为立法机关表达的是理性，后者认为立法机关表达的是作为民众法权信念之结晶的习惯。

马林诺夫斯基在“有效力的、经过核准的习惯”和“中性的或无关宏旨的习惯”之间所做的区分，应与萨姆纳（Sumner）的提议进行对比，萨姆纳将风土人情（folkways）分为惯例（usages）和风俗（*mores*），前者是单纯广为奉行的东西，后者被视为群体福祉的必要条件，因而被尊为神圣的东西。就广义上的“核准”（sanction，也

76 *Jurisprudence*（ed.3），Vol.I，p.105.

77 例如 Salmond，*Jurisprudence*（1902），§ 5。

78 Planiol，*Traité élémentaire de droit civil* （ed.12），Vol.I，Nos.122-124.

79 *The Bramble Bush*，pp.4 ff.

译作“制裁”)而言,风俗也是经过核准的习惯。[80] 制裁可能是离散的,也可能是有组织的。风俗的后盾,是被拉德克利夫-布朗(Radcliffe-Brown)恰如其分地称为“离散的制裁”的东西。制度化的社会控制的后盾,是“有组织的制裁”。谁都能参与放逐或者联合抵制。唯有妥善确立起来的权威或(奥里乌意义上的)制度的主管,才能实施制裁,或者说执行经过核准的制度程序。[81] 最高级的制度化社会控制类型就是法秩序,这种控制依托于政治上有组织社会的系统化暴力运用。法学家以之作为直接关注点,很可能继而认为将“法”一词局限于这种类型是合宜的;拉德克利夫-布朗认为它“对于社会学分析和分类的目的而言”也是比较方便的。[82]

今日法学思想的一个奇怪特征是,直率地畏惧发达的法与政治上有组织社会之间的关联,厌恶联系“法”来看待“国家”一词。为何这样急于从政治学和法学中清除国家呢?这在很大程度上是本世纪自然法复兴,尤其是新经院主义或新托马斯主义崛起的一种表现。在政治学里面,素有来自专制时代公法学家(publicists)学说——它是法国公法的古典学说——的反对,而复兴的自然法如今已执法国公法之牛耳。[83] 在法学中,用于表示“法”的那些词

80 *Folkways*,p.57.

81 “Social Sanction”,in 13 *Encyclopaedia of the Social Sciences*,pp.531-534.

82 “Primitive Law”,in 13 *Encyclopaedia of the Social Sciences*,p.202.

83 尤其参见狄骥将国家比作公务法人,这是一种来自内部的公务,而非来自外部的强制。参见*L'état,le droit objectif,et la loi positive*,“introduction”。该观点源自他的社会学自然法。奥里乌认为国家是一种类似教会或工会的制度,并联系他的新托马斯主义自然法展开探讨,参见Jennings,“The Institutional Theory”,in *Modern Theories of Law*,pp.68,69。

汇的伦理意涵，进一步促动那种把《民法大全》(*Corpus Juris*)视为立法的观念的反对(该观念正是关于现代罗马法之学术讨论的基石)，因而促动来自19世纪对于现代法典的态度的反对。古尔维奇抱怨我"笃信国家必然且先验地凌驾于其他团体之上"。[84] 我的观点其实是，国家自16世纪以来就具有**法的层面上的**(按照法律人对该词的用法)至尊地位。我并不是先验地得出上述观点的。在"艾克堡修道院院长案"(Prior of Castleacre's Case)中，皇家民事法庭(court of common pleas)在1506年认定，议会不能"使任何世俗人士接受宗教管辖"，因为只有教皇才能这样做。[85] 自宗教改革以来，区分国家司法和教会司法的那种宗教管辖权已经寿终正寝。如今国家在该领域的至尊地位不容置疑。最为确定的是，法院必须采纳社会的政治组织，并代表着其中的一项基本事实。我们虽然在美国大力贯彻法律至上的学说，但还不至于让国家的法定存在成为一个留待该国法院判定的法律问题。[86] 如今同样清楚的是，任何其他的社会控制形式，例如来自家庭、教会、友爱组织、社会组织、专业协会或工会的社会控制，都要经受法律监督，并在国家的法院或官员所实施的法定界限内运行。当今的少年法院和家事法院都证明了这一点。我并没有讨论法定意义之外的凌驾和法学意义之外的法定。

84　*Sociology of Law*, p.165.

85　*Prior of Castleacre v.Dean of St.Stephens*, Y.B.21 Hen.VII.1.

86　"自该法令以来，人民通过采纳所提议的宪法而在其政治制度中引起的变化，禁止追究此类是非。"(Agnew C.J., in *Woods's Appeal*, 75 Pa. St. 59, p. 69. 也参见 *Sproule v.Fredericks*, 69 Miss.898。)

对某种哲学要旨的恪守，影响到关于“法”的含义的诸多观念。马林诺夫斯基的学说恪守实证主义决定论。他告诉我们：“原始文化和发达文化都要服从物理法则。”[87]古尔维奇恪守现象学。社会学和哲学唇齿相依。[88] 奥里乌立足于新托马斯主义，尽管必须承认的是，他也完全可以从孔德式实证主义得出他现在的立场。凯尔森恪守新康德主义认识论（neo-Kantian epistemology）。我们所看到的东西，在很大程度上取决于我们据以观看的眼睛。

最后，法社会学家指责社会学法学具有一种不科学的倾向，即处理具体问题并对法的律令和学说作出价值判断。[89] 或许阿莫斯爵士（Sir Maurice Amos）的回应最漂亮：“法学［他说的是社会学法学］从事破冰工作。”[90]社会学法学必须摆平此类事情，即便作为理论科学的法社会学不必如此。

但我绝不想诋毁法社会学，即便我不能为契合它的倡导者的心意而修正我自己关于“法”的用法。埃利希令我们受益匪浅。我也从霍瓦特、季马舍夫、古尔维奇和马林诺夫斯基那里学到不少东西。古热维奇指出，法社会学和社会学法学不是一回事。[91] 正是狭隘的科学观点才会认定正道只有一条。社会学法学家所研究的法，是发达国家中的高度专门化的社会控制，就此而言是在追随奥

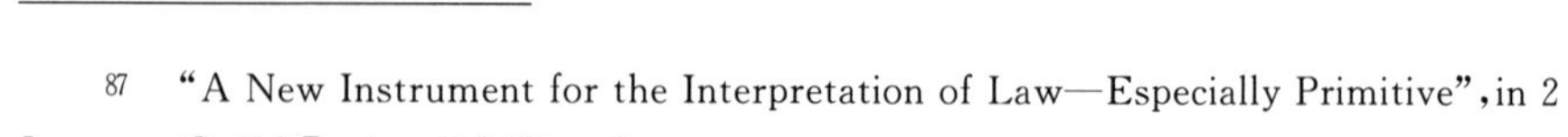

87 “A New Instrument for the Interpretation of Law—Especially Primitive”, in 2 *Lawyers Guild Review*(1942), p.2.

88 *Sociology of Law*, p.304.

89 Ibid., pp.104, 171.

90 *Modern Theories of Law*, pp.90-91.

91 *Sociology of Law*, p.11.参见麦金泰尔（MacIntyre）关于古尔维奇的书评：4 *Alberta Law Quarterly*, pp.225, 227。

斯丁，后者把成熟或发达的法视为自己的研究范围。社会学法学家认为，法的制度和学说是专门化的社会控制形式的工具，能够经由自觉敏锐的努力而根据各自目的作出改进。他思考社会工程的过程，这从某方面来说是一切社会科学的问题。在社会学法学中，通过一些手段——包括法秩序，一套既定的或广为认可的规范或律令、发展和适用律令的技术、据以发展和适用律令的既成理想，司法过程和行政过程——达成前述社会工程任务，乃是一个专门的问题。这被视为法学上的一个问题，但从更广阔的视角来说，这又不仅是法学上的问题。我们研究一切意义上的法，将其作为更广阔视野下的社会科学的一个极其专门化的方面。

（姚远、陈慧珺 译）

附录七　何谓普通法*

庞　德

武加大《圣经》(*Vulgate*)的《诗篇·深渊》(De Profundis),在文字上与我们所熟知的钦定本《圣经》(King James's version)有所不同,其中《诗篇》作者庄严肃穆地诉说衷肠:主啊,因你圣法的缘故,我敬爱你!天行有常,而人为无常;道德秩序稳固可测,而不属于神的存在既无原则又不可信赖——这些让《诗篇》作者有力量去信仰那增进正义的永恒者,那永恒者在背后支撑着自然秩序和道德秩序的规律性与确定性。如何通过道德、宗教、教育抑或统治,促成并维持人类行为的这种规律性与确定性,始终是人类主要关心的事情之一。如何通过规整关系、调节相互冲突的利益以及裁决纠纷,促成并维持人类行为的规律性与确定性,始终是有组织的人类主要关心的事情。此外,人类所关心的这种事情中,最重要的莫过于在规整、调节和裁决的过程中,确保规律性与确定性。当我

* Roscoe Pound,"What is the Common Law",in *The University of Chicago Law Review*,Vol.4,No.2,1937,pp.176-189.本文是庞德在"普通法的前景"研讨会上的演讲,该研讨会由哈佛大学法学院举办(1936 年 8 月 19 日至 21 日)。庞德意在通过发表这篇演讲来纪念亨顿(Hinton)教授,因为对于普通法特别是普通法程序的要义,亨顿教授有着全心全意但也有根有据的信仰,他相信普通法是英语世界经久不衰的财富。——译者

们思忖着人类在上述过程中如何发展出秩序和体系，并对照与政治秩序相伴的那些弊病来衡量秩序和体系带给我们的益处，他定会变通《诗篇》作者的话并说道：国家啊，因你法律的缘故，我拜服你！

当亚里士多德写人是政治的动物时，他所强调的是形容词（“政治的”），而今日的心理学思想家强调的却是名词（“动物”）。亚里士多德将法律之治——同政治学和法学中的许多其他观念一样，法治的观念可以追溯到亚里士多德的作品——当作合乎自然的统治，亦即理想的统治。根据法律来规整行为和调节关系，并对政府权力进行划分或分配，由此对权威施以法律的制约，此状态在亚里士多德看来非同小可，而今日的现实主义者在法治中仅仅看到，被传统程式理性化了的那些相互冲突的欲求之间如何一争长短。从行为规整中形成的秩序、从关系调节中建构的体系以及根据逻辑上适用的原则对权威施加的审查——这些在今天到处受到质疑。一批名扬天下的法学家否认这些情况的真实性。法律律令所表述的历史和经验，在这些现实主义者看来都是不值一提的幻象。尽管从政治法律思想来看，19 世纪的特色在于它是盛行着历史的世纪，但 18 世纪晚期和 19 世纪也以飞速发展的自然科学为标志。在 19 世纪，自然科学越来越专业分化，越来越支撑着不断壮大的工业，后者反过来又刺激了研究和发明，从而推动了科学的进步。19 世纪接近尾声的时候，自然科学对文明而言与日俱增的重要性，影响到政治法律思想；到了 20 世纪，通过类比自然科学而形成的思维方式，正在削弱那种原本被视为法学基础的东西。

自然科学教会我们，要对现象进行细致观察并使理论接受此种观察的检验——这样的习惯显然使一切思想受益匪浅。但如果

我们假设,务必依照自然科学的方法——正是当今自然科学的霸权使得这些方法流行起来——改造我们全部的知识结构,这就如同形而上学霸权时代盛行的如下假设一样大错特错,即假设我们可以先天地提炼自然科学。

如果说在信仰理性的时代我们过于轻率地认为,人类的行为会服膺理性的原则,并且人际关系的调整会遵从那些通过理性把握到的准则,那么当代心理学的教诲非但没有动摇各个时期法律发展的成果,反而有助于向我们表明法律和政治迄今取得了多么非凡的成就,正是借着这种成就,根本上非理性的东西向理性、法律和秩序俯首称臣,作为现代科学基础的研究、试验和调查也得以展开。在自然科学大踏步发展起来之前,法学、伦理学和政治学已经成长起来并臻于极盛状态,这并非偶然。确实,如果没有法学、伦理学和政治学所导致并维持的安稳局面,自然科学不可能兴起也不可能有长足进展。通过有序运用政治上有组织社会的强制力,使人类的行为顺应文明生活的迫切需要——这种自从中世纪早期的大乱局以来便在西方世界发展起来的状况,即便不是乍看之下就抓人眼球的话,也像在同一时期人类(为自身使用之便)在驾驭大自然方面的所作所为一样意义重大。

但如今,我们身边出现了越来越多的经济决定论者、心理学家、实证主义者和现实主义者,他们夸夸其谈,动摇了(在驾驭心性以顺应文明使命方面)曾被我们当成主要能动性的那种东西的重大意义和真实性,如果说他们没有动摇那种驾驭本身的真实性或有效性的话。此外,他们还质疑了 19 世纪我们所深深信服的理性方法与历史方法。但不管我们对自认为取得的成就多么沾沾自

喜，法学家们都必须想方设法迎接这些挑战。法学家们必须追问法律的前景，尤其是在一个充斥着机械和自然科学的时代，法律的前景如何。除此之外，英语世界的法律人还必须追问普通法的前景。

上代人里的一位哲学家，当论及存在的本质时，觉得有必要专辟一章预先谈谈“有东西存在吗?”(Does anything exist?)这个问题。在一个盛行着怀疑主义与坚定现实主义的时代，但凡考虑普通法前景之人，必先追问普通法是否存在，以及如果它存在的话，何谓普通法。

这样的问题并非那么容易回答。英美法律图书馆里的资料越来越混杂。立法正在各个辖区各个层面，偏离英语世界曾经共同遵循的规则或教义。不同辖区产生的新型问题，正在获得不同的司法回应。在一些19世纪已有定论的问题上，司法进行了新的尝试。行政部门正从法院职权范围中剥离整块的处置领域，并且当司法尝试要求行政行为服从法律原则的尺度，或者接受法院的审查时，行政部门变得越来越难以管束。然而，当我们更仔细地审视这些现象，我们又似乎在其背后发现某种普遍、永恒、持久的东西；这种东西将我国的司法同英格兰、爱尔兰、加拿大和澳大利亚的司法连接起来；这种东西使我国的司法不仅与布莱克斯通时代的司法挂钩，不仅与古典普通法时代(柯克时代)的司法挂钩，甚至与中世纪英格兰法挂钩。我们似乎发现了某种东西，它为联邦政府与48个州的立法机构隔年甚至每年颁布的立法赋予形式和一致性。我们似乎发现了某种东西，它为来自下列单位的大量判决赋予一致性和统一性，即48个州的最高法院(它们每家都有十足的权威

来宣布普通法），联邦最高法院和10家巡回上诉法院，以及英格兰、爱尔兰、加拿大与澳大利亚的法院。最重要的是，无疑存在着某种东西，它使英格兰、爱尔兰、美国、加拿大以及澳大利亚的法律人能够阅读彼此的判例集，理解彼此的论证，适用彼此的判决，采纳彼此的立法，而与此同时，他们肯定也难以理解非英语世界的论证，难以有效阅读后者的判例集，难以适用后者的权威文件。这就是我们称为普通法的东西。但何谓普通法？

19世纪是一个在知识上信心满满的时代，那时的人们对绝大部分事物鲜有疑虑，哲学家甚至会专辟一章论述不可知的东西，从而表示他对其无所不知，但上世纪的法学家们却就法律的本质展开激辩、争执不休。今天的法学家们对该问题更加莫衷一是。然而有三样东西因着法律人的需要而被冠以法律之名（出于实际的考虑，我们不必试图将其统一起来）：(1)法律秩序；(2)司法裁决所遵循的一整套权威性资料——断案法官被认为且自认为理应从这套接受下来的资料里寻找判决理由；(3)（套用卡多佐大法官中肯的提法）司法过程，即尽量依据权威性断案资料对纠纷作出判决的过程。当我们提到作为体系的普通法时，我们在上述第二种意义上使用"法律"一词。但我们也常常在脑海中兼顾第二种意义和第三种意义。那么，法律体系又是什么呢？

近来许多关于法律的思考，都忽视了梅特兰所谓经教学而成的牢固传统。法律体系本质上是包括理想、方法、学说和原则在内的一种经教学而成的传统，只要教学过程不曾中断，它便持续存在着。普通法就是这么一个体系，一种经教学而成的法律传统，它在英格兰始于有组织的教学在出庭律师公会中确立之时，一直延续

到这种教学形式在16、17世纪的衰落之日，继而经过柯克时代的重构，自17世纪以降在英语世界的各片土地上延续至今。亨利·梅因爵士在提到大陆法系支配下的人民时，曾说他们“将罗马法的元素筑入自己的城墙”。然而，那一方面把法国法、意大利法、西班牙法和拉丁美洲法结合在一起，另一方面把欧洲中部的法律思维、法律技术和法律学说结合在一起的，不止是罗马法规则的元素。把英格兰、爱尔兰、同属英语世界的大英帝国自治领和美国结合在一起的，不止是中世纪英格兰土地法规则和中世纪英格兰程序规则的元素。

我们在现代世界所理解的法律，是一种经教学而成的传统，授业者将立法以及司法经验主义或职业经验主义的产物嵌入其中，后者可追溯到首位平民出身的大祭司，此人开始公开提供法律咨询意见以便学生聆听和记录。从这种教学形式，发展出罗马帝国早期不同法学流派所提供的传统教学。又从这里发展出5世纪教会博士在东罗马帝国的教学活动。这与中世纪早期拉文纳(Ravenna)的法律教学联系起来，从而也与12世纪博洛尼亚(Bologna)的法律教学联系起来。从博洛尼亚时代开始的教学传统至今绵延不绝，全世界但凡盛行现代罗马法之处便有其身影。同样，英格兰法开篇时代，活跃在王室法院的出庭律师所形成的教学传统——之所以说存在这种教学传统，是因为直到柯克时代，初级律师都被冠以学徒之名——后来演变为出庭律师公会的教学传统，当后者衰落后，又演变为在议事室里带弟子的律师所形成的教学传统。因此，该教学传统在美国的承担者，是受过出庭律师公会训练的律师，是这些律师在赢得独立的美国带出来的弟子(训练地

点是律所），是从日益壮大的律所发展出的法律学校，最后是学术性的法学院，它们逐渐取代了学徒式的法律教学。

请注意从总体脉络上把握这种通过教学的发展过程。随着职业法律人的兴起，他们开始对原始法典中那些往往表述得比较含糊的规则作出界分，以便更精确地定义每一条规则。然后，人们根据特殊规则的适用范围来划分各种案件情形。这时，人们开始从各种界分的背后找出原则，并且为方便教学，原则采用了格言的形式。不久之后，这些原则又成为进一步界分的基础，从而成了法律推理的出发点。这样一来，教学开始致力于提炼宽泛的学说以求统一这些原则，而教师出于指导学生的迫切需要，以形成一套逻辑上相互依存的律令为自己的理想，开始着手将承袭下来的律令加以组织，使其成为可以传授的东西，也使其更容易检索与适用。于是便出现了通过原则和学说将法律组织起来的传统，该传统有利于法律适用的确定性，这便因应了对于稳定性的需求，而经由职业司法渠道将法律适用于各种具体案件，则有利于不断推敲教师逻辑组织中的细节，也有利于检验学说，这便因应了对于变化的需求。随着法律的逻辑组织和职业的司法适用相互矫正，法律体系便逐步成长，并达成和维系着一般安全和个人生活之间的平衡，前者要求稳定，后者则要求变化。只要法学教师与法律实务工作者之间的平衡得以维持，经教学而成的体系——立法、来自外面的新制度和新调整、新颖的判决，被慎重地融入这个体系——便成为强有力的工具，使一套法律律令具有合乎目标的效用。

因此，我们可以认为，那作为英语世界的司法机制而拥有远大光明前景的，不是任何一套在一定时期或由一定权威机构确立的

固定规则，不是任何一套用于法律推理的权威性永恒前提或普遍前提，也不是任何一套法律制度；而是一种经教学而成的传统，它由自治民族政治体制的审判组织所催生，关乎权威和权力向理性的自愿臣服——这种臣服可见于中世纪的宪章，可见于上古的习惯，或者可见于主权国家根据所宣布的法和正义之原则进行统治的契约——是一种由司法而非行政来主导的传统，也是一种传统技术，它把司法经验记录中引申出来的原则适用于纠纷，从而为纠纷的裁决找到理据。

从一种视角来看，我们可以将普通法视为一个体系，亦即一套有条理的学说、原则，甚至在一定程度上还有调整关系和统理行为的规则。从另一种视角来看，我们可以将普通法视为一种传统，要么是判决的传统（在各个法庭进行自由判决的范围内），要么是教学与写作的传统。再从第三种视角来看，我们可以将普通法视为一种心智构造，这种心智构造，或者更确切地说是心智构造的显现，属于一个强大的民族，该民族向地球的各个角落扩张，但总在自由驰骋时保持克制，尽管同时仍然力图通过要求凡对本族人行使政府权威者皆恪守原则，从而求得自由。

在将普通法视为一个体系时，我指的是权威性判决理由的体系，从这些理由产生了调整关系与统理行为的规则。我知道，当今更流行的做法是将法律视为一系列预测或者一系列威胁。但我认为法律并非由预测组成。相反，法律由预测的基础所组成。此外，对于为企业经营寻求咨询意见的人来说可能是一系列威胁的东西，在法官眼里则是一系列用于判决的律令，其威胁性来自于一种当然的确信，即一些律令将被适用于出现的事由，从而对忽视这些

律令的人处以不利后果。

当首先考虑法律的律令层面时，我们必须坚决否定一种法律观，即法律就是规则——对明确而详细的事态施加明确而详细的法律后果的律令——的集合。这种法律观来源于拜占庭帝国的罗马法，传统法的律令在其中被赋予立法性权威或以立法形式进行表述，因此看起来出现了作为皇帝意志之宣示的集合。这种法律观之所以流行于现代世界，是因为意大利大学的法学教育，以及一种特定的学术理论，即认为对于一个包括整个基督教世界、又与康斯坦丁和查士丁尼的帝国一脉相承的帝国来说，《民法大全》是有约束力的立法。因此，《学说汇纂》的每段文本都被视为一条法律。站在19世纪立法改革运动的立场上写作的边沁，将制定法视为法律律令的典型。他宣称法就是各条法律的集合，认为一条法律就是一条法律规则，这样的观点遂成为英格兰分析法学之圭臬。我们不必费时考察福蒂斯丘(Fortescue)的如下学说，即这样的规则集合，自前罗马时期的不列颠以来便在英格兰延续至今；该学说由黑尔(Hale)重申，并由布莱克斯通所接续，而19世纪的人在称赞我们的法律时，又常常援引布莱克斯通。要维持关于普通法世界法律规则的同一性或连续性的学说，实属不易，即便对该学说的形式进行合理修正。就算在法律中最稳定的部分即不动产法领域，英格兰的立法也与我国各州的立法分道扬镳，打破了自布莱克斯通时期直到上一代人的时候依旧存在的统一性。只消抄起一卷加拿大判例集，或者澳大利亚判例集，或者英格兰判例集，或者我国各州判例集，便会看到作为司法依据的实际律令在各地有极大分殊。地理环境、经济条件以及社会状况的丰富多样，导致通行于英

语世界各辖区的法律律令彼此相去甚远。此外，当我们回首我们的法律史时，我们不禁会惊讶于法律规则——即把明确而详细之后果强加于明确而详细之事态的法律律令——那相对短暂的生命。

把法视为法律规则集合的观念，以及随着世界大战而成长起来的极端民族主义，致使许多欧陆法学家在著书立说时，就好像不再有大陆法系这样的东西；好像现在只有法国法、德国法、意大利法等。但若有人认为法律是比施行一时的系列规则更重要的东西，并透过这种民族主义的表面进行观察，则他恰可看到精神、技术与学说的真实统一体；他定会发现，秉承自意大利大学的那种传统，仍然有效地促成欧陆各国法律人相互理解、使用彼此的法律文本以及发展彼此的观念。在这个意义上，仍然有大陆法系，仍然存在着现代罗马法的世界。

我们可以给出或多或少更好的理由，去某些特定原则中寻找统一性和连续性。而当我们开始寻找一系列共通的原则，这些原则使普通法系与大陆法系相区分，也使今日的美国法同柯克时期的英格兰法，以及同今日的英格兰法、爱尔兰法、加拿大法、澳大利亚法联系起来，则我们会发现这样的原则非常难于捉摸。一些根本的正义观念为各个文明民族所共有。我们与大陆法系共享着少数正义公理。可是，有不止一条据称是根本的原则，虽然在 19 世纪时为我们所特别重视，并可追溯至当年教科书的开篇，那时却并未通行于英语世界各国的法律，而且在今天已被抛弃或者正在被抛弃。

关于到法律制度中寻找统一性与连续性的问题，可说的更多。

或许有人会认为，存在普通法所特有的某些制度，它们是普通法法系与大陆法系相区别的标志，但凡英格兰法所及之处，即可见其踪影。人们立刻想到关于先例、法律至上性以及陪审团审理的学说。我待会将在另一个语境中谈谈法律至上性。说到先例学说，根据这一代法律人记忆之所及，它已在不止一家美国法院那里变得松弛。我们的司法实践，绝没有到处为某份判决赋予19世纪著作中为其要求的那种权重。此外，不论欧陆法学家持有怎样的理论，正如近来的欧陆论著开始承认的那样，在实践中，法院判决的过程几乎在各地开始成为法的一种形式。就陪审团审理来说，民事陪审在英格兰几乎绝迹，并且有明显迹象表示，它在我国已经奄奄一息。甚至连刑事陪审也受到冲击，不止一个州认为立法修改刑事陪审刻不容缓。持久而普遍的普通法制度或许就是那种整体的案件审理方式，它从陪审团审理的迫切需要中发展起来。但这就是罗马法的审理模式，而对牵涉专家证据的诉讼理由的需要以及行政裁判所的实践，正在不止一个方面把我们推向纠问制程序而非抗辩制程序。

然而，在英语世界的政治体制中，有一种制度确实发挥着普遍而重要的作用，即普通法的法官。在罗马帝国以及大陆法系传统中，法官是行政等级制的一部分。而在普通法法系，法官是独立的。法官行使崇高的权威来主持正义。他不对行政长官负责。用柯克归于布莱克顿的话说，法官在上帝和法律之下进行判决。法官独立性的保障，处处依靠伟大的宪法性文件或者明确的宪法条文。纵观整个英语世界，我们保持了普通法上的法院权威，以及普通法上关于司法负责发现和宣布法律的观念。

各种特色观念和学说以及一套特色技术，具有更重要的意义。首先，存在着关系(relation)的观念。我已经在其他场合详细论及此点。在此只需提醒你们注意，那些在我们的汇编中一再出现的一对对名目：委托人与代理人、家长与子女、丈夫与妻子、监护人与被监护人、地主与佃户、主人与仆人、债务人与担保人、出卖人与买受人。我们的教师对大陆法系学者的系统借鉴，未能使家庭法(family law)取代家庭关系法(law of domestic relations)，也未能使代理、监护、保证、买卖等概念性名目取代上述传统的关系性名目。这一对对名目的意义极为深远，绝不限于单纯的术语。普通法法院自始就从关系角度解决法律问题。普通法法院以预设的关系为起点，对不处于关系中的人进行推理。它们甚至在不存在关系的地方，寻求和(可以说)杜撰关系。正如现代大陆法系学者的首要体系性观念是法律行为(英文“legal transaction”，法文“acte juridique”，德文“Rechtsgeschäft”)，普通法法系法律人的首要体系性观念则是关系。19世纪的大陆法系学者，通过当事人的行为来探知当事人的意思，而普通法法系的律师和法官，则根据当事人所处或所缔结的关系，查明和落实其中合理附随的义务与责任。说关系的观念是普通法的核心观念，一点也不为过。

法律至上性(the supremacy of the law)学说背后的思维模式和理想，与关系的观念交相辉映，同样也是来自中世纪的遗产。1688年革命给英格兰带来的变化，及其造就的议会至高权威，极大地限缩了前人所理解的该学说的范围，这里的前人包括15世纪的法官，他们认为若某一制定法有损于中世纪在圣俗二界之间作出的根本权力分配，则“不宜遵守之”，也包括17世纪的柯克及其

同僚。在美国,我们秉承了关于权威领域分立性的中世纪观念,并把这种观念发展到它的极致。在中世纪英格兰的政治体制中,有王室法院的领域,有教会法院的领域,还有海洋法的领域。当时存在着王权的领域、议会权力的领域和司法权力的领域。每个领域都被认为由法律来界定,每个领域的范围都是个法律问题。因此,我们美国由于在这方面遵循英格兰旧日的政治体制,政治问题在我国很大程度上是法律问题,而在某种意义上,法律问题也变成政治问题。但是,如果说英格兰政治体制在 1688 年采纳的立法机关至上性,阻碍了法律至上性在细节与结果上的普遍发展,那么,法律至上性背后的观念,(套用柯克的经典措辞)亦即在上帝与法律之下进行统治的观念,则以普通法的行政观念和审判观念的形式,遍及半个世界的政治体制。现在,有些人认为官员的一切所作所为都是法律。普通法可不是这样教导我们的。普通法的理想,不是行政与法律相等同,而是要求行政遵循规则、形式和理性。我们不认为行政同法律并驾齐驱,而认为行政是法律之下的过程。14 世纪英格兰的一家法院判定,为国王征收十五分之一税(fifteenths)的收税员,不得在没有盖印令状的情况下扣押臣民的牲口,自此以后,英格兰人、他们的后代以及同他们荣辱与共的那些人就坚信,行政从属于法律秩序,因而也处在掌管一切人类行为的那套权威性律令和标准之下。他们坚信,政治秩序并没有超出和凌驾于法律秩序,政治秩序只是法律秩序的政治面向,或者说是从政治角度看待的法律秩序。他们学说的对立面是最近苏俄法学家们所坚持的命题,即在社会主义国家中没有法律,只有行政性的规章和命令。

同样遍及普通法世界的特色，还有我们的判决技术，即从权威性法律资料中发现判决理由的技术、为适应新形势而塑造法律律令的技术、为应对新案件而发展原则的技术、从全部权威性资料中梳理出适用于当下具体情况之律令的技术。大陆法系学者对于成文法的解释、发展和适用显得轻车熟路。自从《引证法》（Law of Citations）将立法性权威赋予伟大法学家的著作，大陆法系学者便认为法律的典型形式就是法典，包括古代法典和现代法典。他的方法就是对据说具有普遍性的成文法条，进行合乎逻辑地阐发。他的整个传统就是对成文法的逻辑处理。

相比之下，普通法法系的法律人在面对立法文本时显得力不从心。他的技术是发展和运用司法经验。这是一种在判例汇编中发现判决理由的技术。这是对于从记录在案之司法判决中抽取的原则加以反复锤炼的技术。因此，对于大陆法系学者来说，法律的宣谕者就是学院教师，权威文件就是法典，教科书就是对法典的评注，而对于普通法法系的法律人来说，法律的宣谕者不是教师而是法官，权威文件是已决判例的汇编，教科书是通过比较和分析司法经验记录来阐发各个法律主题的专著。

如果我们将普通法看作经教学而成的判决传统，那么这种传统便是把司法经验用于定分止争。如果我们将普通法看作教学和写作的传统，那么这种传统就是传授司法技术的系统适用，并写作关于适用结果的系统说明。此外，这种传统根植于中世纪，经过人们的塑造，自始便致力于调和权威与理性，调和强行规则与人类行为习惯，进而调和普遍与特殊。

我曾谈到，从某个视角来看，作为英语世界各民族法律中普遍而经久的元素，普通法是一种心智构造。因为在普通法法系法律人特有的学说、观念和技术背后，有一种非同小可的心智构造。这种心智构造习惯于具体地而非抽象地看待事物，相信经验而非抽象原理。这种心智构造倾向于按照正义在每种情况下似乎要求的那样，在经验的基础上小心翼翼地从这个或那个案件推出下一案件，而不是力图把所有东西都追溯到假定的普遍原则。这种心智构造无意于从普遍规定的命题演绎出手头案件的判决，而从未想到法庭所面对的那个问题的人很可能会这样演绎推理。这种心智构造支撑着盎格鲁-撒克逊的固有习惯，即事发之后再来处理，而不是通过普遍的抽象公式未雨绸缪。须注意，近来欧陆的法学作品中，出现了朝向这种具体思维模式运动的迹象。

各处正在上演对我所力图描述的普通法的非难，我们绝不能置之不理，而其中最咄咄逼人和旷日持久的非难或许就出现在美国。一个否定历史的时代，蔑视一切与中世纪有渊源的东西。遵循这种精神，将法视为法律规则集合的许多人以为，历史连续性意味着中世纪所确立的一套规则持续存在并得到当今法院的适用。未经充分考虑，便草草诉诸行政以求摆平事情——这样的仓促时代遇到了麻烦，因为普通法世界直到19世纪下半叶、几乎可以说是直到20世纪才有了公法。17世纪培根和刑辩律师创立一套性质不同的公法的尝试彻底失败了，这让今天不少人唏嘘不已。同样，美国的现实主义者与欧陆的某些民族主义者，认为国家根据法律而非根据意志进行统治的观念是迷信或颓废的。他们嘲讽如下观念，即一个民族以宪法或权利法案的形式庄重地约定，恪守那些公开宣布的法和正义的原则并恪守理性，以及通过素来秉承司法

机关对民族约定的阐释，力求在他们的政治活动中落实该约定。

不过，根植于中世纪的传统在当今社会也并非一无是处，因为当今社会似乎正朝着极其类似于新封建主义的状态迈进，而就人们对公法——公法是我们所接受的普通法感到特别陌生的东西——的需求来说，我们美国人已根据普通法的路子和普通法的素材大力发展公法。人们确信，无论如何，专制主义的观念和制度不会在 20 世纪的英语世界大行其道，就像它在 17 世纪最终没有成功支配英格兰一样。我们的法律传统遭受过接连不断的非难。在 16、17 世纪，曾出现过以罗马法路线的公法取代普通法传统的运动，其要求中央集权的专制王权和行政机关的至高无上。在 17、18 世纪，又出现了以成文的理性取代普通法传统的运动，其主张摒弃根据判例汇编的司法经验，并凭空杜撰出一套新体系。在 19 世纪早期的美国，曾出现一场类似的运动。在 19 世纪后期，又出现了以现代罗马法的体系和精致学术概念取代普通法传统的运动。另一方面，与此同时也出现了一种以地方立法取代普通法传统的趋势，以及对于反常的(aberrant)地方性判决的狂热崇拜。未因全国经济一体化而遭到明确摒弃的地方法(local law)的理想，却由于 19 世纪中间五十年美国专业组织、专业教育的衰落和准入资格门槛的降低而得到暂时推进。在 20 世纪的美国，还出现了两场要求取代普通法传统的运动，其一是设立行政法庭与行政机构，其管辖范围越来越宽，囊括各种活动与关系，并尽可能地不受司法的审查或控制；其二是民众对判决的操控，这要么通过罢免法官，即罢免那些严守法律的人，而代之以拒绝法律或视其为空洞说教的人，要么通过民众投票来审查判决，从而以一时的政治权宜

(political expediency)取代经验性原则的缜密阐发。

普通法传统虽遭遇上述运动却依旧生机盎然,这是我们的政治史或社会史上最引人注目的现象。事实上,普通法传统从中世纪开始就有两个特征,即坚韧不拔与生机勃勃。请看,虽有16世纪的罗马法继受,虽有17、18世纪的政治专制主义动向,该动向在17世纪的英格兰表现为法院与王室的竞争,在18世纪的美国则表现为法律人与殖民地统治者的竞争、殖民者与王室的竞争——普通法传统风采依旧;请看,虽然美国革命之后在政治上敌视英格兰的东西,虽然美国革命之后的萧条期敌视法律和法律人,虽然我们许多州在初创岁月对法国法和西班牙法也有所引介参酌,虽然1800年以后随着民主的兴起而出现了一系列现象,包括我国的许多法院卷入政治活动、专业训练的衰落、教育标准和实务准入门槛的降低——普通法传统风采依旧;请看,行政权虽在20世纪一跃而主导我们美国的政治体制,普通法传统还是风采不减当年。

最重要的是,普通法上的关系观念屹立不倒,尽管19世纪的法学家认为它是封建时代的老古董,并试图用罗马法上的概念取而代之;普通法的法律至上性学说,尽管遇到时代最强利益的冲击,却历久弥新。事实上,关系的观念因应着如今被视为人类社会本性的东西,即人类社会不是个人的集合,而是团体和关系的复合物,这些团体和关系的内部秩序构成了法的基础。同样,法律至上性学说背后的观念因应着人性中的一种深层欲求,即不想臣服于同胞的专断意志。现代心理学的大量研究表明,该观念表达了对于压迫的恶果的体验。普通法传统的这两大特色,表达了生活的经验与践行正义的经验,分别成为我们的私法和公法的发展基石。

耶林在《罗马法的精神》(*Geist des römischen Rechts*)的一段话中，掷地有声地讲述了罗马如何三次将其法律[律法]颁行天下，又如何三次将各民族统一起来：第一次表现为国家的统一，那时罗马民族的势力还处于全盛状态；第二次是在罗马国家解体之后，表现为教会的统一；第三次是凭借中世纪末西欧的罗马法继受，表现为法律的统一。起初是通过强大的外在武力，后来则是通过精神的力量。[①] 英格兰从未将其法律**颁行**天下。但英格兰同样凭借精神的力量得以在法律上统一各民族。英格兰法之所以能与罗马法平分秋色，正是靠着17世纪英格兰法的精神，靠着其经教学而成的传统的精神，靠着其判决技术的精神，靠着一种特定的心智构造，这种心智构造存在于统治与被统治关系的概念背后，以及英格兰法的审判学说和行政学说的背后，根据不同地域和不同血统民族的需要来塑造经验。从12世纪开始，成熟的罗马法文本便成为律师、立法者与法学教育者的宝藏；同样，我们也可以满怀信心地认为，普通法法系在19世纪臻于成熟，其各家普通法法院的判决将成为未来英语世界法官、律师、立法者以及法学教育者的宝藏。

（姚远、庄秀明、高寒梅　译）

① 耶林此书序言的中译本，参见〔德〕耶林：《罗马法对现代世界的价值》，姚远译，载《厦门大学法律评论》第21辑。——译者

附录八　我的法哲学*

卢埃林

法学曾经一度是哲学家关心的问题，并被当作哲学的一部分。而最近，社会科学家开始关注法律，将其视为一门社会科学。律师知道法律既是技艺和职业，也是一系列的规则；他们几乎不愿费心去弄清这些方面之间的关系。政治家知道法律是社会的重要面向，是指引、工具、拘束；他们却基本不会去努力获知这一切是如何嵌合起来的。事实上，法律是所有的前述事物，而且不止于此。如果我们把争论各方所钟情的法律维度，分别与作为整体的法律联系起来，则法学家之间的许多争论就会失去意义。

把法律整体视为社会中一套活动着的制度(a going institution)和必要的制度，这是最富成效的看法。当然，活动着的制度并非仅仅由规则或理想组成。它可以把规则囊括在内，作为自身的一部分。就我们本国的法律而言，这套制度将庞杂而又极其重要的一系列规则囊括进来作为自己的一部分，这些规则围绕着概念(十分松散地)组织起来并充斥着各种原则。事实上，除了这些构成本来

---

* *My Philosophy of Law: Credos of Sixteen American Scholars*, Boston Law Book Co., 1941, pp.183-197.——译者

意义上的“法律”(“law” proper)的规则和原则，还存在其他的规则和其他的概念：人们表述出来用以指导前者操作的“先例”技术、“阐释”技术以及类似的东西。但作为我们法律的这套活动着的制度，还包含着凌驾于上述事物的意识形态以及普遍而强有力的理想，它们很大程度上是潜移默化的，判例集里极少谈及。这套活动着的制度还包含一系列时而散漫、时而严苛的惯例，也即实际行事的办法，若没有这些东西，诸如规则之类的东西将在生活中毫无意义可言。这套活动着的制度还涵盖了一系列的人，他们是在整体中发挥作用的不可缺少的组成部分，而非仅仅“服膺”作为外在事物的“法律”。这不意味着把他们看作肆意妄为的人，而是认为他们的操作和统治或多或少循规蹈矩，依照或多或少有分寸的观念和理想。后面这类人是**属于法律世界的**人(the men *of law*)，是**法律**人(the *law*-men)，与前面那类人不可同日而语。

像这样把法学领域扩展到规则、命令和规范之外，似乎有些不可思议。把侧重点从规则上移开，这在其他人看来显得刚愎自用甚至要担风险。我认为，这种领域扩展和侧重点转变是一条可行的道路，摆脱了之前的混淆，穿越了层层疑云，通达更深层的简明。可以说，沿着这条可行的道路前进，我们得以摆脱先前不恰当的指引和虚伪的确定性，突破各种险境，进而获得更深刻、更清晰和更有效率的指引和更真实的确定性。在语境中看待规则的宽阔视野，使得规则更正当也更有效。这种视野进而表明，这些更好的规则不是法律的全部，而只是整个法律中标志性的关键部分。这种视野一再坚持认为，未来必须因地制宜地关注未来的法律**消费者**(law-*consumer*)。

首先,把法律视为一套活动着的制度,该观点提供了两个极其有用的校正点,它们令人耳目一新并核定了可能看到的东西。第一,活动着的制度有事要办,而它的功能就是高效省心地把事办妥。这就提供了作为准绳的目的和价值。第二,活动着的制度在生活中导致各种结果,并须由这些结果来检验,而这些结果是有据可查的。因此,衡量这套制度,就是衡量它实际办事的结果多大程度上符合制度的目的和价值。

法律着力要办的事其实并不完全由法律搞定,而且永远不会完全由法律搞定。尽管如此,我们不妨把它们视为专门的**法律**事务(*law*-jobs),因为法律代表着办事的一个面向和一种机制,它是特别自觉的,往往有举足轻重的出场率,并且是行动和思想的领域,人们怀着求得更妥当解决方案的美好愿望,在其中关注冲突和亟需的矫正。

有五种"法律事务"看似对分类研究法律现象十分有用:

1. 处理纠纷,包括不法行为、不满和争议。这是修理复原的工作,也是社会一直关心的事情,(如判例法所展示的那样)涉及社会秩序的不断重塑。

2. 未雨绸缪地疏导行为和期望,以免出现纠纷,同时按类似方式对行为和期望作出有效校正。这并非意味着(例如)进行新的立法;相反,这正是新立法之类东西的内容和目的。

3. 分配权威和设置程序,这将为行动赋予权威意义,这包括任何宪制的全部内容,甚至更多。

4. 就其本身而言且从最终整体(而非细节)层面来看待的法律的正面作用:将**整个**社会最终组织起来,以便提供整合、引导和激励。

5.“法律方法”(juristic method),这是用单一标语来总结如下双重任务,即一方面处理因其他事情而发展出来的法律素材、法律工具和法律人,以便让那些素材、工具和人坚守他们的法律事务并精益求精,直到他们成为揭示新可能性和新成就的源头,另一方面建立起此类处理方式的有效传统。

在完成上述每项法律事务时,人们能够识别出一个最基本的方面,其无外乎维系社会(实际上也包括任何群体)的团结和活力。此处还有两个理想方面:其一与运作效率有关,其二则与实现人类憧憬有关。

围绕着法律事务(它们是大大小小群体的本性中内在固有的东西),各群体发展出了各种活动。当这些活动渐次分明以至于足够被识别出来时,法律材料也就映入眼帘。当有人专门从事这类活动的时候,我们就能识别出属于法律世界的人了。作为明显的标识,这些人和材料既表现出或多或少的差不多的行动规矩,还表现出有关行动方式的得到或多或少明确感受的标准。单单将惯例或标准,或者单单将人或惯例-标准复合体(practices-and-standards),当作法律的实体**本身**,这是不明智的。活动着的制度将这些内容都涵盖进来。例如,“律令”和“原则”要成为某个法律体系的一部分,就必须在该体系中发挥实际的作用,而只有透过人及其**持有**的理念,它们才能够发挥作用。同样,惯例是法律体系的骨架。然而惯例若没有嵌入人们持有的规范或感受到的理想,并据之不断得到衡量,就并非**法律**的一部分。人是法律体系的生命血液,但人若非嵌入那存续而又变迁着的传统脉络(这传统脉

络即便由人塑造，同时也塑造着人），甚至也算不上法律体系的生命血液。

从围绕着法律事务而一并形成的活动和人之中，发展出了法律技艺(the crafts of law)，也发展出了法律技匠(crafts-men)。辩护、出具法律意见、判决、立法以及执行，这些是法律技艺的主要类别；而调解、组织、治安、教育以及学术研究属于其他类别。重新研究技艺和践行此类技艺的最佳方式，是法学目前的主要需求之一。法学的兴隆，取决于甄别和成功传达比较微妙的技艺传统。各种精妙传统的细节多少年来无人问津，多少志存高远之人错失这些传统，即便对那些确实开始掌握它们的人而言，真正融会贯通的时刻也来得太迟了，而且不具备可以估量的统一性。

此外，可以说，只有清楚地了解这些技艺以及不同技艺的迥异任务，才能看清法律规则本身的多重本性。规则是以理想、惯例、标准或命令为基础的措施，是得到(权威性)成文表达并附带清晰后果的措施。因此，规则同时为交往、为久而久之的刚性化和为灵活性平添巨大力量。就各地域和各世代之法律工作的任何程度的标准化而言，规则几乎都是不可或缺的前提条件。规则相对易于观察、积累和收集，可以十分便利地替代想法或调查，因此吸引了法学家的过度注意，好像规则实际而且能够独立存在。首要的弊病在于把众多结果(例如法院判决)归因于规则，其实那些结果依赖逐步发展起来的司法传统。该司法传统中值得一提的是其谋求的正义理想，该理想配有一整套驾驭规则的双面技术(janus-faced techniques)，以确保规则不会妨碍正义。结果的可计算性仅仅有时立足于规则，而往往取决于传统。一则过激的例子是，学说上和感

觉上认为如下做法是“正确的”，即要么通过将一部愚蠢法规视为“部分废除”来阉割这部法规，要么将一部明智但表述不当的法规加以扩张而成为某种“补救”。“这两种情况下的结果都仅仅源自规则”这一温和惯例，会造成在处理制定法的正确方法这一问题上的冲突学说，由此在一些实质正当答案不甚明了的案件中引发麻烦。围绕如何处理先例、原则或标准，而形成的同样形形色色且互不吻合的“正确”学说，亦复如此。但是若把此种情况看作活动着的制度有待克服的问题，则须立即研究判决的技艺。由此，我们就要探索借助怎样的指引来得知：(1)法院何时会运用那些“正确”技术中的某一种，而非另外一种；(2)法院何时应当如此。

区分法院何时会这样做和何时应当这样做，就是在区分律师的规则和法官的规则。律师的基本需求是准确预测，而法官的基本需求则是关于如何判决的清晰指导。事实上，在特定的情况下，健全的规则能够同时服务于两者的需求。首先，如果法官能放弃他们为正义服务的职责，那么对过去司法实践的准确陈述就能告诉他们如何去裁判。但是法官不会一直无视正义，即便广为接受的法学理论告诉他们要这样做，就像它过去做的那样。其次，如果有一条清晰的、显然明智又可以适用的规则，这一规则是能够、也将会为法院所遵循的，而律师可以相当准确地预测此事。但是我们流行的许多可用规则或者不那么清晰，或者不那么明智，或者其适用条件不够明了。

律师的法律预测“规则”(prediction-‘rules’ of law)和法官的法律应然规则(ought-rules of law)之间的混淆，正是判例法体系的产物，该体系正受到“法院必须义无反顾地遵循既往判决”这一顽固教义的困扰。重要的是，很少有研究者乐于采取直接预测法院行为的进路看待制定法，也没有哪位美国研究者乐于采取直接预测官员行为的进路看待这样一些人，他们的行动不能悄悄承载法院寻求正义的既成传统。然而，看到律师技艺和法官技艺的区分，就是看到一方需要冷眼旁观的预测，另一方需要判决方法的指引。再者，看到两种技艺的区分，以及看到上述两种需要之间的差异如今其实在众多领域都在拉大，就是要认识到，假如存在一种适当的规则，便未必有这样的分歧。就像上文提到的，当规则是清晰的、显然明智且又可适用的时候，不仅法官能够遵循它，我们也能预测他会这样做。这类情况通向更深的简明，这简明脱胎于表面上最初的复杂，即脱胎于我们开始对照活动着的制度来评估传统的"简明"学说之时。开始时，制度的不同方面确实迫使我们区分预测规则和应然规则，迫使我们考察二者各自的性质和证成理由，于是事情似乎一时变得复杂了。但从这种分析中萌生出崭新的、也更清晰的综合思路：看到适当的规则可以同时搞定律师事务和法官事务，进而看到适当的规则包含哪些要素，也就看到不能兼顾律师事务和法官事务的规则即不算适当。

合理地强调法律技艺的性质，对行政业务这一棘手领域最为有益。负责拍板或代行职责的官员的法律工作是否健全，并不取决于也决不会取决于我们的文明，即实践的常规性（这意思是单纯合乎某种外在模式，无论这模式是措辞方面的抑或其他方面的）。这种行动健全与否，取决于由传统所限定的恰当而可知的理由。理由必须是恰当的，因为这种理由需要随着事情的进展而一再得到检验。理由必须是可知的，因为我们的国家制

度已经变得十分复杂，仅靠“法律直觉”无法满足一个民族的广泛间接联系的需要。理由必须是可知的，还因为只有可知的并且表述清晰的理由，才可以随着事件的进展而几乎自动地一再受到事件的核准和检验。举例来说，阿诺德把检察官的裁量，转为一种可以同时指导职员和公众的裁量，而且人们能够认为，检察官和他的职员依据他们的理由对这个裁量负责。但是，准行政和准立法方面的理性、公开和公平，与准司法方面的一样重要。一旦意识到这点，我们就带着有关下述事项的崭新理解，重新考虑法律（或行政）事务的更加纯粹的司法层面：施加于“司法”工作的“政治干扰”中，何者意味着“司法性的”政治才干，何者意味着对“司法”工作的凌辱。

我们应当足够清楚，这种专注于活动着的法律制度的法学进路，对于法学学科和其他学科的关系意味着什么，以及对于法学不同分支间的彼此关系意味着什么。具备社会视野的前法律科学（the social pre-science of law，因为它还算不上一门科学），研究制度在事实上如何运行，以及如何利用和回应作为其母体的社会。此外，具备社会视野的前法律科学尤其致力于阐明（或探求）规则发挥作用的制约条件；学说若要获得实效就必须立足于这样的研究。出于对法律制度宗旨的关切，人们寻求确定合理目标并按照这些目标来评价各种措施。众所周知，“直接的”分析工作是学说层面的探索和整理的一个部分，但功能分析为此增加新的维度。举例来说，将救济的种类和程度整合进“权利”的概念（比如特定救济 vs 替代救济 vs 完全间接救济），看似会像霍菲尔德（Hohfeld）的权利再分类那样，为澄清问题和敏锐理解提供一样多的新价值。

当活动着的制度成为焦点的时候，每一门技艺都被视为一个努力和研究的分明(distinct)领域，但不是自足的领域；每一门技艺都为规则提供滋养，也受到规则的滋养，但我们要从法律事务的角度，把规则和技艺结合起来加以把握，而规则和技艺的结果要按照它们应当搞定的事情加以检验。

着眼于活动着的制度的进路，直接影响到学说工作的较为技术性的层面，而且这影响一目了然。有人不相信除了最精巧的规则、令人赏心悦目的原则，还有别的什么能够近乎神秘地直接吸引一切有教养人士从而顺利运行——这么个人必须去弄清那些不太完善的规则、概念、标准和原则在靠着什么发挥作用，毕竟操作它们的仅仅是人而已，这些人或许训练有素，或许笨手笨脚，而且行事方式和技艺肯定五花八门。取自生活的术语的含义，渐渐向法律术语渗透；人们通常以为仿佛只要从中演绎就能获得确定技术的那些普通法规则，令人吃惊地缺乏固定的成文形式；美式法律思维方式总是根据某个观念的内核进行操作，忽视(甚至不信任)观念的模糊边缘，然而却总是借助某份文件(往往是一部制定法)来框定某词的外延；法律的“场域”(fields)无声无息地彰显出来，这大多在不经意间发生，但却限定了任何规则、原则或概念的意涵；类似于“平衡”(balance)和“整体感”(wholeness)这样的观念，以一种无法言传却有力的方式，明确纳入学说发展的每个最新类型；目的所隐含的导引，总是成功介入任何制定法的阐释——以上情况就足以说明技术层面的探索思路了。

我们越来越清楚，**技术性**研究就是为了获得更好的判决规则。这些规则将会使不少具有多重精巧层面的技术变得多余，而在我

们从纷杂规则中发掘个案解决办法的努力中，那些技术当前大行其道。因此，技术性研究的目的就是化简自身的施展场域，但并不是要消除自身的施展场域，因为具有让老百姓一目了然之法律意义的规则都是镜花水月。但混乱、代价、延迟、不确定以及层出不穷的不正义结局，是在我们现今以不当技术适用规则时造成的，然而可在相当程度上避免的后果。进一步说，能否避免取决于至少能够在技艺范围内获得广泛民主吸引力的技术性结果。这些结果必须形成一种易于沟通和理解的形式。但如果目前提到的蓝图可行的话，观察整个活动着的制度这一道路正通向那幅蓝图。前方依稀可见的这种综和似乎很可能比较简明，因为它将会坚定地依靠法律的基石而不动摇。

再举两个被人们深深误解的例子来阐明这一点。深入研究法律事务(law-jobs)，首先会将人抛入有关社会运作方式和性质的整个谜团中。但他会立即发现，这种研究简化了他的视域；任何群体(无论家庭、封闭型公司还是学校)终究都要面对基本的法律事务；因此他能够看清这些法律事务及其意义，而不受恰如横亘在眼前的森林般的复杂国家机制和意识形态遮蔽。技术性的法律方式因其功能可见而逐步成型，并且每一细节设置都要求参照经验来检测其功能。同样，在纯技术方面，调查规则之外存在着的东西(规则之外的裁判技艺)，乍看之下把我们引向捉摸不透的个人心理，从而引向让人绝望的繁杂因素。但马上出现了至少三组因素：第一组是把甲和乙区别开来的一组因素，这些因素乍一看显而易见，但很快被证明为问题中最不重要的部分。第二组是法官的普通人因素和职业人因素，这是一片具备有效可预测性的广阔天地，之所

以如此，是因为法官不仅是人，也是美国人，并且不仅是美国人，也是美国的法律人。第三组因素关乎法官之成其为法官，关乎美国的传统，关乎当下或者近来的情况。当人们考察案件和规则时，较之仅仅考虑最妙的规则，后两组因素为更接近准确预测提供了条件。进一步说，一旦我们仔细地观察这两组因素，它们就开始对前文提及的一项要点作出指导：何种规则运转良好，以及何种规则运转得不够好；何种论证思路十分奏效，奏效到有时误导了法官，以及如何回应这种误导性论证。这些回应方式转而循着精致规则的路子汇聚起来。但精致规则的路子反过来遵循着这幅图景中两条非规则因素的路子；如果规则在适用和理由方面都是清晰的，并且规则的理由也在该适用中获得意义，那么规则就对作为人的甲和乙、作为美国人的甲和乙、作为律师的甲和乙以及作为法官的甲和乙传达相似的意思。一旦规则对所有这些人传达相似的意思，那么其结果就完全超越了作为个别人的甲和乙，将确定性和正义熔于一炉。也正是到了那时，公民们才能理解并真正尊重那些结果，即在面对它们的时候，公民不是盲目信任，不是在技术性障碍前感到为难，也不是冷嘲热讽，而是恰当认识到这是他的法律，他恰当地融入了这法律。

我坚信法学能够重温此类规则的建构技艺，并在民主的范围内向法律技匠推广。这可能是一个漫长而艰苦的过程，但我们理应勉力搏求。在完成此事的过程中，法学也就变得接地气。因为健全的法社会学是健全的法律技术的前提条件。而健全的[法]社会学并非像季马舍夫所说的那样，仅存在于权力和伦理这两点之间，而是存在于六项要点之间，我喜欢将这六项要点称为：“力量”

(Might)、“正当/权利”(Right)、“技巧”、“规则”、“结果”和“法律世界的子民”(Law's People)。而这样的[法]社会学就不再局限于国家制定法的观念。

（姚远、刘思齐 译）

附录九　对美国法律现实主义的理性主义批判*

康特洛维茨

本文意在批判,故而完全针对着美国法律现实主义运动容易招致批判的方面,此为开宗明义。我既不想描绘整个运动的全貌,也不愿贬低现实主义者(尤其在研究领域)令人击节称赏的成就。而且,我并不否认人们可以这么来批判我的评论,即现实主义者所传授的东西与我所转述的南辕北辙。我们可能在其作品中挑出他们许多矛盾的主张,这正是他们的一大弱点。因而,有必要通过一些逐字逐句的援引来佐证我的批判,但我也能给出其他相反的引文,这一点我心知肚明,也乐于承认。我们会在同一作者那里,甚至常常在同一篇文章中发现这些矛盾,至于在不同作者那里发现矛盾就更加稀松平常了。因为现实主义运动没有形成学派或派系(这对批判者而言是另一个难题);它没有核心小组,没有首领,没有政纲(platform),没有标语。只消提一些倡导者的名字我们就

---

* Hermann Kantorowicz,"Some Rationalism about Realism",in *The Yale Law Journal*,Vol.43,No.8,1934,pp.1240-1253.篇名采用意译。本文的主要内容曾宣读于卢埃林教授的研讨会(哥伦比亚大学,1934 年 4 月)——译者

会明白，不能指望他们达成一致。他们的前辈是“伟大的异议者”奥利弗·温德尔·霍姆斯，其追随者五花八门，例如，宾厄姆(Bingham)、克拉克(Clark)、库克(Cook)、弗兰克(Frank)、卢埃林、奥利芬特(Oliphant)、摩尔(Moore)、帕特森(Patterson)、雷丁(Radin)和英特玛(Yntema)，等等。[1] 然而他们在两项根本假定上有着共识：其一是关于法律之性质的实质性(substantive)假定，其二是关于法律科学之性质的形式性(formal)假定。我在本文只想讨论这些根本理论。

他们的实质性理论是，法律不是一套规则而是一堆事实；他们的形式性理论是，法律科学不是一门理性(rational)科学而是一门经验科学。我并不声称这些理论是纯然虚谬的；我要力图表明，它们是对真理的夸大其词。但该真理不是原创的。该实质理论的核心，已由那场缔造了自由法学说(free law doctrine)的法-德运动所阐发；该形式理论的核心，已由那场作为社会学法学派而闻名遐迩的德-美运动所阐发。[2]

自由法学说告诉我们(假如我们可用寥寥几句概括一套精当的体系)：传统的法律渊源，也就是“正式”法(“formal” law，即制定

1　要了解法律现实主义的文献目录，参见 Llewellyn，“Some Realism about Realism”(1931) 44 *Harv. L. Rev.* 1222，1257-1259。补遗参见 1 Llewellyn，*Praejudizienrecht und Rechtsprechung In Amerika*(Leipzig 1933)120 *et seq*；2 *id*.350。有份精彩绝伦的历史考察，参见 Auburtin，“Amerikanische Rechtsauffassung und die Neueren Amerikanischen Theorien der Rechtssoziologie und des Rechtssocialismus”(1932)3 *Zeitschrift für ausländisches öffentliches Recht und Völkerrecht* 529-567。

2　这两大运动最完整的文献目录(和历史)，参见 Gény，*Méthodes D'Interprétation Et Sources En Droit Privé Positif*(2d ed.1919)；补遗参见 Gurvitch，*Le Temps Présent Et L'Idée Du Droit Social*(1931)213-295。

法和先例),存在着须加填补的漏洞,(假如一项决定要成为司法判决)这些漏洞须以法律来填补,而且(假如要维系法律前的平等)该法律须具有一般性;因此,填补漏洞的材料须由规则(准确地说,法律规则)组成。这些规则不是正式法,就此而言乃是“自由”法(“free” law):它们尚未被正式创制(formalized),仍像议案、政策原则、商事习惯、未明言的确信、情感偏好那样处于过渡状态。法院为了作出具体司法判决,在其自由裁量范围内,经过意志行为和价值判断,将上述许多规则予以正式表述(formulated),它们由此构成了法官造法。它们的效力远不及正式法,而且有时无效,但其实践重要性甚至大于正式法,因为当正式法清楚完备时,不太可能出现诉讼。以上自由法命题(free law thesis)被一些现实主义者夸大,那些人教导我们:法律仅由司法判决构成,因而法律的构成要素是事实。

社会学法学派教导我们:须根据法律的目的来解释法律,这些目的在于对社会生活(包括经济生活)施加(值得追求的)效果,因而若不借助关于社会现实的社会学研究(包括经济学研究),就无法理解或适用法律。以上社会学命题(sociological thesis)被一些现实主义者夸大,那些人教导我们:法律科学本身是一门具有社会学性质的科学,因而是一门经验科学。

上述两派[即自由法学派和社会学法学派]皆源出于鲁道夫·耶林(Rudolf Jhering)。[3] 自由法学派在法国的发展者是惹尼(Geny)及其众多门徒,在德国(和奥地利)的发展者是埃利希、富

3 Kantorowicz, *Aus Der Vorgeschichte Der Freirechtslehre* (Mannheim 1925) 38 *et seq.*

克斯(Fuchs)、柯勒、迈尔(Mayer)、拉德布鲁赫、施特恩贝格、齐特尔曼等人。它在美国看来没有拥护者。

社会学运动在德国的引领者是埃利希、黑克(Heck)、黑德曼(Hedemann)、努斯鲍姆(Nussbaum)和最伟大的社会学家马克斯·韦伯;在美国的引领者是大法官布兰代斯先生、大法官卡多佐先生和庞德院长。笔者本人对两大运动皆有所参与。[4] 但笔者不对现实主义的夸大其词负责,尽管笔者有时因那些夸大其词而受到赞赏。[5] 一个人不得不为他自己的私生子支付抚养费,已甚是不爽,更不能指望他为别人的私生子支付抚养费并投以关爱。

回到这两大法律思想流派的美国对应者,让我们检讨美国现实主义者各种论断中的两处夸大,并指明他们的实质性理论和形式性理论探讨必定招致的诡异后果。不过此处还是得承认,在某些现实主义者的作品中,存在甚至强调具有相反旨趣的论述,这尤其表现在卢埃林那里,[6] 他虽有激扬的做派,却属于该运动的温和分子。[7] 这些具有相反旨趣的论述,其大意是说法律不完全是一

4　Cf. *Tat und Schuld*(Zürich 1933)25 *et seq*.,附有1906年以来的文献目录。对美国读者而言最容易获取的文章是 Kantorowicz, Legal Science—A Summary of Its Methodology(1928)28 *Col.L.Rev*.679,由帕特森(E.W.Patterson)添加注疏。[该文中译本参见〔德〕康特罗维茨、〔美〕帕特森:《法律科学方法论概要》,清灵译,载《法律方法》第11卷。——译者]

5　Llewellyn,"The Constitution as an Institution",(1943)34 *Col.L.Rev*.1,10; *Book Review*(1934)43 *Yale L.J*.516.

6　参见 Llewellyn, *supra* note 1, at 1241。

7　Fuller,"American Legal Realism"(1934)82 *U.of Pa.L.Rev*.429,433,441 n.26,450,460.

套司法判决，同时也是一套规则，法律科学不仅是一门具有社会学性质的科学，也是一门理性科学。这些温和的观点无可厚非；它们在三十年前还算比较新颖，而如今已在理论上（尽管还没有在实践中）得到近乎普遍的接受。

现实主义运动的惊人成长，缘于开篇提及的激进理论。这些学说威胁到科学的平静进步。因而，假如我把批判的矛头仅指向现实主义运动的激进理论，就不算有失公允；现实主义运动的其他批判者也采取大致相同的做法，例如艾德勒（Adler）、科恩（Cohen）、迪金森（Dickinson）、富勒（Fuller）、古德哈特（Goodhart）和庞德院长。[8] 要避免此类单方面批判，现实主义者本人就得在将来收敛自己的所谓“直言不讳”（vocal behavior）。他们应当抛弃他们的激进观点，仅限于发表温和的学说，并想方设法继续他们精湛的研究工作，其研究工作不预设他们那些经不起推敲的假定，也不与他们那些经得起推敲的假定相抵牾。

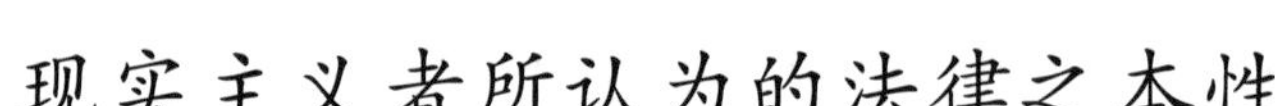

现实主义者所认为的法律之本性

为亮出现实主义者有关法律之本性的观念，让我们举出若干典型引文：

---

8 Adler, "Law and the Modern Mind: A Symposium" (1931) 31 *Col.L.Rev.*82, 91; Cohen, *Law and the Social Order* (1933) 198 *et seq.*, 357 *et seq.*; Dickinson, "Legal Rules" (1931) 79 *U. of Pa. L. Rev.* 833, 1052; Fuller, *supra* note 7, at 429 *et seq.*; Goodhart, "Some American Interpretations of Law", in Jennings, *Modern Theories of Law* (1933) 1; Pound, "The Call for a Realist Jurisprudence" (1931) 44 *Harv.L.Rev.*697.

我所使用的“法律”一词，是指一系列外在事实，及其经由统治机制的具体运作而产生的具体法律后果(legal consequences)。[9]

可依某些概括来描述法官们过去的行为，我们将那些概括称为法律的规则和原则。[10]

无论是法官陈述的规则还是其他人陈述的规则，无论是制定法中的规则、司法意见中的规则还是博学作者的教科书中的规则，都不算法律，而仅仅是法官为所审案件创制法律时所诉诸的某些渊源……因此，法律由判决而非规则组成。倘若如此，那么每当法官判决案件时，他就在创制法律。[11]

这些官员[即法定官员]对待纠纷的做法，在我心目中就是法律本身。[12]

……一个世纪以来，“规则判决案件”这一理论，似乎不仅愚弄了闭门造车的书呆子，也愚弄了法官。[13]

说存在着一项法律制度，如私有财产、美国联邦政府、哥伦比亚大学，就是说一群人在做某事，在依以某种方式行事。[14]

9　Bingham，“What is the Law?”(1912) 11 *Mich.L.Rev.*109，n.29.显然，宾厄姆以“法律的”(legal)这一概念来定义“法律”。

10　Cook，“Scientific Method and the Law”(1927) 13 *A.B.A.J.*303，308.

11　Frank，*Law and the Modern Mind* (1930) 127-128.

12　Llewellyn，*The Bramble Bush* (1930) 3.强调处为原作者所加。

13　Llewellyn，*supra* note 5，at 7.

14　Moore，“The Rational Basis of Legal Institutions”，(1923) 23 *Col.L.Rev.*609.

由此，现实主义者的法律观（即实质性命题）就是：法律不是一套规则，不是应然（an Ought），而是事实上的实在（factual reality）。因此，法律的构成要素，正是某些人——特别是法定官员，更特别是通过判决创制法律的法官——的实际行为。

在我们着手批判该理论之前，或许得先进行逻辑评述。法学讨论万万不得沦为无益的言辞之争（logomachy），例如甲把法律理解为这个，乙又想把法律理解为那个。该问题远非术语纠纷，而是有重大后果的。被我们定义为“法律”的东西，须是“法律”学院实际讲授或应当讲授的主干内容；被我们定义为“法律”的东西，须是“法律”科学的唯一论题或主要论题；在美国的讨论中被定义为“法律”的东西，须与美国的实定法保持一致（只要后者使用“法律”这一表述）。于是，例如法官在法律问题上（而非事实问题上）指示（charges）陪审团；事实错误有时是抗辩理由，但法律错误不是抗辩理由；对法律的上诉管辖不同于对事实的上诉管辖。仅此应足以表明，在解释美国法以及欧洲法的时候，我们必须区分法律和事实。单凭这一理由，某套理论若仅把事实行为称为“法律”，从而忽略法律和事实的区分，势必自始坍塌。但是，一群脱颖而出的法学家竟犯下这么低级的错误，对此我们能作何解释呢？

其原因在于，他们执迷于超法律的（extrajural）信条，执迷于错误的假设，这些信条或假设关乎法律哲学而非法律本身。也就是说，其原因主要在于无意识的**偏见**，我们可以指出其中六条偏见。所幸我们能够通过逐字逐句援引卢埃林，阐明前述理论与根本偏见之间的关联，因为他不仅（如我们所见）明言自己的结论，而且坦白说明自己的前提。鉴于卢埃林先生无疑被视为美国现实主

义阵营最具代表性的人物，以下例证仅取自他一人的作品[亦无不妥]。不过应当指出的是，在其他现实主义者那里，尤其在宾厄姆、弗兰克和雷丁的作品中，我们能够查出相似的观点。

> 偏见一：假如由规则判决案件，只要把规则面呈法官，那么任何法官都会和其他法官同样出色。[15]

这里表现出形式主义偏见(formalistic prejudice)，顺便提一嘴，法律现实主义的许多批判者也持有该偏见。这种偏见相信，法律仅由因袭自传统的正式法构成，而且，每当正式法出现漏洞就须由法官形成的那些规则，若遭忽视就属致命错误。当然，若要设想具体案件适用的恰当规则并加以正式表述，必须得是第一流的法官，必须得是不限于掌握法律知识的法律人，这类法律人对于实际社会经济生活及其效果和需要，不但有所体验，而且做过透彻研究。你们不应反对说，这完全是靠法官自由裁量的事情。自由裁量不像通常所说的那样与规则相对立；它其实是一种直觉的(intuitive)规则发现方式：规则即那些“未明说的大前提”，它们如要成为**大**前提就须具有一般性，而且如要成为**司法**判决的大前提就须是法律规则。

> 偏见二：眼睛直接观察到的是一段文本；“掩盖了”背后整个生动的世界。……是制度让语词生效，而非语词让制度生

15　Llewellyn, *supra* note 5, at 7.

> 效。……研究文件的语词……就是在诱使我们不理会[治理的]效果或需要。[16]

这里我们面对着言词主义偏见(verbalistic prejudice):以为法律就是法律的措辞(wording),这是错误的想法,而以为法律就是印制的文件,更是错得离谱。该偏见没有看到,在判决中作数的仅是法律的**含义**(*meaning*)。但无论多么自由多么无畏的解释,都至少必须能与文本相契合,亦即与文本的某一可能含义相契合。此处就看出,语言技术(language technique)作为制定法和判决的解释手段,确实举足轻重。因而,对语词的频繁抨击是没有道理的。无论思想与语言可能有怎样的关联,语词都是确定和交流法律观念的必备工具;甚至对语词的抨击也必以语词来表达。如果说我本人确已拒斥那种将法律科学视为语词科学(Wortwissenschaft)的陈旧观念,我指的是,我们切不可依照职业语词学者(即语文学家)考虑语词的方式来考虑法律语词。按语文学家的解释,语词表达了[言说者]当时的主观意指(subjectively meant);按法律人的解释,语词承载着须经高度技术化手段释明的客观含义(objective meaning)。纵使语词有所更改,该客观含义也可能保持不变——须知,英格兰法的许多规则自法律法语(law French)翻译而来,含义却大致不变,反之亦然——而且这也表明,法律人处理的主题不是语词,而是语词的含义。

---

16 *Ibid*.,at 17,35.

> 偏见三：假如规则判决案件，法律便停止不前……然而在19和20世纪的美国，法律的成长和改变一如既往地显著。……在法典实验之初，法律语言的意图对人们行动的影响既清楚又到位。……因此，在一开始，法律语词可依据立法史(legislative history)获得最透彻的解读。……但即便在这里，纯靠立法意图也不能万事大吉。某些情形还未被纳入立法辩论。于是我们必须诉诸语言和情势，诉诸“外显的”而非实际的意图。[17]

我们不妨将这称为历史主义偏见(historical prejudice)。对历史学家而言，当然，法律是历史既定的东西；法律的含义是立法者或判决起草者原本的(即“实际的”)意图，因而就如所有既往事物那样一成不变。对法学家而言，法律是制定法或司法意见的客观含义，即倘若立法者或法官能将自己的意思融入整套法律，他本会意指的那层含义。正如大法官霍姆斯先生所云：“我们不去探究立法机关当时意指什么；我们只问制定法的含义。”我们所谓法律的“生命”——即它持续适应那变动不居的社会状况——主要源于上述客观方法(objective method)。

> 偏见四：让我们假设，某种情形不涉及任何疑难，但在相关规则确立之时，任何人不曾想到此种情形。……立法者不

17　Llewellyn, *supra* note 5, at 7, 12-13. Cf. Holmes, *Collected Legal Papers* (1921) 207.

> 可能**意图**具体涵盖此种情形；按照假设，该情形当时尚无人虑及。[18]

这段话引入了(哲学层面的)唯名论偏见(nominalistic prejudice)。唯名论者忽略的事实在于，立法者的语言恰如大多数语言一样，主要关乎事物的类型(classes of things)，而非主要关乎个别对象。若遵从唯命论者的主张，我们就可以因为制定法提到的是作为类型的人，而本案当事人在立法之际尚未出生，便反对任何制定法的适用。

> 偏见五：制度的实际存在，其出发点和落脚点在于，事实上人们确按一定方式(方式 a、方式 b、方式 c 等)行事。……活的宪法总是制度；仅当人们确按其规定的方式行事时，宪法才算**活着**。[19]

我们在这里看到社会学偏见(sociological prejudice)。勿以为我们能够就事论事地研究社会现象，而对支配社会现象的那些规则漠不关心——这是不真实的看法。格雷有一绝妙例证："试想国王、贵族院和平民院共聚一室并联合投票，他们表决通过的命令不会得到英格兰人民的遵守。"纯粹的社会学家无法解释这一现象。我们不妨以同样方式来追问：卢埃林把合众国宪法等同于哪种制

18　富勒正确翻译了卢埃林的德文论述，参见 Fuller, *supra* note 7, at 445, from 1 Llewellyn, *op.cit.supra* note 1, at 72, 74。

19　Llewellyn, *supra* note 5, at 17. Cf. Gray, *The Nature and Sources of the Law* (2d ed.1921) 76.

度？是哥伦比亚大学吗，或是某所地下酒吧？当然不是，但国会却是合众国宪法的对应制度之一。为什么呢？只是因为国会的运行或多或少依据宪法规则。除非以宪法规则为参照背景，否则我们不可能从各种其他制度中单独挑出宪法制度。

社会学偏见在某些宪法学家那里尤为盛行，他们面对着国家的法律方面和事实方面之间的频繁对观，面对着国家之事实方面的明显引人入胜之处，显然感到晕头转向。但我冒昧烦劳随便哪位社会学家，例如，根据实力、规模、人口或其他事实元素，为我描述主权国家和非主权国家的差别，以及国家和地方自治体的差别。只消一试便可表明任何此类努力纯属徒劳。

偏见六：对最后一项偏见，即职业偏见（professional prejudice），我们已经给出例证。

现实主义者总说法律主要是法官们的行为。为什么主要是法官呢？因为法官是律师（attorney）进行直接或间接职业交往的人；而现实主义者现在是律师，或者曾是律师，或者是律师的训练者。但假如我们要像真正的现实主义者（而非单纯的法律主义者）那样谈论问题，则每个正常外行人的行为，即每个与他人处于正常法律关系中的人的行为，其相对重要性不可限量；因为这些法律关系大都不会进入司法程序。我们现在理解了以下情况的缘由：现实主义者不关注正常情形下那无形的法律确定性，却偏偏着迷于少量诉争情形下明摆着的法律不确定性。假如他们更明确意识到法学进路与社会学进路的逻辑区分，则他们会完全信赖社会学方法，从而更加关心那些影响和塑造着整个社会的现象，而不仅仅关注（作为社会重要机构之一的）法院的功用。

现实主义者所认为的法律科学之本性

下列引文，对阐明现实主义者有关法律科学之本性的观念十分重要：

> 我所指的法律，正是对法院将会采取的实际举措作出的预测，而不是什么故作高深的东西。[20]
>
> ……律师就像物理学家那样，从事客观物理现象的研究。……我们作为律师，致力于了解社会上的某些官员（法官、立法者等）过去如何行事，以便可以预测他们未来大概的行为。[21]
>
> （现实主义者们）希望法律——他们也希望自己这样——

---

20 Holmes，"The Path of the Law"(1897) 10 *Harv. L. Rev.* 457，461，重印于Holmes，*op.cit.supra* note 17，at 173。也可以引证该书第167页对这一格言的表述，因为他没有区分法律与法律科学。Cf. *id.* 10 *Harv. L. Rev.* at 458，Holmes，*op.cit.supra*，at 168："法理学致力于讨论的主要权利义务，同样仅是预言。"假如这是真的，则预言本身与被预言的事件将是一回事。Cf. also，Bingham，*supra* note 9，at 11，12："他的[即律师的]本分就是准确预测未来的一系列事情……此一科学研究领域，类似于其他任何科学领域……[当我们在'研究法律'或'财产法'的意义上使用法律一词时]言说者或写作者有意无意地用'法律'表示如下二者间的因果关系，即外在于观察者心灵的各种情况，及其既往或是潜在的治理结果。"

21 Cook，"The Logical and Legal Basis of the Conflict of Laws"(1924) 33 *Yale L. J.* 475. Cf. also，Oliphant，"A Return to Stare Decisis"(1928) 14 *A.B.A.J.* 159："真正科学的法律研究的首要主题，不会是法官们的司法意见，而是他们的审判方法。"

同事物打交道，同人打交道，同有形的东西打交道，同**确切的**有形东西打交道，同确切有形东西之间**可见的**关系打交道，而不仅仅同语词打交道；当法律同语词打交道时，他们希望语词表现那些在语词之下能被把握到的有形东西，并表现那些有形东西之间的可见关系。[22]

"规范性的"(normative)法律科学观……由于混淆法律与道德，从而阻却对于约定俗成的法律原则的客观叙述。[23]

根据这些引文可见，法律科学不是一门理性的、规范性的科学，后者力图把既定法律改造为或多或少前后一致的规则体系。对现实主义者而言，法律科学是经验性的，其方法是观察，其目的是预知效果，其楷模是自然科学。这一自然主义命题(naturalistic thesis)，背离了最古老的逻辑学教诲，也背离了现代的方法论观念。自然主义命题立足于范畴的混淆。指出其中六点混淆便足矣。

首先，现实主义者混淆了**自然**科学与**文化**科学。自然科学仅探讨受自然法则支配的实际事件。纵使最终证实这些法则不过是统计学上的平均值，但鉴于事实绝不可能与这些法则相矛盾(否则它们就不再是"自然"法则)，就此而论，自然法则始终不可违反。同时，所观察的事实与自然法则之间的和谐，也为事实的实在性提供了检验标准。而文化科学探讨的是人的行动，并受制于人法，而

22　Llewellyn, *supra* note 1, at 1223.

23　Yntema, "The Rational Basis of Legal Science" (1931) 31 *Col.L.Rev*.925, 945.

且这些行动要么合法，要么非法。实际上，人的行动常常是非法的，并且正是非法行为的存在使得法律科学成为必要；唯有法律科学允许我们判定非法行为，而这又预设了有关**应然**行为的知识。但这些非法行为与合法行为同样是实在的。因此，自然科学由于不知道"不合规律的"因而非实在的行为，也不知道非实在的因而"不合规律的"行为，所以不能教给我们任何关乎决断的东西。我们的科学必须学会区分合法行为与非法行为，必须能够判定非法行为，因而必须预先认识**理应**具有实在性的那些非实在行为。现实主义者应当研究的自然科学，是天文学的如下部分：这部分天文学可能告诉我们星星应当如何运动，它们如何运动才算违反天体力学法则，它们何时选择违反天体力学法则。不幸的是，天文学的这样一种分支尚未发展起来，而且假如谁真去发展它，那么他很可能要到法律科学那里寻求指南，而非恰好相反。

第二，现实主义者混淆了**解说**（*explanation*）与**证成**（*justification*）。假如法律科学是一门经验科学，则其主要方法将是透过原因与结果（cause and effect）进行解说。假如它是一门理性的、规范性的科学，则其主要范畴将是透过理由与[推断的]后果（reason and consequence）进行证成。现在让我们以一种现实主义的态度来探究法院，并追问它们事实上在适用哪种方法，因为法院审判必是将法律科学适用于具体问题。假如面对一部措辞清晰的制定法，法院未能理解其历史原因（historical causes）或立法者意图，难道法院就因为"基于此类制定法的判决无法得到科学解说"而必须拒绝适用它吗？当然不是这样。法官关心的主要问题在于，他想给出的判决能否被证成为这部制定法的后果，或至少能与

其各种后果相容。假如一家上诉法院须对初审法官(trial judge)的一份荒唐判决作出裁定,而这份判决能且仅能以该法官酩酊大醉或头脑昏聩这一事实来解说,试问面对该情况的上诉法院又当如何呢?难道就因为该判决已得到解说因此合乎法律科学,而必须裁定维持原判吗?相反,该判决会被发回重审,因为它得不到法律的合理(reasonably)证成,而这是那家上诉法院唯一关心的问题。发生学解说(genetic explanation)与规范性证成(normative justification)必须相互分离,此乃现代认识论最重要的教诲之一。弗兰克的那套解说——即把不可违反之确定性归于(attribute)法律的那种"幼稚"(childish)欲求,是由"恋父情结"(father complex)这一原因引起的——可能合情合理,也可能是胡说八道,然而无论如何,他所断言的那种归属(attribution)为真抑或不为真,完全独立于对其作出的精神分析学解说或任何其他发生学解说。当然,我们可将发生学方法用作规范性方法的服务工具,反之亦然。

第三,混淆**法律**与**道德**。这正是现实主义者对古典规范性观念的责难。但他们的疑惧完全缘于他们自己的错误,即他们混淆了法律规范和道德规范。前者要求某种外在行为,并且无论出于何种动机都能与之相符。后者总是考虑动机——例如,是出于利己目的还是出于利他目的。

第四,现实主义者未能区分**实在**(realities)及其**含义**。卢埃林指望把法律科学限制于"可见的"甚至"有形的"事实。但基本法律关系从来不是可见的。例如,在某人未留遗嘱便死于飞来横祸的那一刻,他刚出生的孩子可能就在大家不经意间,继承死者财产而坐拥金山。在这一重要的法定变动中,没什么东西是以某种方式可见的——而且在法律世界中到处都是如此。正是可见实在(observable realities)的**含义**才是律师关心的东西,但含义不可见更不可能有形。正是法律**历史学**才关心那些可见和不可见的事实,而现实主义者的诸多研究工作,其实不过是当代美国法律的历史学。法律历史学是法律科学中的一种,而且是该领域的一门相当值得尊敬的科学,在出现下述情况时尤其如此,即人们以一种真正的社会学精神展开探究,从而不仅考察美国当代事实,也考察在此社会背景下催生的一般法律问题。但这不是我们本文所谈的法律科学,即法学院所传授的并且未来律师——假如他除了影响法官没有别的目的——必须习得的那种法律科学。

第五,混淆**概念**和概念的构成**要素**。假如像大法官霍姆斯先生所言的那样,以及所有现实主义者都在重复的那样(仿佛他们盼望着把这位伟大的法官兼法学家的单一理论说得天花乱坠,让人不用再去读他的作品寻求印证),法律就是法院(courts of law)所做的事情,那我们也可以说:宗教就是教会的传道;科学就是大学所教授的东西;医学就是医生所开具的东西;艺术就是艺人所生产的东西;鞋子就是鞋匠所制作的东西。这些全都是逻辑上的本末倒置。没有宗教我们就不能定义教会,没有科学我们就不能定义大学,没有医学我们就不能定义医生,没有艺术我们就不能定义艺人,没有鞋子我们就不能定义鞋匠,而没有法律我们就不能定义法院。不宜说法律是法院施行的东西;相反,应该说法院是施行法律的制度。正因此,我们才能去预知法院将会做什么。正是在律师了解法律并且法官会遵循法律的条件下,律师才能预知法官将会做什么。

司法判决的其他渊源，很大一部分不为人知并将总是不为人知。

最后，混淆**判例**(cases)与**判例法**(case law)。现实主义运动仅能在判例法国家诞生和推进，因为在这样的国家中，法律似乎是一套判决因而似乎是一堆事实。但判例本身没有拘束力；案例不等于判例法；唯有判决理由(rationes decidendi)才有拘束力。按照一种我们不便在此展开探讨的、有争议的理论，判决理由不能是法官举出的事实理由(factual reasons)，因为事实理由不过是些心理学事实，它们常常基于自欺，抑或十分可疑。判决理由是作为判决之应然推理前提的原则，这些原则单凭自身即可证成判决。因而，这些判决理由不可能得自单纯的归纳过程；我们必须透过目的解释析取判决理由，必须将其加以概括并融入整套(或多或少作为体系的)法律。[24] 判例法就是吸收这些判决理由而成的体系，因而迥异于可作为经验研究对象的单纯事实。但仅仅如此是不够的，判例法若不想成为摆设，还必须依靠其背后的遵循先例(stare decisis)规则(无论其限度和权威性如何)。这么一来，判例法的整座神殿都奠基于规则而非事实之上。否认规则拘束力的那些人，怕也不好承认他们顶礼膜拜的先例的拘束力。于是，他们就摧毁了法律本身(the Law itself)。

24　假如现实主义者反对"体系"观念，他们心中所想的乃是严格意义上的"理性"体系，对此我当然也深表赞同。整个自由法运动一直在强调：法律科学力图建立的那套"体系"，实际上充斥着诸多情感(emotional)要素和意愿(volitional)要素。

归谬法(*Reductio ad Absurdum*)

最后,让我们试着根据现实主义者结出的果实,反观现实主义者。我们不妨首先考虑,“判决之外无法律”这一实质性命题的令人惊愕的后果。未决案件将不能得到判决,因为各人的行动都将在法律范围之外。但每件案子都曾一度是未决的。违反一项新制定法将不意味着侵犯“法律”,而新制定法也不能得到解释,因为假如法律科学仅探讨判决,那么将不存在解释新制定法的法律科学。但每部制定法都曾一度是新制定法。旧制定法中出现矛盾判决的那些条文情况亦然。此时无法预知判决,于是,科学探讨在它至为必要的地方却不可能出场。某些从未进入或者绝无可能进入审判程序的规则,将不再是法律。例如,总统须年满 35 周岁这条宪法规则便不能作为法律,并且让林白上校(Colonel Lindbergh)当总统也将不是不合宪的。说此类规则仅是法律的渊源,这样的回应纯属徒劳。它们其实不算“渊源”,因为我们未曾从中得出判决。若你所谓“渊源”的意思是指**应当**从中得出判决,那么你就恰恰在承认它们是法律规则。经由立法来确立规则的做法将在实践中百无一用;该做法不会改变法院判例,因为它们不由规则决定,或只在很小程度上由规则决定。立法者若不被视为“规则确立者”,将成为说谎者。例如,“谋杀可处以死刑”将指的是谋杀者果真被处以死刑。但我们知道,许多谋杀者由于未被逮捕或定罪,明明没被判处死刑。我们为什么应让饱学之士判决案件?毕竟无论法院怎么判,那都是法律。这在当今或可容忍,因为法官们已经学会应然

的判决方法;但现实主义者不应坚持对法官进行法律训练。为什么不给最高法院配备九位将军呢?将军们肯定知道如何强制实施自己的判决,这样的法院将会“发挥实际效用”,而这正是现实主义者应有的全部要求。

现实主义的形式性理论,即法律科学的目标须是预知未来行为,同样引出雷人的后果。司法异议意见将总是违背法律科学,且系有意为之,因为异议法官本人预先认识到主流意见将是另一番样子。固然,异议法官有时预见到自己的意见终有一日会被法院采纳,那么按照现实主义的形式性理论,届时两种司法意见——主流意见和异议意见——将都与法律科学保持和谐。法官对陪审团的指示将意味着告诉陪审团:陪审团打算怎么做。这看起来简直多此一举。法科学子的恰切研习对象将是各位法官的行为;此类研习将不仅是胡闹而且枉费心机。新一代学子将不得不钻研新一批法官的心理状况,由此持续推演。未来的这种法律研习的基本特征之一,将是贿赂法官的技艺。[25] 这样一来,上诉法院的处境将非常诡异。它只好作出如下裁定:当时可以预见,初审法官将会受贿;故而,初审法官的判决符合现实主义法律科学,因此,本院必须维持原判。法学院最重要的任务将是告诉学生:哪些公民打算守法,哪些公民打算违法。但法学院恐难与问讯处和警探局一争高下。法学院的真正任务,是培养出大法官霍姆斯先生(Mr.Justice

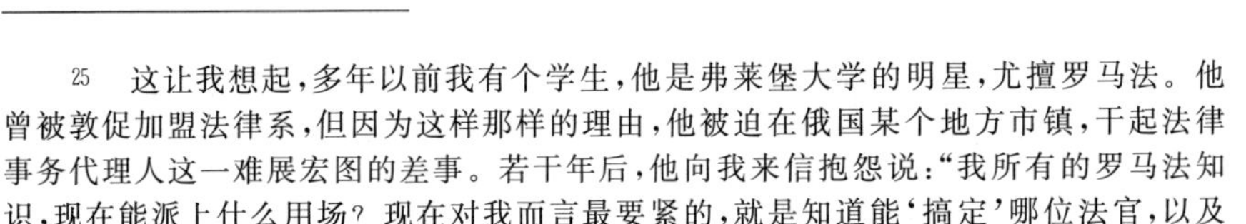

25　这让我想起,多年以前我有个学生,他是弗莱堡大学的明星,尤擅罗马法。他曾被敦促加盟法律系,但因为这样那样的理由,他被迫在俄国某个地方市镇,干起法律事务代理人这一难展宏图的差事。若干年后,他向我来信抱怨说:“我所有的罗马法知识,现在能派上什么用场?现在对我而言最要紧的,就是知道能‘搞定’哪位法官,以及假如搞不定法官的话,如何‘搞定’证人。”

Holmes)这样的人,而不是像夏洛克·福尔摩斯先生(Mr.Sherlock Holmes)这样的人。

结 论

本文大部分篇幅都在进行批判,但正如前面我开门见山说过的那样,这不意味着我不由衷钦佩现实主义运动的功绩。几乎用不着具体提醒美国读者他们都有哪些功绩。我只需要凭相印之心指出,欧洲的自由法运动和法社会学家承诺要做的事情,美国现实主义者已着手实施。我们欧洲学者大多仅仅调准了琴键,他们则已演奏出乐章。就连他们的夸大之词也为该运动提供了有益的轰动性效果,为了引起普遍关注,这在当时或许势所必然。然而,没有健全方法论支撑的健全方法(sound methods without a sound methodology)是危险的,而且相比于在导师手中,在他的学生手中尤其如此。在我看来,此处正留待卓有成效的合作。德国当今的形势,就像1453年土耳其人更令人追思的成就那样,[①]或许会促进这一合作。美国的法学家和德国的法学家,或可将把他们相辅相成的独特禀赋结合起来,联袂缔造未来的法理学,让我们翘首以待。

(姚远 译)

① 1453年,奥斯曼土耳其帝国攻陷君士坦丁堡,东罗马帝国由此覆灭。——译者

译　后　记

这部译著得到南京师范大学法学院、中国法治现代化研究院、江苏高校区域法治发展协同创新中心的资助，也得到国家 2011 计划司法文明协同创新中心和西南政法大学法哲学编译研究中心这两家校外机构的支持。感谢吴彦先生主持策划“法哲学名著译丛”并将本书欣然纳入第一辑计划，感谢刘风景教授、岳纯之教授和周长龄教授围绕法律现实主义的启蒙授业，感谢邓正来教授的原典精读课程为我奠定学术翻译基础，感谢杜宴林教授对我学术生涯始终如一的关怀和鞭策，感谢公丕祥教授和夏锦文教授对我在霍姆斯翻译事业方面的提携和勉励，感谢怀特（G.Edward White）教授、诺维克（Sheldon M.Novick）教授和周维明博士多次为我详解翻译疑难，感谢文学新秀伊涛先生慨然润色书中多处诗文译法，感谢张艳、杨晓畅、赵大千、周国兴、罗冠男、梁亦斌、韩永初、柯岚、张芝梅、郑戈、王岩云、张延祥、赵宸、周赟、马华灵、杨天江、本内特（Robert W.Bennett）、朱明哲、刘树才、黄涛、陈辉、柯伟才、徐震宇、杜苏、李强、刘洋、王彦强、张凇纶、刘阳、李飞、梁君、朱绩崧等师友先后向我提供诸多助益和便利，感谢家父曾听我朗诵部分译文并甄别其中不明朗之处（此效仿白居易作诗的先例），感谢学生张尚、吴良、罗春晓、马珂与我商榷某些译法和疏漏，感谢商务印书

馆陈小文副总编辑对于本书定稿提出的宝贵意见。毫无疑问，正是在各方力量的扶持下，我的翻译工作不仅得以顺利展开，且能持之以恒、精益求精。

书内若干译文曾经见刊，现将相关情况依时间次序汇总如下：《评波洛克的〈法律与命令〉》，载《西方法律哲学家研究年刊》第3卷（2009年6月）；《对美国法律现实主义的理性主义批判》，载《法律方法》第12卷（2012年4月）；《我的法哲学》（杜威著），载《法理学论丛》第6卷（2012年5月）；《我的法哲学》（卢埃林著），载《金陵法律评论》2015年春季卷（2015年9月）；《法律之道》，载《厦门大学法律评论》第26辑（2015年10月）；《活法》，载《法治与改革研究》第2卷（2016年5月）；《法理学中的若干定义和问题》，载《民间法》第18卷（2017年5月）；《科学中的法律与法律中的科学》，载《法治现代化研究》2017年第2期（《新华文摘》网络版2017年第18期全文转载）；《理想与怀疑》和《自然法》，载《法制现代化研究》2016年卷（2017年10月）；《特免、恶意和意图》，载《法治社会》2018年第4期；《孟德斯鸠》，载《金陵法律评论》2017年秋季卷（2019年2月）；《代理关系》，载《苏州大学学报（法学版）》2019年第1期。特此鸣谢各位主编、责编和组稿人的知遇之恩。可以说，每一次发表的背后都有一段令人怀念的往事，每一篇译作都表征着自己成长的脚步。上述译文距本书定稿已有或长或短的时日，故收入本书之际不得不有所修订，甚至大段重译，以期全书译笔浑然一体，尽管由于语言材料所限，“法”和“法律”（包括名词和派生形容词）的区分只能在局部贯彻。

霍姆斯在法律史上的声名如雷贯耳，曾提出“法律的生命在于

经验”这一经典命题，能够与之结缘是我的荣幸。我曾在文章里这样总结他异彩纷呈的人生：

> 霍姆斯大法官被视为美国法学史上自克里斯托弗·兰代尔(Christopher C.Langdell)以来的首要转折点。他的经历颇为传奇：少年时代最初浸润在爱默生(Ralph Waldo Emerson)超验主义的氛围中，后投身南北战争，生死之际的幻灭摧毁了参战前的天真；青年时代参与被后人奉为实用主义摇篮的“形而上学俱乐部”(The Metaphysical Club)，成员包括莱特(Chauncey Wright)、格林(Nicholas St.John Green)、皮尔士、詹姆斯等；接近不惑之年才出版代表作同时也是毕生唯一专著《普通法》，可谓十年磨一剑，雄心直指以罗马法见长的梅因《古代法》；1882 至 1902 年供职于马萨诸塞州法院，终而成为该院首席大法官，1902 至 1932 年因西奥多·罗斯福总统的知遇之恩，出任美国联邦最高法院大法官，后世称其为“伟大的异议者”；他的演讲《法律之道》素来是美国历史上引证率最高的法学文献之一；他与波洛克、拉斯基、弗兰克福特(Frankfurter)和吴经熊等一流知识分子过从甚密；他的传记曾被冠以《从奥林匹斯山下凡的美国佬》(*Yankee from Olympus*)如此煊赫的标题，而这对于一度被推向神坛的霍姆斯而言似乎并未显得不妥。[①]

① 参见姚远：《以公共政策分析为中心的法律方法论——重访霍姆斯大法官》，载《华中科技大学学报(社会科学版)》2013 年第 4 期。

霍姆斯在其学术生涯的起步阶段，为《美国法律评论》（*American Law Review*）撰稿并出任该刊编辑，随后承担起修订詹姆斯·肯特（James Kent）《美国法释义》（*Commentaries on American Law*）的工作，并借此机会悉心钻研英美法体系（霍姆斯修订版也成为该书最好的本子）。霍姆斯应邀开设的12次“普通法”主题讲座，成为他系统凝练自己学术观点的最重要尝试，其中前11讲即后来为人熟知的《普通法》[①]一书。摆在读者面前的这部文集，由英国著名政治思想家哈罗德·拉斯基亲自编选，完稿后交给已近杖朝之年的霍姆斯审定，旨在全面反映霍姆斯发表《普通法》之后40年内的思想动向，是霍姆斯在世时出版的唯一学术论文集（1913年曾刊行一部专门的《演讲集》），同《普通法》可谓珠联璧合、相得益彰。

随着主流法律思想和政治社会浪潮的沉浮流转，霍姆斯被贴上现实主义法学、社会学法学、历史法学、实用主义法学、实证主义法学、经济分析法学、司法克制主义、现代主义、功利主义、经验主义、反形式主义、自由主义、怀疑主义、虚无主义、社会达尔文主义等各色标签，令人多少有点眼花缭乱、彷徨失措。这一系列标签的设计者有策略地详略取舍、圈占地盘，最终结果是，人们尽管获得诸多解释方案，却愈加嗟叹霍姆斯思想谜团重重；人们尽管熟谙那

---

① 《普通法》的常用中译本已被收入“美国法律文库”。参见〔美〕霍姆斯：《普通法》，冉昊、姚中秋译，中国政法大学出版社2006年版。该书另有一种未在法学界广为流传的译本，译者是夏历、孙洪丽、王素娥，外语教学与研究出版社2015年版。对于英语世界相关研究文献的评述，参见姚远：《关于霍姆斯〈普通法〉的若干评注》，载《西方法律哲学家研究年刊》第4卷，北京大学出版社2011年版，第302—306页。

些字字珠玑的法学箴言和闻名遐迩的思想碎片，却不知这些元素如何在霍姆斯那里得到有机结合。换言之，霍姆斯的文本遭到肢解，所换来的似乎只是某种简单的比附或对既有前提的确证。而从另一角度也可以说，这番解读史（包括霍姆斯地位的神化和幻灭）本身就值得成为研究对象，毕竟意识形态这一“副本”乃是理解社会现实这一“原本”的重要法门，相关情况详见柯岚教授的《从“坏人一预测论”到经济分析法学——美国法理学中的霍姆斯现象》（2007 年）。

2006 年，我尝试翻译过霍姆斯的《法律之道》（又译《法律的道路》），那是我首次阅读专业英文文献，也是我首次从事学术翻译（当然，眼下的译本是彻底重译的）。犹记得自己抱着从天津旧书市场淘来的、部头堪比《辞海》的国内影印版《柯林斯简明英语词典》（*Collins Concise English Dictionary*），连续一周泡在南开自习室里，每天花十小时硬啃这篇名动天下的法学演讲。不意这份初生牛犊的翻译习作竟在网上流布开来，更加不可思议的是，自己博士入学考试的专业英语试题正是译解此文。[①] 也正是在那个阶

① 此文作为美国法律史上的顶级经典，目前至少已有下列九种正式译本，国人对于霍姆斯的青睐可见一斑：张千帆、杨春福、黄斌合译本，载《南京大学法律评论》2000 年秋季号；陈新宇译本，载《研究生法学》2001 年第 4 期；陈绪刚译本，作为附录载〔美〕伯顿主编：《法律的道路及其影响——小奥利弗·温德尔·霍姆斯的遗产》，张芝梅、陈绪刚译，北京大学出版社 2005 年版；明辉译本，载〔美〕霍姆斯：《法律的生命在于经验：霍姆斯法学文集》，明辉译，清华大学出版社 2007 年版；汪庆华译本，载冯玉军选编：《美国法学最高引证率经典论文选》，法律出版社 2008 年版；刘思达译本，载〔美〕霍姆斯：《霍姆斯读本——论文与公共演讲选集》，刘思达译，上海三联书店 2009 年版；许章润译本，原载《环球法律评论》2001 年秋季号，有所修订后收入许章润组织编译：《哈佛法律评论：法理学精粹》，法律出版社 2010 年版；王素娥、夏历译本，参见〔美〕霍姆斯：《法律之路》，王素娥、夏历译，外语教学与研究出版社 2015 年版；李俊晔译本，参见〔美〕霍姆斯：《法律的道路》（中英文对照），李俊晔译，中国法制出版社 2018 年版。

段，我开始明显意识到词源学对于理解单词和双关语多么重要，意识到词汇的常用义项和专门法律义项多么不同，意识到学术文本的语法结构多么烦冗，意识到一流法学家的文笔多么精致、眼光多么独到。为深入领会霍姆斯的观念世界，我通览了一切可资利用的汉语文献，并阅读了英语世界的百余篇论文和几部代表性专著，其中我最为推崇怀特教授撰写的思想传记。[①] 有趣的是，我以“Holmes”为标题关键词检索文献之初，搜出来不少条目是在讨论这位大法官的父亲、一代名宿老霍姆斯（Oliver Wendell Holmes, Sr.），以及著名侦探小说主人公福尔摩斯（Sherlock Holmes），不禁哑然失笑。品读霍姆斯那时而超逸、时而古朴、时而犀利、时而典雅的文字，并殚精竭虑发掘尽量传神的译法，其间的欢愉和辛酸历历在目、回味无穷。

有必要说明的是，约在十年前，明辉先生和刘思达先生先后编译出版霍姆斯文选，[②]筚路蓝缕，功不可没。与二者相比，本译著占据后发优势，且正文部分包括如下特有内容：《法学博士学位授予仪式上的演讲》《代理关系》《特免、恶意和意图》《遗嘱执行人》《在波士顿律师协会宴会上的演说》《在西北大学法学院的致辞》

① 主要参见 G. Edward White, *Justice Oliver Wendell Holmes: Law and the Inner Self*, Oxford University Press, 1993。值得一提的是，我曾联合多位师友编辑一份内部传阅的相关网刊，作为自己霍姆斯研究工作的阶段性总结，参见姚远主编：《学术中国（第 2 辑）：美国法律思想中的实用主义运动——霍姆斯及其主要追随者们》，2009 年。

② 参见《法律的生命在于经验：霍姆斯法学文集》，明辉译，清华大学出版社 2007 年版；《霍姆斯读本——论文与公共演讲选集》，刘思达译，上海三联书店 2009 年版。此外，还有出自其他译者之手的、散见于网络和刊物的个别译文，其中不乏名家，例如苏力先生。

《经济原理》《霍尔兹沃思笔下的英格兰法》《"欧陆法律史丛书"导言》。翻译过程中,我采用诺维克版《霍姆斯大法官作品集》第三卷[①]作为校阅底本,并参考某些文章的初版,以期随时勘正本书的某些笔误或歧异。为尽量保证译名有据可循,法律术语一般遵照薛波主编的《元照英美法词典》,人名一般遵照新华社编的《世界人名翻译大辞典》,同时我也经常查阅《牛津英语词典》(*Oxford English Dictionary*)、《兰登书屋韦氏全本词典》(*Random House Webster's Unabridged Dictionary*)和陆谷孙主编的《英汉大词典》,这五部辞书无时无刻不向我昭示着何谓薪火相传。

我所增设的附录,收入一系列有助于澄清和深化霍姆斯传统的经典文献,在此予以集中说明:

(1)《评波洛克的〈法律与命令〉》是霍姆斯在1872年发表的匿名评论,首次提出所谓的"法律预测论",比《法律之道》早二十五年。此文不仅让我们看到,该学说的出场语境是对奥斯丁的批判,及对法律思想中心关注点的重塑,还反驳了后人关于预测根据的庸俗解读,要求排除所谓"特异动机"。

(2)《〈普通法〉第12讲》是霍姆斯在波士顿洛厄尔学会(Lowell Institute)"普通法"系列讲座的最后一讲,为前面11讲内容的总结。霍姆斯在出版《普通法》时认为,第12讲对有志于通览全书的读者来说并无必要,因此予以删除(或许是为了迫使读者不去讨巧吧)。通行版本的《普通法》全书最后一个词,是耐人寻味的

① 参见 Sheldon M. Novick (ed.), *The Collected Works of Justice Holmes: Complete Public Writings and Selected Judicial Opinions of Oliver Wendell Holmes*, Vol.3, The University of Chicago Press, 1995。

“understood”,似乎象征着霍姆斯在普通法领域筋脉贯通、豁然开朗的状态。霍姆斯将第12讲单独发表在当地的报纸上,并收藏了见报文章的剪贴件,且未留下任何批改痕迹(相反,他后来在自己手上的那本《普通法》里面,以边注形式添加了多处修订意见。据推测,时间约在1882年春夏)。

(3)《法理学中的若干定义和问题》的作者是庞德的业师约翰·齐普曼·格雷。该文反映了霍姆斯那一代美国法学家的某种动向,即转向司法中心主义(“法理学是一门探讨法院应然判案原则的科学”;“法内许多通常归为习惯的东西,其实应当归为法官对道德问题的意见”),与此同时也力求坚守分析法学的基本品格,即澄清法律观念,戳穿玄虚之论。格雷因此与霍姆斯并列为法律现实主义运动的先驱。

(4)《活法》是路易斯·D.布兰代斯1916年1月3日在芝加哥律协会议上的演讲。这篇文章同《法律之道》一并被视为反击法律形式主义的经典,试图探讨美国社会为何出现法律敬畏心的式微,以及为何由渴望法律正义转变为憧憬社会正义。布兰代斯以恢宏历史视野关注政治、社会、经济等领域的巨变及其带来的多方面法律挑战,让人清醒认识到当时似乎趋于静止和封闭的法律界亟需变革。

(5)约翰·杜威的《我的法哲学》和卡尔·N.卢埃林的《我的法哲学》,都取自1941年出版的文集《我的法哲学:16位美国学者的信条》(*My Philosophy of Law: Credos of Sixteen American Scholars*)。作为20世纪美国实用主义哲学的集大成者、胡适先生和冯友兰先生的导师,杜威发展出明显具有社会学倾向的法哲学

(“法律是一种彻头彻尾的社会现象；在起源上、在目标或目的上、在适用上，法律都是社会性的。”)。[①] 卢埃林是美国法律现实主义运动的主将之一，曾在20世纪30年代初与罗斯科·庞德展开论战，在一定意义上可以说是在争夺霍姆斯思想遗产的正统继承权。卢埃林的文章堪称当代社科法学的雏形，其中心论点是：“把法律整体视为社会中一套活动着的制度和必要的制度，这是最富成效的看法。”由于《我的法哲学》客观要求以正面简述自己的见解为主，因此这两篇文章都没有直接提及霍姆斯的名字，但学界公认两人的法律思想与霍姆斯一脉相承，而且两人的其他作品也确证了这一判断。

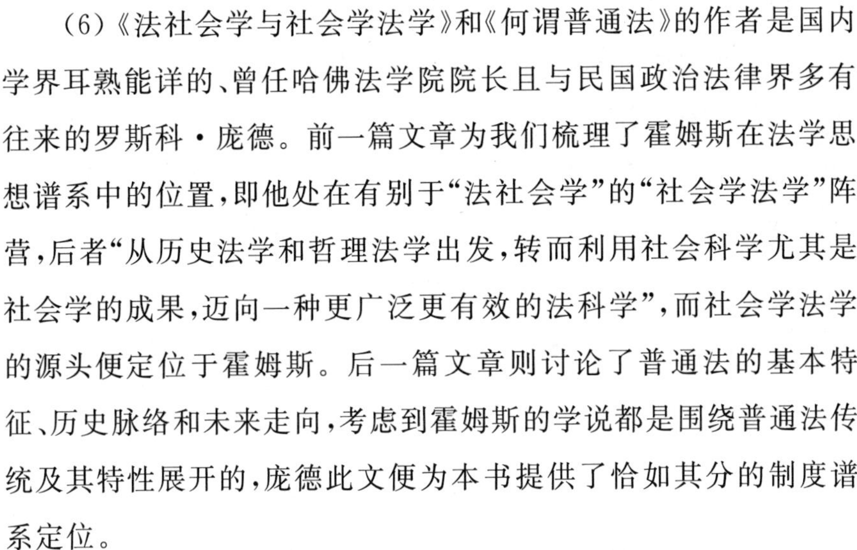

(6)《法社会学与社会学法学》和《何谓普通法》的作者是国内学界耳熟能详的、曾任哈佛法学院院长且与民国政治法律界多有往来的罗斯科·庞德。前一篇文章为我们梳理了霍姆斯在法学思想谱系中的位置，即他处在有别于“法社会学”的“社会学法学”阵营，后者“从历史法学和哲理法学出发，转而利用社会科学尤其是社会学的成果，迈向一种更广泛更有效的法科学”，而社会学法学的源头便定位于霍姆斯。后一篇文章则讨论了普通法的基本特征、历史脉络和未来走向，考虑到霍姆斯的学说都是围绕普通法传统及其特性展开的，庞德此文便为本书提供了恰如其分的制度谱系定位。

(7)《对美国法律现实主义的理性主义批判》出自德国流亡法

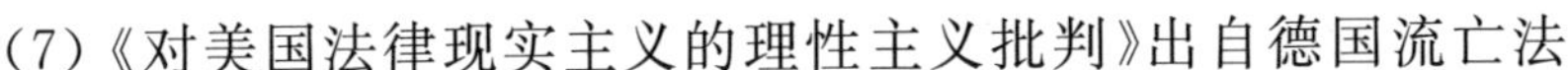

① 华东师范大学出版社近年隆重推出38卷本的《杜威全集(1882—1953)》，由复旦大学杜威与美国哲学研究中心组译。

学家、“自由法运动”代表人物赫尔曼·康特洛维茨之手。这篇文章按照新康德主义版本的理性主义立场，对于法律现实主义的根本信条展开逐一批判，其中认为法律现实主义运动的前辈是霍姆斯，该运动的实质性理论是“法律不是一套规则而是一堆事实”，该运动的形式性理论是“法律科学不是一门理性科学而是一门经验科学”。上述实质性理论与风行法德两国的自由法运动一脉相承，上述形式性理论与风行德美两国的社会学法学一脉相承。

附录所收内容，大都原属我早期计划另行编译的《法律现实主义读本》，[①]但鉴于近年来我将主要精力用于研究马克思，该编译计划已无实现之可能，特将既有成果集结于此，以飨读者。抚今追昔，恍如隔世，谨以本书告慰逝者在天之灵。自邂逅浪漫唯美的霍姆斯思想世界之日起，十二年心事终了却。

姚　远

2019年作于四海法学编译馆

① 吴经熊的《霍姆斯法官的法律哲学》，以及拉美法学名家雷卡森斯-西切斯(Luis Recaséns-Siches)的《法律思维的性质》，也属该计划内的篇目，前者已收入我所翻译的《现代法学之根本趋势》(〔德〕施塔姆勒著，商务印书馆2018年版)，后者发表于《法律方法》第15卷，但因其论题大大超出霍姆斯思想的范畴，这里不再重刊，请读者自行参阅。此外，附录未收入弗兰克(Jerome Frank)的作品，因我打算今后译出他的代表作《法律与现代心智》(*Law and the Modern Mind*)和相关重要文章，特此说明。

图书在版编目(CIP)数据

法学论文集/(美)霍姆斯著;姚远译. —北京:商务印书馆,2024
(汉译世界学术名著丛书:120年纪念版:珍藏本:增订本)
ISBN 978-7-100-23760-4

Ⅰ.①法… Ⅱ.①霍…②姚… Ⅲ.①法学—文集
Ⅳ.①D90-53

中国国家版本馆CIP数据核字(2024)第095922号

汉译世界学术名著丛书
(120年纪念版·珍藏本·增订本)
法学论文集
〔美〕霍姆斯 著
姚远 译

商 务 印 书 馆 出 版
(北京王府井大街36号 邮政编码100710)
商 务 印 书 馆 发 行
北京市十月印刷有限公司印刷
ISBN 978-7-100-23760-4

2024年5月第1版 开本710×1000 1/16
2024年5月北京第1次印刷 印张27
定价:150.00元